현용수의 고난교육신학 제5권

유대인의
고난의 역사 현장 교육
〈고난의 유익 포함〉

현용수의 고난교육신학 시리즈 5/5

2019

도서출판 쉐마

IQ·EQ 박사 현용수의 유대인 자녀교육
《IQ는 아버지 FQ는 어머니 몫이다》 총서 ㊶ : 쉐마교육 시리즈 23

유대인의
고난의 역사 현장 교육 〈현용수의 고난교육신학 5〉

초판	1쇄 2019년 7월 1일
지은이	현용수
펴낸이	현용수
펴낸곳	도서출판 쉐마
등록	2004년 10월 27일
	제315-2006-000033호
주소	서울시 강서구 공항대로71길 54
	(염창동, 태진한솔아파트 상가동 3층)
전화	(02) 3662-6567
팩스	(02) 2659-6567
이메일	shemaiqeq@naver.com
홈페이지	http://www.shemaIQEQ.org
총판	한국출판협동조합(일반)
	생명의말씀사(기독교)

Copyright ⓒ 현용수(Yong Soo Hyun), 2019
본서에 실린 자료는 저자의 서면 허가 없이 복제를 금합니다.
Duplication of any forms can't be published without written permission.

ISBN 978-89-91663-81-7

값 25,000원

도서출판 쉐마 는 무너진 교육을 세우기 위한 대안으로
인성교육과 쉐마교육의 원리와 실제를 연구하여 보급합니다.

Biblical Jewish Shema Educational Theology Series 23

Zachor: How Jews Use History to Create a Committed Future

- Hyun's Theology of Suffering Series -

Vol. FIVE

Part 4 Chapter 4 to Part 6

By
Yong Soo Hyun (Ph. D.)

Presenting
Modern Educational Problems
and It's Solution

2019

Shema Books
Seoul, Korea

유대인의 맛사다는 난공불락의 천연 요새다. 유대인은 맛사다에 피신한 후 로마군에 3년을 저항한 후 모두 자결했다. 사진은 사해바다 근처에 위치한 맛사다 전경

유대인은 맛사다를 고난의 역사 현장 교육으로 활용한다. 사진은 맛사다에서 군사훈련을 하는 도중 이마와 팔에 테풀린을 붙이고 기도하는 이스라엘 군인들

한국에도 이스라엘의 맛사다와 같은 고난의 역사현장이 있다. 인조가 청나라 태종에게 굴욕적인 삼배구고두를 하며 항복의 예를 표한 곳이다. 사진은 그 장면을 담은 동판. 삼전도비 옆에 있다. 한국인도 이것을 고난의 역사 현장 교육으로 활용해야 한다.

이 사진은 인조가 청나라 태종에게 굴욕적인 삼배구고두를 하며 항복의 예를 표한 것을 기념하는 치욕적인 삼전도비다. 2007년 2월 3일 백모(39세)씨가 삼전도비에 붉은 페인트를 사용해 '철거 370'이라고 적어 훼손하는 사건이 있었다. 이것은 고난의 역사를 기억하라는 교훈을 모르는 매우 잘못된 행동이다.

독일 나치는 아우슈비츠 수용소에서 수많은 유대인을 독가스로 학살했다. 사진은 이스라엘 국기를 몸에 두른 유대인 여학생들이 다른 민족과 다르게 조상들을 실어 날랐던 기차 철로를 거닐며 당시 조상들의 고난을 체험하고 있는 모습

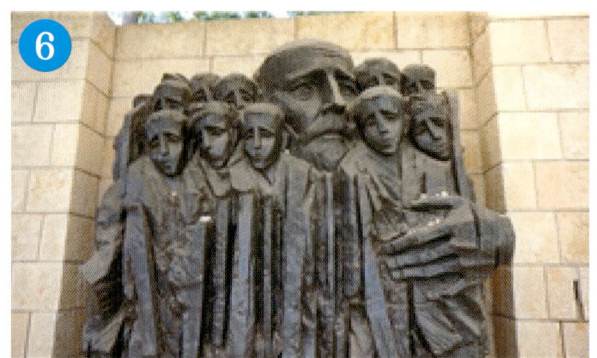

이스라엘의 대학살 박물관 야드 바셈에 있는 조형물. 나치에 의한 동족의 고난을 표현했다. 그들을 껴안는 큰손(우편)에 주목하라

통곡의 벽은 유대인이 기도할 수 있는 가장 거룩한 장소다(the holiest site where Jews can pray). 트럼프는 통곡의 벽을 방문한 미국 최초의 대통령이다. 그의 사위 역시 유대인이다.

일본 제국은 조선을 36년 동안 강제 점령하면서 우리민족에게 수많은 고통을 주었다. 사진은 현재 서대문 형무소 내부와 당시 독립운동가들을 고문 했던 것들을 재현한 모습

북한의 6.25 남침은 남한 국민들에게 끔찍한 아픔을 주었다. 사진은 남편을 군대에 보내 잃고 자식은 피난길에 잃은 수많은 과부들 중 하나다. 저자의 어머니(이순례)도 그 중 한 분이었다. 군대에서 죽은 아들(현길수, 육사 8기생, 당시 중위)을 찾아 수없이 헤맸다고 했다.

사진은 당시 거제 포로수용소에 설치되었던 친 공산주의자들의 선전 문구. 그때나 현재나 친 공산주의자들은 이승만 정부를 망국정부로 규탄한다. 부모가 자녀들에게 바른 고난의 역사를 기억시키는 데 실패했기 때문이다.

유대인은 투철한 민족 사랑과 나라 사랑 교육을 시킨다. 사진은 이스라엘군이 시간을 내어 통곡의 벽에서 조국의 평화와 번영을 위하여 기도하는 모습 (자료: 이스라엘 정부에서 발행한 엽서 표지)

미국에 거주하는 유대인 자녀들이 여름 방학 때 이스라엘을 방문하여 파괴된 성전의 통곡의 벽에서 민족의 평화와 번영을 위하여 함께 기도하는 모습. 전 세계에 흩어져 있는 한국인 디아스포라도 조국과 한국 민족의 평화와 번영을 위하여 기도하는 자녀로 키워야 한다.

유대인의 대학살 박물관을 증축하려 했을 때 증축을 반대했던 주민들과 찬성측이 설전을 벌리는 청문회가 LA시 법정에서 열렸다. 사진은 그 청문회에서 박물관의 증축이 왜 필요한지를 교육학적 및 다인종의 정의구현을 위한 측면에서 설명하는 필자(앞줄 가운데 한복 입은 남자).

차 례

칼라 화보 · 4
저자 서문: ≪고난교육신학서 제2-5권≫을 출간하면서 · 23
IQ-EQ 총서를 펴내며: 무너진 교육의 혁명적 대안을 찾아서 · 52

서 평

- '광야의 고난'을 교육신학적으로 예리하게 분석하고 정리한 책 · 62
    - 김의원 박사 〈전 총신대 총장, 구약학〉
- '고난 교육'의 성경신학적 의미를 광야교회에서 찾은 필독서 · 65
    - 김진섭 박사 〈백석대 신학 부총장, 구약학〉

고난의 역사 시리즈의 전체 각 부의 제목들은 다음과 같다

제1부 하나님의 인간교육(고난 교육신학) 〈신명기 8:1-4절 중심으로〉
제2부 이스라엘의 건국 과정과 국가관
제3부 유대인의 고난의 역사신학
제4부 유대인의 고난의 역사교육 방법
제5부 고난이 주는 유익: 왜 인간에게 고난이 중요한가
　　〈고난이 주는 유익, 고난 신학〉
제6부 고난의 역사교육 시리즈 전5권을 마치며
　　〈제6부 요약 및 결론〉

제4부
유대인의 고난의 역사 교육 방법

제4장 유대인의 고난의 역사 현장 교육

I. 들어가면서 · 74
  1. 한국인과 유대인의 고난의 역사의 유사점 · 74
  2. 유대인의 방법을 적용할 한국인의 고난의 역사 현장을 찾아라 · 78

〈고난의 역사 현장1〉

II. 맛사다의 역사를 기억하라 · 82
  1. 맛사다의 지형적 특징 · 82
  2. 맛사다의 고난의 역사 · 83
    A. 로마에 저항하는 유대인은 모두 죽여라
    B. 유대인 전원이 자살한 이
    C. 로마 장군: "내가 졌네. 당신이 이겼네!"
  3. 이스라엘을 보는 강대국과 하나님의 시각 차이 · 92
  4. 유대인은 맛사다를 고난의 역사교육에 어떻게 활용하나 · 95
  5. 유대인이 로마에 패한 이유: 유대인과 기독교인의 차이 · 98
  6. 한국인의 고난의 역사 현장 교육에 적용 · 101
    A. 고난의 역사 현장1: 한국의 맛사다, 병자호란과 삼전도비
      1) 병자호란의 굴욕, 삼전도비
      2) 당시 관리의 타락과 서민의 고통
        a. 병자호란 포로 안추원의 비극
        b. 쓰라린 역사, '화냥년과 호로자식'의 유래
      3) 삼전도비를 수치의 역사라고 땅에 묻었던 한국인
        a. 삼전도비에 대한 언론 보도
        b. 유대인과 대조되는 천덕꾸러기 삼전도비의 수난사
    B. 한국인은 삼전도비를 고난의 역사교육에 어떻게 적용해야 하나

〈고난의 역사 현장II〉

III. 폴란드 아우슈비츠의 고난을 기억하라 · 117
  1. 아우슈비츠 강제 수용소 · 117

2. 아우슈비츠에서 겪은 고난의 역사 · 121
   3. 독일인도 사람인데 어떻게 그토록 잔혹할 수 있었나 · 129
      A. 탈북한 전 북한 보위부 간부의 증언
      B. 국민이 어리석지 않다고요
      * 명사 특강: 나치를 눈감았던 독일 지성들이 부끄러워하는 시
   4. 유대인이 아우슈비츠 수용소를 고난의 역사교육에 활용하는 방법 · 136
   5. 한국인의 고난의 역사 현장 교육에 활용 · 138
      A. 고난의 역사 현장2: 임진왜란의 고난의 역사 현장
      B. 고난의 역사 현장3: 일제의 고난의 역사 현장
         1) 서대문 형무소와 유관순 열사
         2) 안중근 의사가 처형된 여순감옥에서 저자가 J에게 한 말(적용 부분)
      C. 고난의 역사 현장4: 북한 공산당 김일성의 침략
         1) 6.25전쟁
         2) 6.25전쟁의 낙동강 전투를 기억하라
         3) 장진호 전투와 흥남철수 작전을 기억하라
         4) 거제도 포로수용소를 기억하라
      D. 고난의 역사 현장 지우는 우둔한 한국 정부
         〈구 조선총독부 건물, 어떻게 해야 했나〉
         1) 누가 구 조선총독부 건물을 보면 열등의식을 느끼나
         2) 유대인이라면 이 건물을 어떻게 사용했을까

제5장 유대인의 고난의 역사박물관 교육

I. 유대인의 고난의 역사박물관 교육 · 172
   1. 유대인에게 박물관이 많은 이유 · 172
   2. 유대인의 고난의 역사박물관: 대학살 박물관 · 175
      A. 미국의 대학살(홀로코스트) 박물관
      B. 대학살 박물관의 자료, 어떻게 수집했는가

3. 홀로코스트 박물관 증축 청문회에 선 저자의 증언 · 182
　* 3.1절과 쉰들러 리스트
4. 유대인 자녀는 고난의 역사박물관을 보고 어떻게 변하나 · 187
　A. 유대인 고난의 역사박물관 현장 모습
　* 랍비 강의: 비누 7개, 못 1개, 성냥 2천 개비
　B. 유대인 자녀의 4가지 변화
　　첫째, 유대인 자녀들은 자신들의 정체성을 발견한다
　　둘째, 유대인 자녀들은 역사의식을 새롭게 갖는다
　　셋째, 유대인 자녀들은 앞으로 유대 민족을 위하여 살 것을 결심한다
　　넷째, 유대인 자녀들은 새로운 강력한 정신세계를 구축한다
　C. 유대인 공동체를 떠났던 스필버그 영화감독이 돌아온 이유
5. 유대인 애국심의 파워 · 200
　A. 6일 전쟁에서 승리한 이스라엘의 파워
　　1) 6일 전쟁의 시작과 끝
　　2) 전쟁 시 유대인 학생과 아랍 학생의 차이
　* 토막 상식: 6일 전쟁 시 아랍 연합군대와 이스라엘의 군사력 비교
　B. 한국인도 유대인 디아스포라의 파워를 본받자: 미국 유대인의 파워
　* 토막 상식: 이스라엘 앞에선 한없이 약해지는 美 언론
　* 랍비 강의: 어떤 인구 비율
　C. 핵무기보다 강한 유대인의 애국심과 단결력
6. 한국인의 고난의 역사박물관 교육에 적용 · 213
　A. 용산 6.25 전쟁 전쟁기념관의 예
　B. 워싱턴 한국전 참전용사 기념비의 예
　C. 전몰장병을 위한 빈 의자

II. 한국인의 고난의 역사박물관 교육의 문제점과 해결 방안 · 222
　1. 고난의 역사박물관 교육: 준비와 결과 · 222
　　A. 준비: 효과적인 한국인의 고난의 역사박물관 교육 방법

B. 결과: 한국인 자녀는 유대인처럼 4가지가 변해야 한다
        첫째, 자신이 한국인이라는 민족적 정체성을 찾는다
        둘째, 한국인 자녀들은 역사의식을 새롭게 갖는다
        셋째, 한국인 자녀들은 앞으로 한국 민족을 위하여 살 것을 결심한다
        넷째, 한국인 자녀들은 새로운 강력한 정신적인 힘을 얻게 된다
        * 한국의 일제 만행을 듣자 유대인 여고생들이 눈물을 글썽이었다
     C. 미국 동포 2세의 후기, '6.25참전용사碑를 본 뒤 정체성 혼란 극복'
  2. 한국인 1세가 해야 할 사명 · 231
     A. 옛 조상의 자료를 모아 향토 박물관을 만들자
     B. 노인들이여, 과거를 기록하라
〈노인 하나가 죽으면 도서관 하나가 없어지는 것과 같다〉
     C. 〈칼럼〉 독일 · 일본, 그리고 유대인과 한국인:
        과거사, 왜 독일은 일본보다 더 참회하는가
     D. 종북좌파의 좌편향된 역사교과서에 분노한다
     E. 한국 기독교의 뿌리 교육을 위한 대안 제시
        1) 손양원 목사보다 빌리 그레이엄 목사를 더 기억하는 자녀들, 옳은가
        2) 기독교가 한국 근현대사에 미친 영향을 다음세대에 가르치자
        3) 기독교가 한국 근현대사에 미친 영향의 예: 배재학당
  3. 한국인 디아스포라의 문제점과 그 해결 방안 · 252
     A. 해외 동포의 문제점
     B. 다큐 미디어를 통한 저자의 고난의 역사 교육 방법
     C. 한국 정부가 해외 동포 자녀를 진정한 한국인으로 만들려면

제6장 고난의 역사를 기억하는 교육방법을 창안

I. 유대인의 생활 예식(결혼식)을 통한 고난의 역사교육 · 262
II. 아우슈비츠 해방 60년 추모식과 유대인 인권단체의 파워 · 267
  1. 1950년 3명의 유대인이 만든 미국의 AIPAC의 파워 · 267
  2. 유대인 AIPAC을 벤치마킹해서 설립한 한인유권자센터 · 269

    III. 한국인의 생활 예식을 통한 고난의 역사교육에 적용 · 272
        1. 결혼식 순서에 신랑신부가 포도주잔 깨는 순서를 넣자 · 272
        2. 저자가 실천한 6.25 전쟁을 기억하는 방법 · 275

제7장 가문의 고난의 역사를 기억하는 방법

I. 키신저의 예: 가사 도우미였던 어머니의 고난에 감사 · 280
II. 저자의 예: 광주리 장사를 했던 어머니의 고난을 아들들에게 전수 · 283
III. 지난 500년간 역사상 가장 불행했던 이들은 누구였을까 · 287

제8장 제4부 요약 및 결론

제5부
왜 인간에게 고난이 중요한가
<고난이 주는 유익, 고난 신학>

제1장 서론: 하나님의 본심은 인간의 행복이다

I. 하나님은 왜 인생의 낙을 누리게 하셨나 · 298
II. 왜 마귀는 불행을, 예수님은 행복을 주시나 · 301

제2장 하나님이 인간에게 고난을 주시는 이유

I. 문제 제기 · 306
    1. 고난을 겪지 못한 세대에 나타난 타락상 · 306
    2. 왜 인간의 성숙에는 '고난'이란 성장통이 필요한가 · 308

II. 고난은 인간의 타락과 교만을 절제시킨다 · 310
    1. 인간에게 교만이 싹트는 이유 · 310
        A. 인간이 겸손할 수밖에 없는 이유 〈유대인의 견해〉
        B. 인성교육학적인 입장에서 성숙한 인간의 기준

C. 교만의 씨앗은 풍요다: 풍요의 저주를 막아라
　　　D. 고난을 기억하는 자의 특성
　　　* 아침 좋은 글: 오늘도 행복했으면 좋겠습니다
　　2. 인간의 타락과 교만을 절제시키는 방법 · 320
　　　A. 육을 절제하기 위하여 성령을 받으라
　　　B. 성령이 충만치 않을 때의 세 가지 대안
　　3. 왜 하나님이 바울에게 주신 안질은 두 번째 큰 선물인가 · 323

III. 하나님이 자신의 백성에게 고난을 주시는 두 가지 이유 · 327
　　1. 고난의 연단은 어떻게 인성과 믿음을 순수한 정금으로 만드나 · 327
　　2. 왜 하나님은 악인 대신 의인에게 고난을 더 주시나 〈유대인의 견해〉· 331
　　3. 왜 하나님은 악인의 형통을 방치하시나 · 333
　　4. 고난은 어떻게 하나님을 찾게 하나 · 335

IV. 고난과 감사 및 행복의 상관관계 · 336
　　1. 고난은 인간을 감사의 사람으로 만든다 · 336
　　　A. 감사는 과거의 고난을 되새길 때에 생긴다
　　　B. 행복은 고난과 불행을 기억할 때 느끼고 감사에 비례한다
　　　C. 고난을 겪지 못한 자녀에게 감사를 느끼게 하는 법
　　　　1) 가난하게 키워라
　　　　2) 고난을 겪는 나라에 단기선교를 보내라
　　　　3) 몸과 정신을 강건하게 만드는 훈련을 시켜라
　　　　4) 고난을 간접 체험하게 하라
　　2. 감사자가 되는 법 vs. 불평자가 되는 법 · 345
　　　A. 감사는 소유에 있지 않고 가진 것의 만족에 있다
　　　* 웃으며 삽시다: 거지 아버지의 위세 · 71
　　　B. 감사자는 얻은 것을 세고, 불평자는 잃은 것을 센다
　　　C. 불신자와 성도의 차이: 원망자는 죽고 감사자는 산다

D. 최악의 역경에서도 감사한 신앙의 위인들

　3. 감사는 선한 열매를, 불평은 악한 열매를 맺는다 · 358

　4. 불행(고난)만 과도하게 기억하면 파멸을 자초한다 〈유대인의 견해〉· 360
　　　〈과도한 세월호 참사 기억, 유대인이라면 어떻게 할까〉

제3장 인간에게 고난이 유익한 이유

I. 사상은 왜 고난의 사막에서 나오나 · 364

　1. 고난의 겨울은 인간을 철학자로 만든다 · 364

　　　A. 왜 봄보다 가을에 시상(詩想)이 많이 떠오르는가

　　　B. 왜 사상은 빌딩 숲이 아닌 사막에서 나오는가

　　　C. 유대인이 꿈을 꾸는 듯한 환희를 맛본 이유

　　　* 아침 좋은 글: 부정적인 마음 지우기

　2. 고난에서 지혜를 얻는다 · 373

　　　A. 부족함이 최고의 선물이다

　　　B. 유대인은 박해 속에서 지혜를 얻은 민족이다

　　　C. 실수를 줄이기 위해 눈의 흰자위가 아닌 검은자위로 세상을 보라

　　　* 랍비 강의: 이야기의 효용 〈유대인의 슈르드한 답〉

II. 고난은 어떻게 인내와 의지를 강하게 하는가 · 382

　1. 왜 고난은 인내라는 지혜를 키우나 · 382

　2. 왜 고난은 의지력과 담대함(면역력)을 키우나 · 386

　* 랍비 강의: 인생은 바이올린의 현과 같다

　3. 왜 유대인은 절망을 이기기 위해 희망을 키우나 · 392

　　　A. 악을 이기기 위해 선의 면역력을 키우는 이유

　　　B. 비관을 버리고 낙관을 키워야 하는 이유

　　　* 아침 좋은 글: 사랑이 나타나는 곳

　4. 안네의 일기에서 배워라 · 397

　5. 골프 선수 박세리를 교육시킨 그녀 아버지의 예 · 398

III. 고난의 시험을 이긴 자는 어떤 보상을 받는가 · 402

제4장 하나님이 자녀를 출세시키는 법

I. 인간과 하나님의 자녀 출세시키는 법 차이 · 406

   1. 요셉과 다윗처럼 출세시키려면 고난대학에 보내라 · 406

   2. 하나님은 왜 요셉, 모세, 바울을 이민보내셨는가 · 408

      A. 이민신학이란

      B. 하나님이 요셉, 모세, 바울을 이민 보내신 목적

   3. 이민자 요셉이 애굽에서 받은 고난의 의미와 교훈 · 414

      A. 왜 하나님은 악인은 흥하고 의인은 망하게 하셨는가

      B. 요셉의 고난이 성도에게 주는 교훈

   * 명사 특강: 젊은 선비의 꿈 해몽

II. 고난을 겪는다고 모두 유대인처럼 강한가 · 424

III. 유대인은 왜 고난을 극복하기 위해 웃는가 〈고난 극복 방법〉 · 425

   1. 하나님 앞에서는 울고, 사람 앞에서는 웃어라 · 425

   2. 탈무드에 기초한 유대인 유머의 특징 · 428

   * 쉬었다 갑시다: 유머는 강력한 무기

제5장 제5부 요약 및 결론

제6부
고난의 역사교육 시리즈 전5권을 마치며 〈전5권 요약 및 결론〉

첫째, 모세오경 시대에 유대인이 겪었던 고난의 두 장소: 애굽과 광야

둘째, 유대인이 겪었던 고난의 두 장소 차이: 지옥 훈련 vs. 천국 훈련

셋째, 유대인이 가나안에 입성한 이후 받은 하나님의 고난의 역사를 기억하는 교육

넷째, 현재 유대인이 기억하는 4가지 시대의 고난의 역사

다섯째, 고난을 피하려면 고난의 역사를 기억하라

여섯째, 유대인은 평시에도 고난의 생활을 강조한다

일곱째, 유대인에게 고난교육만 시키면 독수리 민족이 되겠는가

    A. 왜 독수리 교육에 수직문화가 필수인가 〈큰 인물을 만드는 법〉

    B. 실례: 하나님은 왜 아론 대신 모세를 택하셨나

    C. 문답으로 정리한 하나님이 모세를 애굽에 유학 보내신 이유

여덟째, 유대인이 노예출신이었다는 점에도 장점이 있다

아홉째, 요약 및 결론요약 및 결론I. 문제 제기

부 록

부록 1: 쉐마지도자클리닉 참석자들의 증언

- 정신이 번쩍 들었다 미국에서 K-Pop이 아닌 전통 국악을 부르겠다・467
  - 조하영 학생(The Pennsylvania State University, 미국 유학생)
- 한국 교회 위기의 원인을 발견하고 통곡하며 회개했습니다・470
  - 한상현 박사(백석전문대학원 구약학 Ph.d, 쉐마초등학교 교목)

부록 2: 사진으로 보는 쉐마교사대학 이모저모・479

부록 3: 쉐마 국악 찬양・492

부록 4: 쉐마자녀교육 십계명・499

참고 자료(References)・509

다음은 고난의 역사교육 시리즈 제1-4권의 주요 목차입니다

제1권의 목차

제1부 하나님의 인간교육(고난교육신학)

제1장 구원론적 입장에서 본 출애굽 사건
  I. 서론: 신명기가 말하는 하나님의 인간교육
  II. 구원론적 입장에서 본 출애굽 사건
  III. 결론 및 기독교에 적용

제2장 모세오경에 나타난 하나님의 고난교육과 전인교육
  I. 광야교회의 목적
  II. 심리교육: 1) 시험하셨다 2) 두려워하게(경외) 하셨다
  III. 육적 교육: 1) 주리게 하셨다 2) 광야를 걷게 하셨다
  IV. 인격교육: 낮추게 하셨다
  V. 영적 교육: 만나를 먹이셨다
  VI. 율법교육, 성막교육 및 절기교육: 하나님의 형상을 닮는 교육
  VII. 결과: 마침내 복을 받았다 - 가나안 정복

제3장 요약 및 결론
  I. 요약: 하나님의 인간 교육의 6단계
  II. 결론

제2권의 목차

제2부 이스라엘의 건국 과정과 국가관

제1장 이스라엘과 이방 나라는 건국 과정이 다르다
  I. 이스라엘이 건국되는 과정
  II. 이스라엘의 국가관과 이방 나라의 국가관의 차이
  III. 이스라엘은 하나님이 낳으신 국가

제2장 가나안에 대한 영적 해석
  I. 이스라엘의 국가관이 기독교인에게도 적용되는 이유
  II. 가나안 정복의 뜻: 유대인과 기독교인의 동일성

제3장 이스라엘 건국 과정과 건국 후 가나안에 관한 난해한 질문들과 답변
    I. 하나님이 가나안 땅을 빼앗아 유대인에게 주신 것은 윤리적으로 옳은가?
    II. 가나안 정복 이후 이스라엘 상황을 기독교인에게 적용:
        성도의 몸을 가나안으로 비유

제3부 유대인의 고난의 역사신학
제1장 유대인의 신구약 시대 고난의 역사와 고난의 이유
    I. 구약시대의 고난의 역사
    II. 신약시대의 고난의 역사
    III. 신약시대 유대인이 고난(미움)을 당한 이유
    IV. 유대인의 인사법과 한국인의 인사법 차이

제2장 유대인의 고난의 역사신학<신명기 32:7절을 중심으로>
    I. 서론
    II. 기억의 신학
    III. 유대인의 역사와 이방인의 역사의 차이
    IV. 질문과 설명을 통한 기억의 방법
    V. 과거를 가르치는 부모와 배우는 자녀의 유형
    VI. 요약 및 결론

제3-1장 용서와 기억의 신학 1(개인과 개인 사이)
    I. 문제 제기
    II. 용서의 유익
    III. 기억의 유익
    IV. 예수님이 가르쳐 주신 '용서와 기억'의 신학
    V. 용서의 심리학
    VI. 요약 및 결론

제3-2장 용서와 기억의 신학 2(국가와 국가 사이)
    I. 세계화의 원리: 다문화권에서 동화의 원리
    II. 국수주의의 위험성과 샐러드 볼 이론
    III. 올바른 국가관: 이웃과 이웃 사이, 국가와 국가 사이의 차이점
        (국가관의 시각에서 9·11 테러 후 미국의 대응은 옳았나)

제3권의 목차

제3부 유대인의 고난의 역사신학

제4-1장 고난의 역사교육, 왜 필요한가: 인성교육학적 입장
I. 고난의 역사교육은 정체성을 갖게 하는 수직문화다
II. 역사 속에서 살아남은 유대민족의 특성(인성 1권에서 옴)
III. 결론: 랍비의 증언, 유대인은 문화를 지니고 다녔다

제4-2장 고난의 역사교육, 왜 필요한가: 신학적 입장
I. 문제 제기
II. 유대인이 고난의 역사를 기억하는 이유
III. 요약 및 결론

제5장 고난을 이기는 유대인의 희망의 신학
I. 문제제기
II. 유대인의 희망 신학 형성 과정
III. 유대인의 희망 신학 내용
IV. 희망의 신학 실천의 결과: 유월절에 부르는 노래 '아니마민'(나는 믿는다)
V. 요약, 적용 및 결론

제4부 유대인의 고난의 역사 교육 방법

제1장 자녀들은 질문하고 아비는 설명하라
IV. 질문과 설명을 통한 기억의 방법
V. 과거를 가르치는 부모와 배우는 자녀의 유형
VI. 요약 및 결론

제2장 유대인은 끝까지 악을 물리쳐정의를 구현한다
I. 문제 제기: 독일과 일본의 역사인식은 왜 다른가
II. 유대인의 독일 전범처리 방법의 정당성
III. 중국의 일제 전범 처리 방법의 부당성
IV. 미국의 일본 전범 처리 방법의 부당성
V. 중국과 미국의 오류로 인한 일본의 잘못된 역사인식
VI. 요약 및 결론
VII. 정의구현할 힘이 없을 때, 유대인의 키두쉬 하셈과 순교 정신

제4권의 목차

제4부 유대인의 고난의 역사 교육 방법
제3장 고난의 역사교육을 위한 유대인의 절기교육
<고난의 역사교육학적 입장에서 본 유대인의 절기 연구>
<절기 신학>

Ⅰ. 서론
   1. 하나님이 '여호와의 절기'를 제정하신 두 가지 목적
   2. 절기의 교육학적 및 신앙적 유익
   3. 문제제기: 유대인 절기가 기독교에 필요한 이유
   4. 요약, 결론 및 앞으로의 과제
Ⅱ. 안식일은 가장 기본 절기다
Ⅲ. 로쉬하샤나와 욤키푸어를 통한 고난의 역사교육
Ⅳ. 초막절을 통한 고난의 역사교육
Ⅴ. 부림절을 통한 고난의 역사교육
Ⅵ. 유월절을 통한 고난의 역사 교육
Ⅶ. 오순절을 통한 고난의 역사교육
Ⅷ. 티샤바브를 통한 고난의 역사교육
Ⅸ. 제3장 요약, 결론 및 적용
   1. 제3장 요약 및 결론
   2. 본받아야 할 유대인 절기의 장점과 특징
   3. 한국인 절기교육의 문제점과 해결 방안

부록1: 충효를 무시한 결과 얻은 인성교육의 재앙

저자 서문

《고난의 역사교육 시리즈 제1-5권》을 출간하면서
〈수정증보, 2019〉

〈저자 주: 제5권의 저자 서문은 저자의 고난의 역사교육 시리즈 제2-4권과 유사하되, '제4권 내용 더 엿보기'는 '제5권 내용 더 엿보기'로 바뀌었다.〉

쉐마교육학 개척의 역사 요약

저자는 학위 논문으로 2세종교교육의 방향을 제시하는 논문(1990)을 썼다. 그리고 이 논문을 한글로 번역하여 '문화와 종교교육'이라는 저서를 출간했다(1993). 그리고 그 저서의 이론에 맞는 교육의 모델로 정통파 유대인을 택하여 그들의 교육을 연구했다. 그 연구의 결과를 유대인자녀 교육서 'IQ는 아버지 EQ는 어머니 몫이다'(전3권, 1996, 1999, 2009)로 출간했는데, 이 저서가 스테디 베스트셀러가 되면서 세상에 알려지게 되었다.

그 후 창세기 18장 19절을 연구하다가 2006년에는 하나님의 은혜로 세계 최초로 구약의 지상명령을 발견하여 '잃어버린 구약의 지상명령 쉐마'(전3권, 2006, 2009)를 출간했다. 구약의 지상명령(창18:19; 신6:4-9)은 하나님이 아브라함에게 주신, 가정에서 자손대대로 하나님의 말씀을 전수하여 오실 예수님을 준비하라는 절대 명령이다. 신약의 지상명령이 복음을 만방에 전파하라는 수평선교라면, 구약의 지상명령은 하나님의 말씀을 자손대대로 전수하라는 수직선교다.

이것은 신약교회가 잃어버렸던 신구약 교육신학의 척추를 발견하는 놀라운 계기가 되었다. 그 동안 연구해 왔던 유대인 자녀교육에 대한 단편적인 소주제들이 마치 흩어졌던 퍼즐들의 짝이 맞추어지듯 구약의 지상명령 쉐마를 중심으로 하나로 맞추어지기 시작했다. 이것이 '쉐마교육학'이라는 새로운 학문의 영역을 개척하게 된 씨앗이 되었다.

그 동안 출간된 쉐마교육론 총서는 모두 성경을 근거로 구약의 지상명령 쉐마를 실천하는데 필요한 저서들이다. 저서로는 가정신학(전2권), 자녀신학, 아버지 신학, 어머니 신학(전2권), 성신학, 효신학(전3권), 경제신학, 그리고 한국형 주일가정식탁예배 예식서 등이 있다.

또한 '문화와 종교교육'의 이론에 기초하여 유대인을 모델로 한 '현용수의 인성교육 노하우'(전4권)를 출간함으로서 '인성교육학'이라는 새로운 학문의 영역을 개척하게 되었다. 이로써 인성교육에 대한 필요성이 무엇보다 높아졌음에도 불구하고 그저 단편적이고 일시적인 방안들만 제시하던 기존 이론들의 문제를 뛰어넘어 통합적 인성교육의 대안을 명쾌하게 제시 할 수 있게 되었다.

그리고 'IQ는 아버지 EQ는 어머니 몫이다'라는 저서가 출간된 지 4년 만에 '부모여 자녀를 제자삼아라'(전2권)를 출간했다. 이것은 왜 기독교교육에 유대인 자녀교육이 필요한지에 대한 답변에 관한 책이다. 그 결과 약 25년 동안 총론(IQ-EQ서) 3권, 인성교육론 총서 8권과 쉐마교육론 총서 24권, 도합 35권을 출간하게 되었다. 여기에 유대인 랍비 토카이어와 랍비 솔로몬이 지은 탈무드서를 편역한 7권까지 포함 하면 저자가 집필한 저서는 총 42권이 된다.

유대인의 고난의 역사교육 시리즈
제1권과 제2-5권의 내용 비교

제1권 주제 요약

이스라엘은 한국의 강원도(21,643km2, 한반도의 1/10)만한 지극히 작은 나라다. 비도 잘 오지 않는 지중해 습윤(연안과 고지 지역)과 건조 고원(브엘세바 중심한 네게브 지역), 사하라 사막(네게브 남방), 오하시스(사해 주변) 기후의 혼합형이다. 거기다 늘 팔레스타인과의 전쟁 때문에 불안정한 사회생활의 연속이다.

그 뿐인가? 이스라엘은 AD 70년에 로마에 멸망을 당한 후 유대민족은 세계로 흩어졌다가 1948년5월 14일에 독립(건국)했다. 이를 계기로 약 2000여년 동안 유럽, 아프리카, 아시아, 아메리카 등 세계 102개 나라에 흩어져서 살았던 유대인이 계속 귀환하여 구성된 나라다(*The Christian World*, USA, 2009, Nov. 16).

현대 이스라엘의 건국 후 역사는 70년도 채 안 된다(2015년 기준). 인구도 건국 당시 60만이었는데 2008년 현재 7,018,000명으로 늘었을 뿐이다(*The Christian World*, USA, 2009,Nov. 16). 다양한 지역에서 이주하여 왔기 때문에 다양한 언어와 문화적 배경을 가지고 있는 이민자들을 흡수, 정착시키는 일도 힘든데, 주변엔 온통 이스라엘을 멸망시키려고 호시탐탐 기회를 노리는 13억의 거대한 아랍 나라들이 둘러싸고 있으니 얼마나 힘겨운 상황인가?

이러한 최악의 인적, 역사적, 지형적 열세에도 불구하고 유대인은 역사적으로 다음 네 가지 기적 같은 일들을 성취했다.

1) 4000년 동안 세대 차이 없는 하나님의 말씀전수에 성공

유대인은 어떻게 아브라함 때부터 현재까지 4000년 동안 자손 대대로 하나님의 말씀을 전수하는 데 성공했는가?

2) 4000년 동안 세대 차이 없는 자녀의 성결교육에 성공

유대인은 어떻게 전 세계를 유랑하면서도 자녀들을 거주하는 지역의 이방문화에 동화되지 않게 하고, 성결교육을 시키는 데 성공했는가?

3) 강한 국가 경쟁력 강화에 성공

이스라엘은 어떻게 700만 명의 인구로 13억의 아랍권을 이기는가?

4) 세상의 IQ교육에도 성공

그럼에도 불구하고 유대인은 어떻게 역사적으로 노벨상 32%를 받을 만큼 IQ교육에도 성공했는가?

저자는 유대인의 이 네 가지 기적 같은 성공의 비밀을 밝히기 위해 35권의 책을 저술했다. 특히 이스라엘이 700만 명이라는 적은 인구로 13억의 아랍권을 이기는 저력은 어디에서 나오는가?

그것은 강력한 정신세계가 있기 때문이다. 그 정신세계를 이루게 하는 유대인의 가장 중요한 교육들 중 하나가 고난의 역사교육이다.

〈물론 IQ교육은 '유대인 아버지의 4차원 영재교육', 그리고 1항과 2항은 '잃어버린 구약의 지상명령 쉐마'(전3권)와 '신앙명가 이렇게 세워라'(전2권)를 비롯한 다른 저서들 참고 바람〉

본서의 주제인 '고난교육신학'은 하나님이 하신 고난교육과 고난의 역사교육으로 형성되어 있다. 고난교육신학 시리즈 제1권 제1부가 2014년에 모세오경을 중심으로 쓴 '하나님의 독수리 자녀교육'이란 제목으로 출간되었다.

모세오경에 나타난 출애굽 사건과 광야 40년의 생활을 '구원론적 측면'과 '인성교육학적인 측면'에서 분석하고 정리한 책이다. 큰 틀에서 보면 하나님이 창조하신 인간을 어떻게 하나님이 원하시는 인간으로 교육하시고 훈련시키시는가 하는 '하나님의 인간교육'에 관한 내용이다.

하나님은 이스라엘 백성을 광야에서 여러 번 시험하셨고(평가 교육), 40년 동안 주리게 하셨고(육적 교육), 낮추셨고(인격 교육), 만나를 먹이셨다(영적 교육)(신 8:1-3). '하나님의 독수리 자녀교육'은 하나님이 가장 사랑하신다는 이스라엘 백성을 교육시키시는데 왜 그토록 험난한 고난을 주셨는지, 그 이유를 밝힌 책이다. 하나님의 교육은 여기에서 그치지 않으셨다. 그들을 자손대대로 강한 민족으로 만드시기 위하여 조직적이고 강력한 수직문화를 형성하게 하셨다.

제1권 하나님의 독수리 자녀교육

모세오경에 나타난
**하나님의 인간교육 =
구원론적 측면 + 인성교육학적인 측면**에서 분석한 책

그것을 무엇으로 증명할 수 있는가? 하나님은 이스라엘 백성의 인성교육에 반드시 필요한 수직문화를 형성하기 위한 효교육, 고난교육, 성막교육(종교교육), 율법 및 율례와 법도 교육 및 절기교육들을 창안하시고 실천하게 하셨다. 그리고 후일 고난의 역사교육을 첨가하셨다(신 32:7). 이런 수직문화의 중요한 요소들은 후일 유대인의 전통과 문화로 정착되어 자손대대로 지키며 전수되고 있다.

이것은 무엇을 뜻하나? 유대인이 탁월한 민족이 된 것은 성경공부만을 잘 해서 된 것이 아니고, 인성교육학적인 입장에서 그들의 탁월한 수직문화를 소유했기 때문이라는 점에 주목해야 한다(수직문화에 대해서는 저자의 저서 '현용수의 인성교육 노하우' 전4권 참조). 성경공부만 잘 할 경우에는 제사장 나라는 만들 수 있지만, 그 나라를 지킬만한 독수리 민족은 될 수 없다는 점을 명심해야 한다.

오늘날 교회에서 자녀들에게 성경을 열심히 가르친다. 이로써 영성이 높은 자녀들로 만드는 데는 성공했지만, 독수리 같은 큰 인물들로 만드는 데는 한계가 있었다. 오늘 날 모태신앙을 가진 자녀들 가운데, 부모 세대처럼 독수리 같은 큰 인물들이 많이 나

하나님이 원하시는 이스라엘 나라와 민족

이스라엘에서 영적 측면	세계에서 힘의 측면

하나님의 거룩한 제사장 나라 (출19:5-6)
하나님만 섬기는 나라

방법: 예배(제사)·기도 성경공부

+

작지만 강한 **독수리 민족**(신32:11)
수많은 참새들(아랍)을 이기는 민족

방법: 쉐마교육
[**강한 수직문화**(효·고난·역사교육)
+ (성막·율법·절기교육=전통)
+ **말씀전수**(탈무딕 디베이트식 IQ교육)]

※ 따라서 하나님의 백성은 성경공부도 해야 하지만, 강한 수직문화도 가져야 한다.

〈저자 주: 더 자세한 내용은 본서 제6부 전5권 요약 및 결론 부분의 일곱째, '유대인에게 고난교육만 시키면 독수리 민족이 되겠는가' 중 A항 참조〉

오지 않는 이유가 여기에 있다.

독수리는 가장 빠르고 높이 나는 기민한 새(삼하 1:23; 욥 9:26, 39:27)로 세상에서 가장 강한 하늘의 제왕이다. 따라서 독수리는 이스라엘을 구할 지도자의 상징(출 19:4; 신 28:49)이며, 힘의 상징(사 40:31)이다. 하나님은 유대인을 독수리 민족으로 강하게 훈련시키셨다(신 32:11).

우리는 하나님이 이스라엘 민족에게 왜 율법(말씀)만 주시지 않으시고, 이와 함께 강한 수직문화를 형성하기 위해 앞에서 언급한 요소들을 주셨는지를 곰곰이 생각해야 한다.

그 이유는 하나님은 당시 세계에서 가장 천하고 무기력했던 노예 민족을 택하시어 광야에서 40년 만에 영적으로는 하나님의 소유인 거룩한 백성이 되어 제사장 나라(출 19:6)로 우뚝 서게 하고, 동시에 세상에서는 세계 열방 위에 뛰어난 독수리 민족(신 32:11)으로 우뚝 서게 하시기 위함이었다. 그 교육의 모델이 이스라엘 백성들이 가나안을 정복하게 하신 후 그 땅에 건국한 이스라엘이라는 신본주의 국가다.

따라서 이스라엘은 역사적으로 하나님과의 관계가 좋았을 때는, 즉 제사장 나라의 역할을 잘 했을 때에는 항상 적은 인구와 작은 국토를 가졌음에도 불구하고(신 7:7), 주변의 수많은 거대한 아랍 나라들과 이방 나라들을 이겨왔었다.

이것은 작은 독수리 한 마리가 주변의 수많은 참새 떼를 이기는 것으로 비유할 수 있다. 창조주 하나님이 계획하시고 성취하신 쉐마교육의 파워가 여기에 있다. 제1권은 이 비밀을 모세오경을 근거로 성경신학적 입장과 인성교육학적인 입장에서 분석하고 정리한 책이다. 이것은 역사적으로 모세오경을 대부분 구속사적 입장에서 해석한 것과 확연히 다르다.

제2-5권 주제 요약

고난교육신학 시리즈 제2권은 '유대인의 고난의 역사교육'이다. 제2-3부가 포함된다. 제2부에서는 이스라엘의 정체성과 국가관을 다룬다. 현재와 같은 이스라엘의 국가관이 왜, 어떻게 형성되었는지를 성경신학적으로 설명한다. 하나님이 인류 구원을 위해 예정하신 최초의 신본주의 국가인 제사장 나라(출 19:5-6)를 건국하시는 과정을 자세하게 설명한다.

이스라엘과 이방 국가의 차이를 여러 각도에서 대조하고 이에 얽힌 난해한 질문들에 답변한다. 그리고 하나님께서 이스라엘이 수천 년 동안 강대한 아랍권과 적대적인 대치 관계를 형성하게 된 원인을 제공한 분이시라는 것을 밝힌다.

가장 큰 이유는 하나님께서 이스라엘이라는 국가를 만드실 때 그들이 점령한 가나안 땅 자체를 세상법과 거의 반대로 진행하셨다는 것이다. 그런 환경을 만들어 놓으시고 하나님은 이스라엘 백성이 하나님과의 관계가 좋을 때는 강대한 아랍권을 이기게 하시고, 그렇지 못했을 때에는 항상 아랍권에 의해 괴롭힘을 당하도록 하셨다. 따라서 제2부에서는 유대인이 왜 1) 하나님으로부터, 그리고 2) 이방인으로부터 많은 고난을 당했는지 그 이유를 설명한다.

제3부의 주제는 고난의 역사교육신학으로 바뀐다. 유대인이 가나안에 이스라엘이라는 나라를 건설한 이후 그 나라에 살면서 왜 고난을 당한 과거의 사건들을 기억해야 하는지를 설명한다. 이것은 신약시대의 기독교교육이 하나님께서는 우리의 과거 죄를 기억하시지 않으신다(사 43:25; 렘 31:34; 히 8:12, 10:17)는 이유로 우리가 지은 과거의 죄와 사건, 즉 고난의 역사를 기억하지 않게 교육시킨 것과 대치되는 대목이다.

이것은 대단히 중요한 주제다. 왜냐하면 자녀에게 고난의 역사를 기억시키는 것과 그렇지 못함에 따라 인성교육에 엄청난 긍정적인 영향과 부정적인 영향을 미치기 때문이다. 따라서 저자는 2000년 동안 잘못 가르쳐 왔던 '용서와 기억의 신학'을 왜 그것이 잘못되었는지 성경신학적으로 논증하여 바로잡는다.

제3권은 제3부 제4장과 제5장 그리고 제4부 제1, 2장이 포함된다. 제4-1장은 고난의 역사교육, 왜 필요한가에 대한 답을 인성교육학적 입장에서 설명한다. 그리고 제4-2장은 고난의 역사교육, 왜 필요한가에 대한 답을 성경신학적인 입장에서 아홉 가지 이유를 들어 설명한다. 아홉 가지 이유는 아홉 가지 유익이란 뜻도 포함된다.

제5장은 희망 신학이다. 한국은 자살률 세계 1등, 행복지수는 세계 꼴찌 수준이다(YTN, 2014년 9월 25일; 연합 뉴스, 2013년 5월 28일). 반면 정통파 유대인은 비종교인 유대인보다 자살율도 55% 낮고, 미국의 정통파 유대인은 다른 종교인들보다 행복지수가 가장 높다(Tobin; Rampel). 희망의 신학적 입장에서 가장 큰 이유는 한국인은 미래에 희망이 없다고 생각하는 경향이 많고, 반면 유대인은 미래에 희망이 있다고 생각하는 경향이 많기 때문이다. 저자는 제5장에서 유대인의 희망 신학은 어떻게 형성되었고, 희망 신학의 가치관, 즉 내용은 무엇인지, 그리고 그 희망 신학을 어떻게 실천하고 그 결과는 어떠한지를 설명한다.

제4부는 유대인의 고난의 역사 교육 방법이다. 전7장으로 구성되어 있다. 이 중 제1장 '자녀들은 질문하고 아비는 설명하라'(신명기 32:7절을 중심으로)와 제2장 '유대인은 끝까지 악을 물리쳐 정의를 구현한다'(독일과 일본의 역사인식이 다르게 형성된 원인 연구)가 제3권에 포함되어 있다.

독일과 일본의 역사인식은 왜 서로 다른가? 이에 대한 답을 찾기 위해 유대인의 나치 전범처리 방법을 중국과 미국의 일제 전범처리 방법과 비교 대조하면서, 유대인의 전범처리 방법이 중국과 미국의 방법에 비해 옳다는 것을 증명한다.

제3권 제1장에는 '자녀들은 질문하고 아비는 설명하라'(신명기 32:7 절을 중심으로)와 제2장 '유대인은 끝까지 악을 물리쳐 정의를 구현 한다'(독일과 일본의 역사인식이 다르게 형성된 원인 연구)가 포함되어 있다.

독일과 일본의 역사인식은 왜 서로 다른가? 이에 대한 답을 찾기 위해 유대인의 나치 전범처리 방법을 중국과 미국의 일제 전범처리 방법과 비교 대조하면서, 유대인의 전범처리 방법이중국과 미국의 방법에 비해 옳다는 것을 증명한다.

제4권은 제4부 '유대인의 고난의 역사 교육 방법' 중 제3장 '고난의 역사교육을 위한 유대인의 절기 교육, 즉 '절기 신학'이다. 하나님께서 왜 '여호와의 절기'를 제정하셨는가? 하나님께서 쓸데 없는 것을 만드시고 지키라고 명령하셨는가? 아니다. 그만큼 절기가 하나님의 백성들에게 중요하기 때문이다.

하나님께서 절기를 만드신 목적은 크게 두 가지가 있다. 1) 절기를 통하여 인류를 구속하시려는 하나님의 구속사적 의미와 스케줄을 알려주시기 위한 목적, 즉 구속사적 목적과, 2) 절기를 통한 하나님의 백성을 교육시키실 목적, 즉 교육학적 목적이다.

기독교는 1항에 관한 연구에는 충실했지만, 2항에 관해서는 구약의 절기는 지킬 필요가 없다고 하여 등한시했다. 이것은 무엇을 뜻하나? 구약의 절기를 구속사적 입장에서만 연구하고, 교육학적인 입장에서는 별 관심이 없었다는 것을 뜻한다. 따라서 본서는 고난교육신학적인 입장에서 주로 제2항에 초점을 맞추어 설명했다.

제3장에서 살펴본 유대인의 절기들은 안식일, 로쉬하샤나와 욤키푸어, 초막절, 부림절, 유월절, 오순절, 그리고 티샤 바브 등이다. 각 절기마다 절기의 목적과 지키는 방법이 다르다.

먹고 마시고 노래를 부르고 춤을 추며 즐기는 절기가 있는가 하면(부림절), 두렵고 떨리는 마음으로 죄를 회개하는 절기도 있다(로쉬하샤나와 욤키푸어). 그리고 일체의 육의 즐거움을 절제하며 처절했던 과거의 고난을 기억해야 하는 절기도 있다(티샤 바브). 집 밖에서 초막을 쳐 놓고 그 안에서 가족들끼리 일주일 동안 지키는 절기도 있다(초막절).

이것은 인간의 희로애락의 감성을 고루 이용하여 유대인 모두를 집단적으로 전인교육을 시키는 최고의 거대한 하나님이 만드신 교육 시스템이다. 따라서 본서를 읽으면 절기의 요소요소마다 하나님의 놀라운 지혜를 발견할 수 있을 것이다.

인성교육학적인 입장에서 왜 유대인에게 절기가 없으면 그들의 수직문화(정체성)가 형성될 수 없는가? 왜 다양한 절기는 다양한 소통의 도구이며, 다양한 훈련과 교육의 도구인가?

본서는 유대인의 절기들만 소개하는 것이 아니라, 각 절기들을 한국인 기독교식으로 어떻게 접목할 수 있는지 그 방법들도 자세히 소개했다. 그리고 접목할 때 필요한 원리와 공식도 소개했다.

또한 본서는 1) 무력한 자녀를 독수리처럼 강하게 키우는 법을 소개한다. 그리고 2) 오늘날 우리의 자녀들이 방자해져가는 이유도 우리 선조들의 고난을 유대인처럼 가르치지 않아 잊었기 때문임을 반성하게 한다.

제5권에는 제4권 제4부 '유대인의 고난의 역사 교육 방법' 중 제4-7장이 있다. 제4장은 '유대인의 고난의 역사 현장 교육'이다. 유대인은 고난의 역사 현장을 자녀에게 고난을 가르치는 교육의 장(場)으로 활용한다. 대표적인 것이 맛사다와 폴란드 아우슈비츠 강제 수용소다. 제5장은 '유대인의 고난의 역사박물관 교육'이다. 유대인 자녀들은 고난의 역사박물관을 보고 4가지가 변한다.

제6장은 '유대인의 고난의 역사를 기억하는 교육방법 창안'이다. 그 예로 유대인이 결혼식에서 신랑신부가 유리컵을 발로 밟아서 깨뜨리는 순서(이벤트)를 소개했다. 유대인은 가장 기쁜(쾌락적인) 순간에 가장 슬픈 일을 기억한다. 제7장은 가문의 고난의 역사를 기억하는 방법을 소개한다. 본서에는 각 장마다 유대인의 고난의 역사교육 방법만 설명한 것이 아니라 어떻게 한국인에게 적용할까에 대해서도 자세하게 설명했다.

제5부는 '고난이 주는 유익: 왜 인간에게 고난이 중요한가'이다. 이것은 '고난 신학'이다.

제1장 '서론: 하나님의 본심은 인간의 행복이다'. 제2장 '하나님이 인간에게 고난을 주시는 이유'. 제3장 '인간에게 고난이 유익한 이유'. 제4장 '하나님이 자녀를 출세시키는 법', 제5장 '제5부 요약 및 결론' 등이 있다.

제6부는 '고난의 역사교육 시리즈 전5권을 마치며' 전5권 전체를 요약하고 결론을 맺는다.

제1권과 제2-5권의 내용 비교

제1권은 모세오경을 기초로 한 '하나님의 독수리 자녀교육'이고, 제2-5권은 '유대인의 고난의 역사교육'이다. 주로 유대인의 고난의 역사교육의 필요성과 방법을 소개하는 '고난의 역사교육 노하우'이다. 제1권과 제2-5권의 차이를 교육학적인 입장에서 대조해 보자.

제1권이 하나님이 이스라엘 백성을 광야에 모아놓고 40년 동안 고난 속에서 훈련시키신 교육의 이론과 방법에 대한 고난교육신학서라면, 제2-5권은 유대인이 요단강을 건너 가나안을 정복한 이후(신 6:1-2)에 하나님께서 그들에게 왜 고난의 역사를 기억하라고 하셨는지에 대한 고난의 역사신학과 기억의 방법을 설명하는 고난의 역사교육신학서이다.

전자가 공간적으로 시내광야였다면, 후자는 하나님이 주신 가나안과 그 외 이방인 땅에서 포로로 유랑했던 공간도 포함된다. 전자의 교사가 하나님 자신이라면(대리인은 모세), 후자의 교사는 둘인데, 첫째 교사는 하나님이시고, 두 번째 교사는 가정의 부모다(신 6:4-9). 학생은 전자나 후자나 모두 이스라엘 백성이다(신 32:7). 전자가 시간적으로 40년으로 제한되었다면, 후자는 모세 이후 현대까지 약 3200년 동안이다.

고난교육신학적인 입장에서 고난교육의 내용은 전자가 하나님께서 이스라엘 백성에게 광야의 길을 걷게 하시거나 주리게 하시는 고난을 주신 훈련이었다면, 후자는 이스라엘 백성이 애굽에서 겪었던 고난과 하나님이 그들에게 광야에서 주셨던 고난과 그 이

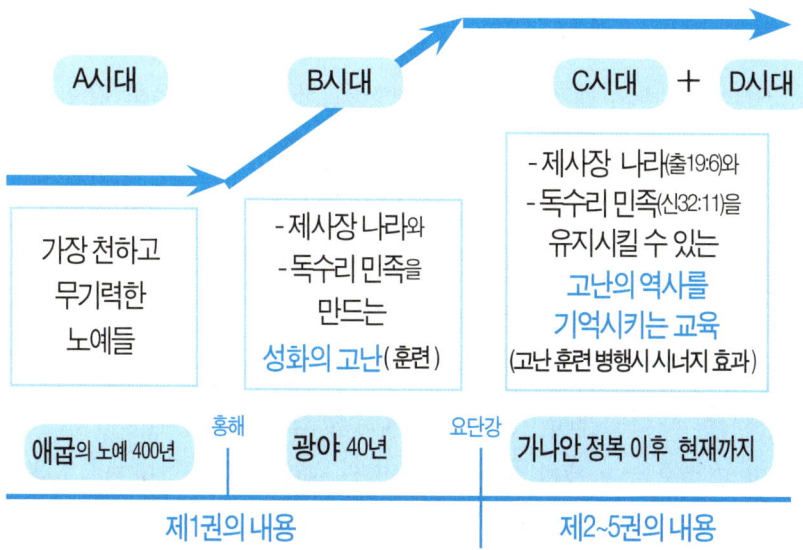

후에 겪은 고난의 역사들을 잊지 말고 기억시키라는 것이다.

여기에서 간단히 1) 애굽에서 겪은 고난과 2) 광야에서 겪은 고난의 차이에 대해 언급해 보자. 전자가 유대인이 애굽의 바로의 종으로 노예생활에서 겪은 고난이라면, 후자는 하나님이 직접 유대인에게 율법을 주시며 고난이란 도구로 훈련시키신 곳이다. 두 곳 모두 고난의 현장이었다는 점에서 공통점이 있다. 그러나 전자는 사탄이 주는 고난이었고, 후자는 하나님이 주시는 고난이란 차이가 있다. 그 차이는 고난의 원인, 과정 그리고 결과에서 지옥과 천국의 차이다.

〈저자 주: 자세한 것은 고난의 역사교육 시리즈 제5권 제6부 '고난의 역사교육 시리즈 전5권을 마치며' 참조〉

이제 1) 광야교육과 2) 요단강을 건너 가나안 입성 후의 교육을 비교해보자. 고난 교육의 형식적 입장에서 전자는 하나님이 이스라엘 백성에게 생업을 중단하게 하고 집단적으로 훈련소에 모아놓고 가르친 인간교육의 모델(원형)이었다면, 가나안에서의 고난 교육은 실제적으로 생업에 전념하면서 그리고 거대한 이방 나라들과 접해 살면서 그들과 실전(實戰)에서 겪은 수많은 고난의 역사들을 교육시키는 것이다.

따라서 전자가 가장 천하고 무기력한 유대인을 영적으로는 제사장 나라(출 19:5-6), 그리고 세상적으로는 세계 최강의 독수리 민족으로 만들기 위한 '고난의 훈련'(신 32:11)이었다면, 후자는 가나안에 이스라엘을 건설한 이후 자손대대로 이 두 가지를 유지할 수 있는, 즉 주변 강적들과 싸워 이길만 한 힘을 유지시키기 위한 '고난의 역사를 기억시키는 교육'이다.

이것은 인성교육을 위한 수직문화교육의 일부로써 고난의 훈련도 중요하지만, 고난의 역사를 기억시키는 교육 역시 그 만큼 중요하다는 것을 뜻한다. 물론 가장 효과적인 고난교육은 고난의 훈련과 고난의 역사를 기억시키는 교육을 함께 겸하는 것이다. 그렇게 하면 복음적 토양을 옥토로 만드는 데 더 큰 시너지 효과를 볼 수 있다. 따라서 제1권의 고난교육과 제2-5권의 고난의 역사를 기억시키는 교육은 무기력해져가는 현대교회를 다시 초대교회처럼 새 힘을 얻어 독수리의 날개 치며 올라가게(사 40:31) 만드는 비법이 될 것이다.

특별히 제3-5권에서는, 그렇다면 유대인은 조상들이 겪은 고난

고난교육신학, 제1권과 제2·5권의 차이

구분	고난교육신학 제1권 '하나님의 독수리 자녀교육'	고난교육신학 제2~5권 '유대인의 고난의 역사교육'
교육의 목표	하나님의 소유, 거룩한 백성 제사장 나라(출 19:6) 세계에 뛰어난 독수리 민족(신 32:11) 온 인류 구원의 모델이 됨	하나님의 소유, 거룩한 백성 제사장 나라(출 19:6) 세계에 뛰어난 독수리 민족(신 32:11) 온 인류 구원의 모델이 됨
고난 교육의 차이	가장 천하고 무기력한 노예 민족을 최강 민족으로 만들기 위한 고난훈련	가나안에 이스라엘을 건설한 이후 자손대대로 주변 강적들과 싸워 이길만 한 힘을 유지시키기 위한 '고난의 역사를 기억시키는 교육'
교육의 내용	하나님이 유대인을 시내 광야에서 훈련시키신 고난교육의 이론과 방법(신 8:1-4)	유대인이 가나안을 정복한 이후에 하나님이 고난의 역사를 기억하라(신 32:7) 고 하신 고난교육의 이론과 방법
교사	하나님 자신(대리인=모세)(신 8:1-4)	첫째 교사=하나님, 두 번째 교사=부모(신 6:4-9; 신 32:7)
학생	이스라엘 백성=유대인	이스라엘 백성=유대인
교육의 공간	광야 40년으로 제한	모세 이후 현대까지 약 3200년 동안
기억의 내용	없음(광야에서 직접 고난을 겪으심)	애굽에서 + 광야에서 + 가나안 정착이 후에 겪었던 고난들
고난 교육의 형태	훈련소에서 가르친 인간교육의 모델 (원형)	거대한 이방 나라들과 실전에서 겪은 수많은 고난의 역사교육 (고난의 훈련도 병행)
하나님의 위대하심을 증명	– 하나님이 3200년 전 이스라엘 백성에게 훈련시키셨던 고난교육의 내용과 방법이 21세기에 동일하게 적용되고 있음 – 세대차이 없음 – 현재 정통파 유대인의 생활 방식에서 확인할 수 있음	
결론	고난의 역사를 기억시키는 교육은 고난의 훈련만큼 중요하다. 이것이 유대인의 생존 비밀이다. 하나님이 창안하신 쉐마교육의 위력이다. 한국인도 이를 본받아야 한다.	

〈더 자세한 내용은 제5권 제6부 참조 바람〉

의 역사들을 어떤 방법들을 통하여 기억시키는지 그 노하우를 자세히 소개한다. 그리고 한국 민족에게 그것을 어떻게 가정과 교회 그리고 공동체에 적용할 수 있는지 그 노하우도 소개한다. 따라서 제1-2권이 고난의 역사교육의 이론서라면 제3-5권은 방법론이다.

여기에서 하나님의 위대하심을 다시 한 번 깨닫게 되는 것은 하나님이 3200년 전 이스라엘 백성에게 훈련시키셨던 교육의 내용(이론)과 방법이 아직도 세대 차이 없이 거의 동일하게 유지되고 있다는 사실이다. 이것은 21세기를 살아가는 정통파 유대인의 생활 방식에서 확인할 수 있다(저자의 다른 저서들 참조 바람).

만약 하나님의 광야 훈련교육이 그곳에서만 성공하고, 이스라엘이라는 나라를 건설한 이후 주변 강대국들과의 실전에서 실패를 했다면 하나님의 쉐마교육은 실패한 죽은 교육이 되었을 것이다.

따라서 예수님을 믿는 영적 유대인인 기독교인(갈 3:6-9)은 이 쉐마교육을 통해 자녀들에게 신앙을 전수하여 하나님 나라(제사장 나라)를 확장시킬 뿐만 아니라, 세상에서도 우뚝 설 수 있는 리더로 키우는 교육의 대안으로 적용해야 한다.

제5권 내용 더 엿보기

제4부의 주제는 '유대인의 고난의 역사 교육 방법'이다. 모두 전7장으로 구성되었다. 그 분량은 무려 고난의 역사교육 시리즈 전3권(제3권 제4권 제5권)에 나누어 설명할 정도다.

제1장 '자녀들은 질문하고 아비는 설명하라', 제2장 '유대인은 끝까지 악을 물리쳐 정의를 구현한다'는 고난의 역사교육 시리즈

제3권 후반부에 나온다. 그리고 제3장 '고난의 역사교육을 위한 유대인의 절기 교육'은 분량이 많아 제4권 전권에 설명했다.

본서 제5권에는 제4장 '유대인의 고난의 역사 현장교육', 제5장 '유대인의 고난의 역사박물관 교육', 제6장 '유대인의 고난의 역사를 기억하는 교육방법 창안', 그리고 제7장 '가문의 고난의 역사를 기억하는 방법' 등이 실려 있다.

제4장은 '유대인의 고난의 역사 현장교육'이다.

유대인은 고난의 역사 현장을 자녀들에게 고난을 가르치는 교육의 장(場)으로 활용한다. 대표적인 것이 맛사다와 폴란드 아우슈비츠 강제 수용소다. 그들은 그곳의 기원과 참혹함 그리고 고난에 대처했던 유대인의 정신을 매우 자세하게 가르친다.

유대인은 그곳을 자녀교육과 군사 훈련장소로 사용한다. 유대인 사관생도는 임관식 때 하나님에게 이렇게 맹세한다.

"우리에게 맛사다와 같은 일은 영원히 다시는 없을 것이다!"

외부에서 오는 거대한 물리적 힘에 굴복하지 않는 저항 정신을 배운다. 힘이 없으면 이와 같은 처참한 비극이 올 것을 대비해 힘을 기르겠다고 다짐한다. 유대인 자녀들은 이런 과정을 거치면서 독수리 민족으로 양육되어진다.

저자는 맛사다에 비유할 수 있는 한국의 고난의 역사교육 현장을 소개했다. 그 예가 병자호란 때 조선의 인조가 청나라 태종에게 겪은 굴욕을 담은 삼전도비다. 저자는 인성교육학적인 입장에서 이곳을 자녀교육과 군사 훈련장소로 사용할 것을 권한다. 한국의 사관학교 생도들은 임관식을 할 때에 삼전도비와 남한산성에서 하나님에게 이렇게 맹세하도록 해야 한다. "삼전도의 치욕 같은 사건은 이제 영원히 한국 민족의 역사에서 없을 것이다!"

안타까운 것은 대부분 한국인은 삼전도비가 어디에 있는지 초차도 모르고 유대인과 같은 교육을 자녀들에게 시키지 않는 데 있다. 더 한심한 것은 자라나는 세대에게 삼전도비가 자존심을 상하게 한다고 하여 한 때에는 땅에 파묻어버렸다는 것이다. 도대체 수치의 역사를 흙으로 덮는다고 덮여지는가? 치욕의 역사를 덮으면 미래에 그런 역사를 또 당한다.

유대인의 아우슈비츠 강제 수용소의 비극에 비유할 수 있는 한국인의 고난의 현장도 여러 곳 소개했다. '임진왜란의 고난의 역사 현장', '일제에 의한 한국인의 고난의 역사 현장' 그리고 '북한 공산당 김일성이 남한을 침략했던 6.25 전쟁터' 등이다.

제5장의 주제는 '유대인의 고난의 역사박물관 교육'이다.

유대인은 특히 자신들의 고난의 역사를 자녀들에게 가르치기 위하여 독일 나치에게 겪었던 대학살 고난의 박물관을 많이 짓는다. 세계 곳곳에 유대인이 거주하는 곳에는 거의 다 있다. 그들은 자녀들에게 그곳에서 자기 조상들이 겪었던 고난을 전하며 교육시킨다.

유대인 자녀들은 고난의 역사박물관을 보고 4가지가 변한다. 특히 자신의 잃어버렸던 정체성과 애족애국심을 되찾는다. 〈저자 주: 물론 고난의 역사 현장교육이나 다른 고난의 역사를 기억하는 교육에서도 동일한 효과를 얻을 수 있다.〉

그 결과 유대인의 애족애국심은 전 세계에 흩어진 3대가 함께 하는 단결력으로 이어진다. 이스라엘이 1967년 6일 전쟁에서 승리한 비밀은 바로 핵무기보다 강한 유대인의 애국심과 단결력의 파워에 있었다.

한국인 디아스포라도 유대인의 대학살 박물관 교육을 본받아야 한다. 예를 들어 용산 6.25 전쟁 전쟁기념관, 워싱턴 한국전 참전용사 기념비 등에 데려가 북한 공산주의자들이 얼마나 거짓에 능하고 잔인한지를 가르쳐야 한다. 그 결과 한국인 자녀들도 유대인 자녀들처럼 잃어버렸던 조국 대한민국을 위한 애족애국심을 되찾도록 해야 한다.

주기철 목사나 손양원 목사보다 빌리 그레이엄 목사를 더 많이 기억하는 자녀들, 이것이 옳은가? 한국 교회는 한국 근현대사에 미친 위대한 영향을 다음세대에 가르쳐야 한다. 왜 한국 정부는 해외 동포 자녀들에게 한국인의 수치스런 고난의 역사 현장은 보여 주지 않는가? 그 결과로 한국은 세대를 아우르는 단결력이 강하지 못한 것이 매우 아쉽다.

제6장은 '유대인의 고난의 역사를 기억하는 교육방법 창안'이다. 그 예로 유대인이 결혼식에서 신랑신부가 유리컵을 발로 밟아서 깨뜨리는 순서(이벤트)를 소개했다. 깨진 유리컵은 과거에 파괴되었던 예루살렘 성전을 상징한다. 유대인은 아무리 육적으로 기쁜 날이라고 해도 성전이 파괴된 그 비통한 사건을 결코 잊어서는 안 된다고 가르친다. 왜 유대인은 가장 기쁜(쾌락적인) 순간에 가장 슬픈 일을 기억하나?

한국인도 유대인 결혼식처럼 가장 처절했던 고난의 역사를 기억하는 결혼식 이벤트들을 만들어야 한다. 뿐만 아니라 저자는 본인이 실천했던 6.25 전쟁을 기억하는 방법을 저서에 소개했다.

"아-아 잊으랴 어찌 우리 이 날을/조국을 원수들[북한 공산당]이 짓밟아 오던 날을 ~~"

제7장은 가문의 고난의 역사를 기억하는 방법을 소개한다. 유대인은 다음세대에 개인의 가문의 고난의 역사도 전수한다. 물론 그 역사 속에는 가문의 영광스런 업적도 전수한다. 그 예로 유대인 키신저(전 미국 국무장관)의 예를 들었다.

그리고 한국인에게 적용할 수 있는 예로 충북 보은군 시골에서 6.25 전쟁 후 광주리 행상을 했던 저자 어머니의 고난의 역사를 소개했다. 저자는 키신저처럼 아들들에게 어머니의 고난을 전했다.

선교사의 모델이 되었던 바울도 자기 동족의 구원을 얼마나 소원했던가! 그는 "나의 형제 곧 골육의 친척을 위하여 내 자신이 저주를 받아 그리스도에게서 끊어질지라도 원하는 바로라"(롬 9:3)라고 간구했다.

이것은 무엇을 뜻하는가? 기독교인도 자신의 자녀들이 이런 위대한 인물을 만들기 위해서는 유대인의 고난의 역사교육 방법을 본받아야 한다. 그 방법이 하나님의 방법이기 때문이다.

그 결과 예수님의 형상을 닮은 사람은 부모를 공경하고 나라와 민족을 사랑하는 사람이 되어야 한다. 다른 민족의 영혼 구원을 위한 선교는 하면서, 자신의 부모나 민족을 위하여 울면서 기도하지 않는 사람은 잘못된 신앙을 가진 사람이다.

"너는 커서 위대한 인물(what)이 되라"고 하지만
어떻게(how) 그런 인물이 되는지는 모른다.
제4부는 '어떻게'에 관한 내용을 담는 주제다.

제5부는 '고난이 주는 유익: 왜 인간에게 고난이 중요한가'이다. 이것은 '고난 신학'이다. 고난의 역사교육 시리즈의 마지막 부분이다.

제1장 '서론: 하나님의 본심은 인간의 행복이다', 제2장 '하나님이 인간에게 고난을 주시는 이유', 제3장 '인간에게 고난이 유익한 이유', 제4장 '하나님이 자녀를 출세시키는 법', 제5장 '제5부 요약 및 결론' 등이 있다.

제1장은 '하나님의 본심은 인간의 행복이다'란 주제다. "사람의 생애는 울음으로 시작하여 통곡으로 끝난다." 이것이 하나님의 본심은 아니다.

제2장은 하나님이 인간에게 고난을 주시는 이유를 설명한다. 유대인은 어떻게 역사적으로 아브라함부터 현재까지 4000년 동안 성결한 삶을 유지해 왔는가? 인성교육학적인 입장에서 한국의 대부분 청소년들은 수평문화에 심하게 오염되어 있고, 유대인은 수직문화에 심취해 있기 때문이다.

유대인은 어떻게 자손 대대로 신본주의 사상을 가진 수직문화의 사람으로 양육하는데 성공하는가? 이에 대한 가장 중요한 답 중 하나가 유대인의 '고난 교육'과 '고난의 역사교육'이다. 여기에서는 '고난 교육'의 중요성에 대해 집중적으로 설명했다.

고난은 인간의 타락과 교만을 절제시킨다. 인간은 풍요에 익숙해지면 감사에 불감증이 생긴다. 이것이 교만과 풍요의 저주의 씨앗이다. 따라서 자녀를 풍요롭게만 키우면 저주의 씨앗을 심는 것과 같을 수도 있다.

본서는 다음 질문들에 대하여 답한다. 누가 보아도 정직하고 괜찮은 의인인데 왜 불행한 일을 더 당하는가? 반면 왜 불법을 행하는 악한 사람은 벌하지 않으시나? 과연 하나님은 정의로운 분이신가? 악인의 용도는 무엇인가? 그리고 고난은 어떻게 하나님을 찾게 하는지를 설명한다.

왜 고난은 저주가 아니라 또 다른 축복의 도구인가? 본서는 고난, 감사 및 행복의 상관관계를 설명한다. 고난은 인간을 감사의 사람으로 만든다. 고난에서 멀어지는 것은 좋지만, 과거의 고난을 잊으면 불행해진다. 어두움의 깊이를 아는 자만이 찬란한 빛의 소중함을 안다. 행복은 고난과 불행을 기억할 때 느끼고 감사에 비례한다. 저자는 자녀교육에 대해 전혀 모르는 분들에게 이렇게 권한다. "가난하게 키우세요. 그러면 일단은 60%는 먹고 들어갑니다."

그 외 감사에 대해서는 다음 주제로 설명한다. 감사자가 되는 법 vs 불평자가 되는 법 / 감사는 소유에 있지 않고 가진 것의 만족에 있다. "보다 풍족한 사람은 자기가 가진 것에 만족할 줄 아는 사람이다"(탈무드). / 감사자는 얻은 것을 세고, 불평자는 잃은 것을 센다. / 원망자는 죽고 감사자는 산다.

왜 바울이 "범사에 감사하라"(살전 5:18a)고 했는가? 왜 감사는 조건에 있지 않고 무조건적인가? 우리는 "그러니까 감사, 그럼에도 감사, 그럴수록 감사, 그것까지" 감사해야 한다. 하나님의 백성은 비록 먹고 살 것이 없어 굶더라도 여호와로 말미암아 즐거워해야 한다(합 3:17-18).

감사는 선한 열매를, 불평은 악한 열매를 맺는다. 행복은 언제나 감사의 문으로 들어와서 불평의 문으로 나간다. 그럼에도 불구하고 불행(고난)만 과도하게 기억하면 파멸을 자초한다. 그 예로 저자는 '과도한 세월호 참사 기억, 유대인이라면 어떻게 할까'라는 칼럼을 실었다.

제3장은 인간에게 고난이 왜 유익한지를 설명했다.

사상은 왜 고난의 사막에서 나오는지, 그리고 고난의 겨울은 어떻게 깊이 있는 인간, 즉 철학자로 만드는지에 대한 답을 준다. "눈물과 함께 빵을 먹어본 적이 없는 자, 그는 하늘의 힘을 알지 못한다." 독일 시인 괴테의 시다. 사상과 철학은 압구정동이나 라스베이거스 빌딩들에서가 아니라 고난의 사막에서 나온다. 성경 자체가 고난을 겪은 선지자들이 쓴 책이다.

유대인은 박해 속에서 지혜를 터득한 민족이다. 부족함을 최고의 선물로 삼아 유일한 자원인 두뇌 개발을 위한 교육에 집중하여 오늘의 성공을 일구었다. 인간의 눈은 어찌하여 하나님이 검은 부분을 통해서만 물체를 보도록 만드셨나? 인생은 어두운 사실을 통해서 밝은 것을 볼 수가 있기 때문이다. 그것이 곧 고난에서 얻는 지혜다.

본서는 수직문화가 강한 사람은 왜 인내심이 강하고 의지력과 담대함(면역력)을 키우는지를 설명한다. 왜 요즘 자녀들은 하찮은 일에, 조금만 힘들어도 견디지 못하는지를 알게 한다. 여호와 하나님께서 왜 그토록 사랑하시던 이스라엘 민족에게 고난을 주셨는가? 독수리처럼 강한 민족으로 키우시기 위함이다(신 32:11-12).

제4장은 인간과 하나님의 자녀 출세시키는 법의 차이를 설명한다. 인간은 자녀를 출세시키기 위하여 일류대학에 보내려 하지만, 하나님은 고난대학에 보내신다.

하나님이 요셉, 모세, 바울을 이민 보내신 목적은 무엇인가? 세계적인 일류 고난대학에 유학을 보내신 것이다. 이것이 이민신학의 원리다. 하나님은 왜 이스라엘 민족의 지도자로 하나님의 선민교육만(성경교육)을 받은 아론을 택하지 않으시고, 40년간 이집트 바로(사탄)의 이방교육을 받은 모세를 택하셨는가? 본서는 이에 대한 답을 준다.

요셉에게 고난이란 하나님이 작정하신 꿈을 이루게 하는 도구였다. 그렇다면 고난을 겪는 모든 사람들이 유대인처럼 강하게 되는가? 아니다. 아프리카, 남미 및 필리핀 국민들은 현재도 1960년대 한국처럼 너무나 가난하게 살고 있다. 그런데 왜 그들은 유대민족이나 한국 민족처럼 강한 독수리 민족이 되지 못하고 대를 이어 가난을 후대에게 물려주고 있는가? 본서는 이에 대한 답을 준다.

유대인은 왜 고난을 극복하는 방법으로 유머를 가르치는가? "하나님 앞에서는 울고, 사람 앞에서는 웃어라" 유대인의 격언이다. 유대인으로부터 성경을 빼앗으면 더 이상 유대인일 수 없는 것처럼 웃음을 빼앗는다면 더 이상 유대인일 수 없다. 유머는 그들의 삶의 강력한 무기다.

제5장은 제5부 전체의 요약 및 결론이다. 저자는 제5부의 시작 부분 '문제 제기'에서 '고난을 겪지 못한 세대에 나타난 타락상'(제2장 I. 1.항)을 소개했다. 그리고 이런 질문을 했다.

왜 세상 학문은 점점 발달하는데 인간은 점점 타락하는가? 왜 대부분 현대의 젊은이들은 유대인에 비하여 역사의식이 약한가? 그들은 고난도 모르거니와 역사적으로 고난을 기억하는 교육을 받아오지 못했기 때문이다. 그 책임은 누구에게 있는가? 어른들이다.

역사의식이 있다는 말은 철학적 사고 능력이 있다는 것을 뜻한다. 철학적 사고 능력이 있다는 말은 자신의 정체성 의식이 강하다는 것을 뜻한다. 이런 사람들은 자긍심이 높다. 그리고 세속의 환경 변화에 쉽게 흔들리지 않는다.

따라서 하나님의 말씀이 영혼의 양식이라면 고난은 인간을 영적, 그리고 인격적으로 성숙하게 만드는 도구이며 과정이다. 왜 하나님은 유대인을 주리게 하시고, 그 광대하고 위험한 광야 곧 불뱀과 전갈이 있고 물이 없는 건조한 땅을 지나게 하셨는가? 인성교육학적인 입장에서 고난이 그들에게 유익하기 때문이었다. 그리고 마침내 그들에게 복을 주려 하심이었다(신 8:1-3, 15-16). 따라서 유대인의 '고난 교육'은 우리가 본받아야 할 성경적 자녀교육 방법이다.

제6부는 '고난의 역사교육 시리즈 전5권의 요약 및 결론'이다.
고난신학적인 입장에서 유대인의 모세오경 시대의 고난은 1) 애굽에서 겪은 고난과 2) 광야에서 겪은 고난으로 구분할 수 있다. 전자가 유대인이 애굽의 바로의 종으로 노예생활에서 겪은 고난이라면, 후자는 하나님이 직접 유대인에게 율법을 주시며 고난이란 도구로 훈련시키신 것이다.

유대인이 겪었던 애굽에서의 고난과 광야에서의 고난을 비교하는 것은 사탄이 주는 고난과 하나님이 주시는 고난의 차이를 발견할 수 있기 때문에 중요하다. 고난의 원인, 과정 그리고 결과는 지옥과 천국의 차이다.

희망적 측면에서 전자는 절망만 있었지만(출 2:23), 후자는 만군의 여호와를 주인으로 삼고 젖과 꿀이 흐르는 가나안 복지 입성이라는 희망이 있었다(출 3:8). 전자의 고난의 가치는 헛되고 무의미하지만, 후자는 인생 최고의 보람되고 의미 있는 것이었다. 전자는 지옥으로 이끄는 고난이지만, 후자는 요셉의 고난처럼 승리로 이끄는 고난이다.

이외 '유대인이 가나안에 입성한 이후 받은 하나님의 고난의 역사를 기억하는 교육', '현재 유대인이 기억하는 4가지 고난의 역사' 및 '유대인에게 고난 교육만 시키면 독수리 민족이 되겠는가' 등에 대하여 설명했다.

결론적으로 한국인이 어려움을 겪고 있는 자녀들의 인성교육 문제들 중 하나는 수직문화를 형성하는 데 가장 중요한 요소들 중 하나인 조상들의 고난의 역사교육을 가정이나, 교회 혹은 학교에서 잘 가르치지 않기 때문이다.

고난의 역사교육은 하나님께서 유대인에게 가르쳐 주신 것이다. 때문에 한인 기독교인들도 당연히 이를 본받아야 한다. 그래야 자신은 물론 가정과 교회 그리고 국가를 영원히 지켜나갈 수 있을 것이다. 이것이 본서를 집필하는 저자의 간절한 소망이다.

하나님이 부족한 종에게 하늘 문을 여시고 지혜를 주셔서 구약의 지상명령을 발견하게 하시고 이를 성취하기 위한 고난의 역사교육의 비밀을 연구하여 정리하게 하신 우리 주 예수님에게 감사와 찬송과 영광을 돌린다.

그리고 바쁘신 중에도 서평을 써주신 김의원 박사님과 김진섭 박사님에게 감사드린다. 또한 늘 기도와 내조로 도와준 제 아내 황(현)복희와 네 아들; 승진(Stephen), 재진(Phillip), 상진(Peter), 호진(Andrew)이와 편집과 교정을 도와준 권혁재 목사, 황갑순 학제와 이재현 간사에게도 감사드린다.

2019년 5월 15일
미국 West Los Angeles 쉐마교육연구실에서

저자 현용수

저자 서문 2: IQ-EQ 총서를 펴내며

무너진 교육의 혁명적 대안을 찾아서

왜 유대인의 IQ+EQ교육은
인성교육+쉐마교육인가

　현대인들은 교육의 문제점은 많이 지적하지만, 속 시원한 대안은 찾지 못하는 시대에 살고 있다. 저자는 오랜 연구 끝에 그 대안으로 온전한 인간교육을 위해 크게 두 가지가 필요하다는 사실을 깨달았다. 하나는 인성교육이고, 다른 하나는 종교교육이다. 기독교인을 예로 든다면, 인성교육을 바탕으로 한 성경적 쉐마교육(기독교교육)을 해야 한다는 것이다.

　따라서 전체 기독교교육은 예수님을 믿기 이전과 이후로 나뉘는데, 이전에는 인성교육을, 이후에는 쉐마교육을 시켜야 한다. 그래서 유대인 자녀교육《IQ는 아버지 EQ는 어머니 몫이다》총서는 유대인을 모델로 한 인성교육론 편과 쉐마교육신학론 편으로 나누어 정리했다. 물론 두 가지 주제는 하나님께서 저자에게 주신 지혜로 개척한 새로운 학문의 영역이다

인성교육론 편(인성교육 노하우 시리즈)
예수님을 믿기 이전: 왜 인성교육은 Pre-Evangelism인가?

'인성교육론 시리즈'는 전체 8권으로 출간 되었다. 1. 문화와 종교교육(저자의 박사 학위 논문), 2. 현용수의 인성교육 노하우(전 4권), 3. 현용수의 쉐마교육 개척기. 4. 가정 해체로 인한 인성교육 실종 대재앙을 막는 길. 5. 유대인이라면 박근혜의 위기 어떻게 극복할까, 등이다. 8권의 내용은 현대교육의 근본적인 문제점을 분석하고, 해결 방안을 제시한다. 즉 다음 네 가지 질문에 답을 준다.

Q 1. 일반 교육학적 질문: 가르치고 가르쳐도 왜 자녀가 달라지지 않는가? 왜 현대교육은 점점 발달하는데 인간은 점점 더 타락하는가?

그것은 IQ교육 위주의 현대교육은 인성교육에 꼭 필요한 세 가지를 놓치고 있기 때문이다.

- 어떻게 자녀들에게 깊이 생각하게 하는 교육을 시킬 수 있을까?
- 어떻게 자녀들이 바른 행동을 하게 할 수 있을까?
- 수직문화의 중요성과 수평문화의 위험성은 무엇인가?

Q 2. 문화인류학적 질문: 왜 한국인 자녀들이 서양 문화에 물들고 있는가?

한국의 젊은 세대는 거의가 한국인의 문화적 및 철학적 정체성의 빈곤에 처해 있다. 부모들이 인성교육의 본질이 수직문화인지를 모르고 가르치지 않았기 때문이다. 그 결과 세대 간의 가치관 차이가 너무나 다르다. 북미주 한인 2세 자녀들이 부모가 섬기는 교회를 떠난다.

Q 3: 기독교인의 인성 문제: 왜 예수님을 믿는다고 하면서 사

람의 근본은 잘 변하지 않는가?

많은 기독교인들이 예수님만 믿으면 모든 인성교육이 잘되는 줄 알고 있다. 그러나 모두 그런 건 아니다. 왜 유교교육을 받은 가정의 어린이들이 기독교교육을 받은 어린이들보다 더 예의 바르고 효자가 많을까? 예수님을 믿고 성령의 은사가 많았던 고린도교회는 왜 데살로니가교회보다 도덕적인 문제가 더 많았을까?

Q 4. 기독교의 복음주의적 질문: 왜 현대인들에게 전도하기가 힘든가?

왜 기독교 가정에서 2세들이 대학을 졸업하면 90% 이상 교회를 떠나는가? 교회학교 교육이 천문학적인 투자에도 불구하고 90% 이상 실패하는 이유는 무엇인가? 왜 현대(2000년대)에는 1970년대 이전보다 복음 전하기가 더 힘든가? 아마 생각 있는 교육자라면 모두가 이런 고민을 안고 살았을 것이다.

한 인간의 마음이 예수님을 믿기 이전 인성교육, 즉 복음적 토양교육이 잘못되었기 때문이다. 예수님의 '씨 뿌리는 자의 비유'에서 말씀하신 네 가지 종교성 토양(길가, 돌밭, 가시떨기, 옥토)(눅 8:4~15) 중 옥토이어야 복음을 영접하기도 쉽거니와 구원을 받은 후 예수님을 닮는 제자화도 되기 쉽다는 말이다. 이를 'Pre-Evangelism'(예수님을 믿기 이전의 복음적 토양 교육)이라 이름했다.

> 현용수의 인성교육론은
> **인성교육**의 **원리**와 **공식**을 제공한다

쉐마교육신학론 편(쉐마교육 시리즈)
예수님을 믿은 후: 왜 쉐마교육은 Post-Evangelism인가?

예수님을 영접한 사람에게는 하나님의 형상을 닮아가는 기독교교육을 시켜야 한다. 이를 '성화교육' 혹은 '예수님의 제자교육' 이라고도 한다. '신의 성품'(벧후 1:4)에 참여하는 자(partakers of the divine nature)가 되는 과정이다. 이를 'Post-Evangelism'(예수님을 믿은 이후의 성화교육)이라 이름했다.

교육의 내용은 신·구약 하나님의 말씀이다. 예수님 믿기 이전의 좋은 인성교육이 마음의 옥토를 준비하는 과정이라면, 복음과 하나님의 말씀은 그 옥토에 심어야 하는 생명의 씨앗이며 기독교적 가치관이다〈물론 기독교 가정에서 태어난 자녀에게는 어려서부터 인성교육과 쉐마교육을 함께 시켜야 한다〉.

저자는 성경적 기독교교육의 본질과 원리를 유대인의 선민교육에서 찾았고 그 내용과 방법이 바로 구약의 '쉐마'에 있음을 발견했다. 즉 성경적 교육신학의 본질과 원리가 '쉐마'에 있다는 것이다.

'쉐마'는 한 마디로 부모가 자녀에게 말씀을 가르쳐, 자손 대대로 자녀를 말씀의 제자 삼으라는 '구약의 지상명령'이다〈저자의 저서 《잃어버린 구약의 지상명령 쉐마》(쉐마, 2006, 2009), 제1권 제1~2부 참조〉. 유대인이 아브라함 때부터 현재까지 4,000년 간 하나님의 말씀을 후대에게 전수하는 데 성공한 것은 자녀를 말씀의 제자 삼는 쉐마교육에 성공했기 때문이다〈물론 신약시대는 영적 성숙을 위해 신약성경도 필요함〉.

인성교육(Pre-Evangelism)이 부실하면 복음 받기와 제자교육(Post-Evangelism)이 힘들지만(상), 튼튼하면 복음 받기와 제자교육이 쉽다(하).

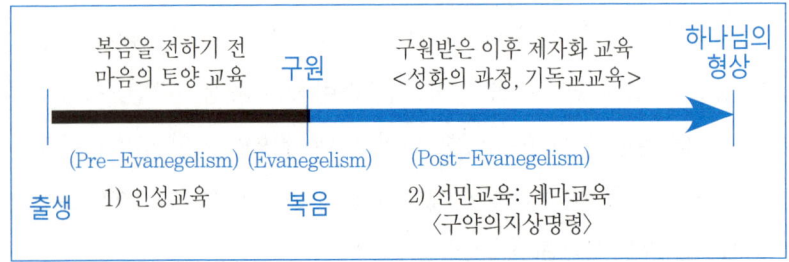

1항과 2항이 새로 개척한 학문의 영역이다. 자세한 것은 '현용수의 인성교육 노하우' 제2권 제2부 제4장 Ⅱ. 2 '기독교교육의 새로운 영역: 종교성 토양 교육' 참조.

여기에서 "왜 기독교교육에 유대인 선민교육이 필요한가?" 란 질문이 대두 된다. 신약시대에 복음으로 구원받은 하나님의 선민인 기독교인은 영적 유대인(갈 3:6~9)으로 구약에 나타난 선진들(예; 모세, 다윗, 에스라)의 믿음생활과 쉐마교육을 본받아야 한다(히 11장).

예수님도 유대인으로 태어나셔서 유대인의 선민교육(쉐마교육)을 받고 자라셨으며 제자들에게도 그 교육을 시켰다(마 23:1~4).

〈더 자세한 내용은 저자의 저서 '부모여 자녀를 제자 삼아라' (쉐마, 2018), 제1권 제1부 '기독교교육에 유대인 자녀교육이 필요한 이유' 참조〉

기독교의 제자교육에는 교회에서 타인을 제자 삼는 수평적 제자교육과 가정에서 자녀를 제자 삼는 수직적 제자교육, 두 가지가 있다. 유대인의 쉐마교육에는 전도에 필요한 복음은 없지만, 자녀를 제자 삼는 교육의 원리와 방법이 있다. 이 원리와 방법은 타인을 제자로 삼는 데도 적용할 수 있다.

먼저 가정에서 자녀를 제자 삼은 후에 타인을 제자 삼는 지도자가 성경적 지도자의 모델이다(딤전 3:2-5). 즉 가정에서 쉐마를 실천하는 가장이어야 교회의 지도자가 될 수 있다는 말이다. 이것은 가정 목회에 실패한 사람은 교회 지도자가 될 수 없다는 말이다.

저자는 구약의 지상명령, 쉐마를 성취하기 위해 필요한 쉐마교육신학들을 다음과 같이 정리했다.

쉐마교육신학론 주제들(쉐마교육 시리즈)

1. 왜 유대인의 선민교육이 기독교교육에 필요한가?
2. 구약의 지상명령 쉐마(교육신학)
3. 자녀신학
4. 유대인의 가정교육(가정신학)
5. 유대인의 아버지 교육(아버지신학, 경제신학)
6. 유대인의 어머니 교육(어머니신학)
7. 유대인의 결혼 및 성교육(부부·성신학)
8. 유대인의 효도교육(효신학)
9. 유대인의 고난의 역사교육(고난의 역사신학)
10. 절기 교육(절기 신학) 등

이것은 구약성경에 근거한 기독교교육의 새로운 패러다임이며 대안이다. 또한 개혁주의 입장에서 신약 교회가 적용할 수 있도록 정리했다.

왜 인성교육론이 'Know-Why'라면 유대인의 쉐마교육신학론은 'Know-How'인가?

유대인 자녀교육의 우수성은 이미 역사를 거듭하면서 증명되었다. 그러나 두 가지 의문이 아직까지 남아 있다. 첫째, 그것이 왜 우수한지에 대한 교육학적, 심리학적 및 철학적 이유를 설명하지는 못했다. 둘째, 왜 유대인 자녀교육이 기독교교육에 필요한지 그 이유를 설명할 수 있는 확실한 교육신학적 해답을 제공하는 데 미흡했다.

두 가지 의문 중 전자에 대한 답이 '인성교육 노하우 시리즈'라면, 후자에 대한 답은 '쉐마교육 시리즈'다. 왜 유대인 자녀교육이 한국인에게 필요한지를 설명한 '인성교육 노하우 시리즈'가 'Know-Why'라고 한다면, '쉐마교육 시리즈'는 'Know-How'가 될 것이다. 원인을 밝히고 당위성을 설명하는 'Know-Why'가 있기에 쉐마교육인 'Know-How'가 더 힘을 받아 자신과 자신의 가정, 그리고 교회에서 적용할 수 있다.

현재까지 천문학적 돈을 교육에 투자하고도 교육의 열매가 바람직하지 못한 것은 교육의 원리와 공식을 발견하지 못했기 때문이다. 물론 현대 기독교교육의 이론이 모두 필요 없다는 뜻은 아니다. 인간교육과 교회성장 위기의 근본 대안이 '인성교육 + 쉐마교육'이라는 뜻이다.

처음 국민일보에서 초판 2권(1996년, 23쇄), 조선일보에서 개정 2판 전3권(1999년, 19쇄)으로 출간됐던 유대인 자녀교육서 《IQ는 아버지 EQ는 어머니 몫이다》가 하나님의 은혜와 교계의 열화 같은 성원에 힘입어 지금까지도 스테디셀러인 것에 감사드린다.

그러나 소수이긴 하지만 목회자들과 신학자들께서 까다로운 질문도 했다. 그도 그럴 것이 구원론과 관계없는 인성교육에 관한 수직문화와 수평문화에 대해, 그리고 기독교가 2000년간 원수처럼 여겼던 복음도 없는 유대인의 교육을 이해하기란 쉽지 않았을 것이다. 덕분에 저자는 계속 연구에 연구를 거듭하는 계기가 되었다.

긴 학문의 순례를 마치는 기분이다. 처음 개척한 두 가지 학문의 영역이기에 더 많은 연구가 필요하다. 그리고 쉐마가 주님의 종말을 준비하는 세계선교까지 가려면 갈 길은 아직 멀었다. 이제 하나님의 은혜로 많은 오해도 풀렸다. 많은 쉐마 동역자들의 도움으로 쉐마교육이 파도처럼 번지고 있다.

이 책을 집필하는 데 많은 정통파 유대인 학자들이 특별한 도움을 주었다. LA 예시바대학교 학장이시며 사이먼 위센탈 센터 국제 본부장이신 랍비 마빈 하이어와 랍비 쿠퍼 부학장님, 그리고 탈무드 교수이며 로욜라대학교 법대 교수인 랍비 애들러스테인 부부와 그 가정, 서기관 랍비 크래프트 씨 부부와 그 가정에 심심한 사의를 표한다. 이들의 특별한 도움이 없었으면 저자의 연구는 완성될 수 없었다.

저자의 논문 지도교수이셨던 바이올라대학교 탈봇신학대학원의 윌슨 박사님과 풀러 선교신학대학원의 저자의 선교학(Ph.D.) 지도교수이자 유대교 교수였던 글래서 박사님에게 특별히 감사드린다. 그리고 저자를 물심양면으로 도와주신 이영덕 전 총리님과 김의환 총장님, 그리고 고용수 총장님 및 국내외 많은 교계 어른들과 쉐마교육연구원 동역자님들께 감사드린다.

저자를 키워주신, 고인이 된 어머님과 형님 내외분께도 감사드린다. 지금도 내조를 아끼지 않는 아내 황(현)복희, 그리고 내일의 희망인 네 아들 승진(Stephen), 재진(Phillip), 상진(Peter), 호진(Andrew)에게도 감사한다.

이 책들은 방향 없이 혼란스런 교육의 시대에 참교육을 갈구하는 독자들에게 뚜렷하고 확실한 대안을 제시할 수 있다고 확신한다. 이 연구는 분명히 하나님의 지혜로 하나님이 하셨다. 세세토록 영광 받으실 오직 우리 주 예수님께만 감사와 찬송과 영광을 드린다.

2019년 5월 15일
미국 West Los Angeles 쉐마교육연구실에서

저자 현용수

Book Review

《유대인의 고난의 역사교육》을 읽고

- '광야의 고난'을 교육신학적으로 예리하게 분석하고 정리한 책
  - 김의원 박사 〈구약학, 전 총신대 총장〉

- '고난교육'의 성경신학적의미를 광야교회에서 찾은 필독서
  - 김진섭 박사 〈구약학, 백석대 백석정신아카데미 부총재〉

서평

'광야의 고난'을 교육신학적으로
예리하게 분석하고 정리한 책

김의원 박사 (전 총신대 총장, 구약학)

- 전 총신대학교 총장
- 쉐마목회자클리닉 15기 수학
- 복음주의신학회 회장 역임
- 미국 뉴욕대학교(Ph.D., 히브리어, 유대학)
- 미국 웨스트민스터 신대원(Th.M., 구약)
- 미국 웨스트민스터 신대원(M.Div.)
- 총신대학교 신대원(M.Div.)

〈편집자 주: 고난의 역사교육신학 시리즈가 전5권이어서, 서평자가 일일이 서평을 쓰기가 번거로워, 첫째 권 서평으로 나머지 4권의 책 서평들을 대신한다. 따라서 본서의 내용과 상관 없는 내용이어도 양해를 구한다.〉

하나님은 어떻게 가장 천한 노예 출신 이스라엘을 열방 가운데서 '제사장 나라' 곧 제사장들처럼 성별된 나라로 만드셨는가? 그 답은 젖과 꿀이 흐르는 가나안 땅으로 인도하기 전에 '광야학교'에서 40년씩이나 반복하여 가르쳤던 인성교육에 있다.

그들은 40년 동안 광야를 지나면서 무엇을 보았는가? 모든 사람이 다 '눈'을 가지고 바라보지만, 문제는 무엇을 보았느냐에 있다. 광야와 같은 인생길을 걷노라면 축복도 누리지만 때로 원치 않는 고난도 겪기 마련이다. 왜냐하면 광야는 사통팔달, 곧 모든 방향으로 열려 있는 공간이기 때문이다. 넓은 광야는 무엇이나 해볼 수 있는 약속으로 꽉 찬 땅이다.

그러나 동시에 광야는 모든 위험이 존재하고 개화되지 않은 거친 땅이기도 하다. 실제로 이스라엘 백성은 시내 광야 40년간 약속과 위험을 번갈아 경험한다. 기갈의 위험이 있는가 하면 바위에서 생수가 솟는 약속을 체험했고, 굶주림의 위험을 당했는가 하면 신비로운 양식인 만나라고 하는 약속을 체험하기도 하였다. 하나님을 반역하다가 불뱀의 위험을 맛보기도 하고 하나님의 구원과 은혜의 상징인 구리뱀의 약속도 경험한다. 그들이 체험한 약속과 위험의 예는 광야생활에서 수없이 반복되었다. 이처럼 광야는 위험과 약속의 교차하는 곳이다. 위험과 약속이 동시에 몰려 올 때 그것을 위기라고 부른다.

성경이 단순히 '위험'만을 말한다면 기독교는 '수호신의 종교' 밖에 안 된다. 한국의 택시 운전사들이 사무엘이 기도하는 성화를 걸어 놓으면 교통사고가 나지 않을 것을 믿는 것과 다를 바가 없다. 반면에 성경이 단순히 '약속'만을 말했다면 허다한 기복종교들 중의 하나가 되어 병과 사업 번창과 아들 딸 낳고 오래 사는 이기적인 목적만을 일삼게 된다.

그러나 성경은 위기의 상태, 즉 위험과 약속이 공존하는 장소인 광야를 말한다. 따라서 이 광야에서 배우는 것은 피난처와 안식처만을 찾아 헤매는 수호신의 종교도 극복하고 나의 욕심을 만족시키는 기복종교, '주세요. 주세요.'하는 종교도 극복하고 "하나님만을 신뢰하는 태도" 즉 신앙을 배우는 것이다. 사람이 빵으로 사는 것이 아니라 하나님의 말씀으로 산다는 진리는 광야가 아니고는 배울 수가 없다(신 8:3). 다시 말해서 위험과 약속, 시련과 은혜, 절망과 소망, 그리고 흑암과 빛이 교차되는 위기와 긴장의 장소, 광야에서만 진정한 신앙이 발생될 수 있다.

이처럼 광야학교는 장소, 과목, 그리고 선생이 정해진 정규학교가 아니다. 비정규 훈련학교이다. 정해진 과목도 없고 정해진 선생도 없다. 고난을 단지 누구나 겪게 되는 어려움 정도로만 여긴다면 배움의 기회를 상실하게 된다. 내가 만나는 사람, 내가 처한 환경, 내가 겪는 사건들 모두가 나의 교실이요 교과 과목이요 교사이다.

이런 환경에서 물어야 할 주된 질문은 한 가지이다. '주여, 이것을 통하여 저에게 무엇을 가르치기를 원하십니까?' 단순히 겪는 사건과 환경이 아니라 하나님이 나를 훈련시키기 위한해 교육방법이다. 성경의 아브라함, 요셉, 모세, 다니엘이 그리하였다. 그들은 고난을 탓하지 않고 그곳에서 하나님의 인도하심을 배웠다.

위기가 항존하는 광야와 같은 고난 속에서 무엇을 보는가? 하루 종일 일하는 일터에서, 사건과 고통으로 얼룩진 사회에서, 기쁨과 슬픔이 교차하는 가정에서 무엇을 배우는가? 이에 대한 좋은 지침으로 현용수 박사가 "*하나님의 독수리 자녀교육*(부제: 현용수의 고난 교육신학)"을 출간하였다.

그는 성경 속 광야에서 이스라엘 민족 뿐 아니라 현금의 유대인 교육에서 하나님이 주시는 '고난'의 목적과 의미, 방법, 그리고 마침내 축복을 교육신학적 입장에서 예리하게 분석하고 정리했다. 고난과 역경을 통해 배우는 하나님 말씀의 순종이 우리를 젖과 꿀이 흐르는 가나안으로 인도할 것이다.

'고난 교육'의 성경신학적 의미를 광야교회에서 찾은 필독서

김진섭 박사 (Ph.D., 구약학)

- 백석대 백석정신아카데미 부총재
- 쉐마교육학회 회장
- 쉐마교사대학 9회 졸업
- 복음주의 구약학회 회장
- 미국 Dropsie 대학교 고대근동학(M.A., Ph.D.)
- 미국 Covenant 신학대학원 구약학(Th.M.)
- 고려신학대학원 목회학(M.Div.)
- 서울대학교 농화학과(BA)

〈편집자 주: 고난의 역사교육신학 시리즈가 전5권이어서, 서평자가 일일이 서평을 쓰기가 번거로워, 첫째 권 서평으로 나머지 4권의 책 서평들을 대신한다. 따라서 본서의 내용과 상관 없는 내용이어도 양해를 구한다.〉

현용수 목사님은 미주 동포 2세교육의 방향을 제시하는 연구논문으로 박사학위를 받고(1990), 그 학위 논문을 개정하여 「문화와 종교교육」(1993)이란 저서를 펴냈다. 그리고 그 모델로 유대인 자녀교육을 연구하여 「IQ는 아버지 EQ는 어머니 몫이다」(1996)를 비롯하여 2014년 현재까지 '인성교육론' 시리즈 7권, '쉐마교육신학론' 시리즈 20권, 도합 27권의 책과 탈무드 시리즈 번역서 7권을 출간하였다.

가정 해체의 원인과 대책도 규명하지 못하는 국내외 현실 속에서, 현용수 박사는 지난 20년 동안 일관해 온 34권의 저술과 국내외에서 개최된 '쉐마지도자클리닉'에서 혼신의 힘을 다하는 강연들을 통하여, 교육 문제에 대한 성경적 해법, 유대인 교육법의 소개, 그리고 특별히 한국인의 문화와 종교에 적합한 제언들을 해 왔다. 그 동안 배출된 제자들을 통하여 이제 서서히 가정회복 운동이 일어나며 건강한 교회 성장의 열매를 국내외적으로 시위하게 되었으니, 그 동안의 노고에 감사의 박수를 보낸다.

현 박사님의 지난 20년간 집필과 교육은 "3대를 잇는 교회 같은 가정과 가정 같은 교회"를 만드는 데 크게 공헌했다. 여기 '3대'는 "아브라함과 이삭과 야곱의 하나님"(출 3:16; 행 3:13; 7:32), "너와 네 아들과 네 아들의 아들"(신 6:2), "너와 네 씨와 네 씨의 씨"(사 59:21)로 표현되는 동시대적이지만 세대차가 전혀 없기에 결국 '천 대'(출 20:6 = 신 7:9; 대상 16:15; 시 105:8) 내지 '대대로'(욜 3:20) 하나님께서 복음의 '모든 선한 일'을 위해 귀히 쓰시기에 온전히 '깨끗한 그릇'(딤후 2:21)을 준비하는 것이다.

지금까지 집필해 온 "구약의 지상명령, 신앙명가, 한국형 주일가정식탁예배, 부모의 자녀 인성과 쉐마교육, 자녀의 효도교육, 자녀를 제자삼기, 유대인 아버지의 4차원 영재교육과 유대인 어머니의 EQ교육, 결혼과 성" 등에서 명쾌한 이론과 구체적인 방법을 제시한 결과 이에 따른 가정과 교회의 임상적 실천이 가능했고, 그 열매들로 3대를 이어 하나님이 귀히 쓰시는 인물을 양육하게 하고 있다.

디도서 2장 11-14절을 주목하여 살펴보시기 바란다.

> [11]모든 사람에게 구원을 주시는 하나님의 은혜가 나타나, [12]우리를 양육하시되, 경건치 않은 것과 이 세상 정욕을 다 버리고, 신중함과 의로움과 경건함으로 이 세상에 살고, [13]복스러운 소망과

우리의 크신 하나님, 구주 예수 그리스도의 영광이 나타나심을 기다리게 하셨으니, [14]그가 우리를 대신하여 자신을 주심은 모든 불법에서 우리를 속량하시고 우리를 깨끗하게 하사, 선한 일을 열심히 하는 자기 백성이 되게 하려 하심이라.

하나님이 귀히 쓰시는 인물을 양육하심에는 반드시 공존할 수 없는 '아니요'(피하라)라고 해야 할 항목과 '예'(따르라)라고 해야 할 항목에 대한 인간 편에서의 자유의지와 그에 따른 선택과 책임을 요구한다. 왜냐하면 하나님은 이렇게 권면하고 계시기 때문이다.

"누구든지 이런 것에서 자기를 깨끗하게 하면 귀히 쓰는 그릇이 되어 거룩하고 주인의 쓰심에 합당하며 모든 선한 일에 준비함이 되리라. 또한 너는 청년의 정욕을 '피하고', 주를 깨끗한 마음으로 부르는 자들과 함께 의와 믿음과 사랑과 화평을 '따르라'"(딤후 2:21-22).

모든 인간은 빛보다 어둠을 더 사랑하는 '죄성'을 가지고 태어난다. 따라서 정통파 유대인들은 모세오경에서 하나님의 형상을 닮게 하고, 죄를 짓지 않게 하기 위하여 '하라'는 248계명과 '하지 말라'는 365 계명의 목록을 만들었다. 그런데 인간은 '하라'하면 하지 않고(omission), '하지 말라'하면 해버리는(commission) 영적 청개구리 같은 '자범죄'를 지으며, 썩어져가는 '죄악의 습관'을 낳는다.

때문에 하나님은 온갖 형태의 이러한 불순물을 제거하고 온전히 하나님의 계명을 순종하도록 하나님의 백성에게는 먼저 성령님이 심령에 오시는 영적 출생인 '중생의 씻음'(딛 3:5)과 그 이후 "Help me; Tell me; Show me; Follow me!"라는 영적 성장을 위한

'성령님의 새롭게 하심'(딛 3:5)을 주셨다. 또한 성령님은 깨끗한 그릇으로서 귀히 사용되기에 필요한 은사와 능력을 풍성히 부어 주시고(딛 3:6), 양육 과정 속에 개인적이든 공동체적이든 '고난'이라는 실제적인 용광로를 통과하게 하신다(욥 23:10; 벧전 1:6-7).

본서는 바로 하나님이 양육하시는 인물과 민족에게는 필수 과목으로 흔히 "채찍, 가시, 올무, 그리고 덫"이라고 성경이 표현하는 다양한 형태의 '고난 교육'이 있음을 시리즈로 소개하는 첫 번째 책이다. 특별히 하나님이 구약의 이스라엘과 신약의 교회를 선택하여 "하나님의 보물(세굴라; '소유'라는 한글번역의 원어), 제사장 왕국, 그리고 거룩한 백성"(출 19:5-6; 벧전 2:9)을 만들어 가시는 과정을 모세오경이 말하는 "출애굽과 시내광야 40년의 고난교육"을 중심으로 설득력 있게 고찰한다.

구약의 이스라엘(광야교회)과 신약의 교회는 그 실체에 있어 동일하다는 개혁주의 언약신학의 구원론-교회론적 입장에 서서, 왜 시내광야가 하나님이 거하시는 교회인지(제1부 제1장)와 신명기 8장 1-4절을 중심으로 광야교회의 목적, 방법, 결과를 성경신학적, 인성교육학적, 심리학적, 그리고 문화인류학적인 입장에서 분석하며(제2장), 하나님의 인물 양육을 위한 인간교육의 6단계를 소개하고 결론을 내린다(제3장).

특별히 본 저서의 공헌 점을 몇 가지 지적해 본다면, (1) 족장 시대의 가정 중심의 고난교육과 이스라엘 민족 중심의 광야 고난교육이 왜, 어떻게 차별되고 있는지와, (2) "노예 민족에서 독수리 민족"이란 표제 아래 각 주제마다 그리스도인에게(혹은 비 그리스도인들의 인성교육에도) 어떻게 적용할 수 있는지를 설명한 것은 탁월한 통찰력으로 평가된다.

뿐만 아니라 (3) "믿음과 마음을 시험하고, 두렵게 하며, 주리게 하고 위험한 광야를 통과하게 하신" 하나님의 고난교육을 통해 형성된 인성교육의 핵심인 '겸손'과 (4) 하나님을 인격적으로 경험하고 순종하면서 형성된 '강인한 정신력', 그리고 (5) 하나님의 백성으로서의 독특한 신본주의적 수직문화를 형성하기 위한 신앙적인 인성교육(성막교육, 율법교육, 절기교육)에 대한 논의는 오늘에 이르도록 형성된 유대인의 특이성을 이해하게 해준다.

그리고 왜 그들이 살고 있는 지역의 공동체마다 고난의 역사교육 박물관을 만들었는지를 깨닫게 해준다. (6) 더 나아가 이런 하나님의 교육은 소위 '제2의 유대인'이라 불리는 세계 최다 180개 국가에 750만 디아스포라를 가진 한국인의 인물 양육론에 큰 도전과 제언을 제공한다.

앞으로 계속될 시리즈의 제2탄을 기대하면서, 모세오경의 출애굽과 광야여정을 통해 조명한 "고난 교육의 성경신학적 의미"가 그리스도인들에게 필독 지침서로 자리매김하게 될 것을 확신하면서 널리 추천하는 바이다. 그리고 고난교육은 세상의 유일한 소금과 빛인 그리스도인들에게 자신의 가정 3대를 성전으로 삼아 자손대대로 교회와 사회와 국가와 세계를 품고 살려야 할 시대적 인물을 양육하는 데 필수과목으로 자리매김해야 할 것을 권한다.

유대인의 고난의 역사교육 방법

이전의 제3-4권 내용입니다

제1장 자녀들은 질문하고 아비는 설명하라 〈신명기 32:7절 중심으로〉
제2장 유대인은 끝까지 악을 물리쳐 정의를 구현한다 〈독일과 일본의 역사인식 차이〉
제3장 절기를 통한 유대인의 고난의 역사교육 〈절기 신학〉

본서 제5권의 내용입니다

제4장 유대인의 고난의 역사 현장 교육
제5장 유대인의 고난의 역사박물관 교육
제6장 고난의 역사를 기억하는 교육방법을 창안
제7장 가문의 고난의 역사를 기억하는 방법
제8장 제4부 요약 및 결론

제5부 왜 인간에게 고난이 중요한가 〈고난이 주는 유익, 고난 신학〉
제1장 서론: 하나님의 본심은 인간의 행복이다
제2장 하나님이 인간에게 고난을 주시는 이유
제3장 인간에게 고난이 유익한 이유
제4장 하나님이 자녀를 출세시키는 법
제5장 제5부 요약 및 결론

제6부 고난의 역사교육 시리즈 전5권을 마치며

제4부 일러두기

왜 신약교회는 2000년 동안 복음을 만방에 전파하는 세계선교에는 성공했는데, 자손 대대로 하나님의 말씀을 전수하는 데는 실패했는가? 그런데 유대인은 어떻게 아브라함 때부터 현재까지 4000년 동안 자손 대대로 하나님의 말씀을 전수하는 데 성공했는가?

신약교회는 구약의 지상명령을 잃어버렸고 유대인은 구약의 지상명령을 실천했기 때문이다.

- 구약의 지상명령을 실천하는 데 고난의 역사를 기억하는 교육이 왜 필요한가?
- 고난의 역사를 기억하는 교육에 왜 절기교육이 필요한가?

제4장

유대인의 고난의 역사 현장 교육

I. 들어가면서

〈고난의 역사 현장1〉
II. 맛사다의 역사를 기억하라

〈고난의 역사 현장1〉
III. 폴란드 아우슈비츠의 고난을 기억하라

I 들어가면서

1. 한국인과 유대인의 고난의 역사의 유사점

대한민국의 고난의 역사와 이스라엘의 고난의 역사에는 어떠한 유사점이 있는가? 대한민국은 올해가(2019년) 단기 4352(2019+2333)년이다. 그 동안 수많은 고난의 역사로 점철되어 있다.

1970년대 말에 서울대학교의 최창규 교수가 '주체성으로 이겨온 역사, 우리 민족의 도전과 응전'을 발표하면서 한국은 총 931번의 외침을 받았다고 했다. 상고(上古)시대에 중국측 기록으로만 11번, 삼국시대와 통일시대에는 143번(대륙쪽에서 110번 + 바다쪽에서 33번)의 외침을 받았다. 고려시대에는 가장 많은 417번(대륙쪽에서 125번 + 바다쪽에서 292번)이나 된다. 조선조(李朝)에는 360번(대륙쪽에서 192번 + 바다쪽에서 168번)의 외침을 받았다. 그 중에 대표적인 것은 당나라의 침략을 20년간, 거란족의 침략을 27년 동안 그리고 몽고족의 침략을 40년 동안 받았다. 그리고 왜족은 7년 동안 임진왜란을 일으켰다(김호준, 국제정세와 21세기 한국, 비구니 회보, 2009년 9월 3일).

이것은 한국 역사에 4, 5년마다 한 번씩 전쟁이 있었다는 것을 뜻한다. 그 많은 전쟁 중에서 고구려의 광개토대왕이 만주를 한 번 정벌하여 국토를 요동까지 넓힌 것 외에는 한국인들이 다른 나라를 침범한 사실이 거의 없다. 한국인은 거의 오천 년 동안 거의 당하기만 했다는 얘기다.

이 점 역시 유대인과 매우 비슷하다. 유대인은 하나님이 정해주신 가나안 지역 외에는 아무리 힘이 강했어도 침범하지 않았기 때문이다. 설사 전쟁에 이겨 남의 땅을 정복했어도 그 후에는 되돌려주었다. 그 예로 1967년 6일 전쟁 때 이스라엘이 이집트와 아랍권의 영토를 점령했었는데, 그것을 그들에게 반환했던 사실을 들 수 있다.

저자는 역사학자는 아니다. 그러나 대학 시절 미국 유학자격 시험을 치르기 위해 비교적 체계적으로 한국 역사를 공부한 적이 있었다. 당시 국사를 저자 나름대로 정리하면서 흐느끼지 않을 수 없었다. 한국 역사는 거의 15년이나 20년 간격으로 크게 외침을 당해 왔다.

그래도 평화를 누리고 살아온 기간은 6.25동란 이후 1953년부터 지금까지 약 66년의 기간뿐이다. 또한 제대로 세 끼 밥을 먹고 산 기간도 신라 시대를 빼고는 1990년대 이후 극히 최근의 얘기다.

그럼에도 불구하고 한국은 외침이 있을 때마다 치열하게 적과 대항하여 5천 년 동안 단일 민족으로서 작은 한반도를 지켜 왔다. 저자는 이것은 하나님의 주권 속에서 섭리가 있었기 때문이라고 생각한다.

한국 사람은 한(恨)의 역사를 갖고 살아왔다. 외국 군대에 무참히 짓밟히고, 못 먹어서 굶주리고, 권력 있는 사람들에게 빼앗기고, 양반들에게 수탈당한 고난의 역사. 힘이 없어 외세와 권력에 당한 부당한 대우, 강압에 의하여 눌려 왔던 한(恨), 정의와 상식이 통하지 않았던 시대들, 억울함과 슬픔, 고통과 좌절, 체념이 쌓인 역사다.

그래서 슬피 우는 노래들이 많다. 악기도 북이나 꽹과리 같은 경쾌한 소리를 내는 악기도 있지만 가야금, 거문고, 퉁소 등 슬픈 소리를 내는 것들이 많다. 1990년대 이전에는 연속극조차도 우는 연속극을 방영해야 시청자들에게 호응을 많이 받았다.

반면 미국에서는 텔레비전이나 영화 같은 데서 눈물 흘리는 장면을 거의 볼 수 없다. 그래서 서구 사람들의 눈에는 한국인이 '우는 것을 즐기는 민족'으로 비칠지도 모른다.

서구 문화는 진취적이고 도전적이지만 우리 문화는 대부분 수동적인 한이 맺힌 삶을 그대로 반영하고 있다. 한국인의 역사는 통곡하며 울어서라도 억울한 한을 해소하지 않으면 미칠 수밖에 없었던 역사의 연속이었다.

예수님이 한국 민족을 특별히 사랑하신 이유도 바로 여기에 있다고 생각한다. 하나님은 애통하는 자의 하나님이시기 때문이다 (마 5:4). 그 동안 한국 민족은 교회에서 얼마나 가슴에 맺힌 한을 통곡하였던가! 오늘의 한국 교회 성장도 한국 민족의 이러한 한 맺힌 통곡의 기도 소리에 대한 주님의 응답으로 보아야 한다.

이러한 고난의 역사적 면에서 한국 민족과 이스라엘 민족은 유사점이 많다. 그러나 한국 민족이 아무리 고난을 많이 당했다 하더라도 유대인만큼은 아니다.

유대인은 온 민족이 이집트에서 400년 동안 노예 생활을 했다. 바빌로니아와의 전쟁에 패배하여 포로로 잡혀가서 70년 동안 노예 생활을 했다. 그리고 신약시대에는 나라를 잃고 전 세계로 수천 년 동안 흩어져 살아야 했다.

**그러나
한국 민족이 아무리 고난을 많이 당했다 하더라도
유대인만큼은 아니다.**

2. 유대인의 방법을 적용할
한국인의 고난의 역사 현장을 찾아라

제4장의 주제는 '유대인의 고난의 역사 현장 교육'이다. 따라서 제4장에서는 먼저 '유대인의 고난의 역사 현장'을 소개하고 그들은 그 현장을 어떻게 자녀들에게 고난의 역사 현장 교육에 활용하는지를 설명한다. 그 이유는 한국인은 이런 유대인의 교육 방법을 한국인의 고난의 역사 현장 교육에 적용해야 하기 때문이다. 한국인의 잘못된 고난의 역사 현장 교육을 바로 잡기 위함이다.

전자를 위해서는 유대인의 '맛사다에 얽힌 고난의 역사'와 '폴란드의 아우슈비츠에서 겪은 고난의 역사'를 대표적인 예로 소개할 것이다. 그리고 후자를 위해서는 먼저 '한국인의 고난의 역사 현장'을 찾을 것이다. 그리고 그곳의 고난의 역사를 설명하고 그것을 어떻게 한국인 자녀들에게 고난의 역사 현장 교육에 활용할지에 대하여 유대인을 모델로 설명할 것이다.

한국인이 유대인과 같은 고난의 역사 현장 교육을 시키기 위해서는 과거 한반도를 침략했던 주변국들 순서대로 고난의 역사 현장들을 찾아보아야 한다. 그리고 그 현장들을 어떻게 다음세대 교육에 활용할지에 대해 서술해야 한다.

따라서 이후 한국인의 고난의 역사 현장 교육에 대한 적용은 다음과 같은 순서대로 서술할 것이다.

첫째, 중국의 침략으로 인한 고난의 역사 현장을 다룬다.

둘째, 일본의 침략으로 인한 고난의 역사 현장을 다룬다. 이 주제는 임진왜란의 고난의 역사 현장과 일제 강점기 시대의 고난의 역사 현장으로 나누어 설명한다.

셋째, 마지막으로 북한의 침략으로 인한, 즉 6.25 전쟁의 주요 전투지 현장을 다룬다.

이것을 요약하면 다음과 같다.

첫째, 고난의 역사 현장 1: 중국의 침략
병자호란의 고난의 역사 현장(Ⅱ '맛사다 사건'과 비교)

이외에도 많이 있지만 세월이 많이 지나 이곳서는 생략한다. 대신 중국과 관련된 고구려, 백제, 신라 시대나 고려 및 조선 시대의 역사를 많이 공부해야 한다. 특히 동일한 역사라도 고난의 역사교육학적 측면에서 공부해야 더 많은 교훈을 찾고 삶에 적용할 수 있다.

둘째, 고난의 역사 현장 2:
일본의 임진왜란의 고난의 역사 현장

- 이순신 장군의 3대 대첩: 명량해전 한산대첩 노량해전
- 권율 장군의 행주대첩
- 진주 목사 김시민의 진주대첩
- 당시 일본의 만행들 등 〈예: 귀무덤(耳塚)과 코무덤(鼻塚) 등〉

셋째, 고난의 역사 현장 3:
일제의 고난의 역사 현장(Ⅲ. '아우슈비츠 수용소'와 비교)

3.1운동의 역사 현장과 일제 만행 장소들

- 서대문형무소
- 병천 아우네 장터 만세운동
- 제암리교회 학살 사건
- 위안부 기림비
- 일제 관동군 731부대 생체실험(마루타 실험)
- 안중근 의사를 처형했던 중국 여순감옥
- 당시 일본의 만행들 등

넷째, 고난의 역사 현장 4: 북한 공산당 김일성의 침략
6.25 전쟁 전투지 현장 (Ⅲ. '아우슈비츠 수용소'와 비교)

백마고지 전투, 펀치볼 전투, 도솔산 전투, 대우산 전투, 피의능선 전투, 백선산 전투, 가칠봉 전투, 단장의 능선 전투, 949고지 전투, 크리스마스 전투, 의정부 전투, 춘천 홍천 전투, 옹진 전투, 한강 전투, 동락리 전투, 화령장 전투, 다부동 전투, 안강포항 전투, 낙동강 전투, 인천상륙작전, 원산탈환작전, 평양탈환작전, 초산 전투, 운산 전투, 장진호 전투, 원주 전투, 현리 전투, 벙커고지 전투, 금성 전투, 문산 전투, 강릉전투, 미아리 전투, 죽미령 전투, 대전 전투, 안동 전투, 킨 특임부대 전투, 영천전투, 서울수복작전, 금천

전투, 숙천 순천 공수작전, 온정리 전투, 혜산진 전투, 흥남철수 작전, 지평리 전투, 용문산 전투, 거제도 포로수용소 등

출처: http://cafe.daum.net/millenniumdove/6oDO/1?q=6.25%20%C0%FC%C0%EF%20%C0%FC%C5%F5%C1%F6

결론적으로 지면상 위의 네 가지 고난의 역사 현장들을 모두 다루는 데는 한계가 있다. 따라서 몇 가지만 골라서 다룬다. 그리고 여기서는 한 곳의 역사현장을 깊게 연구하는 것이 목적이 아니고, 교육학적으로 그것을 어떻게 활용할 것인가에 초점이 맞추어져 있기 때문에 각 주제에 대한 설명은 간단히 한다.

그리고 각 주제에 대한 교육학적 활용 방법은 이전 주제에서 언급한 방법과 반복될 수 있기 때문에 생략할 수 있다. 자세한 활용 방법을 알고 싶으면 유대인의 활용 방법이나 저자가 이전 주제에서 언급했던 내용들을 살펴보기 바란다.

<고난의 역사 현장 교육 1>
II. 맛사다의 역사를 기억하라

1. 맛사다의 지형적 특징

유대인처럼 역사 현장을 중요시하는 민족도 드물다. 그들은 특히 승리한 역사의 현장도 중요하게 여기지만 처절한 패배의 역사 현장은 결코 잊지 않고 발굴하여 보존한다. 다음세대에게 고난의 역사 교육의 현장으로 사용하기 위함이다.

맛사다(Metsada or Massada)의 예를 들어보자. 맛사다는 이스라엘의 사해 바다에서 4km(2½miles) 떨어진 요단강 서편 산에 있다. 그 곳은 거의 직사각형으로 된 암석이 땅에서 솟은 듯한 웅장한 난공불락의 요새지다. 높이는 지중해 기준으로 40m이지만, 사해바다 해수면으로부터의 높이는 무려 4백34m나 된다(Vilnay, 1984, p. 323). 전 세계에서 해수면보다 낮은 곳은 사해바다 뿐이다.

암석으로 된 정상의 평지 부분에 쌓은 성벽의 둘레만도 1천3백m이다(Vilnay, 1984, p. 325). 너무 높은 바위산이라 올라가기가 매우 힘들다. 때문에 지금은 관광객을 위해 케이블카를 설치해 놓았다.

그 거대한 바위산 정상에 옛 헤롯왕의 궁전이 있다. 그곳에는 물이 없다. 그래서 비가 올 때마다 빗물을 받아 저장해 놓는 큰 물 저장소가 있다. 그런데도 그곳에 가보면 목욕탕도 있다.

유대인의 맛사다는 난공불락의 천연 요새다.
유대인은 맛사다에 피신한 후 로마군에 3년
을 저항한 후 모두 자결했다.
사진은 사해바다 근처에 위치한 맛사다 전경

2. 맛사다의 고난의 역사

A. 로마에 저항하는 유대인은 모두 죽여라

맛사다 사건은 유대인 역사가 요세푸스(Josephus, A.D. 38-100년)가 쓴 〈유대인의 전쟁 이야기〉의 제7권 끝부분에 자세히 소개되어 있다. 예루살렘 성은 로마 제국의 황제 베스페시안(Vespasian)의 아들이며 후계자인 디도(Titus) 장군에 의하여 완전히 파괴되었다(Ben-Sasson, 1976, pp. 299-303).

A.D. 70년 4월 유월절 즈음에 로마의 침공으로 시작된 전투는 70년 8월 28일 예루살렘 함락으로 종결되었다. 그러나 로마에 저항하던 세력이 완전히 항복한 것은 아니었다. 따라서 그 해 8월, 디도 장군은 이렇게 선포한다.

"로마에 굴복하지 않고 로마에 저항하는 유다 백성은 한 사람도 남기지 않고 완전히 멸절시킨다는 것을 역사 속에 뚜렷이 보여 주겠다."

마지막으로 저항했던 유대인 960명은 그들의 지도자 야르의 아들 엘리에셀(Eliezer Ben Yair, son of Yair)을 따라 맛사다로 피신한다. 그 저항군을 시카리(Sicarii)라고 부른다(Ben-Sasson, 1976, p. 303). 시카리는 로마군에 대항해 싸우던 유대인의 열심당원들에게 붙여 준 이름이다(Vilnay, 1984, p. 324). "시카리들은 자유를 위해 투쟁하기보다는 로마의 노예가 되기를 원하는 자들을 동족으로 볼 수 없다"는 논리를 펴고 있었다(Josephus, *Wars of Jews*, VII, 1987, 8, 1, p. 640).

이에 대해 역사가 요세푸스는, 이스라엘 민족이 바빌로니아의 침공을 받았을 때 예레미야 선지자가 "하나님께 반역한 죄의 대가로 하나님께서 작정하신 심판에 순응(항복)하는 자는 살아남을 것이요, 반역하면 죽을 것이다"(렘 21:9, 38:2, 17-23)라고 말한 예를 들면서 시카리의 무모한 행위를 비판했다(Josephus, *Wars of Jews*, 1987, V, 9, 4, p. 514, VII, 8, 1, p. 640). 유대 역사가들은 유대인의 과격한 저항 때문에 로마군이 이스라엘 민족에게 필요 이상으로 많은 피해를 입혔다는 논리를 편다(Ben-Sasson, 1976; Josephus, *Wars of Jews*, Wars VII, 1993).

이 논리는 맞다. 이스라엘 백성의 고난은 그들이 하나님의 뜻에 배반한 벌로 받는 하나님의 심판이었다. 하나님은 이스라엘을 심판하실 때 주변 이방 강대국들(이집트, 바벨론, 앗시리아 등)을 진노의 막대기로 사용하셨다. 하나님은 이렇게 말씀하셨다.

> "화 있을진저 앗수르 사람이여 그는 나의 진노의 막대기요 그 손의 몽둥이는 나의 분함이라"(사 10:5). 그러니 "너희는 매를 순히 받고 그것을 정하신 자를 순종할지니라."(미 6:9b)

이방 강대국들이 이스라엘을 침공했을 때 유대인이 이것은 하나님이 정하신 것인 줄 알고 그분의 뜻대로 순순히 항복을 했으면 피해가 적었을 텐데, 항복하지 않고 그들에게 대항했을 때에는 피해가 클 수밖에 없었다.

당시의 맛사다 사건을 살펴보자. 로마의 디도 장군은 그의 부하 실바(Flavius Silva) 장군을 시켜 맛사다로 집요하게 추격한다. 실바 장군은 10만 대군을 이끌고 그 곳을 공격했지만 특수한 난공불락의 지형 때문에 더 이상 유대인을 공격할 수 없었다. 그러자 그는 맛사다의 직사각형 비슷한 돌산을 지상에서 포위하여 모든 보급로를 차단했다. 4.5km(3miles)나 되는 긴 포위망 담을 쌓았다. 이 담의 둘레는 오늘날 구 예루살렘 성곽의 둘레만큼 길다(Vilnay, 1984, p. 324).

로마 군인은 저 높은 곳에서 식량이 떨어져 항복할 때까지 기다리며, 한편으로는 계속 공격하는 작전을 폈다. 맛사다 정상에는 이미 많은 식량이 저장되어 있었다. 유대인 지도자 엘리에셀은 맛사다의 정상에서 투석기(投石機)와 활로 로마군에 맞서 저항하기 시작했다.

1달, 6개월, 1년을 기다려도 유대인은 항복할 줄을 몰랐다. 다시 2년, 3년을 기다리며 달래도 유대인은 항복은커녕 계속 저항했다. 로마의 실바 장군은 정상을 공격할 수 있는 새로운 공격로를 만들기 위하여 6개월 동안 돌과 흙을 옮기다가 토성을 쌓기 시작했다.

그리고 거대한 높이의 공격용 장비를 갖춘 공성기를 만들었다. 그 때에 로마 군인들은 그 공사를 위해 수많은 이스라엘 포로들을 잡 아다가 부역을 시켰다.

로마군이 정상에서 저항하는 유대인을 공격하기 위해 만든 거대한 높이의 공격용 전차 (공성기)

유대인이 맛사다 정상에서 아래에서 공격하던 로마군에게 저항하기 위해 무기로 사용했던 큰 돌무덤

B. 유대인 전원이 자살한 이유

엘리에셀은 자기 동족이 노예 신분으로 끌려와 자기들을 공격하기 위해 토목공사를 하는 것을 보고 비통해하지 않을 수 없었다. 설상가상으로 로마군은 공격용 장비에 부착한 망치로 성벽을 부수기 시작했다. 더 이상 견딜 방법이 없었다. 최후가 옴을 직감했다. 그는 이를 하나님의 심판으로 간주했다.

그는 측근의 용맹한 자들을 소집하고 그들에게 호소했다. 엘리에셀의 첫 번째 연설의 일부를 들어 보자.

> 나의 고결한 동료들이여! 우리는 오래 전부터 결코 로마인들의 노예는 되지 않겠다고 굳게 맹세하였소. 우리는 참되시며 공의로우신 만민의 하나님 외에는 그 누구에게도 굴복하지 않기로 거듭 다짐을 하였소…. 우리의 아내들이 더럽혀지기 전에 죽게 하고 우리의 자녀들이 노예가 되기 전에 죽게 합시다…. 그들은 우리의 몸은 물론 재산에도 손을 못 대면 몹시 슬퍼할 것이 분명하오. 그러나 식량에는 손을 대지 말고 그냥 남겨 둡시다. 그리하여 우리가 자결한 것은 식량이 부족해서가 아니라 초지일관하게 노예가 되느니 차라리 죽음을 택하겠다는 자유의 열망 때문이었다는 사실을 만방에 과시하도록 합시다. (Josephus, *Wars of Jews*, 1993, VII, 8, 6, pp. 647-649)

엘리에셀은 모든 유대인에게 자결할 것을 촉구했다. 그러나 이 비장한 연설을 들은 동료들과 가족들은 의외로 눈물을 흘리며 죽기를 두려워했다. 다음날 그는 또다시 다음과 같이 긴 호소를 했다.

> … 여러분도 다른 사람들과 똑같은 자들임을 내가 알았소. 덕도 없고 용기도 없고 죽음을 두려워하기는 매한가지라는 사실 말이오. …… 하나님께서 주신 조상 전래의 율법이, 우리가 깨달을 나이가 되었을 때부터 항상 가르쳐 주는 내용이 도대체 무엇이오? 또한 우리 조상들이 용기와 행동으로 실증해 보인 진리가 무엇이오? 인간에게 재난은 죽음이 아니라 오히려 삶이라는 사실이 아니오? 우리의 비겁한 행동으로 말미암아 온 인류가 선망하고 모방하기를 원하는 우리의 율법에 욕이 돌아가게 된다면 그것보다 더 수치스러운 일이 어디 있겠소? …… 우리를 수중에 넣고 기뻐할 로마군을 생각하고 로마군에게 털끝만큼의 기쁨도 남겨 놓지 맙시다. 오히려 로마군이 우리의 굳은 결의에 경탄을 금치 못하고 우리의 죽음에 놀라 입을 다물지 못하도록 만듭시다. (Josephus, *Wars of Jews*, 1987, VII, 8, 7, pp. 649-656).

마침내 열심당원들은 그가 지적한 대로 로마의 손에 노예가 되거나 죽느니 차라리 자유가 있을 때 스스로 죽는 길을 선택했다. 유대인들은 가족들과 한 사람씩 키스하고 부모들이 사랑하는 아이들과 함께 죽었다(Wilson, 1993, p. 76).

마사다 정상. 유대인은 역사적 패배의 장소를 후세대 자녀들의 정신 교육에 사용한다. 그들은 이 정상에서 사관학교 임관식을 거행하며 애국애족심을 다시 일깨워 준다.

유대인은
로마의 손에 노예가 되느니
차라리 스스로 죽는 길을 선택했다.

C. 로마 장군: "내가 졌네, 당신이 이겼네!"

유대인 역사가 요세푸스는 그들의 영웅적 최후 장면을 다음과 같이 설명했다. 그들은 처음 10명을 사형 집행자로 선택하여 나머지 유대인들을 죽이게 했다. 가족 단위로 땅에 누운 유대인들은 사형 집행자로 뽑힌 동족에 의해 죽어 갔다.

모든 사람들이 죽고 사형 집행자 10명이 남았을 때 또 제비를 뽑아 한 명을 사형 집행자로 선택했다. 마지막 한 사람은 스스로 자결했다. 이때가 유대인 독립 운동이 종말을 고하던 A.D. 73년 8월, 맛사다로 피신한 지 3년이란 긴 세월이 흐른 후였다(Josephus, Wars of Jews, 1993, VII, 8, 6).

로마군은 계속하여 유대인 요새의 불탄 성벽을 망치로 부숴 나갔다. 그러나 유대인의 저항은 없었다. 드디어 로마의 실바 장군이 정상에 올라왔다. 그는 경악했다. 9백53명의 유대인 시체가 나란히 누워 있는 모습을 보았다. 그는 결코 승리의 기쁨을 맛볼 수 없었다. 왜냐 하면 전쟁은 실전을 통해 승리하여 적이 굴복할 때만이 쾌감을 느끼기 때문이다. 유대인들이 "선민답게 죽자"하고 죽었던 그들의 모습을 본 실바 장군은 "유대인의 불굴의 용기에 그저 경탄할 뿐이다"(Josephus, Wars of Jews, 1993, VII, 9, 2, p. 658)라고 말했다.

실바 장군은 죽은 이스라엘 지도자 엘리에셀에게 유명한 말을 남겼다.

"엘리에셀, 내가 졌네, 당신이 이겼네!"

이런 일들이 어떻게 역사 앞에 적나라하게 노출되었을까? 다행히 실바 장군이 올라갔을 때 두 명의 여자와 다섯 명의 어린아이가 숨어 살아 있었기 때문이다(상게서, p. 658).

**적에게 승리의 기쁨을 주느니
선민답게 자결합시다.**

3. 이스라엘을 보는 강대국과 하나님의 시각 차이

이스라엘의 유대인은 A.D. 65-66년 사이에 학살과 약탈을 일삼았던 로마에 대항하여 대반란을 일으켰다. 당시 로마 황제는 네로였다. 네로는 유대지역 총독 풀로투스에게 "이스라엘을 삽으로 깊이 떠서 지중해 바다 속에 던져 버리라"고 했다. 얼마나 이스라엘을 하찮게 여겼으면 그런 말을 했겠는가. 지도에서 보면 거대한 로마에 비하면 이스라엘은 실로 점 하나에 불과한 조그마한 나라였기 때문이었다.

〈저자 주: 디도 장군이 로마를 침공했을 당시에는 네로는 로마의 대화재 사건으로 인하여 자살했고, 그의 후임으로 디도 장군의 아버지인 베스페시안이 황제가 되어 있었다.〉

네로가 한 말은 현대사에도 나타난다. 1967년 5월 30일 아랍 연합군대의 대표 통수권자인 이집트의 낫세르 대통령은 기자 회견을 자청하고 "이스라엘을 삽으로 깊이 떠서 지중해 바다 속에 던져 버리겠다"고 호언장담을 했다(https://godpeople.or.kr/mopds/221452). 그런데도 불구하고 아랍 연합국은 1967년 이스라엘과의 전쟁에서 패배했다. 뿐만 아니라 로마는 망하여 역사 속에서 그 영광이 사라졌지만 이스라엘은 다시 살아나 크게 힘을 발하고 있다.

그 이유는 무엇인가? 이스라엘의 전쟁은 여호와께 속한 것이기 때문이다.

> 또 여호와의 구원하심이 칼과 창에 있지 아니함을 이 무리로
> 알게 하리라 전쟁은 여호와께 속한 것인즉 그가 너희를 우리
> 손에 붙이시리라. (삼상 17:47)

이 말씀은 사사기 시대에 이스라엘의 원수인 블레셋과 이스라엘과의 전쟁사에 나온다(삼상 17:19-58). 당시 블레셋을 대표하는 장군은 거대한 체구를 자랑하는 골리앗이었고, 그와 상대하는 이스라엘의 대표자는 어리고 키가 작은 이새의 아들 다윗 소년이었다. 골리앗은 갑옷을 입고 칼과 단창으로 무장하고 나왔지만, 다윗은 투구와 갑옷이 너무 커서 그의 몸에 맞지 않아 벗어버리고 맨몸으로 나왔다. 대신 손에 막대기를 가지고 시내에서 주운 매끄러운 돌 다섯을 가지고 나아갔다(삼상 17:40). 다윗의 이런 담대함은 어디에 기인했는가? 오직 만군의 여호와의 이름만을 의지했기 때문이었다.

> 다윗이 블레셋 사람에게 이르되 너는 칼과 창과 단창으로 내게
> 오거니와 나는 만군의 여호와의 이름 곧 네가 모욕하는 이스라
> 엘 군대의 하나님의 이름으로 네게 가노라. (삼상 17:45)

그 싸움의 결과는 다윗의 승리로 끝났다. 여호와의 전쟁의 특징은 이방의 강자와 다르다. "여호와의 구원하심이 외적 요소인 칼과 창에 있지 않다"는 것이다. 이것이 이스라엘 국가의 전쟁 철학이다. 즉 전쟁의 승패는 전력의 차이에 있는 것이 아니라, 여호와께 속한 것이기 때문에 하나님이 이기도록 작정하시면 어떤 거대한 적이라도 이길 수 있다는 것이다.

다윗에게는 이런 확신이 있었기 때문에 골리앗을 향하여 "내가 너를 쳐서 네 목을 베고 블레셋 군대의 시체를 공중의 새와 들짐승에게 주어 온 땅으로 이스라엘의 하나님이 계신 줄 알게 하겠다"(삼상 17:45)라고 외칠 수 있었다.

오늘날도 유대인은 이 말씀을 믿기 때문에 아무리 큰 군대라 하더라도 그 앞에서 기죽지 않고 당당해진다. 그렇다고 그들이 하나님만 의지한다고 최신식 무기를 준비하지 않는 것은 아니다. 그들은 강한 전투력을 갖추기 위하여 강한 정신력과 함께 강한 무기도 준비한다.

출처: http://chtour.co.kr/holy/Israel?mode=view&page=9&rows=10&holy_id=63
http://cafe.daum.net/bethel114/8mHV/6?q=%C0%CC%BD%BA%B6%F3%BF%A4%C0%BB%20%BB%F0%C0%B8%B7%CE%20%B6%B0%BC%AD
http://cafe.daum.net/gsseongdo/EEq/918?q=%C0%CC%BD%BA%B6%F3%BF%A4%C0%BB%20%BB%F0%C0%B8%B7%CE%20%B6%B0%BC%AD
http://biblefactory.tistory.com/58 [biblefactory]

**"이스라엘을 삽으로 깊이 떠서
지중해 바다 속에 던져 버리라"**

4. 유대인은 맛사다를 고난의 역사교육에 어떻게 활용하나

유대인은 맛사다를 수치의 역사라는 이유로, 그리고 그것이 자녀들에게 비굴함을 느끼게 한다는 이유로 그 곳을 헐고 다시 현대식 건물로 짓는 우(愚)를 범치 않았다. 그들은 맛사다를 결코 잊어버리지 않고 그 고난의 역사 현장을 그대로 보존하고 있다. 뿐만 아니라 이러한 역사적 고난의 유적지를 고난의 역사를 기억시키는 교육을 목적으로 다양하게 적극적으로 활용하고 있다.

먼저 국가의 안보를 책임지는 이스라엘군의 훈련장으로 사용하고 있다. 군사의 가장 중요한 기본은 투철한 애국심을 가진 정신무장이다.

유대인은 가장 치욕적인 고난의 역사 현장에서 국가의 생존을 위해 가장 중요한 국방의 의무를 위한 군사 훈련을 그곳에서 시킨다는 점에 주목해야 한다. 그리고 그 장소에서 사관학교 임관식을 한다. 군인들이 임관식을 할 때에는 하나님께 이렇게 맹세한다.

"우리에게 맛사다와 같은 일은 영원히 다시는 없을 것이다."

뿐만 아니라 이스라엘의 유대인은 물론, 전 세계에 흩어져 살고 있는 유대인 디아스포라들은 자녀들을 데리고 이곳에 와서 자기 조상들의 고난의 역사 현장을 몸소 보며 당시의 고난을 체험하게 한다. 어떤 미국에 사는 유대인은 자녀들을 그곳에 데려가 성년식을 치르기도 한다. 이를 위해 현재 로마군이 진을 쳤던 세 개의 캠프들은 관광과 교육을 위한 호스텔(hostel)로 바뀌었다(Vilnay, 1984, p. 324).

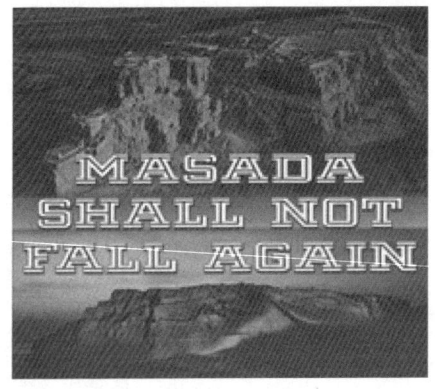 

"우리에게 맛사다와 같은 일은 영원히 다시는 없을 것이다."를 교육시키는 유대인의 다양한 표어들

　이스라엘 군인들은 그 곳에서 고된 훈련을 받으면서, 또한 유대인 자녀들은 그곳에 와서 보며 조상들의 애족 애국심을 배운다. 역사의식이 강해진다. 외적을 대할 때 강하고 담대해진다. 이것은 그들의 수직문화를 형성하는데, 그리고 자신의 민족과 국가에 대한 정체성을 세우는데 반드시 필요한 요소다.

　그리고 외부에서 오는 거대한 물리적 힘에 굴복하지 않는 저항정신을 배운다. 힘이 없으면 이와 같은 처참한 비극이 올 것을 대비해 힘을 기르겠다고 다짐한다. 유비무환의 교육이다. 이것은 독수리 민족이 가져야 할 최고의 가치다. 유대인 자녀들은 이런 과정을 거치면서 독수리 민족으로 양육되어진다.

　한국인은 과거의 패배를 기억하며 미래를 대비하는 유대인의 고난의 역사 현장 교육을 통해 많은 것을 배울 수 있다.

고난의 역사를 기억하기 위해 맛사다에서 군사훈련을 하는 이스라엘 군인들

맛사다에서 군사훈련을 하는 도중 이마와 팔에 테필린을 붙이고 기도하는 이스라엘 군인들과 관광객들

유대인 사관생도는 임관식 때 하나님께 이렇게 맹세한다.
"우리에게 맛사다와 같은 일은
영원히 다시는 없을 것이다."

제4장 유대인의 고난의 역사현장 교육   97

5. 유대인이 로마에 패한 이유:
유대인과 기독교인의 차이

유대인 지도자 엘리에셀은 마침내 예루살렘과 맛사다에 임한 재앙을 하나님의 심판으로 간주했다.

> 이것은 분명코 우리가 지은 수많은 죄에 대한 하나님의 분노의 표시임이 틀림없소. 우리가 동족에게 저지른 교만하고 잔인한 악행에 대한 하나님의 진노임이 분명하오. 그러므로 우리 스스로 목숨을 끊어 우리가 저지른 죄에 대한 심판을 로마군에게서가 아니라 하나님에게서 직접 받도록 합시다. (Josephus, *Wars of Jews*, 1993, VII, 8, 6, p. 649)

여기에서 주목해야 할 것은 유대인도 자신들이 고난을 당하는 이유는 하나님이 자신들의 죄에 대한 심판이라고 인정했다는 것이다. 그러나 구체적으로 자신들의 죄는 '동족에게 저지른 교만하고 잔인한 악행'이라고 했다.

이것은 기독교인의 입장과 매우 다르다. 기독교인의 입장에서 유대인의 죄는 그들이 하나님이 보내신 인류의 구원자 예수님을 로마 총독 빌라도에게 고소하여 십자가에 죽게 한 것이다. 예수님도 그들의 이러한 죄의 대가가 얼마나 처참할지를 예언하셨다.

> 날이 이를지라 네 원수들이 토성을 쌓고 너를 둘러 사면으로 가두고 또 너와 및 그 가운데 있는 네 자식들을 땅에 메어치며 돌 하나도 돌 위에 남기지 아니하리니 이는 권고 받는 날을 네가 알지 못함을 인함이니라 하시니라. (눅 19:43-44)

> 예루살렘의 딸들아 나를 위하여 울지 말고 너희와 너희 자녀를 위하여 울라. 보라 날이 이르면 사람이 말하기를 수태 못 하는 이와 해산하지 못한 배와 먹이지 못한 젖이 복이 있다 하리라. (눅 23:28-29)

이때에 패악한 이스라엘 백성들은 "그 피를 우리와 우리 자손들에게 돌릴지어다"(마 27:25)라고 외쳤다. 그 결과 AD 70년 이스라엘의 예루살렘은 로마에 의해 처참하게 파괴되었다. 그리고 맛사다와 같은 비극의 역사도 일어났다.

유대인은 그 당시뿐만 아니라 현재까지도 이 죄를 부정하고 있다. 매우 안타까운 일이다. 복음을 받아들이지 않기 때문이다. 복음을 받아들이면 베드로의 설교를 들은 유대인들처럼 "어찌할꼬!"를 외치며 회개를 하게 된다(행 2: 36-41).

아이러니컬한 것은 유대인은 아직도 자신들의 고난이 예수님을 믿지 않는 죄 때문이라는 것을 인정하지 않으면서도, 기독교의 신학자들이 이것을 주장한다는 것은 그들의 책에도 기록하고 있다는 점이다(Weber, The Holocaust chronicle, 2000, p. 20). 물론 유대인은 기독교인이 자신들을 미워하게 된 동기(원인), 즉 반유대주의(anti-semitism)의 동기도 자신들이 메시아로 오셨던 예수님을 거부했기 때문이라고 적고 있다(p. 18). 역사적인 사실이기 때문이다.

그러나 우리는 그들을 원망하기 전에 현재 우리의 모습은 어떤지를 볼 수 있어야 한다. 하나님의 사랑과 공의는 누구에게나 공평하시다. 하나님은 오래 참으시는 분(렘 15:15)이지만 그 죄가 관영하면 결코 심판을 멈추시지 아니하신다. 따라서 현재 우리는 나 자신을 살피며 자녀들에게 신앙 교육을 제대로 시키고 있는지를 살펴보아야 할 것이다.

유대인은 고난을 당하는 이유를
하나님이 자신들의 죄에 대한 심판이라고 했다.
그러나 어떤 죄인지는 기독교인의 입장과 매우 다르다.

---

6. 한국인의 고난의 역사 현장 교육에 적용

A. 고난의 역사 현장1:
한국의 맛사다, 병자호란과 삼전도비

1) 병자호란의 굴욕, 삼전도비

앞에서 유대인의 맛사다 사건을 고난의 역사 현장 교육학적 측면에서 설명했다. 한국의 역사에도 유대인의 맛사다 사건과 비슷한 예가 많다. 그 대표적인 예가 병자호란과 삼전도비다. 병자호란(丙子胡亂)은 인조 14년에 청(淸)나라 태종(太宗)이 직접 10만의 대군을 거느리고 조선을 침략한 사건을 말한다(변태섭, 1994, p. 356). 삼전도(三田渡)의 굴욕은 1636년 말에 시작하여 1637년 1월 30일(음력) 3백81년 전 1월 30일(음력, 2018년을 기준)에 일어난 수치의 역사다.

청나라의 침공에 힘이 약해 쫓기던 인조대왕은 왕자와 비빈(妃嬪)을 미리 강화로 피난시켰다. 그리고 자신은 길이 막혀 살을 애는 듯한 엄동설한에 신하들을 데리고 난공불락이라고 여겼던 남한산성으로 피신했다(이기백, 한국사 신론, 1983, pp. 256-257).

청나라 태종은 남한산성을 공격하는 것을 멈추고 그 산성을 모두 포위했다. 그 후 청나라 태종은 로마의 실바 장군처럼 인조가 항복하기를 기다렸다. 조선 왕실은 그 곳에서 겨우 45일을 견디었다. 그리고 곧 항복했다.

유대인이 맛사다 정상에서 3년을 버틴 것에 비하면 비교도 안 되는 기간이다. 더구나 피신한 유대인은 하나의 작은 종교 종파였고, 인조는 한 나라의 국왕이었는데도 말이다. 물론 유대인처럼 유비무환 정책으로 군량미와 군수품, 생활 용품을 미리 비축하지 못한 것도 한 가지 이유였다(변태섭, 1994, pp. 356-357).

남한산성에서는 항복하자는 파(主和派)와 싸우자는 파로 의견이 갈라지게 되었다. 그러나 결국에는 항복하자는 의견으로 기울게 되었다. 눈이 무릎까지 쌓인 엄동설한에 무력(無力)한 인조는 청나라 태종 진영에 나가 태종에게 무릎을 꿇고 항복의 예를 취했다.

당시 인조대왕은 태종 앞에 무릎을 꿇으며 세 번 절하고, 그 때마다 세 번씩 도합 아홉 번 머리를 땅에 부딪치며 조아리기를 반복하는 '삼배구고두'(三拜九叩頭)를 했다. 이것이 유명한 최악의 삼배구고두 항복의 예였다. 삼전도에서의 인조의 항복은 유사 이래 가장 치욕적인 사건이다. 왜냐 하면 그 많은 외침에도 왕이 직접 나가 무릎을 꿇고 항복한 것은 처음이었기 때문이다(신한국사연구회, 1994, p. 342).

청나라 태종은 항복 의식에 만족하지 않고, 자신의 공덕을 새긴 삼전도비(三田渡碑)라는 비석을 세우도록 조선에 강요했다. 현재의 송파구 잠실에 있다. 삼전도비의 정식 이름은 '대청황제공덕비'이지만 문화재 지정 당시의 지명을 따서 삼전도비라고 지었다. 비석에는 청나라가 조선에 출병한 이유, 조선이 항복한 사실 등이 기록되어 있다. 앞면에는 몽골 글자, 오른쪽에는 만주 글자, 뒷면에는 한자로 비문이 쓰여 있어 만주어 및 몽골어를 연구하는 데 중요한 자료로 이용되고 있다(다음 백과, http://100.daum.net/encyclopedia/view/24XXXXX68624).

비문의 내용은 다음과 같다.

어리석은 조선 왕은, 위대한 청국 황제에게 반항했다. 청국 황제는 어리석은 조선 왕을 타이르고, 자신의 대죄를 납득시켰다. 양심에 눈을 뜬 조선 왕은 자신의 어리석음을 맹성하고, 위대한 청국 황제의 신하가 되는 것을 맹세했다. 우리 조선은 이 청국 황제의 공덕을 영원히 잊지 않고, 또 청국에 반항한 어리석은 죄를 반성하기 위해서, 이 석비를 세우기로 한다. (위키백과, https://ko.wikipedia.org/wiki/삼전도비)

이 때 맺은 맹세 때문에 조선과 청나라의 관계는 군신의 관계가 되었다. 앞으로 조선은 청나라의 신하로서 청나라가 시키는 대로 해야 된다는 조약이다. 그리고 왕자를 인질로 데려갔고 매년 청나라에 값비싼 금과 보화는 물론 수많은 공물을 바치도록 했다.

2010년 새로 단장한 서울 송파구 잠실에 위치한 삼전도비

청나라 태종이 조선을 침공했을 당시 인조는 남한산성으로 피신하여 45일 동안 항거했다

인조가 청나라 태종에게 굴욕적인 삼배구고두를 하며 항복의 예를 표하는 장면을 담은 동판. 삼전도비 옆에 있다.

2) 당시 관리의 타락과 서민의 고통
a. 병자호란 포로 안추원의 비극

〈저자 주: 병자호란 당시의 서민의 고통을 그린 조선 외교사학자인 한명기 교수(명지대 사학과)의 '병자호란 포로 안추원의 비극'이란 글을 게재한다(중앙일보, 2004년 2월 16일). 당시 조선 관리의 타락과 서민의 고통을 그렸다〉

병자호란 당시 조선의 평민 안추원(安秋元)을 아는가. 1636년 개성에 살고 있던 안추원은 난을 피해 강화도로 들어간다. 나이 열세 살이었다. 1637년 1월 강화도는 함락되었고 섬에 있던 사람들은 청군에게 피살되거나 포로가 되었다. 안추원도 붙잡히는 신세가 됐다.

왜 그런 끔찍한 일이 벌어졌을까. 임진강 이북에서 청군을 저지할 책임을 맡은 총사령관 김자점은 싸움을 피해 도주하여 청군의 남하를 방조했다. 왕실 가족과 강화도 방어를 책임진 검찰사 김경징도 가관이었다. 자신의 일가친척과 노비들, 재물 궤짝들을 가장 먼저 강화도로 실어 날랐다. 왕세자빈까지 '우선순위'에서 밀렸다.

배를 기다리다 지친 세자빈이 격노해 고래고래 소리를 지른 다음에야 배에 태웠다. 그 후엔 사용했던 모든 배들을 강화도 쪽 해안에 묶어버렸다. 수많은 피란민은 발만 동동 구르다가 청군에게 희생됐다. 그런 김경징이 강화도를 제대로 지켜낼 리가 없었다. 청군이 바다를 건널 수 없다고 확신했던 그는 날마다 잔치판을 벌이다 제대로 저항도 하지 못하고 참패했다.

포로가 된 안추원은 중국 선양(瀋陽)으로 끌려갔다. 그곳에서 대장장이에게 팔렸다. 이윽고 1644년 청은 명을 멸망시키고 베이징(北京)에 입성한다. 스물 한 살의 안추원은 주인에게 이끌려 베이징으로 흘러들어 갔다.

18년이 더 지난 1662년. 서른아홉의 장년이 된 안추원은 조선으로의 탈출을 결행한다. 산하이관(山海關)을 통과해 만주를 가로지르는 일생일대의 대모험이었다. 그러나 산하이관에서 붙잡히고 말았다. 베이징으로 송환된 그는 얼굴에 낙인이 찍히는 형벌을 받았다. 하지만 고국으로 돌아가겠다는 그의 비원(悲願)은 처절했다. 다시 2년이 지난 1664년 안추원은 마침내 청을 탈출하는 데 성공한다. 정확히 28년 만의 귀향이었다.

하지만 고향에는 아무도 없었다. 병자호란은 이미 오래전에 그의 가족을 풍비박산내고 말았던 것이다. 당장 생계조차 막막했다. 귀향의 감격도 잠시뿐, 배고픈 그에게 피붙이 하나 남아 있지 않은 조국은 그저 또 다른 이역이었을 뿐이다.

안추원은 절망 끝에 베이징으로 돌아가기로 결심한다. 청으로의 귀환은 탈출보다 훨씬 위험했다. 결국 압록강을 건너자마자 체포되었다. 체포된 이후의 그에 관한 기록은 없다. 아마 처형됐을 것이다. 호란 이후 탈출했다가 청으로 압송됐던 포로들이 청군에게 발뒤꿈치를 잘렸던 사례 등을 고려하면 두 번이나 탈출을 시도했던 그가 온전하기는 어려웠을 것이다.

안추원의 비극은 과연 누가 책임져야 할까. 병자호란 때문에 수많은 '안추원'이 생겨났지만 비극을 불러왔던 위정자들의 상당수는 멀쩡하게 살아남았다. 전쟁이 끝난 뒤 김경징은 논란 끝에 자살했지만, 청군의 남하를 방조했던 김자점은 영의정 자리까지 올랐다.

수많은 백성을 도탄에 빠뜨리고도 자신의 허물을 책임지지 않는 위정자들의 '후안무치'는 시간을 초월해 유전되는 것일까. 정치권의 난맥상과 민생의 어려움 때문에 걱정이 쌓여가고 있는 오늘, 병자호란의 비극을 되돌아보는 마음은 여전히 착잡하다.

수많은 백성을 도탄에 빠뜨리고도 자신의 허물을 책임지지 않는 위정자들의 '후안무치'는 유전되는 것일까.

b. 쓰라린 역사, '화냥년과 호로자식'의 유래

저자가 어렸을 때도 주변에서 '화냥년'이나 '호로자식'이라고 욕하는 것을 많이 들었다. 평소 남자관계가 복잡한 여자를 나쁘게 욕할 때 '화냥년', 그리고 버릇없는 못된 남자를 '호로자식'이라고 한다. 그 연유에는 비참한 수치의 역사가 숨어있다.

청나라는 병자호란 후 조선인 50만을 포로로 잡아갔다. 대부분 부녀자들이었다. 일부는 조선이 청나라에 바친 공녀들도 있었다. 이들이 갖은 고생 끝에 고향으로 돌아오자 사람들은 환향녀(還鄕女, 후에 화냥년으로 바뀜)라고 불렀다. 이 화냥년들 중에는 청나라 남자들의 아이들을 임신하여 와서 낳은 이들도 있었다. 이렇게 태어난 사람들을 '호로새끼', '호로자식'이라고 불렀다. 호로(胡虜)는 오랑캐 혹은 오랑캐의 포로라는 뜻이다. 또한 이 무렵 청나라에 아첨하여 벼슬을 얻은 사람들을 낮추어 '호로새끼' 혹은 '호로자식'이라고 했다고도 한다(다음 백과, http://cafe.daum.net/kco7470/EzHg/160).

당시 부녀자들이 전쟁 포로로 끌려가면 대부분 청국 남자들의 성노리개가 되는 경우가 허다했다. 남과 여의 구분이 뚜렷한 엄격한 유교집안에서 자랐던 조선 여성들이 타국의 남자들에게 당했을 고난을 생각하면 끔찍하다.

그런데도 조선인들은 돌아온 전쟁 포로들이 겪은 고통을 치유하기는커녕 오히려 그들을 학대한 것이다. 이들은 일제 강점기 시대에 일본군이 조선 여성들을 강제로 끌고 가 위안부로 삼은 것에 비유될 수 있다. 조선인 위안부가 1945년 8월 15일 해방을 맞아 고향 땅을 밟았을 때에도 동네 사람들은 그녀들을 환대하기는커녕 의심의 눈초리로 보았다. 아, 힘없는 백성들이 겪어야 하는 고통이여! 누가 이들을 그렇게 만들었는가?

현재에도 이런 비극이 한국 민족에게 일어나고 있다는 사실을 알아야 한다(2018년 현재). 굶주림에 시달려 북한을 탈북한 대부분의 여성들은 중국 남자들에게 돈 몇 백 불에 팔려간다고 한다. 그리고는 성노예로 살아가고 있다. 그 수가 몇 만 명에 달한다고 한다. 북한에는 1990년대에만 무려 300만 명이 굶주려 죽었다.

이것은 무엇을 뜻하나? 김일성이 세우고 대를 이어 김정일과 김정은이 통치하는 조선민주주의인민공화국은 동족에게 최악의 악행을 저지른 악한 정치 집단임을 증명한다. 그런데도 북한 공산주의 나라 지도자를 감싸는 남한 지도자들을 도대체 어떻게 이해해야 할 것인가? 오, 하나님이여, 한국 민족을 도우소서!

3) 삼전도비를 수치의 역사라고 땅에 묻었던 한국인
a. 삼전도비에 대한 언론 보도

〈저자 주: 독자를 위해 천덕꾸러기로 전락한 삼전도비에 얽힌 신문기사를 그대로 싣는다.〉

'치욕의 삼전도비' 제자리 간다

〈세계일보, 2010년, 4월 22일〉

'병자호란 굴욕' 담아… 115년만에 석촌호수 서호로 이전

조선시대 병자호란 때 패한 조선이 승전국인 청나라의 요청에 따라 마지못해 세운 삼전도비(사적 101호·사진)가 115년 만에 제자리로 돌아간다. 서울 송파구는 22일 현재 석촌동 289-3의 근린공원에 있는 삼전도비를 원위치와 가장 가까운 석촌호수 서호 언덕으로 옮기는 공사의 준공식을 25일 한다고 밝혔다.

송파구가 문화재보호법에 따른 각종 규제로 삼전도비 반경 100m 안에 있는 건물의 재건축 등이 힘든 점을 고려해 2003년 문화재청에 이전을 요청한 이후 7년 만에 준공식을 갖게 된 것이다. 문화재청은 삼전도비가 1895년 땅에 묻히고 나서 본래 위치를 알 수 없는 실정이라 제자리에 대한 규명 없이 이전하는 것은 무리라는 견해를 밝혀 한동안 이전에 난항을 겪었다.

이후 송파구는 서울시립대 서울학연구소에 의뢰해 삼전도비의 본래 위치가 석촌호수 서호의 북동쪽 수중이었음을 확인해 2008년 3월 문화재청에 원래 위치에서 가장 가까운 석촌호수 서호 언덕으로 이전해 달라고 요청해 그해 4월 승인을 받았다.

삼전도비의 정식 명칭은 삼전도청태종공덕비로 1639년 병자호란에 패한 조선이 청 태종의 요구에 따라 그의 공덕을 적어 세운 비석이다. 삼전도비는 청일전쟁 도중인 1895년 고종의 명으로 땅에 묻혔다가 일제강점기 때 다시 세워졌으며, 광복 후 주민들에 의

해 매립됐다가 1963년 홍수로 모습을 드러냈다.

송파구의 한 관계자는 "치욕의 역사지만 자라나는 세대에게 국력의 중요함을 일깨우는 역사교육의 장소가 될 것으로 기대한다"고 말했다.

b. 천덕꾸러기 삼전도비의 수난사

한국인도 이러한 수치의 역사 현장을 유대인처럼 역사적으로 잘 개발하여 보전하여야 한다. 그리고 대음세대에 고난의 역사교육 현장으로 활용해야 한다.

그러나 한국인은 너무나 우둔한 짓을 했다. 총신대 역사학과 유준기 교수에 의하면, 한국 정부가 삼전도비를 보전하기는커녕 수치의 역사라 하여 흙으로 덮어 버렸다는 것이다. 그것을 1980년대 초 전두환 전 대통령의 지시에 따라 다시 흙을 파내어 찾았다고 증언했다(1995년 5월).

언론 보도에 나타난 삼전도비의 수난사를 정리하면 이렇다.

- 1639년 병자호란에 패한 조선이 청 태종의 요구에 따라 세운 비석
  - 1895년 청일전쟁 도중인 고종이 매립
  - 1913년 일제강점기에 일제가 다시 발굴
  - 1945년 광복 후 주민들이 다시 매립
  - 1963년 홍수로 다시 나타남

- 여러 곳으로 이전
- 1980년 초 전 전두환 대통령의 지시로 석천호수 근처로 옮김
- 2010년 현 위치에 이전

출처: 세계일보, *2010년 4월 22일*; 아시아경제, 수난의 '삼전도비' 원위치로 이전, 2010년 4월 23일. 참조

도대체 수치의 역사를 흙으로 덮는다고 덮여지는가? 눈에 보이는 비석은 덮이겠지만 역사의 수치는 덮이지 않는다. 또한 덮여서도 안 된다. 이 점이 바로 한국인이 유대인과 다른 점이다. 유대인은 미래 치욕을 막기 위하여 과거의 치욕의 역사를 들춰내어 기억해야 한다는 논리다. 이것은 하나님의 교육방법이다(신 32:7). 치욕의 역사를 덮으면 미래에 또 다시 그런 치욕의 역사를 되풀이하기 때문이다.

2007년 2월 3일에는 백모(39세)씨가 삼전도비에 붉은 페인트를 사용해 '철거 370'이라고 적어 훼손하는 사건이 일어나기도 했다. 그는 경찰 조사에서 "정치인들이 나라를 잘못 이끌면 치욕의 역사를 되풀이하게 된다는 점을 경고하기 위해서" 삼전도비를 훼손했다고 밝혔다. 또한 '370'은 인조가 청 태종에게 무릎을 꿇은 지 370년이 지났다는 것을 의미한다고 했다〈위키백과, https://ko.wikipedia.org/wiki/삼전도비〉.

삼전도비를 철거한다고 수치의 역사가 철거되겠는가. 요약하면, 유대인은 미래의 수치를 막기 위해 과거의 수치를 꺼내 기억하지만, 한국인은 그 수치의 역사를 흙으로 덮는 우를 범하고 있다.

> 도대체
> 수치의 역사를 흙으로 덮는다고 덮여지는가?
> 치욕의 역사를 덮으면
> 미래에 그런 역사를 되풀이 한다.

B. 한국인은 삼전도비를
고난의 역사교육에 어떻게 적용해야 하나

한국인은 삼전도비를 한국 민족 교육을 위하여 어떻게 활용해야 하는가? 유대인이 맛사다에 얽힌 치욕의 역사를 들추어내어 기억하는 것처럼, 한국인도 삼전도비에 얽힌 치욕의 역사를 들추어내어 기억해야 한다.

어떤 방법으로 기억하게 할 수 있을까? 이미 효과가 검증된 유대인의 방법을 따르는 것이 좋을 것이다. 한국군 훈련병들도 그곳에서 교대로 훈련을 받도록 해야 한다. 훈련 중에도 그곳에서 대한민국과 한국 민족의 평화와 번영을 위하여 반복적으로 그리고 습관적으로 기도해야 할 것이다. 그리고 육군사관학교 임관식을 삼전도비가 있는 곳에서 거행해야 한다.

그 곳에서 사관학교 생도들이 임관식을 할 때에 이렇게 외치도록 해야 한다.

"삼전도의 치욕 같은 사건은 이제 영원히 한국 민족의 역사에서 없을 것이다."

또한 삼전도비가 세워진 치욕의 역사적 장소는 다음세대 교육을 위한 고난의 역사교육 현장이 되어야 할 것이다. 자라나는 초·중·고학생들을 의무적으로 그곳을 방문하게 해야 한다. 그리고 방문할 때마다 그곳에서 나라와 민족의 평화와 번영을 위하여 반복적으로 그리고 습관적으로 기도하게 해야 할 것이다.

뿐만 아니라 유대인이 수많은 외국인들에게 맛사다의 수치를 보여주어 로마의 악행을 알게 하는 것처럼, 한국인도 수많은 외국인들에게 삼전도비의 수치를 보여주어 중국의 악행을 알게 해야 한다. 특히 중국인 관광객들에게 알게 하여 자신들의 조상들이 얼마나 한국 민족을 대를 이어 괴롭혔는지를 알게 해야 한다. 그리고 과거 잘못된 자신들의 역사를 반성하게 해야 한다.

병자호란은 중국인들에게는 승리의 역사이지만, 한국인에게는 패배의 역사다. 한국인은 유대인이 승리의 역사보다 패배의 역사를 더 기억한다는 것을 잊어서는 안 된다.

남한산성도 당시 인조대왕의 수치를 나타내기 위해 맛사다처럼 잘 보전해 놓아야 한다. 그곳은 터가 넓기 때문에 군사훈련 장소로 금상첨화일 것이다. 그리고 송파나 남한산성에 등산하는 부모들도 가족끼리 그 곳을 지나면서 자녀들에게 그 치욕의 역사를 가르쳐 주고 함께 하나님께 기도를 드려야 한다. 한민족의 역사에 다시는 삼전도의 치욕 같은 수치스러운 역사가 일어나지 않게 해달라고….

부모는 "너희들이 더 열심히 신앙생활을 하고 더 열심히 공부해야 하는 목적도 국가와 민족을 위함이라는 사실"을 가르쳐야 한다. 삶의 목적이 한 사람 개인의 영달을 위한 것만이 아니라는 사실을 주지시켜야 한다. 이것이 투철한 애국심에 기초한 국가관을 가진 한국인 기독교인으로 키우는 방법이다. 나라가 강건할 때 교회도 존재할 수 있고, 그 교회를 통하여 세계선교도 할 수 있다는 사실을 명심해야 한다.

그런데 아쉬운 점이 있다. 현재 삼전도비 근처(잠실 석천호수 주변)에는 군사훈련을 하거나 육군사관학교 임관식을 할 만한 공간이 없다. 정부에서 미리 터를 확보하지 않았기 때문이다. 삼전도비 사적터는 조그만 공원으로 조성되었다. 주변에는 각종 건물들이 즐비하다. 한국 정부에서 삼전도비를 천덕꾸러기 취급을 했으니 없어지지 않은 것만 해도 다행이라고 생각해야 하는가. 그나마도 찾는 이가 거의 없다. 2008년 1월 저자 일행이 그곳을 방문했을 때 저자 일행 외에는 다른 방문객들을 찾지 못했다. 이것은 유대인이 일 년 내내 맛사다를 대를 이어 찾는 것과 크게 대조된다.

더욱 안타까운 것은 그 공원 근처에 거주하는 분들도 그 공원의 역사를 거의 모르고 있었다는 것이다. 저자가 그 동네 분들에게 물었다.

"이 공원이 어떤 곳인지 압니까?"
"모르는데요."
"삼전도비 사적 터입니다."
"삼전도비가 뭐예요?"

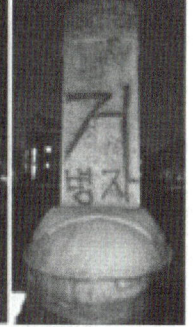

삼전도비는 수치의 역사라 하여 국가나 주민들이 땅에 묻었다. 사진은 삼전도비가 수치의 역사라 하여 방치되었을 때의 모습

2007년 2월 3일 백모(39세)씨가 삼전도비에 붉은 페인트를 사용해 '철거 370'이라고 적어 훼손하는 사건이 있었다.

한국인들이 한국의 고난의 역사에 얼마나 무관심한지를 알려주는 대목이다. 유대인의 역사의식과 얼마나 큰 대조를 보이는가!

맛사다는 예루살렘에서 차로 약 1시간 거리에 있는 먼 외진 곳에 있다. 그런데도 전 세계 유대인들이 자신들의 치욕의 역사 현장을 열심히 방문한다. 그런데 한국인은 삼전도비가 서울 한복판 지척에 세워져 있는데도 왜 방문하는 이들이 거의 없을까?

그것은 그만큼 유대인은 고난의 역사교육을 철저하게 시키는 반면, 한국인은 주로 대학입시 위주의 IQ교육만 시키기 때문이다. 그러니 자녀들의 인성교육이 제대로 되겠는가! 고난의 역사교육은 인성교육의 본질인 수직문화를 질적 및 양적으로 풍성하게 하는 대단히 중요한 교육이다.

〈저자 주: 우리나라의 고난의 역사 현장은 이 외에도 많이 있다. 앞에서는 중국의 침략으로 인한 고난의 역사 현장을 다루었다. 그러나 이후에는 일본의 침략으로 인한 고난의 역사 현장(임진왜란 및 일제 강점기 시대)을 다룬다. 그리고 동족상잔의 비극을 초래한 민족의 원수 김일성(북한)의 침략으로 인한 참혹한 고난의 역사 현장도 다룬다.〉

저자가 서울 성덕중앙교회 쉐마3대교육부흥회를 마치고 김영규 담임목사(저자의 좌), 안광남 김승아 부목사(저자의 우편) 등과 함께 찾은 삼전도비 공원(2008년 겨울). 당시 그곳에는 우리 일행밖에 없었다. 항상 인파로 붐비는 맛사다와 대조를 이룬다.

병자호란은
중국인에게는 승리의 역사이지만,
한국인에게는 패배의 역사다.
유대인은 승리보다 패배의 역사를
더 기억한다는 것을 잊어서는 안 된다.

> <고난의 역사 현장II>
> III. 폴란드 아우슈비츠 수용소의 고난을 기억하라

1. 아우슈비츠 강제 수용소

1945년 기준으로 나치에 의해 살해당한 유대인은 약 600만 명으로 추정된다. 이는 유럽 전체 유대인 인구의 2/3(66%)이며 전 세계 유대인 인구의 1/3에 해당된다(Weber, The Holocaust chronicle, 2000. p. 13). 아우슈비츠 강제 수용소가 가장 악명 높은 살인 현장이다. 이곳은 나치 독일이 유대인을 학살하기 위하여 만들었던 강제 수용소로, 폴란드의 오시비엥침(독일어 이름: Auschwitz)에 있는 옛 수용소다. 이곳에서 처형된 사람들은 유대인·로마인·옛 소련군 포로·정신질환을 가진 정신장애인·동성애자·기타 나치즘에 반대하는 자들이었다.

원래는 폴란드군의 병영이었으며 수용소의 건물들도 수용소 생성 후 새로 지어진 건물들 이외에는 모두 폴란드군 벽돌 막사다. 아우슈비츠 수용소는 전체 28동으로 되어 있다. 나치가 세운 강제수용소 중에서 최대 규모였다.

최초의 수용자들이 아우슈비츠에 온 것은 1940년 6월로, 폴란드 양심수 728명이 첫 수용자들이었다. 이후 아우슈비츠로 보내진 폴

란드인 수용자들은 약 15만 명이며, 이중 7만 5천 명이 죽은 것으로 추산되고 있다.

1945년 1월 27일 소비에트 연방의 붉은 군대의 진주로 인하여 해방되었다. 현재는 박물관과 전시관으로 꾸며져 있다. 1947년에 세워진 희생자 박물관은 1979년에 유네스코에 의해 세계유산으로 지정되었다(위키백과, https://ko.wikipedia.org/wiki/아우슈비츠_강제_수용소, http://blog.daum.net/kbc7394/16).

그 당시 아우슈비츠의 유대인 생존자의 말을 들어보자. 노벨 평화상을 수상했던 엘리 위젤(Elie Wiesel)은 그의 시 'Pilgrimage to the Kingdom of Night'에서 당시를 이렇게 회상했다(Weber, 2000, p. 18).

> "말이 없었다. 아무 말을 할 수가 없었다. 아우슈비츠의 바람에서 옛날 최초의 말들이 들렸다". "쉐마 이스라엘, 이스라엘아 들으라, 하나님은 우리 하나님, 하나님은 한분이시니"… 아니마민, "나는 메시아가 오실 것을 전심으로 믿는다." ("Shema Israel, 'Hear O Israel, God is our God, God is one'… Animaamin. I believe with all my heart in the coming of the Messiah.")

그는 이렇게 말했다. "경청해야 할 이 말씀은 수 백년, 아니 백만년 전부터 유대인의 전통으로 불려졌던, 아니 그 기원은 유대인에게 뿐만 아니라 태초에 그분들 스스로 [세상을] 창조하셨을 때까지 거슬러 올라간다." (Centuries and even millennia old, those words from the Jewish tradition hearken back not only to the origins of the Jewish people but also to the beginning of time and creation themselves.)

아우슈비츠 수용소 입구. "노동이 그대를 자유케 하리라"(ARBEIT MACHT FREI)라는 문구가 있다.

역사적으로 가장 잔인한 악마로 소문난 독일 나치의 괴수 아돌프 히틀러가 군대를 사열하고 있다.

최악의 상황에서도 유대인은 하나님에 대한 희망을 잃지 않았다. 그들은 그곳에서 '아니마민'(나는 믿는다)이란 노래를 불렀다.
"우리들은 구세주가 올 것을 온전한 믿음으로 믿고 있다. 그러나 구세주가 조금 늦더라도 그 분의 오심을 매일 기다릴 것이다." 희망과 용기는 자기 스스로가 버리지 않는 한 다른 사람이 빼앗을 수 없는 것이다.

후일에 마빈 토카이어는 좀 더 자세히 성명했다. "우리들은 구세주가 올 것을 온전한 믿음으로 믿고 있다. 그러나 구세주가 조금 늦더라도 그 분의 오심을 매일 기다릴 것이다."(Tokayer, 탈무드 4: 탈무드의 생명력, '말이 하늘을 날지 못한다면'이란 원본 원고 중에서 발췌).

이것은 무엇을 뜻하는가? 그런 최악의 상황에서도 유대인은 쉐마를 암송하면서 하나님에 대한 믿음을 가지고 메시아가 자신들을 구원해 주실 것이란 희망을 잃지 않았다는 것이다. 그리고 그 희망의 기원은 창세의 때부터 있었다는 것이다.

따라서 그런 희망은 유대인에게만 유효한 것이 아니라 모든 민족에게까지 유효하다는 것이다. 절망이란 밤에도 희망을 가졌기에 생존할 수 있었다. 희망과 용기는 자기 스스로가 버리지 않는 한 다른 사람이 빼앗을 수 없는 것이다.

〈자세한 것은 저자의 저서 고난교육신학 제3권, 승리보다 패배를 더 기억하는 유대인, 제3부 제5장 IV. '희망의 신학 실천의 결과: 유월절에 부르는 노래 '아니마민'(나는 믿는다)' 참조〉

〈저자 주: 유대인의 인구는 1933년 약 9백5십만명이었는데, 1950년에는 3백5십만명으로 줄었다. 폴란드 거주 유대인은 3백만명에서 4만5천명으로 줄었다. 1950년까지 2십만 유럽 유대인이 팔레스타인으로 이민을 갔고, 7만 2천명이 미국으로 갔다(Weber, 2000. p. 663).〉

2. 아우슈비츠에서 겪은 고난의 역사

〈저자 주: 유대인의 고난의 역사 현장인 아우슈비츠 강제 수용소에 대한 설명은 그곳에 가서 직접 보고 쓴 두 편의 기사로 대신한다.〉

희생자 머리털로 짠 담요 수북히

〈유권하 특파원, 중앙일보, 2005년 1월 27일〉

노인의 눈가에 이슬이 맺힌다. 그의 시선이 멈춘 곳은 아우슈비츠 제1 수용소 정문에 걸린 팻말. '아르바이트 마흐트 프라이(Arbeit macht frei)'. 제2차 세계대전 당시 나치 정권이 꾸며낸 "일하면 자유로워진다"는 뜻의 선동문구다. 폴란드인 타데우시 스메르친스키(81).

61년 전 그는 나치에 저항했다는 죄목으로 이곳에 끌려왔었다. 그는 "삶에 회의를 품거나 절망하던 자들은 모두 죽었다. 그러나 나는 살고 싶었다. 아침에 눈을 뜨면 밤까지 살아있기를 빌고 밤이 오면 내일 아침 다시 눈을 떠야지 하고 되뇌었다"고 회고했다.

눈발이 흩날리는 수용소 안으로 걸음을 옮겼다. 감시탑에 둘러싸인 28개 동의 건물이 음침한 자태를 드러냈다. 4번 블록 막사 건물 2층에 올라서니 재소자들의 머리털을 잘라 수북이 쌓은 전시장이 앞을 막아선다. 머리털로 짠 담요와 천조각도 전시돼 있다.

관람객들의 표정이 일그러진다. 베를린에서 온 20대 독일인 스베게너는 "하느님 맙소사"를 되뇌며 얼굴을 돌린다. 1945년 1월 이곳을 해방한 소련군은 자루에 넣어 보관 중인 약 7t의 머리털을 한 창고에서 발견했다.

옆 건물에서 당시 학살 장면을 담은 기록영화를 보다가 속이 울렁거려 밖으로 나왔다. 수다를 떨던 학생들도 전시장 건물을 옮겨 다니면서 점차 말수가 줄었다. 죽음의 벽이라 일컬어지는 11블록의 총살장을 지나 7블록 건물에 들어섰다. 수용소 병원에 대한 자료와 기록이 전시돼 있다.

당시 수용소 의사인 요제프 멩겔레 박사가 행한 "고난의 역사교육을 어떻게 활용하나." 사진이 눈을 찌푸리게 만든다. 어린이 수감자를 영하 20도 이하의 추위 속에 맨발로 내몰아 동상에 걸리게 한 기록 사진이다. 나치 의사들은 반인륜적인 실험을 서슴지 않았다. 남녀 성기 절단 등 차마 입에 담을 수가 없다.

제1 수용소를 둘러싸고 있는 철조망 바깥으로 나서니 가스실과 화장터가 보인다. 나치는 샤워를 시켜준다며 재소자들을 발가벗긴 뒤 가스실로 내몰았다. 약 210㎡(약 64평)의 지하실에 하루 2000여명이 들어가면 문이 닫히고 천장에선 독가스가 흘러나왔다. 15~20분만에 학살된 재소자들은 머리털이 잘리고 반지와 금니 등이 뽑힌 뒤 건물 내 화장터에 마련된 3대의 불가마에서 태워졌다. 하루 평균 350구의 시체가 화장됐다. 말 그대로 '홀로코스트(완전히 불태워진다는 뜻의 그리스어)'였다.

택시를 타고 이곳에서 3km 떨어진 비르케나우 제2 수용소를 찾았다. 백발의 소련군 퇴역 장병 두 명을 만났다.

소련군 322사단 소속이었다는 세르게이 일리치(84)는 "이곳에 도착하니 기이한 광경이 펼쳐졌다. 살과 뼈가 달라붙은 수천 명의 깡마른 인간들이 의심스레 우리를 지켜봤다. 도대체 남녀노소가 구분이 되지 않았다"고 말했다. 옆에선 전우 니콜라이 슈테파노프(80)는 "수용소에 들어서니 도처에 시체가 내팽개쳐진 끔찍한 광경이 펼쳐졌다"고 했다.

그는 "독일인들이 왜 그런 일을 저질렀는지, 인간이 어떻게 그런 일을 저지를 수 있는지 지금도 이해가 되지 않는다"고 덧붙였다.

아우슈비츠의 폴란드어 지명은 오시비엥침. 인구 4만7000여명. 당초 지명은 유대어로 '손님'이란 뜻의 오시피친(Oshpitzin)에서 유래됐다. 800년의 역사를 지닌 이곳은 유대인들과 인연이 깊다.

16세기부터 이곳에 정착한 유대인들은 술을 빚고 옷을 만들어 팔며 뿌리를 내렸다. 17세기 합스부르크 왕조시대엔 유대 지식인들의 중심지로 이름을 날렸다. 도심 한복판에 회관과 시나고그(예배당)가 들어설 정도로 유대교가 번성했다. 당시 유대인들 사이에 "젊을 때는 대도시가 좋지만 죽을 때는 오시비엥침을 찾아야 한다"는 속담이 퍼질 정도였다.

제2차 세계대전 직전엔 주민 1만2300명 중 7000명이 유대인이었다. 그러나 나치가 아우슈비츠로 이름을 바꾼 뒤 수용소가 들어서자 유대인은 자취를 감췄다. 수용소에서 살아남은 이 도시의 마지막 유대인 주민 스지몬 클리거는 2000년 세상을 떠났다.

어린이 수감자를
영하 20도 이하의 추위 속에 맨발로 내몰아
동상에 걸리게 한 기록 사진이다.

1000여만명 희생된 나치 살인공장
〈유권하 특파원, 중앙일보, 2005년 1월 27일〉

박물관 안내원 로레타는 아우슈비츠에 관한 상세한 이야기를 들려줬다.

- 나치는 왜 이곳에 수용소를 세웠나.

"당초 이곳은 폴란드군 막사였다. 유럽의 중심부로 교통 요지다. 1940년대 6월부터 정치범 수용소로 이용했다. 제1수용소에는 모두 28동의 건물이 들어섰다. 재소자가 늘자 41년에는 이곳에서 3km 떨어진 브제진카(비르케나우)에 제2수용소를 세웠다. 인근 모노비체 지역에는 제3수용소가 건설됐다."

- 얼마나 많은 인명이 학살됐나.

"아우슈비츠는 나치의 대표적인 살인공장이다. 40~45년 초까지 나치는 100만명이 넘는 유대인, 15만명의 폴란드인, 10여만명의 집

시와 소련군 포로, 동성애자, 정치범들을 실어 날랐다. 42년 6월 독가스실이 본격 가동됐다. 대략 110만~150만명이 독가스와 총살, 굶주림 등으로 숨졌다. 희생자의 90%는 유대인이었다."

― 영화 '쉰들러 리스트'의 무대가 여기인가.

"이곳에서 촬영했다. 아우슈비츠에 도착한 유대인들은 마치 가축처럼 화물열차에서 끌려 내려와 일렬로 줄을 선다. 나치는 현장에서 이들을 노동할 수 있는 사람과 그렇지 못한 노약자로 분류했다. 노약자는 샤워를 시켜준다며 옷을 벗긴 뒤 가스실로 보내 학살됐다. 나머지는 머리를 깎고 팔에 등록번호를 새겼다. 강제노역에 동원돼 많은 수가 탈진과 학대로 숨졌다."

― 60년 전 소련군이 진주했을 때 상황은.

"1월 27일 소련군이 도착했을 때 기진맥진한 7650명의 병자와 600구의 시체가 그들을 맞았다. 나치는 앞서 1월 17일 학살의 흔적을 지우려고 독가스 시설과 화장터를 폐기하라고 지시했다."
제2차 세계대전 당시 아우슈비츠를 담당했던 나치 군 감시자 중 한명이 유대인들을 향해 이런 말을 했다고 한다.

"너희들이 이 아우슈비츠를 나가는 법은 3가지가 있다."
"저 화장터의 연기로 나가거나 철책의 전기에 죽어 끌려나가는 것과 총살당해 죽어 나가는 것' 이 3가지다"(수용소 관광 해설자).

나치는 유대인을 학살하기 전에 연병장으로 나오게 했다. 그리고 벌거벗게 하고 신체검사를 했다. 이 검사에서 탈락한 노동력이 약한 허역자만 먼저 청산가리 가스실로 보냈다.

아래 사진은 수많은 유대인들을 집단 살인한 아우슈비츠의 가스실 내부

자유로부터 죽음의 세계로 몰아넣었을 고압전선이 흐르는 이중 삼중의 철조망. 아우슈비츠 강제수용소는 패망을 앞둔 독일군이 소련군이 공격해 오기 전에 제2의 수용소 건물들을 모두 불질러버려 광활한 터만 남았다. 현재 남아있는 건물들과 사진, 머리카락, 신발, 가방, 죄수복, 식기 등은 소련군이 빨리 쳐들어오는 바람에 미쳐 다 파괴하지 못하고 도망가 남겨진 것이다.

해방된 아우슈비츠 강제수용소 남자 막사의 유대인들
- 1945년 1월 27일

제4장 유대인의 고난의 역사현장 교육　127

〈출처: http://cafe.daum.net/Jone624/S6OB/221?q=%BE%C6%BF%EC%BD%B4%
BA%F1%C3%F7%20%B0%AD%C1%A6%20%BC%F6%BF%EB%BC%D2&re=1
https://www.google.com/search?q=%EC%95%84%EC%9A%B0%EC%8A%
88%EB%B9%84%EC%B8%A0+%EA%B0%95%EC%A0%9C%EC%88%98%
EC%9A%A9%EC%86%8C&source=lnms&tbm=isch&sa=X&ved=0ahUKEwjJyb
WD6-nZAhXryVQKHRigBjUQ_AUICigB&biw=1295&bih=939#imgrc=Cyx8wlUF4LQTXM:〉

"너희들이 이 아우슈비츠를 나가는 법은 3가지가 있다."
- 나치 군 감시자 -

3. 독일인도 사람인데 어떻게 그토록 잔혹할 수 있었나
A. 탈북한 전 북한 보위부 간부의 증언

많은 사람들이 의아심을 갖는다. "독일인도 사람이다. 그런데 어떻게 그렇게 잔인하게 양심의 가책도 없이 유대인을 죽일 수 있었는가?"

그것은 히틀러가 독일인에게 사악한 잘못된 정보를 반복하여 세뇌를 시켰기 때문에 가능했다. 가령 "유대인은 짐승보다 못한 악한 인종이다. 그들은 지구상에서 없어져야 독일 국민이 행복하다." 이렇게 하루에도 몇 번씩 세뇌를 시키면 민중은 그것을 그대로 믿게 된다. 그리고 유대인을 죄의식 없이 죽일 수 있었을 것이다.

북한도 마찬가지다. 인민들에게 사악한 잘못된 정보를 계속 반복하여 세뇌를 시키면 죄의식 없이 사람을 죽일 수 있다.

"위대한 민족의 태양 김일성 동지의 혁명에 반대하는 이들은 반동분자다. 우리 모두 그들을 처단하자."

인민재판에서 완장을 찬 공산주의자가 이런 구호를 외치며 군중들을 선동한다. 그 때 그의 위력에 압도당하거나, 군중심리에 눌리어 "옳소!"를 외치면 그 자리에서 때려 죽여도 전혀 불쌍하게 여겨지지가 않았다고 했다(북한의 수용소 직원 및 보위부 간부출신 탈북자들이 한 증언).

기독교적인 입장에서 히틀러나 김일성 김정일 김정은 3부자는 마귀에게 사로잡힌 자들이다. 자신들이 하나님이라 자칭하는 자들이다. 우리가 분명히 알아야 할 것은 "성령님은 사람을 살리는 영이고(요 6:63; 롬 8:2, 11), 마귀는 죽이는 영이다(눅 8:12; 요 8:44; 행 10:38; 요일 3:12)"라는 사실이다. 인간이 마귀에게 사로잡히면 얼마나 사악한지를 알아야 한다.

"대중은 거짓말을 처음엔 부정하고
그 다음엔 의심하지만 되풀이 되면
결국엔 믿게 된다." - 괴벨스 -

B. 국민이 어리석지 않다고요

〈저자 주: 2017년 대한민국 국민은 촛불집회와 태극기 집회로 나뉘어 서로 옳다고 주장했다. 대체로 전자는 진보, 후자는 보수였다. 당시 A 박사는 보수 입장에서 쓴 저자의 글을 많이 비판했다. 그 중 본 주제와 연관된 논쟁을 소개한다(현용수, 유대인이라면 박근혜의 위기 어떻게 극복할까, 쉐마, 2017, pp. 85-88)〉

A박사의 문제제기11:

"왜 자꾸 순수하게 나라를 생각하여 목소리를 내는 분들[촛불집회에 나온 이들]은 보지 못하시는지 안타깝네요. 분명 이런 혼란을 틈타 불순한 의도를 가지고 활동하는 사람들이 있겠지요. 그리고 지금의 대한민국 국민은 어리석지 않습니다. 그리고 속지도 않습니다. 시민의식이 정치보다 수준이 높으니까요."

현용수의 반론11:

국민이 어리석지 않다고요? A박사님도 너무 순진하군요. 국민이 야말로 어리석습니다.

"대중은 작은 거짓말보다는 큰 거짓말을 잘 믿는다." "대중은 거짓말을 처음엔 부정하고 그 다음엔 의심하지만 되풀이 되면 결국엔 믿게 된다." "대중은 이해력 이 부족하고 잘 잊어버린다." (https://en.wikipedia.org/ wiki/Joseph_Goebbels)

세계 제2차 대전의 주범 히틀러를 독일인의 우상으로 만든 괴벨스(Joseph Goebbels, 1897-1945)가 한 말입니다. 집단 최면의 실상을 그대로 지적했습니다. 그는 히틀러 정권의 선전 장관이자 '총력전' 전권위원이었습니다(상계서).

그는 이런 대중심리의 허구성을 이용하여 참으로 거짓을 그럴듯하게 참으로 포장한 프로파간다를 만들어 반복적으로 독일인들에게 들려주어 그들을 세뇌하여 그것을 믿게 하는데 성공했습니다. 그래서 자국인은 물론 주변국 사람들을 수많이 죽였습니다. 당시 독일의 대부분의 보수 기독교인들도 속아 넘어 갔었으니까요.

북한의 세습된 독재자들인 김일성, 김정일, 김정은은 더 합니다. 자신들은 곧 유일한 신이며 태양이라고 국민을 속였고, 현재도 속이고 있습니다. 어린 학생들이 김일성이 솔방울로 수류탄을 만들어 일제를 무찔렀다는 허황된 말을 믿게 합니다. 그 결과 1990년대에 300만 명이 굶어죽으면서도 김 부자를 원망하지 않고 오히려 미제 승냥이를 욕하며 죽어가게 합니다. 탈북주민들은 한국에 와서야 비로소 속은 줄을 압니다. 그게 국민입니다.

　남한 국민도 마찬가지입니다. 1980년대 이전에는 보수 애국자들이 대부분이었습니다. 그들 대부분은 영화 '국제시장'의 주인공 같이 열심히 살았습니다. 그런데 1980년대부터 북한의 조종을 받은, 혹은 자생적인 종북 좌파 교사들이 초중고생들에게 종북 좌파 이념 교육을 시키어 붉은 좌파로 만들었습니다.
　때문에 젊은 세대들은 자랑스러운 대한민국을 건국한 이승만 박사를 원수처럼 여기고 있습니다. 그리고 그들은 보수 정권을 미워하여 사소한 일에도 약간의 틈만 보이면 그것을 침소봉대하여 촛불집회에 참여하고 있습니다.

　우리가 주의할 것은 공산주의자들은 선전사업에 "인간의 뇌는 사활적 큰 문제보다 흥미성 작은 문제에 더 관심을 갖는다" 는 사실을 이용하고 있다는 점입니다. 이것이 한국의 근현대사에 대한 역사교과서를 바꾸어야 하는 이유입니다.
　〈참고: 보수 정치인이나 교육자들은 종북 좌파 교사들이 초중고생들에게 오랜 기간 동안 종북 좌파 이념 교육을 시키는 것을 막지 못한 죄인입니다. 국가에 해를 끼친 것은 물론이고, 어린 학생들의 영혼을 평생 망치게 한 책임을 어떻게 질 것입니까?〉

　과거 이명박 대통령 때에도 광우병에 대한 실체도 없었던 미국산 소고기를 거짓으로 속여서 광우병 파동을 일으켰습니다. 필자는 미국에서 41년 동안 살며 미국산 소고기를 먹어도 이상이 없었습니다. 진실과 거리가 먼, 광우병에 걸렸다는 한 마리의 소가 일어났다 쓰러지는 동작의 영상을 반복해서 계속 보여준 것에 속은 것입니다.

세계 제2차 대전의 주범 히틀러를 독일인의 우상으로 만든 괴벨스의 가장 큰 죄악은 어리석은 국민을 속인 것이다. 사진은 연설하는 괴벨스

아돌프 히틀러가 독일의 부흥에 대해 연설을 할 때 수많은 독일 군중들이 열광하는 모습. 군중들은 집단 최면에 걸린다. 국민은 그만큼 우매하다.

출처: https://www.google.co.kr/search?q=hitler&source=lnms&tbm=isch&sa=X&ved=0ahUKEwim_7eI8OnZAhUk5oMKHfFzDiwQ_AUICigB&biw=1295&bih=939

박미정, chosun.com 유대인 학살자 아이히만을 통해 본 '악(惡)'의 평범성, 2018년 3월 6일.

이렇게 잘 속는 것이 국민입니다. 정치가들이 자기들 편리하게 국민은 하늘이며 국민에게 복종해야 한다는 거짓에 속으면 안 됩니다. 잘못하면 나라가 망할 수도 있습니다. 그래서 좌파 언론을 경계해야 합니다. (물론 모든 국민들이 다 그렇다는 것은 아닙니다)

"대중은 거짓말을 처음엔 부정하고
그 다음엔 의심하지만 되풀이 되면
결국엔 믿게 된다."

- 히틀러를 독일인의 우상으로 만든 괴벨스 -

북한은 300만명이 굶어 죽으면서도
김 부자를 원망하지 않고, 오히려 미제 승냥이를
욕하며 죽어가게 합니다.

국민이 그만큼 어리석습니다.

명사 특강

나치를 눈감았던
독일 지성들이 부끄러워하는 시

나치가 공산주의자들을 덮쳤을 때,
나는 침묵했다.
나는 공산주의자가 아니었으니까.

그 다음에 그들이 사회민주당원들을 가뒀을 때,
나는 침묵했다.
나는 사회민주당원이 아니었으니까.

그 다음에 그들이 노동조합원들을 덮쳤을 때,
나는 아무 말도 하지 않았다.
나는 노동조합원이 아니었으니까.

그 다음에 그들이 유대인들에게 왔을 때,
나는 아무 말도 하지 않았다.
나는 유대인이 아니었으니까.

그들이 나에게 닥쳤을 때는
나를 위해 말해 줄 이들이
아무도 남아 있지 않았다.

〈출처: 내셔널지오그래픽 채널 WW2 5부작에서 나오는 "나를 위해 말해 줄 이 아무도 남지 않았다"중에서〉

4. 유대인이 아우슈비츠 수용소를
   고난의 역사교육에 활용하는 방법

유대인은 어려서부터 자신들의 고난의 역사를 가르치는 것을 습관화했다. 아예 거의 모든 절기들 자체가 거의 자신들의 고난의 역사를 기억하는 것들이다.

특히 티샤바브라는 절기는 BC 586년 바빌로니아에 의해 그리고 AD 70년 로마에 의해 예루살렘 성전이 파괴된 날을 기념하는 절기이지만, 특별히 자기네 역사에 큰 고난의 사건들을 기억하는 절기로도 만들었다.

〈자세한 것은 저자의 저서 고난의 역사교육 시리즈 제4권, *고난을 기억하는 유대인 절기교육의 파워*, 제4부 제3장 VIII. '티샤바브를 통한 고난의 역사교육' 참조〉

그리고 부모는 자녀들과 함께 고난의 역사 현장을 방문하며 그 역사적인 배경을 상세하게 설명해준다. 그리고 당시 조상들이 얼마나 큰 고통을 당했을까를 느끼는 체험도 하게 한다(사진 참조).

이스라엘 국기를 몸에 두른 유대인 여학생들이 다른 민족과 다르게 조상들을 실어 날랐던 기차 철로를 거닐며 당시 조상들의 고난을 체험하고 있다.

단체 관광 온 이스라엘 학생들이 수용소 정문에서 자국의 국기를 펼쳐 보이며 기념 촬영을 하고 있다.

사탄도 광명의 천사로 가장하고 국민을 속인다(고후11:14). 사진은 아직도 독일에는 히틀러를 신봉하는 극우 광신자들이 있다. 이 사진은 인간이 얼마나 사악한 존재인가를 알게 해준다.
북한 정권이 생존하는 이유도 악을 선하게 위장한 가짜 선전방법에 인민이 속기 때문이다.

제4장 유대인의 고난의 역사현장 교육

5. 한국인의 고난의 역사 현장 교육에 활용

A. 고난의 역사 현장2:
임진왜란의 고난의 역사 현장

- 이순신 장군의 3대 대첩: 명량해전 한산대첩 노량해전
- 권율 장군의 행주대첩
- 진주 목사 김시민의 진주대첩
- 당시 일본의 만행들 등 〈예: 귀무덤(耳塚)과 코무덤(鼻塚) 등〉

〈위 주제들에 대한 설명은 지면상 생략한다〉

B. 고난의 역사 현장3:
일제의 고난의 역사 현장

1) 서대문 형무소와 유관순 열사

일제 강점기 시대에 고난의 역사를 기억할 만한 역사적 장소가 많다. 예를 들면 왜정 시대의 서대문 형무소나 종로 경찰서 같은 곳이다. 이런 곳들을 유대인처럼 고난의 역사를 기억하는 체험 장소로 활용해야 한다.

특히 서대문 형무소는 살인적 고문 장소로 유명하다. 유관순 열사나 김구 선생 및 한용운 스님 등 다른 독립 운동가들이 3.1독립운동을 했다는 이유로 그곳에서 혹독한 살인적 고문을 당했다.

1919년 3월 1일 삼일운동 당시의 사진

감옥에서의 유관순 열사와 독립운동가 김구 선생과 한용운 선생

현재 서대문 형무소 내부(좌)와 당시 고문 했던 것을 재현한 모습(우)

제4장 유대인의 고난의 역사현장 교육

1919년 3월 1일 오후 2시 서울 탑골공원에서 시민 5천여 명의 '조국 독립'을 외치는 목소리가 울려 퍼졌다. 비슷한 시각 탑골공원에서 150m 떨어진 인사동 태화관에서는 민족대표 33인 중 29인이 모인 가운데 한용운이 일어나 독립선언서를 낭독하고 '대한 독립 만세'를 삼창했다(인사이트, *18살 꽃다운 나이 일제에 붙잡힌 유관순 열사가 당한 고문과 마지막 유언*, 2018년 3월 1일).

　유관순 열사는 일제와 맞서 싸웠던 독립운동의 상징적인 인물이다. 일제 강점기에 3.1운동으로부터 시작된 만세운동을 천안에서 주도하다가 체포되어 서대문형무소에서 사망하였다. 1916년 미국인 선교사 엘리스 샤프(Alice Sharp)의 추천으로 이화학당 초등부 3학년에 편입하였고, 1919년에 이화학당 고등부에 진학하였다(위키백과, https://ko.wikipedia.org/wiki/유관순).

　유관순 열사는 교장선생님이 만류했지만 '결사대'를 조직하고 3.1독립만세운동에 참여했다. 그녀는 공주재판소 법정에서 이렇게 외쳤다.

"나는 조선 사람이다. 너희들은 우리 땅에 와서 우리 동포들을 수없이 죽이고 나의 아버지와 어머니를 죽였으니 죄를 지은 자들은 바로 너희들이다. 우리가 너희들에게 형벌을 줄 권리는 있어도 너희가 우리를 재판할 그 어떤 권리도 명분도 없다."

　일본인 검사가 "너희들 조선인이 무슨 독립이냐"고 하자 유관순 열사는 일본 검사에게 앉아있던 의자(椅子)를 내던졌다. 그녀는 "나라에 바칠 목숨이 오직 하나밖에 없는 것만이 이 소녀의 유일한 슬품입니다"라고 유언을 남겼다.

"내 손톱이 빠져나가고, 내 귀와 코가 잘리고, 내 손과 다리가 부러져도 그 고통은 이길 수 있사오나, 나라를 잃어버린 그 고통만은 견딜 수가 없습니다. 나라에 바칠 목숨이 오직 하나 밖에 없는 것만이 이 소녀의 유일한 슬픔입니다."

유관순 열사는 1920년 9월 28일 일제 간수의 구타로 인하여 오전 8시 서대문형무소에서 눈을 감았다(전대길, *유관순 열사를 추모하다*, 아웃소싱타임스, 2018년 2월 28일).

그러함에도 불구하고 2014년 선보인 고교 한국사 교과서 8종 가운데 4종이 유관순을 다루지 않고 있다. 이것은 기독교에 반감을 가진 일부 좌편향 역사학자들이 그녀가 기독교인이었다는 이유로 뺐다는 것이다. 채택률 0%를 기록한 우파 역사관의 교학사 교과서가 나왔을 때도 역사학계 대부분은 똘똘 뭉쳐 돌을 던졌다. 이들은 다른 교과서의 편향성과 오류는 전혀 문제 삼지 않았다(홍찬식, 동아일보, '*순국처녀 유관순' 발굴의 진실*, 2014년, 9월 4일). 한국의 좌편향 역사학자들의 횡포는 한국의 역사교육을 망치고 있다.

유관순 열사가 고난을 당했던 서대문 형무소를 역사적 고증에 맞게 박물관으로 복원시켜야 한다. 그녀가 총과 칼을 찬 두 일경에게 무자비하게 잡혀가는 모습, 매 맞는 모습, 처녀의 몸으로 벌거벗겨진 채 희롱당하는 모습과 모진 고문 상황을 옛 사진이나 영화를 통하여 사실적으로 현장감을 살려 만들 수 있다. 고문을 당할 때의

3.1운동의 민족대표 33인 명단

종교	이름	출신지	신분	재판 결과
천도교	손병희	충북 청원	천도교 전 교주	징역 3년형
천도교	권동진	충북 괴산	천도교 도사	징역 3년형
천도교	오세창	서울	천도교 도사	징역 3년형
천도교	임예환	평양	천도교 도사	징역 2년형
천도교	나인협	평남 성천	천도교 도사	징역 2년형
천도교	홍기조	평남 남포	천도교 도사	징역 2년형
천도교	박준승	전북 임실	천도교 도사	징역 2년형
천도교	양한묵	전남 해남	천도교 도사	재판중 사망
천도교	권병덕	충북 청원	천도교 도사	징역 2년형
천도교	김완규	서울	천도교 도사	징역 2년형
천도교	나용환	평남 성천	천도교 도사	징역 2년형
천도교	이종훈	경기 광주	천도교 장로	징역 2년형
천도교	홍병기	경기 여주	천도교 장로	징역 2년형
천도교	이종일	충남 태안	천도교 월보부장	징역 3년형
천도교	최 린	함남 함흥	보성고보 교장	징역 3년형
기독교	이승훈	평북 정주	장로교 장로	징역 3년형
기독교	박희도	황해 해주	중앙기독교청년회 간사(북감리교)	징역 2년형
기독교	이갑성	경북 대구	세브란스의전부설 병원 사무원(장로교)	징역 2년 6개월 형
기독교	오화영	황해 평산	남감리교 목사	징역 2년 6개월 형
기독교	최성모	행해 해주	북감리교 목사	징역 2년형
기독교	이필주	서울	북감리교 목사	징역 2년형
기독교	김창준	평남 강서	북감리교 전도사	징역 2년 6개월 형
기독교	신석구	충북 청원	남감리교 목사	징역 2년형
기독교	박동완	경기 포천	기독교보사 서기 (북감리교)	징역 2년형
기독교	신홍식	충북 청주	북감리교 목사	징역 2년형
기독교	양전백	평북 선천	장로교 목사	징역 2년형
기독교	이명룡	평북 철산	장로교 장로	징역 2년형
기독교	김선주	평남 안주	장로교 목사	무죄

외마디소리와 신음 소리는 현대 오디오 시스템을 사용하여 얼마든지 리얼하게 재현할 수 있다.

이 외에도 칼을 든 일본 경찰, 피투성이의 벽, 당시의 고문 기구들, 그리고 주위의 오만한 일본 형사와 간수 등을 생생히 전시해야 한다. 그리고 마침내 형사나 간수의 구타에 의해 사망하는 과정을 잘 묘사해 놓아야 한다(연합뉴스, '유관순 옥중서 *打殺돼*'... 3·1운동 순국상황 드러나, 2013년 11월 19일).

"내 손톱이 빠져나가고, 내 귀와 코가 잘리고, 내 손과 다리가 부러져도 그 고통은 이길 수 있사오나, 나라를 잃어버린 그 고통만은 견딜 수가 없습니다."
- 유관순 -

2) 안중근 의사가 처형된 여순감옥에서
저자가 J에게 한 말 〈적용 부분〉

중국 대련에는 안중근 의사와 신채호 선생이 옥살이 하다 처형당한 여순감옥이 있다. 2011년 8월 대련에서 일주일간의 쉐마목회자클리닉 일정을 마친 후 여순감옥을 방문했다. 생각보다 매우 객관적으로 잘 정리해 놓았다.

안중근 의사는 1909년 중국 하얼빈에서 초대 조선통감 이토 히로부미를 저격하여 처단한 구한말의 독립운동가다. 안중근 의사와 신채호 선생에 대한 설명은 중국어, 한국어 및 영어로 되어있었다. 특히 안중근 의사는 당시 중국의 입장에서도 공공의 적을 저격한 가장 큰 영웅이었다. 때문에 별도로 많은 고증 자료들과 함께 크게 설명해 놓았다.

중국에서 한국인의 고난의 역사 현장을 보니 감회가 새로웠다. 더구나 그곳 사적을 설명했던 분이 안중근 의사와 그를 감시했던 일본인 간수(지바 도시치 합장)와의 실화를 증언한 것은 매우 감동적이었다. 지바 합장은 안중근 의사의 인품에 큰 감동을 받아 그를 매우 존경했다고 한다.

그는 안중근 의사가 숨을 거둔 11년 후에 고향 미야기 현으로 돌아와 안중근 의사의 위패와 사진, 그리고 유묵을 불단에 모셔놓고 하루도 빠짐없이 합장을 드렸다고 한다[사이토 다이겐(齋藤泰彦)이 쓴 '내 마음속 안중근―지바 도시치 합장의 생애' 참조. http://www.jpnews.kr/sub_read.html?uid=3039]. 평화를 그토록 염원했던 안중

중국 여순감옥 전경

안중근 의사의 공적을
설명하는 큰 동판

안중근 의사를 5개월간 감금
했던 감방. 다른 수감자들과
다른, 글을 쓸 수 있는 특혜를
주었다고 한다. 이곳에서 유
명한 미완의 '동양평화론'을
저술했다. 그는 독립투사였으
면서 희대의 지식인이었다.

근 의사가 한국인이었음이 더욱 자랑스러웠다.

당시 저자를 안내했던 J 선교사(보안상 가명을 씀)는 그곳에서 중국에 유학을 온 외국유학생들에게 복음을 전하는 국제신학교를 운영하고 있었다. 물론 신학을 주로 가르쳤다. 필리핀이나 캐나다 등 다른 나라에서 온 학생들도 있었지만, 특히 중국 정부에서 장학금을 주고 초청한 아프리카 학생들이 가장 많았다.

그들은 아프리카 여러 나라에서 특별히 선택받아 온 엘리트들이었다. 후일 아프리카로 돌아가면 자기네 나라의 큰 지도자들이 될 인물들이라고 했다. 때문에 중국에서 그들에게 거금을 들여 투자를 한다고 했다. 미래에 친 중국정책을 아프리카에 심기 위함이었다.

J 선교사는 당시 그 학생들을 한국에 초청하여 발전한 한국의 현대식 모습도 관광 시켜 주었다. 저자는 그분에게 이런 제안을 했었다. 아프리카 학생들에게 한국 광광도 좋지만, 그 지역 대련에 있는 여순감옥에 데려가 세계 제2차 대전 당시 일제가 얼마나 조선인들과 중국인들에게 잔인하게 통치했는지, 그 고난의 역사를 보여주는 것이 훨씬 하나님 나라와 한국을 위해 유익할 것이라고 조언했다.

뿐만 아니라 이것이 그 학생들 자신들에게도 인성교육학적인 입장에서 매우 유익할 것이라고 했다. 왜냐하면 아프리카의 대부분 나라들도 유럽 여러 나라들의 쓰라린 식민지의 경험을 갖고 있기 때문이었다. 아프리카 사람들에게 복음을 전하는 것이 최우선이겠

최후의 유언

내가 죽은 뒤에 나의 뼈를 하얼빈 공원 곁에 묻어두었다가
우리 국권이 회복되거든 고국으로 반장해다오.
나는 천국에 가서도 또한 마땅히 우리나라의 회복을 위해 힘쓸 것이다.
너희들은 돌아가서 동포들에게 각각 모두 나라의 책임을 지고
국민된 의무를 다하며 마음을 같이 하고
힘을 합하여 공로를 세우고 업을 이르도록 일러다오
대한독립의 소리가 천국에 들려오면
나는 마땅히 춤추며 만세를 부를 것이다.

동포에게 고함

내가 한국독립을 회복하고
동양평화를 유지하기 위하여
삼년 동안 해외에서 풍찬노숙 하다가
마침내 그 목적에 도달치 못하고 이곳에서 죽노니
우리들 이천만 형제 자매는 각각 스스로 분발하여
학문에 힘쓰고 실업을 진흥하며
나의 끼친 뜻을 이어 자유독립을 회복하면
죽는자 유한이 없겠노라.

안중근 의사의 최후의 유언(상)과
어머니 조마리아 여사의 편지(하)

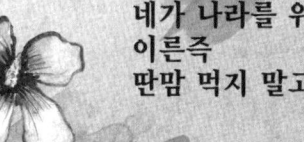

"네가 만약
늙은 어미보다 먼저 죽은 것을
불효라 생각한다면
이 어미는 웃음거리가 될 것이다.

너의 죽음은
너 한사람의 것이 아니라
조선인 전체의 공분을
짊어지고 있는 것이다.

네가 항소를 한다면
그것은 일제에 목숨을
구걸하는 것이다.

네가 나라를 위해 이에
이른즉
딴맘 먹지 말고 죽으라"

지만, 아울러 고난의 역사교육을 시키는 것도 매우 중요하다. 더구나 그 고난의 역사 현장이 가까운 그 고장에 위치하고 있지 않은가!

그렇게 되면 그들은 대한민국에 대하여 더 호감을 갖는 미래의 친 한국 아프리카 지도자들을 만드는 것이다. 이것이 유대인적인 발상이다. 이런 것은 한국의 외교관도 하지 못하는 것들이다. 그런 면에서 한국 정부는 대한민국의 유익을 위해 해외 선교사들을 많이 후원해 주어야 한다.

실제로 미국의 키신저(유대계 미국인)는 자신이 미국의 닉슨 대통령 안보 보좌관 및 국무장관 시절(1969-1973) 전 세계 개발 도상 국가들의 차관급 관리들을 하버드 대학 국제대학원에 장학금을 주어 초청하여 무료로 교육을 시킨 적이 있다고 한다. 그들이 속한 나라들이 미래 친 미국 정책을 세우게 하기 위함이었다. 왜 차관급 젊은 관리들인가? 장관급은 곧 은퇴를 하기 때문에, 즉 미국에 공헌할 유효기간이 짧기 때문이라고 했다.

전라북도 군산시 여순감옥 재현관에 있는 신채호 선생의 말이다.

C. 고난의 역사 현장4: 북한 공산당 김일성의 침략

1) 6.25 전쟁

한국의 역사에 가장 비극적인 전쟁이 6.25 전쟁이다. 민족상잔의 전쟁이며 수십 개국이 참전한 국제적인 전쟁이었기 때문이다.

6.25 전쟁은 6·25사변, 혹은 국제적으로는 한국 전쟁이라고 불린다. 대한민국의 원수(怨讎)인 조선민주주의인민공화국(북한)의 김일성은 공산주의 국가의 원조(元祖), 소련(스탈린)의 지원으로 군사력을 키운 후 1950년 6월 25일 38°선 전역에서 남침하여 3일 만에 서울을 점령하였다.

전혀 준비가 되지 않았던 대한민국의 이승만 정권은 속수무책이었다. 설상가상으로 당시 많은 군인들은 휴가를 나간 상태였다. 군에 남았던 병사들도 한참 잠을 자고 있을 새벽 4시에 북한 김일성 군대는 선전포고도 없이 38선 전역에서 기습 공격을 시작했다. 한국군은 즉시 휴가중이던 모든 장병들을 끌어 모아서 대응했지만 북한군의 T-34/85전차를 잡을 무기가 없어서 연전연패를 당했다(케피의 백과사전, http://cappies.tistory.com/167).

국군은 북한의 선진화된 소련제 무기를 앞세운 전력에 밀려 한 달만에 낙동강 부근까지 후퇴하였다. 당시 한국의 육군병력은 북한의 절반 수준이었다. 국군은 전차도 없었고 전투기나 폭격기 같은 것도 없었다. 반면 북한은 54대의 장갑차와 242대의 T-34/85탱크

대한민국의 원수 공산주의자 김일성이 남한을 침공했다.
사진은 그가 서울에서 인민군을 만나 웃는 모습

전차를 앞세운 인민군이 파죽지
세로 남한을 초토화 했다.

아 아, 잊으랴,
어찌 우리 그 날을 …

기차에 매달려 피난을 가는 모습

인민군의 양민 학살로 남한의 산하는 피로 물들었다. 공산주의자들은 인민재판에서 우익 사람들을 반동분자로 낙인을 찍으면 법정의 판결 없이 그 자리에서 죽였다. 이것이 자유민주주의와 인민민주주의의 차이다.

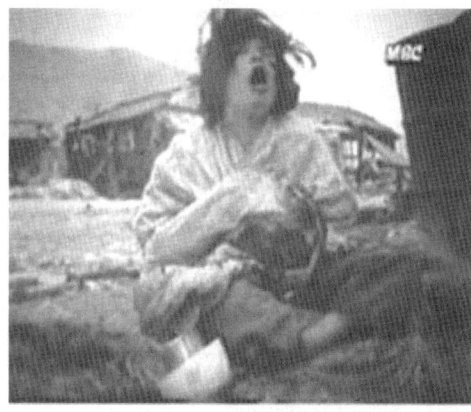

남편은 군대에 보내 잃고 자식은 피난길에 잃은 수많은 과부들이 있었다. 저자의 어머니(이순례)도 그 중 한 분이었다. 군대에서 죽은 아들(현길수, 육사 8기생, 당시 중위)을 찾아 수없이 헤맸다고 했다. 사진은 폭격에 자식을 잃고 오열하는 어머니의 모습.

제4장 유대인의 고난의 역사현장 교육

이승만 대통령은 맥아더 장군과 개인적으로 친분이 있었다. 인천상륙작전 경과를 살펴보고 있는, UN군 사령관 더글러스 맥아더 장군의 모습(좌)과 이승만 대통령이 상륙작전에 성공한 그를 환영하는 모습(우)

1.4후퇴 당시 엄동설한에 다시 피난 가는 주민들

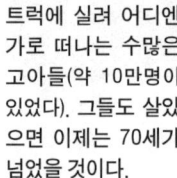

트럭에 실려 어디엔가로 떠나는 수많은 고아들(약 10만명이 있었다). 그들도 살았으면 이제는 70세가 넘었을 것이다.

당시 대부분 기독교인이었던 미군들은 한국인들에게 수많은 자선을 베풀었다.

그리고 기타 미그15기 같은 당시에는 최신 전투기를 포함해 211대의 공군력을 가지고 있었다(상동).

이승만 대통령은 전쟁 발발 즉시 일본에서 자고 있었던 미국 극동군 사령관 더글러스 맥아더(Douglas MacArthur, 1880년 1월 26일 ~ 1964년 4월 5일) 장군에게 전화하여 긴급 지원을 요청했다. 그 결과 미국 주도로 유엔 안전 보장 이사회가 열려 16개국의 유엔군 파병이 결정되었다. 1950년 한국 전쟁이 일어나자, 맥아더는 유엔군 총사령관에 취임하였다(위키백과, 더글러스 맥아더; https://ko.wikipedia.org/wiki/더글러스_맥아더).

유엔군이 9월 15일 인천 상륙 작전의 성공으로 9월 28일 서울을 되찾았고 그 후 압록강까지 진격하였다. 하지만 북한의 요청으로 중국군이 개입하자 다시 서울을 빼앗겼다(1.4후퇴). 1953년 7월 27일 휴전 협정이 체결될 때까지 약 3년 동안 전투가 계속되었다. 그리고 남북한은 휴전 상태로 오늘에 이르고 있다(다음백과, 6,25전쟁; http://100.daum.net/encyclopedia/view/b17a2005b).

이 전쟁으로 인해서 남한은 약 37만명의 민간인이 사망하고, 약 23만명이 부상당했다. 집을 잃고 갈 곳이 없는 사람이 20만명이나 발생하였고, 부모를 잃은 고아도 자그마치 10만명이나 되었다. 반면 소련의 통계에 따르면, 북한은 11.1%에 해당되는 113만 명의 인구가 전쟁을 통하여 사망하였고, 80%의 산업시설과 공공시설과 교통시설이 파괴되었다(위키백과, 한국전쟁; https://ko.wikipedia.org/wiki/한국_전쟁).

국군은 149,005명 전사했고, 710,783명이 부상당했으며 132,256

대한민국 측(UN군)

참가국	첫 참전일	참전군 명 수	전사자	부상자	실종자	포로
대한민국	1960년 6월 25일	109만 911명	14만 9005명	71만 783명	13만 2256명	?
미국	1960년 6월 27일	48만 명	3만 6574명	10만 3284명	3737명	4439명
영국	1960년 6월 29일	5만 6000명	1078명	2674명	179명	997명
오스트레일리아	1960년 6월 29일	8407명	339명	1216명	3명	26명
네덜란드	1960년 7월 16일	5322명	120명	645명	?	3명
캐나다	1960년 7월 26일	2만 5687명	312명	1212명	1명	32명
프랑스	1960년 7월 29일	3421명	262명	1008명	7명	12명
뉴질랜드	1960년 7월 30일	3794명	23명	79명	1명	?
필리핀	1960년 9월 19일	7420명	112명	229명	16명	41명
터키	1960년 10월 17일	1만 4936명	741명	2068명	163명	244명
태국	1960년 11월 7일	6326명	129명	1139명	5명	?
남아프리카 연방	1960년 11월 16일	826명	34명	?	?	9명
그리스 왕국	1960년 12월 1일	4992명	188명	459명	?	?
벨기에	1961년 1월 31일	3498명	104명	336명	?	1명
룩셈부르크	1961년 1월 31일	83명	2명	15명	?	?
에티오피아 제국	1961년 5월 6일	3518명	121명	536명	?	?
콜롬비아	1961년 5월 8일	5100명	163명	448명	?	28명

조선민주주의인민공화국 측(공산군)

참가국	첫 참전일	참전군 명 수	전사자	부상자	실종 및 포로
조선민주주의 인민공화국	1950년 6월 25일	80만 명	29만 4000명	22만 6000명	12만 명
소련	1950년 6월 25일	2만 6000명	315명	500명	?
중화인민공화국	1950년 10월 25일	135만 명	18만 3000명	38만 3500명	2만 5600명

[출처: 위키백과(https://ko.wikipedia.org/wiki/한국_전쟁_참전국)]

명이 실종되었다. UN군은 약 3만7천명이 사망하고 11만5천6백명이 부상을 입었고 4000여명이 실종되었다. 반면 북한 공산군은 294,000명이 전사했고, 226,000명이 부상당했고, 120,000명이 실종 및 포로가 되었다. 이 전쟁으로 인해 남한은 산업시설의 45%가량을 파괴당했고, 남북한 약 1천만명의 이산가족이 발생했다〈위키백과, 한국전쟁참전국; https://ko.wikipedia.org/wiki/한국_전쟁_참전국〉.

그러함에도 불구하고 당시 대한민국이 공산화 되지 않고 생존할 수 있었던 것은 미국 고위층과 친분이 있었던 이승만 전 대통령의 외교력 덕분임을 잊어서는 안 된다.

미국식 자유 민주주의와 시장경제 원리에 기초한 대한민국을 건국한 것은 물론, 6.25 전쟁에서 북한의 공산화를 막은 것과 전쟁 후 굶어 죽게 된 국민들에게 미국의 원조를 가져와 살려준 이승만 전 대통령의 공적을 잊어서는 안 된다.

물론 그도 일부 과오가 있었다. 하지만 그 과오 전체를 합쳐도 그가 이룩한 공에 비하면 그것은 5% 미만일 것이다. 오늘날 자랑스런 대한민국의 터전을 마련했던 이가 그였기 때문이다. 그가 없었다면 어떻게 현대화를 이룩한 영웅들인 박정희나 이병철 및 정주영이 있었겠는가!

그리고 당시 대한민국의 원수인 북한 공산당(김일성)의 침략을 막기 위하여 노력했던 분들이나 그 시대를 살았던 분들의 분노가 얼마나 컸는지는 6.25 전쟁을 기념하는 노래에 잘 담겨져 있다.

6.25 전쟁을 기념하는 노래

박두진 작사, 김동진 작곡. 6.25 기념식에 합창한다.

(1절)

아 아 잊으랴! 어찌 우리 이 날을 조국을 원수들이 짓밟아 오던 날을

맨 주먹 붉은 피로 원수를 막아내어 발을 굴러 땅을 치며 의분에 떤 날을

(2절)

아 아 잊으랴! 어찌 우리 이 날을 불의의 역도들을 몟도적 오랑캐를

하늘의 힘을 빌어 모조리 쳐부수어 흘려온 값진 피의 원한을 풀으리

(3절)

아 아 잊으랴! 어찌 우리 이 날을 정의는 이기는 것 이기고야 마는 것

자유를 위하여서 싸우고 또 싸워 다시는 이런 날이 오지 않게 하리

(후렴)

이제야 갚으리 그 날의 원수를 쫓기는 적의 무리 쫓고 또 쫓아

원수의 하나까지 쳐서 무찔러 이제야 빛 내리 이 나라 이 겨레

현재 젊은 세대(2018년 기준으로 30대 중반 이하)는 이런 노래가 있었는지 조차도 모르고 있다. 학교에서 부른 적이 없었기 때문이다. 수십 년 전 좌파 정권이 정권을 잡은 후 북한을 자극한다는 이유로 초중고 학생들이 이 노래를 부르는 것을 막았다고 한다. 현재 음악 교과서에도 이 노래가 없다(자세한 것은 저자의 고난의 역사교육 시리즈 제3권, *고난을 기억하는 유대인 절기교육의 파워*, 제4부 제3장 Ⅸ. 3. A. 1) '문제점 1: 절기 교육이 없어진 대한민국의 참혹한 현실' 참조). 그런 정부가 과연 대한민국 정부인지 묻고 싶다.

우리는 통일 이후에도 한국인의 고난의 역사를 기억하기 위하여 이 노래를 자손 대대로 부르게 해야 한다.

2) 6.25 전쟁의 낙동강 전투를 기억하라

낙동강 방어전투는 국군과 유엔군이 1950년 8월 – 9월 낙동강 부근에서 북한군의 공격을 방어한 마지노선 전투다. 국가운명을 결정짓는 중요한 국면에서 최대의 위기를 극복하고 오히려 공세 이전의 기틀을 마련한 작전이었다.

개전 후 국군은 북한군 기습공격의 충격에서 벗어나지 못한 채 유엔군의 참전 지원에도 불구하고 상대적인 전력의 열세로 북한군의 남진을 저지하지 못하여 1950년 8월 1일에는 낙동강 선까지 후퇴하였다. 이곳을 막지 못한다면 곧 부산까지 공산화가 될 위기였다.

국군과 유엔군은 북한군의 집중 공격을 받은 낙동강 전투에서 승리하여 국토의 약 10%에 불과한 부산교두보를 간신히 확보했다.

낙동강을 사이에 두고 대치중인 북한군과 유엔군 (출처: 국민통일방송)

미 24사단 병력이 부교를 타고 낙동강을 도하하고 있는 모습 (출처: 예아-YEAH- 그 환한 빛)

출처:
다음백과, http://100.daum.net/encyclopedia/view/14XXE0011567.
http://cafe.daum.net/625changwon/OOYN/484?q=6.25%20%B3%AB%B5%BF%B0%AD%20%C0%FC%C5%F5&re=1

그 후 작전의 주도권을 장악하여 공세로 전환할 수 있었다. 이승만 대통령의 정부와 국민들은 낙동강 방어 전투를 기점으로 강한 국가수호의 의지를 갖게 되었다. 또한 미국을 비롯한 자유세계의 지원은 국민으로 하여금 전의를 고취하는 데 중요한 역할을 하였다. 즉 방어에서 공격으로, 수세에서 공세로, 후퇴에서 반격으로의 대전환을 이루게 하였다.

출처: 다음백과; http://100.daum.net/encyclopedia/view/b17a2005b
케피의 백과사전, http://cappies.tistory.com/167

3) 장진호 전투와 흥남철수 작전을 기억하라

1950년 중반, 미국의 맥아더 장군이 이끄는 제10군단의 인천 상륙 작전의 성공과 조선인민군의 연속적인 궤멸 이후 한국 전쟁은 끝난 것처럼 보였다. 유엔사령부는 북한과 남한을 1950년이 끝나기 전에 통일할 의도로 북한 지역으로 빠르게 진격했다.

그러나 1950년 10월 19일, 중화인민공화국은 펑더화이를 총사령관으로 하는 중공군 26만명을 1차로 북한에 파병했다. '장진호 전투'는 미 해병대 1사단과 미 육군 제7사단 병력의 일부가 1950년 11월 북한의 전략적 요충지였던 강계를 점령하려던 때에 함경남도 장진군의 호수 인근에 숨어 있던 중공군에 포위돼 전멸위기를 겪을 뻔했던 전투를 말한다. 인천상륙 작전, 다부동 전투와 함께 6·25전쟁의 3대 전투로 평가받고 있다.

위기에 처한 국군과 미군 3만명은 17일간의 참혹한 전투 끝에 중공군 12만명의 포위망을 뚫고 후퇴하기 위하여 흥남부두에 도착했다. 이 전투에서 미 해병대는 4,500여명이 전사하고 7,500여명이 부상을 입는 등 막대한 희생을 치렀다.

이것이 세계 전사에서 잊을 수 없는 장진호전투이며 이때 구사일생으로 살아남은 장병들을 '초신 퓨'(Chosin Few)라고 부른다. 장진호전투를 'Changjin Few'라고 하면 될 것이지 어찌하여 이름도 생소한 '초신 퓨'라고 했을까? 그건 6.25 당시 미군이 가지고 있었던 한국 지도가 일본에서 만든 것이기 때문이다.

장진호 전투에서 중공군에게 밀려 후퇴하는 미군의 모습. 살을 에는 듯한 추위에 모진 고생을 해야 했다.

미국의 장진호 전투 기념비 '지옥의 퇴각'이란 제목에서 그 전투의 처절함을 상상할 수 있다. '초신 퓨'라는 말은 북한 공산당이 일으킨 한국 전쟁 당시 역사적인 '장진호 전투'에서 생존한 미군과 국군 장병들을 말한다. 2010년 9월 설치되었다. 기념비에는 "우리 생존자들, 우리 장진호 생존자들. 우리는 영원한 전우들이다"라고 적혀 있다. 그런데 정작 우리나라에는 어디에도 장진호 전투를 기념하는 조형물이 하나도 없다.

일본어로 된 지도에는 함경도 장진(長津)을 자기들 발음대로 초신이라고 적혀 있다. 장진호전투는 영어로 'The Battle of Chosin Reservoir'라고 하며 또는 'The Chosin Reservoir Campaign'이라고도 한다. 장진호전투는 미군의 전사(戰史)에서도 '역사상 가장 고전했던 전투' 중의 하나로 기록되고 있다.

흥남 철수작전으로 약 유엔군 10만명과 민간인 10만명의 목숨을 구했다.

　미 해병 제1사단은 이 전투를 통하여 자신의 병력보다 10배나 많은 중공군의 남하를 지연시켰으며 흥남철수작전을 성공적으로 수행할 수 있었다. 흥남철수작전으로 10만5천명의 유엔군, 9만8천명의 민간인, 1만7천5백대의 차량, 35만톤의 보급품을 흥남으로부터 부산으로 옮길 수 있었다.

　흥남철수작전이 시작된 날은 바로 한국군이 평양에서 후퇴하기 시작한 날이다. 이날은 이듬해에 있었던 저 유명한 1.4 후퇴의 시작이었다. 아무튼 장진호전투로 인하여 중공군의 함흥 진출은 2주간 지연되었고 중공군 7개 사단은 궤멸적인 타격을 입었다.

　6.25를 경험한 세대, 특히 흥남철수와 관련되었던 사람들은 장진호전투에 대하여 기억도 새롭겠지만 그렇지 못한 전후 세대들은 도대체 장진호전투가 무엇인지 거의 알지 못하고 있어서 안타깝다. 장진호전투는 자유 민주주의를 사랑하는 대한민국 국민이라면 절대로 잊어서는 안 될 중요한 사건이다.

출처:

위키백과, https://ko.wikipedia.org/wiki/장진호_전투.

http://m.blog.daum.net/johnkchung/6825343,

http://www.hqmc.marines.mil/News/News-Article-Display/Article/553254/pendleton-honors-korean-war-veterans/

https://en.wikipedia.org/wiki/Battle_of_Chosin_Reservoir.

https://ko.wikipedia.org/w/index.php?title=%EC%A4%91%EA%B5%AD%EC%9D%B8%EB%AF%BC%EC%A7%80%EC%9B%90%EA%B5%B0&action=edit&section=3

뉴시스, '장진호 전투' 기념비 美버지니아에 건립, 2017년 5월 3일.

4) 거제도 포로수용소를 기억하라

거제도포로수용소(Koje POW Camp)는 한국전쟁 당시 사로잡은 조선인민군과 중공군 포로들을 수용하기 위해 1951년 2월에 현재의 거제시 고현동과 수양동을 중심으로 거제도 일대에 설치되어, 1953년 7월까지 운영된 포로수용소다.

거제도는 육지와 가까워 포로를 수송하기 수월하면서도, 당시에는 육지와의 교통수단이 배 밖에 없어서 포로를 격리 수용하기에 적합했기 때문에 이곳에 포로수용소가 설치되었다. 1983년 12월 20일에 경상남도 문화재자료 제99호로 지정되었다.

1951년 6월까지 북한 인민군 포로 15만명과 중공군 포로 2만명 등 최대 17만 3천명의 포로를 수용하였다. 그 중에는 여성 포로도 300명이 있었다. 그러나 강제징집 등의 이유로 송환을 거부하는 반공 포로와 송환을 원하는 친공 포로 간에 유혈사태가 자주 발생하였다. 1952년 5월 7일에는 당시 수용소 소장이었던 도드 준장이 포

사진은 당시 거제포로수용소의 모습(좌)과 거제 포로수용소에 설치되었던 친 공산주의자들의 선전 문구(우). 그때나 현재나 친 공산주의자들은 이승만 정부를 망국정부로 규탄한다.

로들에게 납치되었다가 석방되는 등 냉전시대 이념 갈등의 축소판과 같은 양상을 띠고 있었다.

　실제로 견학을 하면 북한 공산당이 얼마나 잔인하고 지독한지를 그곳에서도 볼 수 있다. 실제 포로 생활을 했었던 미국 동포 임현권 집사의 증언에 의하면 친공 포로들은 기회가 있을 때마다 반공포로들에게 무차별 테러를 일삼았다고 했다. 특히 반공포로 중에는 북한에서 강제로 징집된 기독교인들이 대부분이었다고 했다(1978년 8월).

출처: https://ko.wikipedia.org/wiki/거제도_포로수용소 https://search.daum.net/search?w=img&nil_search=btn&DA=NTB&enc=utf8&q=거제도+포로수용소

D. 고난의 역사 현장 지우는 우둔한 한국 정부

<구 조선총독부 건물, 어떻게 해야 했나>

(저자 주: 본 내용의 극히 일부는 고난의 역사교육 시리즈 제3권 제3부 제4-2장 I. 2 항에서 언급한 바 있으나 본란에서 전체 주제를 다룬다)

제Ⅱ항(맛사다 사건)과 제Ⅲ항(아우슈비츠 수용소 사건)에서 유대인의 고난의 역사 현장을 설명하고, 그들은 그 현장을 어떻게 다음세대를 위하여 교육학적으로 활용하는지에 대해 살펴보았다. 또한 그 주제에 맞는 한국인의 고난의 역사 현장 일부를 살펴보고, 이것을 어떻게 다음세대를 위하여 교육학적으로 활용할지에 대하여 설명했다.

한국인이 고난의 역사를 잊으려고 고난의 역사 현장을 없애려고 한다. 이것은 인간의 본성이다. 앞에서 한국인이 삼전도비를 수치의 역사라고 땅에 묻었던 과오를 지적한 바가 있다(제4부 제4장 Ⅱ. 6. A. 3) '삼전도비를 수치의 역사라고 땅에 묻었던 한국인' 참조). 이번에는 다른 예를 들어보겠다.

한국 정부가 1995년 8월 15일 광복 50주년을 맞이하여 구 조선총독부 건물 중앙돔 첨탑을 끌어내리고 허물기 시작했다.

구 조선총독부 건물이 어떤 건물인가? 일본은 1910년 8월 조선을 강점한 이후 조선의 멸망과 조선이 일본의 식민지임을 전 세계와 조선인에게 영원히 알리기 위하여 조선의 왕궁인 경복궁 안의 일부를 철거하고 그 자리에 일본의 위용을 자랑하는 조선총독부를 세웠다(1926년 10월 1일). 조선총독부는 일제 식민지 통치의 상징적인 건물이다. 그러나 이 건물은 해방 후 한국 정부 청사로 사용해 오다가 1985년부터 1995년 8월까지 국립중앙박물관으로 사용해 왔다(중앙일보, 한국일보, 1995년 8월 15일).

서울대 신용하 교수(한국 사회사)는 이 건물이 그대로 있을 경우 한국 학생들이 이 건물에 들어갈 때부터 생각이 우울해지고 부지불식간에 민족적인 패배주의와 열등의식을 은근히 배양 받고 나오게 된다고 했다. 반면 일본 학생들이 이 건물을 방문했을 때는 자신들의 식민지 대본영이었던 조선총독부임을 확인하고 얼마나 우월감에 취하여 희희낙락하며 한국인을 깔보겠느냐고 지적했다(신용하, *구 조선총독부 청사는 하루속히 철거해야 한다*, 월간조선, 1995년 1월호, p. 606).

저자는 신용하 교수의 주장에 반대한다. 그 이유를 설명하고 유대인을 모델로 바른 대안을 제시해 보겠다.

1) 누가 구 조선총독부 건물을 보면 열등의식을 느끼나

신용하 교수는 한국 학생들이 구 조선총독부 건물을 보면 패배주의와 열등의식을 배양받고, 반면 일본 학생들은 우월감에 취하며 한국인을 깔볼 것이라고 했다. 그래서 허물자고 주장했다.

과연 신 교수의 논리는 100% 잘못된 것인가? 물론 맞을 수도 있다. 그러나 조건부다. 만약 한국 민족이 자신에 대한 자아의식, 주체 의식(self-esteem, 자존감), 즉 정체성이 약할 경우는 그럴 수도 있다. 즉 정체성의 본질인 수직문화가 약하고 수평문화가 강할 경우 그렇게 될 수도 있다. 그러나 민족의 정체성(주체 의식)이 강하면 그렇게 되지 않는다.

〈저자 주: 자세한 것은 저자의 저서 '현용수의 인성교육 노하우' 제2권 제2부 제4장 '심리학적 측면에서 본 수직문화와 수평문화' 참조〉

유대인을 예로 들어보자. 그들은 자신에 대한 자아의식, 주체 의식, 즉 정체성이 잘 정립되어 있을 뿐만 아니라, 그것을 자녀들에게 잘 가르쳐 자손 대대로 정체성이 대단히 강한 민족이다. 그들은 자신들이 지상에서 가장 존귀한 절대 진리인 토라 말씀을 갖고 있는, 하나님의 선민이라는 자부심이 강하다. 따라서 역사적으로 지구상의 어떠한 힘에 의해서도 그들의 선민의식을 무너뜨릴 수 없었다.

따라서 외침에 의하여 비록 눈에 보이는 그들의 성전은 무너지고, 국토는 빼앗겼어도 그들의 정신은 무너지지 않았다. 정신이 죽지 않고 살아 있다면 땅의 것은 언젠가는 되찾기 마련이다. 그들의 이런 생각은 현재에도 동일하다. 유대인이 생명처럼 귀하게 여겼던 예루살렘의 솔로몬 성전은 아랍인들에게 빼앗긴 이후 아직도 아랍인의 모슬렘 성전으로 사용되고 있다. 그렇다고 유대인은 그것에 대하여 비굴하게 생각하는가? 아니다.

이런 원리는 한민족(韓民族)에게도 동일하게 적용된다. 눈에 보이는 조선총독부 건물을 없애는 것이 극일(克日)의 길이 아니다. 한국인의 마음속에 남아 있는 일제의 식민지 시대의 잔재 의식, 즉 열등의식을 청산하는 것이 급선무다.

그 방법이 무엇인가? 논리적이고도 조직적인 강한 한국 민족의 주체 의식, 즉 정체성을 가지도록 해야 한다. 한민족이 반만년의 역사 속에서도 사라지지 않고 생존에 성공한 이유도 그나마 한민족의 논리적이고 조직적인 강한 수직문화가 존재했기 때문이다.

더구나 이런 수직문화에 복음의 능력을 결합하면 폭발적인 파워를 낼 수 있다. 그 예로 1920년대에 극소수였던 기독교가 3.1운동이라는 거국적인 민족 운동의 주체가 되었던 역사적인 사실을 들 수 있다.

신용하 교수는 한국 학생들이 구 조선총독부 건물을 보면 패배주의와 열등의식을 배양받고, 일본 학생들은 우월감에 한국인을 깔볼 것이라고 했다. 이 논리는 잘못된 것인가?

2) 유대인이라면 이 건물을 어떻게 사용했을까

유대인이면 조선총독부 건물을 어떻게 사용했을까? 먼저 그들은 이러한 치욕의 상징적인 건물을 박물관으로 만들어 한국의 값진 유물을 진열했다는 것이 이해가 안 갈 것이다. 그들은 예루살렘이나 워싱턴 DC에 독일에서 있었던 나치의 대학살 박물관을 거액을 들여 새로 짓는 형국인데, 조선총독부 같은 고난의 역사 현장이 남아 있다면 얼마나 좋은 교육의 장소로 사용할 수 있겠는가?

그들은 이곳에서 일제가 조선총독부 건물을 지었던 목적, 즉 한민족의 뿌리를 자르려 했던 악랄한 목적을 설명하고 일제의 잔학상을 알리는 민족 교육의 장(場)으로 꾸밀 것이다. 그 당시의 현장을 그대로 복원하여 이 건물에서 이루어졌던 일제의 온갖 착취와 수탈, 학살과 만행, 한국 민족 말살 정책과 음모를 꾸민 모든 자료들을 사실대로 구비하고 2세에게 고난의 역사교육 현장으로 활용할 것이다.

특히 조선의 왕궁 안에 식민지 정책의 산실을 지었다는 역사적인 사실을 우리의 자녀들에게 상기시킬 때 얼마나 훌륭한 고난의 역사 현장 교육의 장소가 되겠는가!

한편 구 조선총독부 건물이 고난의 역사교육 현장이 된다면, 이곳을 방문한 일본 학생들은 조상들의 죄악에 치를 떨면서 한국인에게 속죄의 마음을 가질 것이다. 왜냐하면 지금까지 가해자인 일본은 자신들의 침략을 정당화하려고 변호했던, 왜곡된 일본역사책의 내용을 학생들에게 가르쳤는데, 그렇게 배운 학생들이 한국의 조선총독부 건물에 와서 직접 눈으로 한국인의 고난의 역사 현장을 보고 일본의 역사가 허구였음을 확인할 수 있기 때문이다.

이는 마치 독일인이 유대인의 고난의 역사 현장을 방문하고 자신들이 몰랐던 자신들의 역사적 과오를 깨닫고 회개하는 것과 마찬가지다. 만약 자신들 조상들의 파렴치한 죄악상을 보고도 희희낙락한다면 정신적으로 이상이 있는 학생들이 아니겠는가?

결론적으로 고난의 역사교육학적인 입장에서 구 조선총독부 건물을 허문 것은 매우 잘못된 것이다. 그 고난의 역사 현장을 유대인처럼 보존하여 미래 자녀들에게 보여주며 고난의 역사 현장 교육의 장(場)으로 사용했어야 했다. 이것이 한국과 일본의 미래세대의 정신세계를 바르게 세우고 세계 평화를 이루는 방법이다.

**조선총독부 건물을 허문 것은 잘못이다.
유대인처럼 보존하여 미래 자녀들에게 보여주며
고난의 역사 현장 교육의 장(場)으로 사용했어야 했다.**

제5장 차례

I. 유대인의 고난의 역사박물관 교육
  1. 유대인에게 박물관이 많은 이유
  2. 유대인의 고난의 역사박물관: 대학살 박물관
     A. 미국의 대학살(홀로코스트) 박물관
     B. 대학살 박물관의 자료, 어떻게 수집했는가
  3. 홀로코스트 박물관 증축 청문회에 선 저자의 증언
  4. 유대인 자녀는 고난의 역사박물관을 보고 어떻게 변하나
     A. 유대인 고난의 역사박물관 현장 모습
     B. 유대인 자녀의 4가지 변화
     C. 유대인 공동체를 떠났던 스필버그 영화감독이 돌아온 이유
  5. 유대인 애국심의 파워
     A. 6일 전쟁에서 승리한 이스라엘의 파워
     B. 한국인도 유대인 디아스포라의 파워를 본받자: 미국 유대인의 파워
     C. 핵무기보다 강한 유대인의 애국심과 단결력
  6. 한국인의 고난의 역사박물관 교육에 적용
     A. 용산 6.25 전쟁 전쟁기념관의 예
     B. 워싱턴 한국전 참전용사 기념비의 예
     C. 전몰장병을 위한 빈 의자

II. 한국인의 고난의 역사박물관 교육에 적용
  1. 고난의 역사박물관 교육, 준비와 결과
     A. 준비: 효과적인 한국인의 고난의 역사박물관 교육 방법
     B. 결과: 한국인 자녀는 유대인처럼 4가지가 변해야 한다
     C. 미국 동포 2세의 후기, '6.25참전용사碑를 본 뒤 정체성 혼란 극복'
  2. 한국인 1세가 해야 할 사명
     A. 옛 조상의 자료를 모아 향토 박물관을 만들자
     B. 노인들이여, 과거를 기록하라
        〈노인 하나가 죽으면 도서관 하나가 없어지는 것과 같다〉
     C. 〈칼럼〉 독일·일본, 그리고 유대인과 한국인:
        과거사, 왜 독일은 일본보다 더 참회하는가
     D. 종북좌파의 좌편향된 역사교과서에 분노한다
     E. 한국 기독교의 뿌리 교육을 위한 대안 제
  3. 한국인 디아스포라의 문제점과 그 해결 방안
     A. 해외 동포의 문제점
     B. 다큐 미디어를 통한 저자의 고난의 역사 교육 방법
     C. 한국 정부가 해외 동포 자녀를 진정한 한국인으로 만들려면

고난의
역사박물관 교육

I. 유대인의 고난의 역사박물관 교육

II. 한국인의 고난의 역사박물관 교육에 적용

> # I
> 유대인의
> 고난의 역사박물관 교육

1. 유대인에게 박물관이 많은 이유

유대인은 자신들의 옛것을 귀중하게 여기고 가꾼다. 따라서 그들은 자기 민족의 고고학적인 박물관이나 자신들의 전통을 지키기 위한 박물관을 많이 세운다.

유대인은 자신들의 생활 하나하나를 역사로 기록하는 습관이 있다. 아무리 적은 금액의 영수증도 일일이 챙겨 매일매일 장부에 기록해 둔다. 대강 대강이 없다. 모든 것이 증거 위주요, 그 증거는 서류로 보관한다. 그들은 이러한 습관으로 공부하고 연구하여 그 과정과 결과들을 보관한다. 이것이 유대 민족에게 율사(律士)나 학자가 많은 이유 중 하나다.

이러한 습관은 자녀들에게도 자손대대로 이어져 왔다. 그 열매

예루살렘에서 정통파 유대인 공동체 남자들이 부림절에 변장을 하고 전통적으로 내려오는 가장 행렬을 하고 있다. 한국인에게도 이런 절기교육이 필요하다.

의 좋은 예가 바로 20세기의 명작으로 알려진 '안네의 일기'다. 안네(Anne Marie Frank, 1929년 6월 12일~1945년 3월 12일)라는 유대인 어린 소녀가 나치 치하에서 생명의 위협을 받으며 숨어 지냈던 하루하루의 생활을 기록한 글로, 일기 문학의 불후의 고전이 되었다.

왜 유독 그 일기에는 감동이 있는가? 그 글에는 자신의 가족이 오직 유대인이라는 이유로 나치의 혹독한 탄압을 당해야 했던 고난의 아픔과 절박함이 있기 때문이다. 따라서 거기에는 선과 악에 대한 고민이 있고, 악에 대한 고발이 생동감 있게 그려져 있다.

이것은 유대주의 사상에 근거한 인간이 가지고 있는 양심의 소리다. 안네는 모세의 율법에 근거하여 선악간의 분별력을 교육 받은 유대인이기 때문이다. 그러므로 똑같은 고난이라 하더라도 유대인 소녀의 시각에서 표현하는 내용과 방법은 다른 소녀들과 다를 수밖에 없다.

유대인의 박물관에 가보면 자신들이 전 세계를 떠돌아 다녔던 흔적들을 볼 수 있다. 유물들은 이민 보따리, 숟가락, 구두, 가방 등 우리가 보기에 하찮은 것들이 많다. 물론 그것들은 유명인의 유품이 아니라 평범한 조상들이 사용했던 생활 용품들이다. 그들은 하찮은 것이라 하더라도 조상들이 사용했던 것들은 버리지 않았다. 그만큼 귀중하게 여겼다는 것이다. 그들의 이런 인식의 세계는 바로 성경의 역사에서 나온다.

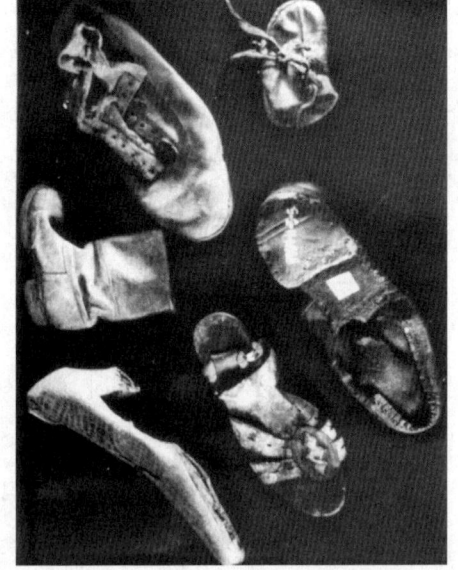

LA 서부에 위치한 '관용의 박물관'에 전시된 유대인의 구두들. 나치 당시 신었던 것들이다. 그들에게는 조상들의 생활 용품 모두가 귀중한 교육 역사 자료들이다.
(LA Wiesenthal Center 제공)

2. 유대인의 고난의 역사박물관: 대학살 박물관
A. 미국의 대학살(홀로코스트) 박물관

유대인은 박물관을 많이 가지고 있지만, 특별히 자기 조상들이 겪었던 참혹한 홀로코스트 박물관(대학살 박물관)을 제일 많이 가지고 있다. 전 세계 어디에나 유대인이 많이 거주하는 지역에는 거의 모든 지역에 홀로코스트 박물관이 있다. 예루살렘에는 물론이고 미국과 캐나다만 하더라도 뉴욕과 워싱턴, 로스앤젤레스, 토론토 등 약 20여 군데에 있다고 한다.

많은 돈을 들여 지은 자신들의 치욕의 역사에 관한 홀로코스트 박물관을 짓는 목적은 무엇인가? 많은 이들은 오히려 치욕의 역사를 감추거나 지우려하지 않는가?

인류의 역사가 다하는 날까지 다른 민족에게 아픔을 주는 나라에게는 경고의 메시지가 되고, 고난을 당하는 이들에게는 희망의 탈출구가 되기 위함이다.

미국의 워싱턴 DC의 백악관 근처에 '유대인의 대학살 박물관'이 있다. 이곳은 홀로코스트에 대한 미국의 공식 추모관이다(the United States' official memorial to the Holocaust). 현재 세계적인 관광지로 변했다. 관광객 중 35%는 해외의 100개 국가에서 온 사람들이다(https://en.wikipedia.org/wiki/United_States_Holocaust_Memorial_Museum). 이 박물관은 1978년에 착공하여 1993년 4월에 완공했다. 박물관에 들어가면 빌딩 자체가 대학살 공간처럼 음산하게 느껴지도록 설계되어 있다(Berenbaum, 1993, pp. 233-234).

그 곳은 독일의 독재자 히틀러가 자행한 대학살의 모습들이 사진과 역사적인 자료, 통계로 채워져 있다. 당시 나치 수용소에서 고난을 직접 겪었던 생존자들이 증언했던 영상들이 수없이 반복하여 화면에 나온다. 그리고 버튼만 누르면 그 증언자의 사진과 그의 신상정보가 출력된다. 이것이 나치가 행한 악행의 증거가 된다.

그리고 나치군이 유대인을 죽이는 모습들을 현장감 있게 느끼게 하기 위하여 당시 독가스를 다량 살포하며 살상하는 가스실과 시체들, 그리고 핏자국 등을 재현해 놓았다. 최고의 음향 장치와 시청각 장비로 만든 다큐물을 상영하는 소극장들도 많다

1993년 이 박물관이 문을 열자 온 세계 매스컴이 떠들썩했다. 당시 가장 부정적인 반응을 보인 국가는 당연 독일이었다. 이미 잊혀

유대인은 그들이 거주하는 대도시마다 '대학살 박물관'을 짓고 처절한 조상들의 고난의 자료들을 모아 2세들에게 고난의 역사 교육을 시킨다.
사진은 독일의 나치들이 유대인을 대량 학살한 후 화장한 화장터 모습
(Jerusalem의 Yad Vashem 박물관 제공)

진 일인데 반세기나 지난 이 때에 세계적인 관광지인 미국의 수도 워싱턴 DC 한복판에 박물관을 지어 독일 역사의 가장 큰 치부인 유대인 6백만 학살을 세계인에게 상기시키는 이유가 무엇이냐고 물었다. 독일의 한 주간지는 미국이 이 유대인 대학살 박물관을 미키마우스처럼 미국화하려는 '쇼 비즈니스'가 아니냐고 비아냥거렸다 (US News, 1993, May 10).

유대인은 우리는 당신들(독일인)을 용서했고 사랑한다. 그러나 이 박물관을 지은 목적은 당신들을 미워하고 원수를 갚기 위해서가 아니라, 인간의 도덕에 가장 큰 손상을 입힌 이 사건을 기억함으로 말미암아 인류 역사에 다시는 이러한 피의 대학살이 있어서는 안 된다는 것을 미국인과 세계인에게 보여 주기 위함이라고 답변했다. 즉 나치의 참상을 기억하여 세계 곳곳에서 일어날 수 있는 비극을 미리 막아야 한다는 것이다.

따라서 이 박물관 출판사에서 발행한 책 이름도 〈세계는 꼭 알아야 한다, 미국 대학살 박물관에서 증언된 대학살의 역사를〉(Berenbaum, 1993)이라고 지었다.

홀로코스트 박물관을 건립한 목적은?
인류의 역사가 다하는 날까지 다른 민족에게 아픔을 주는 나라에게는 경고의 메시지가 되고,
고난을 당하는 이들에게는 희망의 탈출구가 되기 위함이다.

B. 대학살 박물관의 자료, 어떻게 수집했는가

대학살 박물관이 탄생하게 된 계기는 무엇인가? 누가 그 많은 피해자들과 가해자들의 자료들을 수집했는가? 어떻게 수집했는가?

먼저 피해자들의 자료들을 누가 어떻게 수집했는지에 대하여 알아보자. 아우슈비츠나 다른 수용소에서 고난을 당했던 생존자들은 처음에는 잠잠했었다. 그런데 이 일을 시작한 것은 컨넥티컷 주 뉴헤븐에서 학생들에게 호로코스트를 가르쳤던 유대인 랍비 버렌바움(Berenbaum)이란 한 교수에 의해 시작되었다.

그는 이렇게 엄청난 역사적인 대사건에 대해 피해자들이 잠잠했던 것에 대해 매우 놀랐다. 어떤 학생은 과거는 과거일 뿐이라고 말했다. 버렌바움은 손가락 없는 주먹을 가진 선생들을 보았는데 그들의 팔에는 타투로 숫자들이 새겨져 있었다. 그는 767쪽에 달하는 방대한 '대학살 연대기'(The Holocaust Chronicle)란 책 서문에서 이렇게 적었다.

> 홀로코스트 생존자들은 자신들이 겪었던 고난을 자녀들에게 알려주면 그것이 자녀들에게 짐이 될 것을 두려워했다. 그래서 힌트만 주고 말을 조심했었다. 그런데 [버렌바움 교수]는 생존자들의 입을 열게 하고 그 당시 겪었던 사실을 기억을 더듬어 글로 적게 했다. 그리고 그들의 증언을 비디오로 찍어 다큐멘터리로 정리했다. 1978년에 컨넥티컷 주 뉴헤븐에서 시작한 이 작업은 다른 도시로 퍼져 나갔다. 1994년 이후 생존자들, 석방시킨 자들(liberators), 구조자들(rescuers) 그리고 증언자들은 57개국에서 32개의 언어로 50,000명 이상에 이른다. 이 일은 로스엔젤리스에 있는 '소아 비주얼 역사재단의 생존자들'(The

Survivors of The Shoah Visual History Foundation in LA)이란 재단에서 주관했다. 그들의 증언은 인간의 가치와 존엄성에 대한 무관심(indifference)을 일깨우는 외침(a cry)이며, 관용과 다양성에 대한 탄원(a plea)이다. (Weber, 2000, *The Holocaust chronicle*, p. 10)

이것은 무엇을 뜻하는가? 역사는 소수의 역사의식이 있는 이에 의해 이루어진다는 것을 뜻한다. 유대인의 대학살 박물관에 가면 그곳 자료들을 설명해주는 안내강사(a docent)가 있다. 그들 대부분은 나이 많은 생존자들이거나 생존자들의 자녀들이다. 한국에서 쉐마 목회자클리닉 3차 학기 유대인촌 체험학습에 참석한 목사들이 가면 어떤 가이드는 울면서 당시의 상황을 설명한다. 그들은 모두 무료로 봉사하는 자원봉사자들이다.

20세기에도 보스니아, 르완다, 코소보 그리고 캄보디아 등에서 대량학살 사건이 일어났다. 가까이는 북한 정권도 얼마나 많은 인민의 인권을 무시하고 수용소에서 학대하고 있는가! 그래서 수많은 동족이 죽어가고 있지 않는가! 유대인은 이런 일을 막기 위해서라도 대학살 박물관을 지어서 인류의 악행을 막아야 한다고 역설한다(p. 10).

그렇다면 독일의 나치 시대에 히틀러나 그 부하들, 즉 가해자들이 유대인을 죽였던 자료들은 어떻게 수집했을까? 불행 중 다행인 것은 그 당시 살인자들이 살인하는 행동들, 계획 그리고 명령들을 꼼꼼히 기록으로 남겼기 때문에 가능했다. 그들은 범죄를 다큐멘터리로 남겼다. 물론 그들은 이런 일(유대인 죽이는 일) 하는 것을 자랑스럽게 여겼다. 그래서 사진을 찍고 필름을 만들었다(pp. 10-11).

그들이 유대인 죽이는 일을 자랑스럽게 여겼다는 것을 어떻게

이 그림은 '노동이 자유롭게 할 것'이라는 문구 아래 일하러 들어가는 포로들의 당시 모습을 생생하게 표현했다.

증명할 수 있는가? 나치들이 찍은 사진들이나 영상을 보면 나치들이 유대인을 죽일 때 웃으며 죽이는 장면을 볼 수 있다. 자신들이 하는 것이 사탄에 속아서 악을 행하는 것인지를 모르고, 선(善)을 행하는 줄로 착각하기 때문에 그런 행동을 양심의 가책 없이 하는 것이다. 북한 정부도 마찬가지다.

여기에서 한 가지 더 강조할 것이 있다. 물론 피해자들과 가해자들의 자료들을 수집한 것도 중요하다. 그런데 이 자료들을 자기 민족뿐만 아니라 세계인에게 알리기 위해 거금을 들여 박물관을 만드는 일은 훨씬 더 중요하다. 이런 일을 창안한 유대민족이 위대하지 않는가! 그리고 그런 민족을 만드시고 훈련시키신 하나님은 더 위대하시지 않는가!

〈저자 주: 랍비 마이클 버렌바움(Rabbi Michael Berenbaum, Ph.D.)은 워싱턴 DC 의 홀로코스트 박물관 건립에 프로젝트 디렉터로 참여했다. 현재는 저자가 다녔던 아메리칸 쥬이쉬 유니버시티(American Jewish University, 랍비신학교)의 교수로 재직 중이다. 쉐마목회자클리닉 제3차 학기 미국 LA 유대인 촌 체험 학습에 참여하면 그의 강의를 들을 수 있다.〉

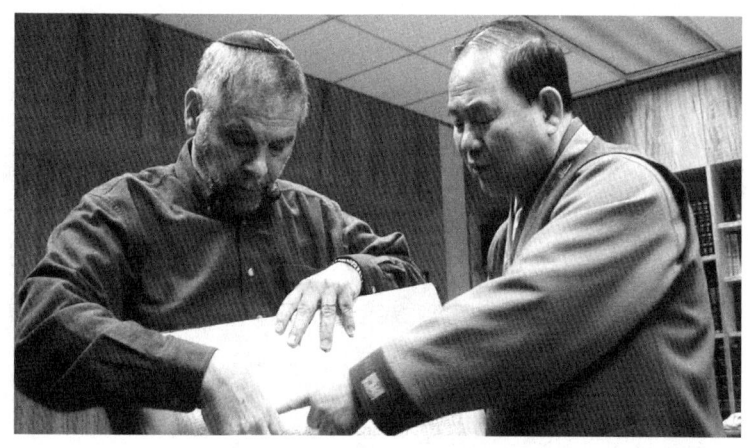

박물관에 진열된 홀로코스트 생존자들의 고난의 역사 자료들은 처음 누가 수집했는가? 버렌바움 교수(랍비)다. 그는 워싱턴 DC 의 홀로코스트 박물관 건립에 프로젝트 디렉터로 참여했다. 현재는 AJU교수로 재직 중이다. 한 인간의 노력이 이렇게 큰 결실을 맺었다. 사진은 AJU에서 필자와 함께 쉐마목회자클리닉 참여한 목회자들에게 탈무드를 설명하는 모습

이 자료를 세계인에게 알리기 위해
박물관을 만든 일은 훨씬 더 중요하다.
이런 일을 창안한 유대민족이 위대하지 않는가!
그리고 …

3. 홀로코스트 박물관 증축 청문회에 선 저자의 증언

〈저자 주: 이 내용은 2009년 2월 28일자 중앙일보 시론에 '3·1절과 쉰들러 리스트'란 제목으로 실렸던 저자의 글이다.〉

3.1절 • 쉰들러 리스트 • 정신대 영화

며칠 전 미국 로스엔젤리스 시청에서 열리는 '관용의 박물관'(유대인 대학살 박물관) 증축 청문회에 다녀왔다. 현재 건물보다 4분의 1을 더 늘리는 공사를 해야 하는데 소음 문제로 주변 주민들이 반대하기 때문에 청문회가 열렸다. 박물관 측 지지 발언자들은 대부분 독일의 나치 대학살에서 살아남은 유대인 직계 후손들이었다. 반대하는 사람들은 주로 반유대주의 사람들로 보였다.

전세 낸 대형 버스에 약 40여명의 박물관 측 사람들이 타고 시청에 가는 동안 대표자가 혹시 반대 측에서 과격한 행동을 해도 감정적으로 대응하지 말라고 했다.

첫 번째 지지 발언자는 박물관 측에서 나온 여성이었고 두 번째가 랍비였다. 그리고 세 번째가 필자였다. 필자는 유대인 공동체에서 17년 동안 유대인 자녀교육을 연구했다. 그들이 필자에게 부탁한 이유는 유대인만이 아닌 다양한 종족이 박물관 증축을 지지하고 있다는 것을 보여주기 위함이었다. 필자는 미국에서도 늘 생활한복을 입기 때문에 한복을 입고 나갔다. 지지자들 중에는 중학교 흑인 교사와 고등학교 학생도 있었다(고등학교 학생도 한국계 미국인이었다).

지지 측 발언자들은 세계인에게 정의를 더 잘 알리기 위해 반드시 박물관 증축이 필요하다고 했다. 노인들 중에는 울먹이며 한 맺힌 자신들의 고난의 체험도 털어놓았다. 그리고 초중고 어린이들에게 사회 정의를 가르치기 위해 박물관 증축은 필수라는 주장이었다.

필자는 먼저 자신의 직업을 밝힐 때 인성교육 전문가로 인성교육에 관한 책을 쓴 베스트셀러 저자라고 소개했다. 자녀들에게 인성교육의 본질인 수직문화를 형성하게 하는 가장 중요한 두 가지 요소를 소개했다. 효도교육과 고난의 역사교육이다. 유대인이 자녀의 인성교육에 성공하는 이유가 바로 두 가지 요소를 잘 가르치기 때문이다.

박물관을 통해 부모나 그 이전 세대의 고난을 체험하게 하는 고난의 역사교육은 자녀들에게 자신의 정체성인 뿌리문화를 형성하게 하는데 필수일 뿐만 아니라 세계인의 보편적 가치인 정의구현을 위해 반드시 필요하다고 역설했다.

그 방법으로 제2차 세계대전 때 주변국들에게 고통을 준 두 나라의 만행을 자라나는 2세들에게 알려야 한다고 역설했다. 유럽인들에게 고통을 준 독일과 동양인에게 고통을 준 일본이다. 그리고 유대인 박물관 측에 박물관을 증축하면 나치의 만행뿐만 아니라 동양인을 위해 일본의 만행 자료도 전시할 것을 부탁했다. (사실은 한국인이나 중국인이 미국에 일본의 만행을 알리는 박물관을 지어야 한다.)

3.1절에는 우리 후손은 조상들의 희생에 보답하기 위해 무엇을 해

유대인의 대학살 박물관을 증축하려 했을 때 증축을 반대했던 주민들과 찬성측이 설전을 벌리는 청문회가 LA시 법정에서 열렸다. 사진은 그 청문회에서 박물관의 증축이 왜 필요한지를 교육학적 및 다인종의 정의구현을 위한 측면에서 설명하는 필자(앞줄 가운데 한복 입은 남자).

청문회가 열리는 동안 시간을 아끼기 위해 앉은 자리에서 뜨개질을 하는 유대인 할머니

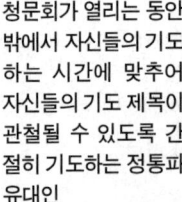

청문회가 열리는 동안 밖에서 자신들의 기도 하는 시간에 맞추어 자신들의 기도 제목이 관철될 수 있도록 간절히 기도하는 정통파 유대인

〈두 가지 모두 하나님의 백성들이 본받아야 할 모습들이다.〉

야 하는가를 고민해야 한다. 일본의 우익은 점점 더 강해지고 있다. 한국의 역사적인 종군 위안부 사건도 서슴없이 합법이라고 주장한다.

유대인이 자신들의 고난의 역사를 세계에 고발하는 가장 큰 전략은 크게 네 가지다. 1) 학자들이 객관적인 자료를 수집하여 발표하고, 2) 이를 언론에 홍보하고, 3) 박물관을 만들어 세계인에게 고발하고, 4) 예술을 이용한 고발 등이다.

먼저 박물관의 예를 들어보자. 북미주에는 각 도시에 약 20여개의 유대인 대학살 박물관이 있다. 세계적인 관광지 워싱턴 DC 백악관 근처에 세운 박물관에는 1년에 약 전 세계에서 200만명의 관광객이 다녀간다. 물론 주변의 초중고 학생들은 의무적으로 그곳에서 체험학습을 한다.

필자가 주관하는 쉐마지도자클리닉에 참석한 한국의 어느 교수는 관용의 박물관을 견학한 후 이렇게 소감을 썼다. "'고난의 역사를 기억할 때 희망이 살아난다'는 구호(Hope lives, when people remember)는 나의 가슴을 뭉클하게 했다. 한국의 학생들에게도 이런 교육을 시키도록 하겠다." 이것은 고난의 역사를 기억하지 못하면 희망이 없다는 뜻을 깊이 새겼다는 것이다.

예술을 통한 대표적인 고발 작품은 유대인 감독 스필버그가 만든 '쉰들러스 리스트'란 영화다. 이 영화 하나로 독일의 우익을 잠재웠다. 세계인에게 나치의 만행을 이처럼 강력하고 적나라하게 고발한 적이 없다. 물론 유대인은 나치를 고발하는 다큐멘터리 영화를 비롯한 일반 영화들도 많이 만들었다. 'Life is Beautiful'이나 'Pianist'

도 걸작품이다.

　유대인 인권단체에서 일하는 랍비는 필자에게 이렇게 물었다. "왜 한국인은 정신대 사건을 세계인에게 고발하는 영화를 만들지 않습니까?" 그는 정신대 같은 주제로 영화를 만든다면 두 가지 성공을 단 숨에 거둘 수 있다고 조언했다. 첫째는 주제 자체가 많은 사람들에게 호기심을 유발시켜 흥행에 세계적인 대박이 터질 것이고, 둘째는 그 여세로 일본의 주장을 당장 묵살시킬 수 있다는 것이다.

　영화를 만들 때 두 가지를 조심해야 한다. 가벼운 성적인 선정성보다는 역사적인 다큐에 초점을 맞추어야 한다. 그리고 목적이 증오보다는 용서와 정의구현, 그리고 화합에 초점을 맞추어야 한다. 피차 미래에 더 큰 재앙을 막고 평화를 누리기 위함이다. 그래서 LA의 대학살 박물관 이름도 '관용의 박물관(Museum of Tolerance)'이라고 명명한 이유도 여기에 있다.

　현재 한국의 인권단체들이 없는 돈에 정신대 진상을 홍보하기 위해 미국이나 일본으로 뛰어다니는 모습이 안쓰럽다. 당사자들이 죽기 전에 서둘러 대작 영화를 만들어야 한다.

　나치에게 1천1백만명(유대인 600만명과 비유대인 500만명)이 죽었는데도 오직 유대인만이 그 고난을 기억하라고 집요하게 세계에 고발하고 있다. 독일 정부가 유대인에게 귀를 기울일 수밖에 없는 이유가 여기에 있다. 이것은 또한 이스라엘이 61년 전 독립 후 폐허에서 번영으로 가게 했던 힘의 근원이기도 하다. 그들의 애국 애족심이 그만큼 강하다는 말이다.

한국의 경제적인 번영도 고난의 역사를 겪었거나 기억한 세대들이 이룬 기적이라는 사실을 간과해서는 안 된다. 그만큼 고난의 역사교육은 자녀들의 인성에 중요한 핵이다. 한국에 왜 젊은 실업자들이 그렇게 많은가? 꼭 불경기 탓만은 아닐 것이다.

4. 유대인 자녀는 고난의 역사박물관을 보고 어떻게 변하나
A. 유대인 고난의 역사박물관 현장 모습

유대인이 긴 고난의 역사 속에서 살아난 비결은 무엇인가? 여러 가지 교육 중 가장 중요한 것 하나가 자녀들에게 고난의 역사를 기억하게 하는 교육이다. 이제 실제 유대인의 고난 역사박물관의 현장 모습을 소개하고 자녀들이 어떻게 변하는지를 소개해보자.

이스라엘에 가면 유대인 대학살 박물관(야드 바셈)이 있다. 유대인은 일 년에 한 번씩 방학 때마다 자녀들이 이스라엘을 방문하게 한다(Donin, 1977, p. 105). 외국에서 온 유대인 자녀들은 처음 박물관에 들어갈 때는 별 의식 없이 서로 장난치며 시시덕거리며 들어간다.

저자는 1986년 2월에 그 곳을 방문했다. 박물관에 들어서면 왼쪽 벽에 커다란 비누 공장의 조형물(sculpture)이 보인다. 독일의 나치들은 사람(유대인) 기름으로 비누를 만들었다고 한다(Dimont, 1979, p. 413).

비누 공장 전면에 비누를 만드는 원료를 집어넣는 터널이 있다. 여행 가이드의 말에 의하면, 독일의 나치 군인들이 유대인을 나체

유대인 자녀는 고난의 역사박물관을 견학한 후 자신의 정체성을 회복한다. 그리고 유대 민족을 위해서 살기로 결심한다. 사진은 나치 당시 가스 살인실을 재현한 '증언의 방'에서 당시 생존자들의 증언을 경청하는 방문객들. LA의 '관용의 박물관' 내부에 있다. (Wiesenthal Center 제공)

이스라엘의 대학살 박물관 야드 바솀에 있는 조형물. 나치에 의한 동족의 고난을 표현했다. 그들을 껴안는 큰손(우편)에 주목하라

미국 대통령 트럼프 가족이 야드 바셈 박물관을 방문하여 헌화하는 모습(2017년 5월 23일). 부인 멜라니아, 딸 이방카와 유대인 사위 쿠쉬너(Melania, Ivanka Trump and Jared Kushner)가 보인다.

로 모두 벗겨 놓고 일렬로 세운 다음 그들을 하나씩 비누 원료 통으로 밀어 넣었다고 했다. 그러면 유대인의 몸이 기계 속에서 산 채로 으스러지면서 뼈는 뼈대로 살은 살대로 기름은 기름대로 정리된다. 그리고 그 기름이 원료가 되어 비누가 만들어져 나온다고 했다. 그 비누는 전쟁 군수품으로 사용되었다.

그 곳에는 이 외에도 유대인이 당한 고난을 증명하는 역사 자료들이 많다. 유대인 자녀들은 박물관을 돌아보며 조상들의 고난의 역사를 보고 눈물을 흘리며 나온다. 들어갈 때와는 사뭇 다르다.

나치의 다른 악행을 하나 더 소개한다.

"하나님은 나치친위대(SS) 대원(隊員)들이 한 아기를 어머니로부터 낚아채서 축구공으로 사용하도록 허용했습니다. 아기가 찢어져서 살점 덩어리가 되었을 때 그들은 그 살점들을 개들에게 던져 주었습니다. 대원들은 아기 엄마로 하여금 이 광경을 강제로 보게 했습니다. 그러고 나서 그들은 아기 엄마의 블라우스를 찢어 내어서 군화(軍靴)에 묻은 피를 닦았습니다"(Simon Wiesenthal: The Life and Legends. By Tom Segev).

이렇게 소름끼치는 악행을 즐기는 나치대원들은 지옥에서 온 악마가 아니었다. 그들은 인류 문화의 정수(精髓)로서 세계 최고의 문명을 자랑하는 독일인들이었다. 그런데도 이런 극악무도(極惡無道)한 만행(蠻行)을 웃어가면서 태연하게 저지르게 된 것은 히틀러라는 악마에게 영혼을 팔아버렸기 때문일 것이다.

북한의 수용소에서도 나치수용소 이상의 상상을 초월하는 惡行(악행)이 계속되고 있다. 북한의 강제수용소 관리자들도 나치의 친위대처럼 수용자들을 제멋대로 죽이고 있다. 임산부의 배를 차서 강제 낙태시키거나 소똥 속에 박혀 있는 옥수수 알갱이를 주워 먹었다고 공개 총살시키는가 하면, 사소한 규칙위반(?)에도 즉결처분을 하는 등 인간학살 행위가 현재 진행형이다. 아이들이 파리를 장난삼아 죽이듯이 경비병들은 수용자들을 즐기면서 죽이고 있다. 이들도 모두 인간 살인마 김정일에게 영혼을 팔았기 때문이다.

〈출처: 朴承用, 북한 人權에 침묵하는 한국의 '人權 마니아'들, 남쪽 지식인들의 僞善(위선)과 기만을 고발한다!, 조갑제닷컴, 2015년 2월 13일〉

랍비 강의

비누 7개, 못 1개, 성냥 2천 개비

나치가 대두하기 이전 독일에서는 다음과 같은 말들이 있었다. 이 이상 인간을 '물건'으로 생각한 몰 인간적인 발상은 없을 것이다.

"인간의 육체는 비누 7개를 만드는데 충분한 지방질을 갖고 있다. 또 1개의 못을 만들 만큼의 철분을 지니고 있다. 또 인간의 육체에는 2천 개비의 성냥을 만들 만큼의 인이 포함되어 있다. 또 온 몸에 나 있는 털 부분에 바르면 이를 퇴치할 수 있는 양의 유황을 갖고 있다…."

나치는 유대인을 강제 수용소에 감금해 놓고, 대량으로 살육해서는 인체로부터 나오는 물질을 이용해 실제로 비누와 성냥을 만들었다.

출처: Tokayer, *탈무드 4: 탈무드의 생명력*, 2017, 쉐마, pp. 299-301.

B. 유대인 자녀의 4가지 변화

어린 유대인 자녀들은 자기 조상들이 당했던 고난의 역사 현장을 보고 어떤 반응을 할까? 눈물을 흘리며 그들의 삶의 철학이 변한다. 그리고 그들은 다음 몇 가지를 결심한다. 〈저자 주: 물론 고난의 역사 현장교육이나 다른 고난의 역사를 기억하는 교육에서도 동일한 효과를 얻을 수 있다.〉

첫째, 유대인 자녀들은 자신들의 정체성을 발견한다.

유대인 자녀들은 조상들의 고난의 역사를 체험하면서 자신이 그동안 이방 나라에 살면서 잊어버렸던 희미한 민족적인 정체성을 새롭고 뚜렷하게 정립한다.

그들이 설사 조국을 떠나 미국에서 살고 있지만 자신들이 유대 민족이라는 정체성을 회복하는 것은 자기 민족에게 노벨상 수상자가 많고, 학자가 많고, 재벌이 많아서가 아니다. 자신들의 부모가 속한 조상들의 처절한 고난의 역사 현장을 몸소 체험했기 때문이다. 이것은 조상들의 아픔을 IQ(머리)로 인식한 것이 아니고, 가슴(EQ)로 체험했다는 것을 증명한다.

부모들은 박물관을 견학한 자녀들에게 이렇게 말한다.

"너는 유대인이다. 유대인임을 결코 잊지 말라!"

유대인이 승리한 좋은 모습들만을 보고 유대인의 정체성을 갖는다면 진정한 유대인이 아니다. 왜냐하면 그런 유대인은 자신들이 실패했을 경우, 혹은 나쁜 모습을 보았을 경우에는 유대인임을 창

피하게 생각하고 커뮤니티를 떠날 수 있기 때문이다. 따라서 고난의 역사 현장을 보고 자기 조상들과 동일하게 마음으로 아파하며 더욱 유대인임을 자각하는 유대인이 진짜 유대인이다.

둘째, 유대인 자녀들은 역사의식을 새롭게 갖는다.

유대인 자녀들은 조상들의 고난의 역사를 체험하면서 역사의식을 새롭게 갖게 된다. 왜 다른 민족의 고난의 역사를 체험할 때보다 자기 조상들의 고난의 역사를 체험할 때 더 큰 역사의식을 갖게 되는가?

전자는 자신과 상관이 없는 것으로 생각하기 쉽고, 후자는 자신의 생존과 직접 연관되었다고 믿기 때문이다. 왜냐하면 전자는 자신의 뿌리, 즉 정체성과 별 상관이 없는 것이고, 후자는 자신의 뿌리, 즉 정체성과 직접 연관이 있기 때문이다.

따라서 전자는 머리의 지식(IQ)으로만 인식하기 쉽고, 후자는 마음(EQ)으로 느끼기 쉽다. 역사의식은 정신세계를 살찌우는 수직문화의 매우 중요한 요소다.

셋째, 유대인 자녀들은 앞으로 유대 민족을 위하여 살 것을 결심한다.

유대인 자녀들은 조상들의 고난의 역사를 체험하면서 그들의 삶의 목표와 철학이 새롭게 정립된다. 그리고 이런 결심을 반복한다.

"나는 내 일생을 유대 민족을 위하여 살리라! 유대 민족을 위하여 살리라! 유대 민족을 위하여 살리라!"

그리고 유대인의 평화와 번영을 위하여 기도한다. 다니엘과 에

스터가 유대 민족을 위하여 산 것처럼…. 그들은 왜 열심히 공부하는가? 왜 출세하는가? 우선적으로 유대 민족을 위해서이다. 그들에게는 유대 민족을 위하여 사는 것이 곧 하나님을 위하여 사는 것이라고 믿는다. 하나님이 택하신 백성이기 때문이다.

이스라엘을 방문한 전 세계 유대인 자녀들은 고난의 역사박물관을 견학한 후 각자 자신들이 사는 곳으로 돌아가면서 이렇게 다짐한다. 미국에 거주하는 유대인 자녀들은 "내가 미국에 돌아가면 유대 민족을 위하여 기도하고 돕기 위하여 살리라!" 브라질에 거주하는 유대인 자녀들도 "내가 브라질에 돌아가면 유대 민족을 위하여 기도하고 돕기 위하여 살리라!" 독일에 사는 유대인 자녀들도 "내가 독일에 돌아가면 유대 민족을 위하여 기도하고 돕기 위하여 살리라!"

전 세계에 흩어져 살고 있는 유대인은 어디를 가나 한 민족의 공동체 사상을 갖고 있다. 따라서 유대인은 동족에게 무슨 일이 일어나면 무섭게 단합한다. 그들의 땅은 지구상에서 가장 작지만 온 세계를 지배하는 파워가 바로 여기에서 나온다.

〈저자 주: 자세한 것은 고난의 역사교육 시리즈 제3권 제4부 제2장 VII. 2. '유대인은 키두쉬 하솀에서 시작하여 그탈 이스라엘로 완성된다' 참조〉

넷째, 유대인 자녀들은 새로운 강력한 정신세계를 구축한다.

유대인 자녀들은 조상들의 고난의 역사를 체험하면서 심리적으로 느슨했던 잠에서 깨어난다. 새로운 강력한 힘을 얻게 된다. 그리고 강력한 정신세계를 구축한다.

그 이유는 두 가지다. 1) 고난의 역사를 체험하는 것 자체가 새로운 힘을 얻게 하기 때문이다. 때문에 유대인은 패배를 기억하는 것으로부터 힘이 생겨난다고 믿고 있다(Tokayer, 탈무드 3: 탈무드의 처세술, 2009, 쉐마, p. 119).

2) 앞에서 언급한 바와 같이 자신의 인생에 정체성을 찾았고, 새로운 삶의 목적을 세웠기 때문이다.

〈저자 주: 자세한 것은 고난의 역사교육 시리즈 제3권 제3부 제4-2장 III. 5. '현재의 고난을 극복하는 힘을 얻기 위하여' 참조〉

그렇다면 유대인은 이방 나라에 살면서도 자기 민족만 아는가? 그렇지 않다. 그들은 자신들이 거주하는 지역의 평화와 번영을 위해서도 기도하며 공헌하려고 힘쓰고 있다. 이 역시 성경에 근거한다.

유대인이 바빌로니아에 고난의 노예로 살 때였다. 하나님은 그들에게 그들이 살고 있는 땅의 바빌로니아 왕과 그 지방의 평강을 위하여 기도하라고 말씀하셨다(렘 29:4-7).

> 만군의 여호와 이스라엘의 하나님께서 예루살렘에서 바빌로니아로 사로잡혀 가게 한 모든 포로에게 이와 같이 말씀하시니라 너희는 집을 짓고 거기에 살며 텃밭을 만들고 그 열매를 먹으라 아내를 맞이하여 자녀를 낳으며 너희 아들이 아내를 맞이하며 너희 딸이 남편을 맞아 그들로 자녀를 낳게 하여 너희가 거기에서 번성하고 줄어들지 아니하게 하라 너희는 내가 사로잡혀 가게 한 그 성읍의 평안을 구하고 그를 위하여 여호와께 기도하라 이는 그 성읍이 평안함으로 너희도 평안할 것임이라. (렘 29:4-7)

이 말씀은 모국 대한민국을 떠나 전 세계에 흩어져 사는 코리안 디아스포라에게도 동일하게 적용된다. 예를 들어 미국에 이민 온

미국에 거주하는 유대인 자녀들이 여름 방학 때 이스라엘을 방문하여 파괴된 성전의 통곡의 벽에서 민족의 평화와 번영을 위하여 함께 기도하는 모습. 전 세계에 흩어져 있는 한국인 디아스포라도 조국과 한국 민족의 평화와 번영을 위하여 기도하는 자녀로 키워야 한다.

통곡의 벽은 유대인이 기도할 수 있는 가장 거룩한 장소다(the holiest site where Jews can pray). 트럼프는 통곡의 벽을 방문한 미국 최초의 대통령이다.

통곡의 벽에서 기도하는 트럼프와 딸 이방카와 유대인 사위 큐쉬너 (2017년 5월 23일). 이방카는 여성 전용 기도처에서 따로 기도하고 있다.

재미 한국인이 어떻게 살아야 할지에 대한 지침이기도 하다. 즉 미국 동포는 한국 민족의 정체성도 지키는 한편, 미국의 대통령과 미국의 번영을 위해서도 기도하고 공헌해야 할 책임이 있다. 미국은 내가 선택한 나와 나의 후손들이 살 땅이기 때문이다.

C. 유대인 공동체를 떠났던 스필버그 영화감독이 돌아온 이유

유대인은 어떻게 애국심과 단결력이 강한가? 그 이유는 여러 가지가 있겠지만, 가장 강력한 이유는 유대인이 선천적으로 이집트인보다 우수해서가 아니라 그들에겐 특별한 고난의 역사교육이 있었기 때문이다.

'역사적인 유대인 100인'(Michael Shapiro, 1995)에 95번째로 꼽힌 유대계 미국인 영화감독 스필버그도 일찍이 유대인 커뮤니티를 떠났던 사람이다. 어릴 때 유대인이라는 이유로 주위의 조롱을 많이 받았기 때문이다.

그런데 그가 어떻게 정통파 유대인 커뮤니티로 다시 돌아왔는가? 그는 언제 어떻게 유대인의 정체성을 다시 찾게 되었을까? 그가 'E.T.'나 '쥬라기 공원'을 만들었을 때가 아니라, 유대인의 대학살에 관한 영화 '쉰들러스 리스트'(Schindler's List, 1993)를 만들 때였다. 전자보다 후자가 훨씬 더 강한 수직문화였기 때문이다.

그는 처음으로 조상들의 참혹한 고난의 역사 현장을 접했다. 그는 그 영화를 만드는 동안 웃음을 잃은 채 계속 심각한 표정을 지었다고 한다.

스필버그(상)가 만든 나치시대의 유대인의 고난의 역사 영화 쉰들러스 리스트의 한 장면(하). 그는 이 영화를 만들며 유대인이라는 정체성을 찾았고, 그의 인생 철학이 바뀌었다. 고난의 역사교육의 힘이다.

 그리고 그 영화를 만드는 동안 비로소 자신이 유대인이라는 정체성을 확인했다. 또한 잃어버렸던 유대주의에 관해 다시 공부하기 시작했다. 삶에 대한 철학이 완전히 바뀌었다. 삶의 의욕이 넘치며 유대 민족을 위하여 살기로 결심했다. 새로운 역사의식을 갖기 시작했기 때문이다.

스필버그는 쉰들러스 리스트를 만든 후 이렇게 말했다.

"하나님이 나를 태어나게 하신 이유를 깨달았다. 바로 이 영화를 만들게 하기 위함이다." 그리고 이렇게 말을 이었다. "다른 영화가 아닌 이 영화를 통해 내가 영화인 최고의 상을 받게 되어 감사하다." (SBS스페셜, 젖과 꿀 흐르는 땅, 유대인의 미국, 2005년 9월 26일)

그는 자기 민족의 고난의 역사교육을 통하여 동족을 사랑하는 동족애를 가지게 되었다. 그리고 그는 현재 웨스트 LA 근교에 있는 미국의 정통파 유대인 회당에 나가 유대인의 율법을 지키며 살고 있다.

땅의 크기에서 밀린다면, 생각의 크기로 맞서야 한다. 생각의 크기에도 밀린다면 사랑의 힘으로 물리쳐야 한다. 자신을 사랑하던 나라를 사랑(애국심)하면 힘이 강해진다(최규상, 365일 유머 넘치는 긍정력 사전, 2010). 유대인은 자신과 가족과 나라와 민족을 사랑하는 애국심으로 자신과 가족은 물론 이스라엘을 지킨다.

스필버그가 변한 때는 'E.T.'를 만들 때가 아니라,
'쉰들러스 리스트'를 만들 때였다.
그는 그 영화를 만드는 동안
계속 심각한 표정을 지었다고 한다.

땅의 크기에서 밀린다면,
생각의 크기로 맞서야 한다.

5. 유대인 애국심의 파워

A. 6일 전쟁에서 승리한 이스라엘의 파워

1) 6일 전쟁의 시작과 끝

"조국을 지키며 조국의 언덕에서 죽는 것이 두렵지 않다. 우리는 다시 히틀러나 스탈린 같은 마수에 걸려죽지 않을 것이다."

유대인이 격언처럼 하는 말이다. 유대인은 아랍 14개국의 살의(殺意) 속에서도 당당히 사막에 수로를 만들고 잡초를 길러 모래땅을 굳히며 오린지와 올리브를 심어나갔다. 이 나라가 바로 아직도 분쟁이 가시지 않은 중동의 화약고 이스라엘이다. 그 이스라엘을 축출하기 위한 아랍 연합국들의 총공격이 1940년 중반에서 1960년대까지 4차에 걸쳐 있었지만, 유대인은 네 번의 중동전쟁을 모두 승리로 이끌었던 저력이 있다(전북도민일보, *고어의 유대인 선택*, 2000년 8월 10일).

그 중 하나를 예로 들어보자. 1967년 6월 5일 이집트 및 주변 아랍 연합국과 이스라엘 사이에 6일 전쟁이 있었다(Ben-Sasson, 1976, pp. 1082-1088). 이 전쟁은 당시 엄청난 수의 아랍 연합인 1억 5천만 명이 불과 전체 인구 250만 명의 작은 이스라엘을 안식일에 기습적으로 침공한 전쟁이다(Solomon, 2005, p. 26).

아랍의 연합 군대는 병력만 해도 12만의 정규군에 소련제 미사일과 로켓트로 무장하고, 탱크만 해도 9000대 이상이었다. 고성능으로 무장한 제트기가 800대요, 경제적으로도 연합 국가들의 적극적인 지원을 받았다. 이에 비해서 이스라엘의 군사력은 1만 명의 정규군에 350대의 전투기가 고작이었다(http://cafe.daum.net/

bethel114/8mHV).

당시 아랍권 연합군의 대표 통수권자인 이집트의 나세르 대통령은 1967년 5월 30일 기자회견을 자청했다. 그리고 이렇게 말했다. "이스라엘은 독안에 든 쥐요, 삽으로 떠서 지중해 깊은 곳에 던져버리겠다."(교회연합신문, *전쟁은 하나님에게 달렸다*, 2006년 8월 24일). 지도상에서 이스라엘의 영토가 조그만 점에 불과했으니 그럴 만도 했다. 세계 각국의 지도자들이 모두 경악했다.

> "이스라엘은 1948년에 가까스로 독립을 하더니 급기야 19년 만에 역사 속에서 영원히 없어지는구나!"

그러나 기적이 일어났다. 전쟁은 불과 6일 만에 이스라엘의 승리로 끝이 났다. 이집트의 나세르 대통령이 이스라엘의 숨통인 아카바만을 일방적으로 봉쇄하고 이집트의 정예군대를 이스라엘 국경으로 이동하자, 이스라엘은 단숨에 제공권을 장악하고 이집트의 선제공격에 대항했다.

6월 5일 하루의 전쟁에서 이스라엘의 공군은 출격 4시간 만에 아랍 측 비행기 400대, 군사 요충지 25개소를 격파한 반면, 이스라엘의 피해는 비행기 19대의 손실뿐이었다. 6일 전쟁에서 이스라엘은 시나이반도 전체를 점령했다. 북쪽으로는 시리아 골란고원 일대를 모조리 점령했으며, 요단강 서안(사마리아 지역)일대를 완전히 점령했다. 이스라엘은 6일 전쟁을 승리로 인해 이스라엘 영토는 20,700㎢에서 68,000㎢로 확장되었다. 약 3.23배의 영토가 늘어난 것이다. 반면 이집트의 피해는 소련에서 얻어 온 20억불의 군사장비가 대부

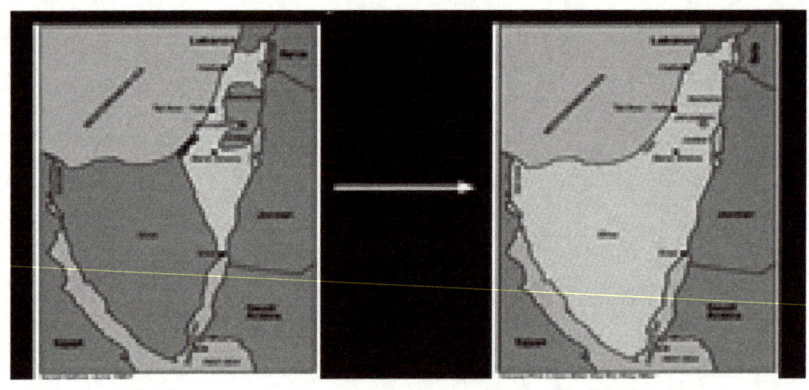

6일 전쟁 이전(좌)과 이후(우)의 이스라엘의 영토 변화. 3배가 커졌다.

분 파괴되었으며, 시나이 반도에 버려진 차량만도 1만 대가 넘었다 (복음신문, 강대국이 될 이스라엘, 2000년 3월 27일; 교회연합신문, 전쟁은 하나님에게 달렸다, 2006년 8월 24일).

**당시 이집트의 나세르 대통령은 이렇게 말했다.
"이스라엘을 삽으로 떠서 지중해 깊은 곳에 던져버리겠다."**

2) 전쟁 시 유대인 학생과 아랍 학생의 차이

이스라엘이 승리한 이유는 무엇인가? 유대 민족의 단결을 촉진하는 애국심과 애족심이다. 당시 전쟁이 터지자 이변이 생겼다. 미국의 각 대학 기숙사에서는 유대인 학생과 아랍 학생들이 동시에 사라졌다. 그 이유는 유대인은 전쟁이 났다는 소식을 듣고 참전하기 위하여 이스라엘로 떠났고, 아랍인은 전쟁을 위한 징집을 피하기 위하여 다른 곳에 숨었기 때문이었다.

당시 뉴욕 케네디 공항에서도 묘한 장면을 볼 수 있었다. 전쟁에 나가기 위해 학업을 팽개치고 짐을 꾸려 이스라엘로 향하는 유대인 학생들과 전쟁을 피해 이집트를 떠나 미국에 막 도착한 이집트 부호 자녀들이 뒤섞여 있었기 때문이다.

유대인 학생들은 아무리 시험 중이라 하여도, 또 교수가 말려도 기숙사에서 짐을 꾸려 이스라엘 텔아비브 공항으로 날아갔다. 대학 교수가 유대인 학생에게 물었다. "너희 몇 명이서 이스라엘에 간다고 별 도움이 되겠는가?" 유대인 학생들은 이렇게 대답했다.

> "지금 내 조국에서는 나의 동족이 피를 흘리고 있습니다. 먼 훗날 내 자식이 아버지는 우리의 동족이 피를 흘리고 있을 때 어디에 계셨느냐고 묻는다면 나도 그 피 흘리는 그 현장에 있었노라고 대답해야 합니다."

전 세계 유대인이 조국을 지키기 위해 이렇게 이스라엘의 전쟁터로 속속 몰려들었다. 저자가 2000년 8월에 미국 시애틀에서 교육집회를 인도했을 당시 정통파 유대인이 경영하는 통조림 회사에서 20년간 일했던 한국인 동포를 만났다.

그에 의하면, 6일 전쟁이 터졌다는 소식을 듣고 그 회사는 자사에서 생산되는 모든 제품을 시중에 판매하는 것을 중지하고 생산 전량을 이스라엘로 보냈다고 한다. 그리고 세계 각지의 유대인들이 수많은 전쟁 자금을 보냈다.

〈저자 주: 전 세계 유대인은 평상시에도 매주일 안식일에 이스라엘 국가 기금을 위해 헌금한다. 이것은 전 세계에 흩어진 유대인들이 고국 이스라엘을 위한 애국심을 고취시키는데 매우 좋은 교육 방법이다〉

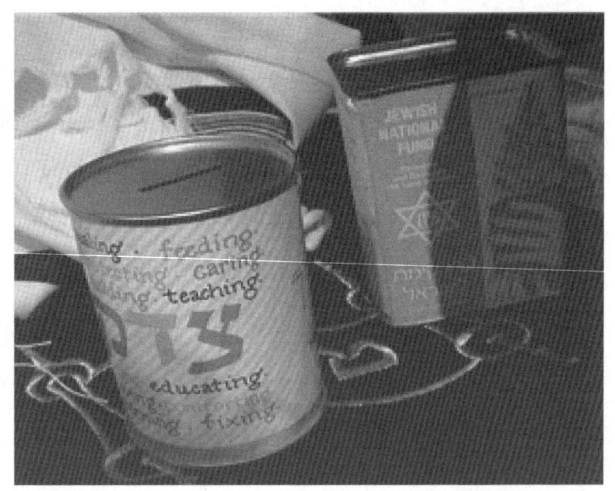

전 세계 유대인은 평상시에도 매주 안식일에 이스라엘 국가 기금을 헌금한다. 전 세계에 흩어진 유대인들이 고국 이스라엘을 위한 애국심을 고취시키는데 매우 좋은 교육 방법이다. 사진은 안식일에 자녀들이 이스라엘을 위한 헌금을 넣는 쩨다카 박스(우). 'JEWISH NATIONAL FUND'란 글씨와 다윗의 별이 보인다. 왼쪽은 구제를 위한 쩨다카 박스(좌)다.

　미국·캐나다에만 유대 단체가 3500개 있다(김광일, *미국의 이스라엘 로비 힘*, 조선일보, 2012년 3월 6일). 거의 하나같이 이스라엘을 도와주고 유대인의 인권을 돕는 단체들이다. 그들은 자녀들에게 이렇게 가르친다.

　자신이 불의를 보면 일어나야 한다. 일어나지 않으면 누구도 자기를 도와주지 않는다. 일어나 항의하고 투표하고 데모해야 한다. 그 결과 미국 내 유대인 인구 비율은 2.5%에 불과하지만 이들의 투표율은 보통 80%로 미국 내 평균 투표율 50%보다 훨씬 높아 유권자들 중 유대인이 차지하는 실제 비율은 4%가량에 달한다(연합뉴스, '미대선 유대인 변수 결정적', 2000년 7월 7일).

**미국의 각 대학 기숙사에서는
유대인 학생과 아랍 학생들이 동시에 사라졌다.
그 이유는?**

랍비 강의

6일 전쟁 시 아랍 연합군대와
이스라엘의 군사력 비교

* 아랍 연합군대 군사력

1) 이집트군: 가자 지구에 8만 명의 육군 배치, 소련제 미사일과 로켓, 9,000대의 탱크, 800대의 고성능 제트전투기, 유류가 90% 공급되는 엘라드 항 봉쇄

2) 시리아: 35,000군대 파견, 이스라엘 침공 적극 지원

3) 이란: 5,000명의 군대 병력, 탱크를 지원

4) 기타 중동 국가들: 직, 간접으로 군사비용 적극 지원

합계: 병력 12만의 정규군, 소련제 미사일과 로켓, 탱크 9,000대 이상, 전투기 고성능 800대, 연합 국가들의 경제적 군사비 적극 지원

* 이스라엘 군사력: 1만 명의 정규군, 350대의 전투기 뿐
(출처: http://cafe.daum.net/gsseongdo/EEq/918?q)

질문: 아랍 연합군대와 이스라엘의 군사력이 이렇게 차이가 나는데도 이스라엘이 6일 만에 이긴 비밀은 무엇인가?

B. 한국인도 유대인 디아스포라의 파워를 본받자: 미국 유대인의 파워

이스라엘이 그처럼 강한 파워를 가지게 된 원인 중 하나는 유대인 디아스포라의 단결된 파워가 있기 때문이다. 특히 세계의 슈퍼파워를 가진 미국에 거주하는 유대인의 파워는 상상을 초월한다.

유대인은 자금력과 언론의 힘으로 미국의 정치권에 압력을 행사한다. 2000년 엘고어 대통령 후보는 미 민주당 전당대회에서 부통령 후보로 유대인인 조셉 리버먼 상원의원을 선택했다. 대통령 후보가 유대인을 부통령 후보를 지명한 것은 미국 역사상 처음 있는 일이다. 그리고 유대인 커뮤니티에 초청받아 이렇게 연설했다.

"미국은 이스라엘의 건국 선언 후 11분 만에 세계 처음으로 승인한 나라임을 대단히 자랑스럽게 생각한다."

지난 2000년 대선 때의 출구조사에 의하면 유대계의 79%가 엘고어에게 투표했고 단지 19%만이 부시에게 표를 던졌다(프레시언, 부시의 중동평화협상 성공할까, 2003년 6월 4일). 그 결과 득표에서는 고어가 부시를 이겼었다. 그러나 미국의 복잡한 선거 과정에서 부시에게 패배한 것으로 결론이 났었다.

유대계는 막강한 자금력을 이용해 민주당과 공화당의 선거자금 중 각각 40~60%, 20~40%를 조달하는 것으로 알려져 있다. 존 미어샤이머 시카고대 교수와 스티븐 월튼 하버드대 교수는 공동 집필한 '이스라엘 로비'에서 미국의 친이스라엘 정책을 AIPAC(American

Israel Public Affairs Committee, 미국이스라엘공공정책위원회)의 로비에서 그 이유를 찾고 있다. 미국이 매년 이스라엘에 직접 지원하는 금액은 30억 달러에 달하는데, 이는 미국의 대외 직접지원 예산의 6분의 1이며 이스라엘 국내총생산(GDP)의 2%와 맞먹는다(세계일보, *미국을 쥐락펴락하는 유대인의 힘*, 2011년 3월 24일).

1982년 공화당 하원의원 폴 핀들리는 아라파트 PLO 의장을 만난 뒤 "중동문제 해결에 균형 잡힌 정책이 필요하다"고 했다. 미국의 대외정책이 이스라엘 쪽에 치우쳤다는 비판이었다. 유대인 단체들은 그해 선거에서 핀들리와 경쟁한 민주당 후보에게 후원금을 몰아줬다. 핀들리는 선거에서 져 22년 의정활동을 접었다. 뒷날 핀들리는 "그들이 큰소리친다"는 책을 내 자기가 어떻게 유대 로비에 당했는지 털어놓았다. 공화당 찰스 퍼시, 민주당 조지 맥거번과 얼 힐리아드 의원도 반(反)이스라엘 발언을 했다가 선거에서 쓴잔을 마셨다(김광일, *미국의 이스라엘 로비 힘*, 조선일보, 2012년 3월 6일).

2007년 이원복 교수도 만화 '먼 나라 이웃 나라'에 "재미 한인들은 유대인의 장벽에 번번이 부딪힌다"고 썼다가 혼이 났다. 미국 유대단체가 들고 일어나는 바람에 작가는 "본뜻이 아니다"라고 해명했고 출판사는 책 재고를 폐기했다(상계서).

이 사건은 저자가 개입된 사건이다. 당시 유대인 인권단체는 저자에게 먼저 연락을 해왔다. 이원복 교수의 만화 '먼 나라 이웃 나라'가 반유대적인 인종주의로 썼다는 것이다. 그래서 그 글을 팩스로 받아 읽어본 후 이원복 교수에 대해 설명한 후 그를 변호해주었다. 그리고 그와 소통할 수 있는 방법을 알려주었다. 그 후 일이 잘

유대인은 생존을 위하여 단결한다. 사진은 1909년 봄 세계 각지에 흩어져 살던 유대인들이 잃었던 이스라엘의 영토 텔아비브에 돌아와 유대 국가 결설을 선포하는 모습, 그들이 돌아온 후 사막은 백합이 꽃피기 시작하였다.

풀렸다고 했다.

조그만 한반도에 위치한 대한민국이 생존하는 방법은 무엇인가? 이스라엘처럼 초강대국 미국의 파워를 업어야 한다. 이를 위해서는 한국인도 코리안 디아스포라에게 유대인식 교육을 자손 대대로 시켜야 한다. 예를 들어 110만명(2010년 연방인구센서스의 아메리칸 커뮤니티 서베이)에 달하는 미주 동포들에게 유대인처럼 힘을 기르게 해야 한다. 그리고 그 힘을 이용하여 미국이 대한민국을 돕도록 해야 한다. 힘이 달리면 생존을 위해 큰 힘을 업는 방법을 연구해야 한다. 이것이 약자의 생존의 지혜다.

**조그만 한반도에 위치한
대한민국이 생존하는 방법은 무엇인가?**

토막 상식

이스라엘 앞에선 한없이 약해지는 美 언론
(조선일보, 텔아비브, 박국희 특파원, 2014년 7월 21일)

* 미국 CNN 방송이 이스라엘·팔레스타인 사태를 취재 중인 중동 특파원을 러시아로 전보했다. SNS로 이스라엘 주민을 비난했다는 이유에서였다. N주전 방송 역시 팔레스타인에 우호적인 글을 트위터에 올린 기자를 철수시켰다가, 논란이 일자 하루 만에 번복했다.

이처럼 이스라엘에 약한 미국 언론의 모습은 막강한 유대인 자금력에서 나오는 영향력 때문으로 분석된다. 미국에 사는 유대인은 전체 인구의 2%밖에 되지 않는 600만명에 불과하지만 이들은 사회 곳곳에 주류로 포진해 있다.

언론계만 하더라도 뉴욕타임스, 워싱턴포스트, AP, UPI 등 주요 매체가 유대 자본으로 설립됐고 A주전의 바버라 월터스나 CNN의 래리 킹 같은 유명 언론인도 유대인이다. 이·팔 분쟁에서 미국 주류 여론이 이스라엘에 우호적으로 기우는 것은 당연하다는 평가는 이 때문이다.

랍비 강의

어떤 인구 비율

너희 다섯이 백을 쫓고 너희 백이 만을 쫓으리니 너희 대적들이 너희 앞에서 칼에 엎드러질 것이며… (레 26:8)

이것은 실화다. 나는 언젠가 어떤 장군을 만났다. 이 장군은 2차 대전 중 그리고 전후에도 팔레스타인에 파견되어 있었다. 나는 1948년에 일어난 이스라엘과 아랍제국과의 싸움에 대하여 어떤 결말이 날 것인가에 관해서 그 장군에게 물어보았다.

그러자 그는 "예루살렘의 지사(知事)나 나나 똑같은 질문을 받았다는 것은 매우 흥미 있는 일입니다"라고 하면서 다음과 같은 이야기를 들려주었다.

그 장군은 아랍권 나라들에서 살고 있는 아랍인과 유대인과의 인구 비율은 아랍인 40명에 대하여 유대인이 1명이다. 즉 아랍인 인구는 유대인 인구의 40배가 된다고 했다.

그러자 예루살렘의 지사는 그것은 거짓말이라고 했다. 지사의 말로는 인구 비율로는 유대인이 아랍인보다 백배나 많지 않느냐고 했다. 그리고 그는 다음과 같이 말했다.

"전쟁이라는 것은 절대로 인구 비율로 따질 것이 못됩니다. 왜냐하면 조국을 위해서 죽으려는 아랍인이 한 사람인데 비하여 유대인은 조국을 위해서 죽으려는 사람이 수 십 명이나 있습니다. 이런 정열이 있으니 유대인은 반드시 전쟁에서 승리할 것입니다."

출처: Tokayer, 탈무드 2: 탈무드와 모세오경, 2007, 쉐마, pp. 237-238.

C. 핵무기보다 강한 유대인의 애국심과 단결력

이스라엘이 1967년 아랍권의 13개국과 전쟁을 선포했다. 당시 이스라엘 국방장관이었던 다얀 장군은 이런 성명을 발표했다.

"지금 이스라엘 군대는 막강한 최신 무기로 무장을 완료했다. 이 최신 무기는 이스라엘 전국에 긴급 배치된 바, 아랍연합국을 몇 시간 내에 물리치게 될 것이다."

수많은 국가정보기관이 이 신무기의 정체를 파악하려 애썼지만, 찾아낼 수 없는 가운데 이스라엘은 엿새 만에 전쟁을 승리로 이끌었다. 그리고 다얀 국방장관이 전쟁 종료 성명을 발표했다.

"우리는 단 세 시간 만에 승리를 확신했다. 그것은 최신 무기인 '불타는 애국심' 덕분이었다. 이 애국심을 활용해 우리는 단시일에 적군을 물리쳤다."

출처: 최규상, 황규진 부부의 '365일 유머 넘치는 긍정력 사전'(2010) 중에서

유대인의 애국심은 3대가 함께 하는 단결력으로 이어진다. 유대인의 단결을 가르치는 성경 말씀은 이것이다.

오늘날 너희 곧 너희 두령과 너희 지파와 너희 장로들과 너희 유사와 이스라엘 모든 남자와 너희 유아들과 너희 아내와 및

> 네 진중에 있는 객과 무릇 너를 위하여 나무를 패는 자로부터 물 긷는 자까지 다 너희 하나님 여호와 앞에 선 것은, 너의 하나님 여호와의 언약에 참예하며, 또 너의 하나님 여호와께서 오늘날 네게 향하여 하시는 맹세에 참예하여…. (신 29:10-12)

이 말씀에는 전체 공동체의 3세대뿐만 아니라, 모든 객과 함께 일하는 일꾼까지 하나님이 하시는 말씀에 맹세하도록 지시하는 것이다. 즉 하나님의 일에는 공동체를 이루는 어떤 이도 빠지면 안 된다는 것을 강조하는 것이다. 이것은 세대차이 없이 신본주의 사상을 다음 세대에 전수하게 하는 하나님의 교육 방법이기도 하다.

뿐만 아니라 이것은 그들의 단결하는 힘을 모으게 하는 일이기도 하다. 작은 나뭇가지라도 하나일 때는 쉽게 부러지지만 백 개의 나뭇가지를 꺾으려면 좀처럼 꺾기 힘든 법이다. 이것은 단결을 강조하는 혁명적인 방법이며 동시에 개인적인 책임을 가르쳐주는 일이기도 하다.

출처: Tokayer, 『탈무드 2: 탈무드와 모세오경』, 2007, 쉐마, p. 286

**유대인의 애국심은
3대가 함께하는 단결력으로 이어진다.
그런데 한국은 왜 각 세대가 분열하는가?**

6. 한국인의 고난의 역사박물관 교육에 적용
A. 용산 6.25 전쟁 전쟁기념관의 예

한국인에게도 6.25사변(1950-1953)이라는 동족끼리 싸워 피가 진동했던 전쟁이 있었다. 1993년 봄에는 한국 각계에서 "6.25 기념관을 지어야 되느냐, 지을 필요가 없느냐"는 논제로 논란이 분분했다.

당시 짓지 말자는 쪽의 의견은 두 가지 이유를 들었다.
첫째, 현재 남북이 화해 무드에 있는데, 구태여 6.25기념관을 지어 북을 자극할 필요가 있느냐? 둘째, 6.25기념관을 지으려면 엄청난 비용이 드는데 차라리 그 돈을 가난한 원호 대상자들에게 나눠 주자는 것이었다(한국일보, 1993년 6월 22일).
이런 경우 유대인 같으면 어떻게 할까? 그들은 분명히 지을 것이다. 그 이유는 북한을 미워하기 위해서가 아니라 잘못된 이데오르기 공산주의에 의한 동족상잔이라는 비극의 전쟁이 다시는 한반도에 있어서는 안 된다는 것을 자녀들에게 가르쳐 주기 위해서일 것이다. 그리고 평화를 누릴 때 힘을 키우지 않고 비생산적인 정치적 논쟁만 일삼았던, 안일했던 과거를 뉘우치기 위해서일 것이다.

우리도 유대인처럼 자녀들에게 고난의 역사를 가르치고 평화를 누릴 때 힘을 길러 유사시, 즉 북한 공산당의 공격을 받는 불행한 사태에 대비해야 한다. 이것이 바로 유비무환의 힘이다.
실제로 6.25 전쟁은 제2차 세계대전 이후 가장 치열했던 세계적인 전쟁이었다. 3년여 동안 세계 16개국의 유엔군이 참전했다. 한국인만 3백만 명이 죽었고, 중공군은 약 1백만 명이 죽은 전쟁이다(한국일보, 1993년 6월 25일). 미국에서조차도 잊혀져서는 안 된다고 하여 워싱턴 D.C.에 한국전 기념관을 짓는 이 때(1995년 6월 25일)에 한국에서 6.25 전쟁을 잊어버리면 되겠는가!

"아아, 잊으랴. 어찌 우리 그 날을…"

여기에서 우리는 또한 이것을 기억해야 한다. 아무리 정의를 세우려고 해도 힘이 없으면 세우지 못한다. 따라서 우리는 유대인처럼 정의를 세우기 위해서라도 평상시에 힘을 키워야 한다. 그렇다고 힘을 많이 가졌다고 정의를 세우는 것은 아니다.

정의가 무엇인지를 율법을 공부하여 선과 악을 구분할 수 있어야 한다. 만약 정의가 없는 힘의 남용은 결국 폭력으로 변하여 많은 사람들을 다치게 할 수 있기 때문이다. 따라서 "힘을 수반하지 못한 정의는 무기력하고, 정의를 수반하지 못한 힘은 폭력일 뿐이다"

〈김종필, 김종필 회고록 소이부답, 중앙일보, 2015년 6월 5일〉.

요약하면 힘없는 정의는 무기력하여 무용지물이 되고, 정의 없는 힘은 폭력이 될 수밖에 없다.

"힘없는 정의는 무기력하고, 정의 없는 힘은 폭력이다"
- 전 김종필 총리 -

B. 워싱턴 한국전 참전용사 기념비의 예

한국전 미군 사망자 5만 4천명,
자유 수호 위해 목숨 버린 전사자들 기념하는 곳

미국의 수도 워싱턴 DC는 백악관과 국회의사당 등 국가적 상징물은 물론 유명한 사건들을 칭송하는 기념비와 기념관의 본고장이다. 연중 내내 세계인이 끊임없이 찾는 관광명소다. 특히 워싱턴 D.C. National Park에 워싱턴 기념비(Washington Monument)가 반사되는 큰 연못인 리플렉팅 풀(Reflecting Pool) 맞은편에 링컨 대통령 기념관이 있고 그 주변에 기념비들이 많이 있다.

바로 그 앞에 두 전쟁 기념비가 있다. 북쪽에는 베트남전 참전 용사비가 있고 남쪽에 '한국 전쟁 참전 용사 기념비'(Korean War Veterans Memorial)가 있다. 자유를 지키기 위해 한국 전쟁에 참전했다가 목숨을 잃은 미군 병사들을 추모하기 위해 세워졌다.

저자는 워싱턴 지역에서 집회를 마치고 궂은비가 오는데 그 교회 목사님과 그곳을 방문했다. 한국인으로서 우리를 위해 목숨을 바친 그들에게 꽃이라도 헌화하고 싶은 생각이 들었다. 너무나 고맙기 때문이다. 날씨 때문인지 더욱 우울한 중압감이 엄습했다.

한국 참전 용사 기념비는 1986년 10월 미 의회의 승인을 받고 1993년 11월 기공식이 열려 1995년 7월 27일 한국정전협정 42주년을 맞이한 날, 클린턴 전 대통령과 김영삼 전 대통령이 참석한 가운데 이 기념비가 제막되었다.

200평 남짓한 삼각형 땅에 19명의 병사들이 완전무장하고 우비(판초)를 입고 행진하는 모습이다. Gaylord와 Nelson 두 명의 유명한 조각가가 원래는 38명의 모습을 세우려고 계획했지만 절반인 19명으로 줄이고 바로 옆에 투명한 대리석 거울을 세워 반사함으로 38명으로 보이게 했다. '38'이란 숫자는 3.8선을 의미하고, 미군 편제의 1개소대원 숫자이며, 나아가 38개월 계속된 한국 전쟁을 의미한다고 했다.

그 옆의 화강암 벽에는 이렇게 쓰여 있다.

"Our nation honors Her sons and daughters who answered the call to defend a country they never knew, and A people they never met."
"우리의 조국은 그들이 전혀 알지도 못하는 나라와 한 번도 본적이 없는 사람들을 지키기 위한 부름에 응한 아들과 딸들에게 경의를 표한다."

까만 대리석 벽으로 된 'UN Wall'에는 병사들을 보낸 참전국들과 의료 및 다른 물자를 지원한 지원국 22개국의 이름도 새겨져 있다. 오스트랄리아, 벨지움, 캐나다, 컬럼비아, 덴마크, 에티오피아, 프랑스, 그리스, 인도, 이탈리아, 룩셈브룩크, 네델란드, 뉴질란드, 노르웨이, 필리핀, 남한(Republic of Korea), 남아프리카, 스웨덴, 태국, 터키, 영국, 미국 등이다. 참전 용사들의 인종적 다양성도 표시하기 위해 흑인도 있고 백인도 있다.

이 기념비의 디자인 주제는 "Freedom is not Free" 즉 "자유는 공짜가 아니다"이다. 이 주제와 함께 조각 작품을 전시하고 있다. 그 의미는 한국 전쟁으로 미국이 지불한 희생은 전 미국 가정 중 절반에 영향을 미쳤다는 것이다.

당시 150만 명의 미군이 참전하여 전사자 54,246명, 부상자 103,284명, 행방불명 8,177명, 납치 7,140명 등으로 미국 국민들의 부모 형제 친척들이 한국 전쟁의 아픔을 함께 나누었던 것이다.

〈단 국가 보훈처 통계는 미군 1,789,000 참전하고 36,940 전사/사망으로 되어 있다. 출처: http://mpva.tistory.com/1128〉.

2006년 이라크 전쟁에서 3,000여명의 미군 병사가 희생됐는데도, 미국 국민들이 분노하여 공화당(부시 대통령)을 지지하던 국민들이 민주당에 표를 던지어 민주당이 상·하원을 모두 장악하게 했다.

이에 비하면 한국전에 희생된 병사는 이라크 전쟁에 희생된 병사보다 무려 18배나 되는 엄청난 희생이다. 그만큼 미국과 한국의 관계는 혈맹중의 혈맹이다.

미군은 왜 죽어야만 했는가? 한국의 자유 민주주의를 지켜주기 위함이었다. 뿐만이 아니다. 당시 미국인들이 한국 국민들에게 보내준 옷이나 빵 그리고 분유 등 일상 용품을 먹지 않은 사람들은 거의 한 사람도 없을 정도다. 그만큼 그들에게 신세를 많이 졌다.

그들이 아니었다면 오늘날과 같은 '나'도 '대한민국'이란 국가도 있을 수 없다. 그런데도 그 고마움을 모르고 '북침'이니 '내전'이니 하면서 '민족'과 '통일'이란 단어를 남용하면서 맥아더 동상을 훼손하고자 하는 무리들을 보면 너무나 어이가 없다. 우리 1세대가 2세 교육을 잘못시킨 탓이다. 고난의 역사공부를 안 시켰기 때문이다.

현재 한국의 교육부는 전쟁을 모르는 젊은이들에게 반미를 외치도록 교육시키기 위해 한국의 초등학교 학생들을 북한과 금강산에 관광을 보낸다고 한다. 그러면서 민족의 화해와 통일을 막는 세력으로 미국을 꼽고 있다. 너무나 어이가 없다.

미국도 6.25전쟁을 결코 잊지 않고 기억한다. 사진은 워싱턴 DC에 있는 한국전 참전용사 기념 조형물

나라와 민족을 위해 더 열심히 기도할 때다. 한국의 어린이들을 오히려 미국 워싱턴에 데려와 고난의 역사를 체험하게 하고 경건하게 무릎을 꿇고 미국 국민에 감사하게 하는 기도를 드리도록 해야 한다. 사대주의 사상에 젖게 하기 위함이 아니라, 예의와 염치를 아는 민족성을 회복시키기 위함이다. 그리고 한국 목회자들도 미국에 가면 성장하는 교회만 견학하고 오지 말고, 한국전쟁 기념비도 견학하고 와서 교인들에게 고난의 역사를 가르쳤으면 좋겠다.

〈통계와 사진 자료는 http://www.nps.gov/kwvm/home.htm 참조〉

"Freedom is not Free"
"자유는 공짜가 아니다"

C. 전몰장병을 위한 빈 의자

〈저자 주: 이 글은 SNS(영, 카카오톡, 2018년 5월 29일)에 나온 글을 옮긴 것이다.〉

어제는 미국의 메모리얼 데이(Memorial Day, 미국 현충일)이었습니다. 워싱턴 DC의 알링턴 국립묘지에서는 미국 대통령이 헌화를 하는 엄숙한 행사가 있었습니다. 어제 CNN 뉴스를 보다가 가슴 뭉클한 사진 한 장을 보았습니다. 잠시 그 사진에 관한 이야기를 나눌까 합니다.

애틀란타의 메이저리그 야구팀인 브레이브스 구장에서 찍은 사진이었습니다. 어제 메모리얼 데이에 애틀란타에는 비가 내렸나봅니다. 야구장에 있는 돌아오지 못한 장병을 위한 빈 의자〈Empty seat for POW-MIA〉 옆에 ROTC의 정복을 입은 한 흑인 학생이 부동자세로 서 있었습니다.

그 옆에는 야구 구경을 온 관중인 한 백인 중년 남성이 우산을 펴서 그 고등학생 머리 위에 씌워주고 있는 사진이었습니다. 자신은 비를 맞으면서 정복을 입은 ROTC 학생이 젖지 않도록 우산을 펴들고 있었습니다. 이 사진 한 장이 내재적인 미국의 힘을 단적으로 보여주고 있다고 생각합니다.

미국의 대부분의 운동 경기장에는 빈 의자를 하나 남겨두고 거기에 돌아오지 못한 장병을 위한 의자라고 팻말을 붙여놓았습니다. 영어로 〈Empty seat for POW-MIA〉라고 합니다. POW는 전쟁포로(Prisoner of War)의

약자이고, MIA(Missing in Action)는 전장에서 실종된 장병의 약자입니다.

미국인들은 나라를 위하여 싸우다 전사한 장병뿐만 아니라 전쟁포로와 실종된 군인들까지 잊지 않고 챙깁니다. 그들의 국가를 위한 봉사를 잊지 말자고 사람들이 가장 많이 모이는 경기장의 가장 잘 보이는 곳에 빈 의자를 마련하여 놓습니다. "돌아와서 이 자리에 앉으세요"하는 경외심을 표현하는 것이지요.

메모리얼 데이에 애틀란타 브레이브즈 구장에 있는 그 돌아오지 못한 병사의 빈 의자를 찾아와 선배(?) 병사에게 경의를 표하는 그 ROTC 학생의 경건한 모습이 많은 사람들에게 감동을 주었습니다. 그리고 민간인인 중년 남성이 ROTC 군인에게 우산을 받쳐주는 이 모습은 흑인이나 백인이나 군인이나 민간인이나 나라를 위한 마음은 한결같다는 것을 웅변으로 말해주었습니다.

미국에 살다보니 자기 집에 국기를 항상 게양하고 있는 사람들이 많은 것을 발견합니다. 그리고 검은색의 POW-MIA 깃발을 게양하고 있는 집들도 심심찮게 발견합니다.

공항에서 탑승할 때, 임신부와 장애인 그리고 군인을 제일 먼저 탑승시킵니다. 나라를 지키는 군인을 존경하는 미국인의 모습과 군인이 무시당하는 한국의 모습이 겹쳐 떠오르는 착잡함을 느낍니다.

미군들의 희생으로 말미암아 대한민국이 자유를 지킬 수 있었는데 지금은 그들의 희생과 헌신을 모두 잊어가고 있습니다. 아니 이제는 미군 철수를 공개적으로 말하고 있습니다. 천안함 폭침과 연평해전에서 전사한 군인들이 수학여행 중 해난사고로 죽은 사람들보다 천대를 받고 있습니다.

　미국 사람들은 돌아오지 못한 병사들도 기억하면서 사람들이 많이 모이는 공공장소에 그들을 위한 자리를 마련하여 놓고 어린 학생들에게 그들의 헌신과 희생 때문에 이 나라가 보전되고 있다고 가르칩니다.

　자유민주주의 대한민국이 언제까지 유지될까 적이 염려되는 때에 현충일을 맞이하는 마음은 착잡하기만 합니다.

돌아오지 못한 장병을 위한 빈 의자 옆에 부동자세로 서 있는 ROTC의 정복을 입은 한 흑인을 위해 한 백인 중년 남성이 우산을 씌워주고 있는 사진.

미국인은 나라를 위해 전사한 장병, 전쟁포로 및 실종된 군인들까지 잊지 않고 챙긴다. 그들을 잊지 말자고 경기장의 가장 잘 보이는 곳에 빈 의자를 마련하여 놓는다.

II
한국인의 고난의 역사박물관 교육의 문제점과 해결방안

1. 고난의 역사박물관 교육, 준비와 결과
A. 준비: 효과적인 한국인의 고난의 역사박물관 교육 방법

한국인도 자녀들에게 일 년에 한 번씩 반복적으로 고난의 역사박물관 견학을 시켜야 한다. 물론 해외 동포 자녀들도 모국 대한민국을 방문해 고난의 역사박물관을 견학하게 해야 한다. 연령은 초등학교 고학년부터가 적당하다. 너무 어리면 참혹한 현장에 심한 충격을 받아 정신 건강에 해로울 수도 있기 때문이다. 그런 면에서 임산부도 피하는 것이 좋다.

한국인의 고난의 역사박물관 교육을 효과적으로 시키기 위해 어떻게 해야 할까? 서대문 형무소 견학을 예로 들어 설명해보자. 먼저 자녀들에게 그곳의 고난의 역사 자료를 찾도록 해야 한다. 그리고 누가, 언제, 어디에서, 왜, 그런 역사를 만들었는지를 설명할 수 있게 해야 한다. 뿐만 아니라 그런 역사가 있기까지의 과정(어떻게)

을 설명할 수 있게 해야 한다.

　유대인은 어려서부터 가정과 학교에서 절기교육을 통하여 자신들의 고난의 역사를 쇠뇌가 되도록 배웠지만, 대부분 한국인 자녀들은 그렇지 못하기 때문에 특별히 자기 스스로 한국인의 고난의 역사를 찾아 배우도록 해야 한다.

　그리고 그것을 이해하는데 미진한 부분들은 그곳 안내원에게 물어보도록 해야 한다. 물어볼 때는 미리 질문들을 되도록 많이 만들도록 해야 한다. 이에 더하여 부모가 그 곳에서 일어난 고난의 역사를 자신의 경험을 바탕으로 실감 있게 더 설명할 뿐만 아니라, 눈물로 함께 기도해야 한다. 그리고 그곳을 방문한 이후에는 자신이 느낀 점을 자세히 적도록 해야 한다.

　견학을 마치고 가정이나 학교에 돌아온 이후에는 서로 토론을 하여 견학의 열매를 맺도록 해야 한다. 열매가 맺을 수 있는 곳은 어디인가? 1) 자신의 변화와 선한 열매를 맺어야 한다. 2) 가정의 변화와 가정에 선한 열매를 맺어야 한다. 3) 자신이 속한 공동체의 변화와 공동체에 선한 열매를 맺어야 한다. 그리고 4) 국가와 민족의 변화와 국가와 민족을 위한 선한 열매를 맺어야 한다. 〈아래 4가지의 변화 참조〉

B. 결과: 한국인 자녀는 유대인처럼
   4가지가 변해야 한다

한국인 2세들이나 디아스포라 동포들이 서대문 형무소 역사박물관을 방문하면, 처음에는 시시덕거리며 철없이 들어갈지도 모른다. 그러나 조상들의 고난의 역사 현장을 보며 그들의 고난에 대한 설명을 듣고 나면 울면서 나올 것이다. 그리고 유대인처럼 다음 4가지를 결심할 것이다.

⟨저자 주: 물론 자녀들의 4가지 결심은 유대인과 같은 철저한 고난의 역사교육을 얼마나 잘 받았느냐에 따라 다소 다른 결과가 나올 수도 있을 것이다.⟩

첫째, 자신이 한국인이라는 민족적 정체성을 찾는다

한국인 자녀들이 고난의 역사박물관을 견학하고 나면 유대인처럼 자신의 정체성을 찾게 해야 한다. 예를 들어 미국 동포 자녀들이 조국의 서대문 형무소라는 고난의 역사박물관을 견학 했을 때 그들은 이렇게 외칠 수 있어야 한다.

"나는 미국에서 태어나 미국인인 줄 알았는데, 아, 나는 한국인이구나. 나는 한국인임을 결코 잊지 않을 것이다!"

그들이 한국인의 정체성을 회복한 이유가 한국에서 삼성전자가 TV를 잘 만들고, 현대자동차가 자동차를 말 만들어서가 아니라, 조상들의 고난 현장을 몸소 체험하면서 조상들의 아픔을 자신들의 아픔으로 체험했기 때문이다.

이럴 때 비로소 자녀는 부모의 아팠던 과거의 고난을 공감하면서 그 동안 부모의 과거를 이해하지 못했기 때문에 발생했던 막혔던 벽도 허물 수 있을 것이다. 그리고 가정이 하나가 될 수 있을 것이다.

만약 그들이 한국이 잘 사는 모습만을 보고 한국인임을 자랑스러워한다면, 그들은 진정한 한국인이 아니다.

〈저자 주: "진정한 한국인은 어떤 사람인가"와 본 주제에 관한 더 자세한 내용은 이어지는 3항 C. '한국 정부가 해외 동포 자녀를 진정한 한국인으로 만들려면' 참조 바람〉

둘째, 한국인 자녀들은 역사의식을 새롭게 갖는다

저자가 조국에 대한 애국심과 반일 감정을 가지게 된 것은 충청북도 보은군 수한면 산골에서 초등학교 6학년 때 보은읍에 단체로 가서 영화 '유관순'을 본 영향이 컸다. 어릴 때의 교육이 한 인간의 미래에 그만큼 큰 영향을 미친다는 것이다. 일평생 잊혀지지 않기 때문이다.

특히 당시에는 저자가 수평문화가 전혀 없었던 시골 촌놈이었기 때문에 그 영화의 내용이 실제 다큐인 줄로 믿었다. 당시 유관순 역을 맡은 배우는 도금봉이었는데, 그가 실제 유관순인줄로 믿었다. 영화배우가 있는지 조차도 몰랐기 때문이다.

뿐만 아니라 저자는 당시 학교 선생님들로부터 왜정시대에 겪었던 일본인의 잔혹함을 수 없이 들으며 자랐다. 그리고 6.25 전쟁의 참화는 몸소 겪었다. 이것들은 저자의 삶의 철학을 새롭게 정립하게 했다. 그리고 한국인으로서의 새로운 역사의식을 갖게 되었다.

한국인 자녀들에게도 이런 고난의 역사 교육이 필요하다. 결코 일본인을 증오하여 원수를 갚기 위함이 아니라, 똑같은 패배의 역사를 되풀이하지 않기 위해서다.

기독교인은 절대로 내 것을 우월하게 여기어 남을 업신여기는 국수주의자여서는 안 된다. 일본도 복음을 전해야 할 우리의 선교지임을 명심해야 한다.

셋째, 한국인 자녀들은 앞으로 한국 민족을 위하여 살 것을 결심할 것이다

고난의 역사박물관을 견학한 이후에는 주기철 목사나 손양원 목사처럼 한국의 평화와 번영을 위하여 기도하기 시작할 것이다.

한국인 자녀들이 왜 열심히 공부해야 하는가? 왜 힘을 길러야 하는가? 우선적으로 한국 민족을 위해서이다. 전 세계에 흩어져 살고 있는 한국인 자녀들이 각자 사는 곳으로 돌아가면서 다짐할 것이다.

미국에 거주하는 한국인 자녀들은 "내가 미국에 돌아가면 한국 민족을 위하여 살리라!" 브라질에 거주하는 한국인 자녀들도 "내가 브라질에 돌아가면 한국 민족을 위하여 살리라!" 러시아에 사는 한국인 자녀들도 "내가 러시아에 돌아가면 한국 민족을 위하여 살리라!"

물론 이런 결심은 하나님의 말씀(렘 29:4-7)을 따라 자신들이 거주하는 나라의 평화와 번영을 위하여 기도하고 공헌해야 한다는 것을 전제로 하는 것이다.

유대인은 투철한 민족 사랑과 나라 사랑 교육을 시킨다. 사진은 이스라엘군이 시간을 내어 통곡의 벽에서 조국의 평화와 번영을 위하여 기도하는 모습 (자료: 이스라엘 정부에서 발행한 엽서 표지)

넷째, 한국인 자녀들은 새로운 강력한 정신적인 힘을 얻게 된다

한국인 자녀들이 기독교 정신으로 삶의 목적이 뚜렷해졌을 때 새로운 삶의 도전을 받는다. 이 삶의 도전은 주님 오실 때까지 자손 대대로 지속된다. 그렇게 될 때 세속의 수평문화에 영향을 받지 않고 그것을 이길 수 있는 힘을 기를 수 있다.

전 세계에 흩어진 한국인이 어디를 가나 이러한 한국 민족의 공동체 사상을 갖게 된다면, 한국의 땅은 작고 인구도 적지만 유대인처럼 엄청난 파워를 가질 수 있을 것이다.

그리고 2세 코리언 디아스포라의 단합된 신앙의 열기는 자기가 사는 지역의 세계 선교 사역으로 연결될 수 있다.

> **생각해 봅시다**

현 교수님이 한국의 일제 만행을 강의하자 유대인 여고생들이 눈물을 글썽이는 모습을 보고 매우 놀랐다

〈김양순 사모, 의정부 전인교회, 2013년 3월 1일〉

이번에 쉐마교육연구원에서 주최한 미국 제3차 유대인 체험학습에 참여했다. 둘째 날은 유대인 랍비의 강의와 유대인의 대학살 박물관 견학을 했다. 그리고 정통파 유대인 중고등학교에서 랍비와 탈무딕 디베이트를 하며 토라를 배우는 학생들의 수업에 참관했다.

유대인은 고난의 역사를 자녀들에게 철저하게 시키는 것을 보고 회개하며 울고 또 울었다. 나는 자녀들에게 고난의 현장보다는 항상 좋은 것만 보이려고 한 내가 잘못했음을 깨달았다.

그리고 정통파 유대인 여고생들에게 현 교수님이 한국의 일제 치하의 고난의 역사를 강의하자 그들이 눈물을 글썽이는 모습을 보고 매우 놀랐다. 그런 이야기를 한국 학생들에게 얘기하면 듣기 싫어하거나 무감각하게 반응하기 때문이었다.

〈저자 주: 그 이유는 무엇인가? 유대인은 자녀들에게 고난의 역사교육을 철저하게 시켰기 때문이고, 한국인은 자녀들에게 시키지 않았기 때문이다. 따라서 전자는 수직문화, 즉 애국심이 투철하지만, 후자는 수평문화에 물들어 조국 대한민국을 '헬 조선'이라고 한다. 고난의 역사교육을 시킨 쪽과 그렇지 못한 쪽은 정반대의 결과를 얻는다.〉

C. 미국 동포 2세의 후기,
'6.25참전용사碑를 본 뒤 정체성 혼란 극복'

미국에서 태어난 재미동포 2세가 한국과 미국 사이에서 느껴왔던 정체성 혼란을 워싱턴의 한국전 참전용사 기념비를 방문한 뒤 극복하게 됐다는 기고문을 워싱턴 포스트 3일자에 실었다.

기고문의 필자는 토머스 김. 그는 자신의 부모가 1950년 6·25전쟁 발발 직후 한국에서 태어나 73년 미국으로 이민 온 부모 사이에서 태어났다고 밝혔다. 다음은 '두 문화가 합쳐지는 곳에서'란 제목의 기고문 요지(강인선, 조선일보, 2005년 7월 5일).

6월 25일은 냉전의 첫 번째 충돌이랄 수 있는 한국전 발발 55주년 기념일이었다. 이날이 나에겐 문화적 역사관을 바꾸게 만든 뜻깊은 날이다. 한국계 미국인으로서, 나는 두 나라의 정치적, 문화적 영향력 아래 이중적 삶을 살아왔다.

나의 부모는 1950년 전쟁 발발 직후 한국에서 태어났다. 그들은 굶주림과 죽음 그리고 살고자 하는 욕망이 뒤엉킨 어린 시절을 보냈다. 나의 부모는 1973년 미국으로 이민 왔다. 뉴욕에서 만난 두 분은 사랑에 빠지고, 결혼했다.

내가 한국의 문화와 언어를 배우기 위해 한국을 찾았을 때, 나는 제대로 한국인 대접을 받은 적이 없었다. 미국에서도 미국인으로 제대로 인정받은 적이 없다. 2000년 6월 한국전 50주년 행사가 워싱턴 한국전 참전 용사 기념비 앞에서 열린다는 걸 듣고, 호기심에 참석해 봤다. 하지만 기념비를 본 순간 내 안에서 일어나는 감정의 물결에 스스로 놀랐다.

19명 군인들의 동상 얼굴을 자세히 들여다봤고, 화강암 벽에 새겨져 있는 글귀를 읽었다. "자유는 공짜로 얻어지는 것이 아니다." 그날 이후, 나는 매년 6월 25일 기념비를 방문, 추모객들 틈에 끼어 앉아 기도를 올렸다. 나도 모르는 사이에 내가 얻은 자유에 대해 감사의 마음을 표시하는 것이기도 했고, 내 안에 있는 두 문화의 정체성을 연결하는 길이기도 했다.

올해 방문은 특별히 더 의미가 있었다. 아내와 갓 태어난 아들을 데리고 갔기 때문이다. 나는 내 아들에게 55년 전 일어난 기막힌 사건을 얘기하고, 어떻게 미국의 병사들이 우리가 오늘 누리고 있는 자유를 위해 희생해 갔는지를 얘기할 것이다.

최근 나는 내 안에 있는 한국인의 정체성과 미국인의 정체성이 하나로 합쳐지는 것을 느꼈다. 다른 사람들이 이미 나의 자유, 그 위대한 가치를 위해 자신들을 희생했다. 바로 그 때문에 나는 매년 6월 이 기념비를 찾는다. 내 감사와 추모의 마음을 전달하기 위해.

**나는 한국 방문 시 제대로
한국인 대접을 받은 적이 없었다.
미국에서도 미국인으로 제대로 인정받은 적이 없다.
그런데…**

2. 한국인 1세가 해야 할 사명

A. 옛 조상의 자료를 모아 향토 박물관을 만들자

한국은 박물관을 사용하여 어떻게 자녀들을 교육해야 하는가? 물론 고난의 역사박물관을 만들어야 한다. 그러나 고난의 역사박물관에 대해서는 이미 앞에서 언급했기 때문에 반복하지 않는다. 이제 근본적으로 우리 민족에게 필요한 역사 자료를 대하는 생활 자세에 대하여 이야기해 보자.

우리는 그 동안 주위에 널려있는 조상들의 삶의 흔적과 지혜가 담겨 있는 자료에 너무 무관심했다. 조상들의 수직문화를 이해하려면 이런 자료들을 공부할 필요가 있다. 이제 우리는 관심을 갖고 그런 자료들을 수집해야 한다. 현재 우리가 귀하게 여기지 않고 하찮게 여기는 자료들이 훗날 모두 박물관 소장품으로써 가치가 있다는 사실을 기억해야 한다.

예를 들면 다듬잇돌, 인두, 화로, 갓, 두부 만드는 맷돌, 베틀, 떡 찧는 절구, 구식 방앗간, 낫, 지게, 망태, 소쿠리, 제기, 새끼줄, 가마니, 삼베 수건, 요강, 담뱃대, 물 깃는 두레 등 수없이 많다. 노랫가락이나 풍물도 마찬가지다. 이것들은 모두 먼 옛날의 것들이 아니라 불과 몇 십 년 전(1970년)에 우리 조상들이 사용하고 즐겼던 것들이다.

이제 우리의 귀중한 것들이 모두 없어지기 전에 지방마다 '내 고장 박물관' 만들기를 서둘러야 한다. 그리고 이것을 2세 교육을 위한 귀한 자료로 사용해야 한다. 내 것을 귀하게 여기는 것은 그만큼 향토적, 민족적 자긍심을 높이는 일이다.

어머니를 사랑한다면 그분에게 돈만 드리면 되는가? 아니다. 어머니의 애정과 정성이 깃든, 즉 어머니가 사용하던 인두나 골무나 다듬잇돌 등도 존중하고 귀하게 여겨야 한다.

그뿐만 아니라 이러한 향토 박물관 유물들을 전 세계 코리안 디아스포라가 사는 곳에 보내어 그 지방에 한국 민속 박물관을 만들어야 한다. 이 길이 1세와 2세 사이의 세대 차이를 좁히는 길이다. 이러한 일들은 먼저 깨달은 교회가 앞장서야 한다.

저자가 1997년 여름 미국 워싱턴 DC에 소재한 스미스소니언 박물관을 아들들과 방문했을 때 깜짝 놀란 일이 있었다. 안내자가 한국관을 성명할 때 한국인 조상들이 사용했던 인두, 소쿠리, 복조리 등이 들어 있는 큰 서랍을 열어보였다.

우리가 옛것이라고 하찮게 여기어 버렸던 것들을 그곳에서 찾았다는 느낌이 들었다. 더 늦기 전에 다시는 이런 우를 범하면 안 된다. 우리의 후손에게 우리 조상들이 사용했던 생활 용품을 자랑스럽게 보여주며 한국인의 정체성을 심어주어야 한다.

물론 각 지방의 향토 박물관에는 그 지방의 고난의 역사와 함께 나라를 위해 헌신한 큰 인물들의 역사도 진열해야 한다. 대음세대에 그 지방의 역사를 알려야 하기 때문이다.

두부를 만들기 위해 콩을 가는 맷돌   머리에 쓰는 두건, 갓 등

짐을 나르는 지게

내 것을 귀하게 여기는 것은
그만큼 향토적, 민족적 자긍심을 높이는 일이다.
어머니를 사랑한다고 돈만 드리면 되는가?
아니다. 왜?

B. 노인들이여, 과거를 기록하라
<노인 하나가 죽으면 도서관 하나가 없어지는 것과 같다>

이와 더불어 현재(2018년 기준) 60세 이상의 한국인은 자신의 인생을 회고하며 글을 써서 후세 자녀들에게 넘겨주어야 한다. 그들은 각자 나름대로 한국 역사의 귀하고 값진 증인들이다. 어떤 이들은 일본군, 중공군, 대만군, 인민군 및 국군 등 5개국 군인의 경력을 갖고 있다. 그분들이 죽고 나면 다시 자료의 빈곤에 시달릴 것이다.

이러한 역사적 증인들에는 마땅히 여성들도 포함된다. 수많은 고난의 어두운 터널들을 통과한 한국 여성들이 너무나 많다. 일본군에 성노예로 끌려갔던 위안부 할머니들이 그 한 예다. 그들의 증언들에서 전쟁의 비참함과 인간의 욕구에 대한 그리고 인간이 얼마나 잔인할 수 있는지를 보여주는 장엄한 서사시들이 얼마든지 나올 수 있다.

한국의 어머니들! 그들은 오늘의 한국을 있게 한 희생과 눈물과 지혜의 상징이다. 얼마 전 인민군 간호 장교 소위 출신 이복순 씨에 관한 소설 〈떨어진 꽃은 다시 줍지 않는다〉(1994)를 읽으며 개인적으로 그분에게 감사하게 생각했다. 6.25 전쟁을 겪은 북한 지도자들이 허울 좋은 구호를 외치며 인권을 유린하는 악인들의 모습을 고발하는 자서전이었다.

특히 현재(2019)도 진행 중인 탈북자들의 증언은 북한의 김일성, 김정일, 김정은 3대에 걸친 히틀러 이상의 희대의 독재의 참상을 잘 묘사하고 있다. 1990년대에 3백만 명의 인민들을 굶어 죽게 했다. 허기를 견디다 못해 중국 남자들에게 인신매매로 팔려가 성노예로 살고 있다. 그 수가 10만이 넘는다고 한다. 정부를 비판하는 말 한 마디로, 그리고 성경책을 가지고 있다는 이유로 영원히 나올 수 없는 지옥보다 더 참혹한 정치범 수용소에 갇혀서 일생 동안 비참한 생활을 하고 있다. 한 독재자의 안위를 위해 그에게 하나님 이상으로 굴종을 강요하는 모습, 생체실험을 비롯한 수많은 인간 생명 경시 현상을 들을 수 있

한국인도 한국인의 고난의 역사를 후세에게 가르칠 교육의 장소와 자료가 필요하다.
사진은 한 유대인이 나치의 핍박에 오열하는 모습. 전쟁의 잔재 위에 앉아 있는 노인의 손에 조그만 피난민 보따리가 보인다.

다. 이것은 나치 수용소 이상이다. 사람을 죽이는 수법이 너무나 다양하고 잔인하기 때문이다.

이러한 개인적 역사의 증인들이 어찌 한둘이랴? 지금도 늦지 않으니 죽기 전에 연필을 들고 생각나는 대로 기록했으면 한다. 후일 노벨상감의 소재가 수두룩한데도 썩혀두니 안타깝기만 하다. 한국인이 왜 노벨 문학상을 못 타는가? 소재가 없어서가 아니다. 소재는 남보다 많은데, 그 소재를 설득력 있게 국제적인 수준으로 승화시키는 깊이 있는 사상과 기술이 부족하기 때문이다.

여기서 말하는 국제적인 수준이란 문학의 구성과 소재를 심오한 사상적 작품으로 승화시키는 방법론을 말한다.

저자가 오래 전 미국의 어느 상류층 가정을 방문한 적이 있다 (1980년). 그 가정의 가장이 응접실 탁자에 놓인 귀한 보물책을 보여주었다. 그 책은 그들의 뿌리에 대한 기록으로 미국 정착 1세대가 처음 유럽에서 미국으로 이민 오는 장면에서부터 시작되었다.

이민 초기에 시골에서 농사짓는 사진과 온 가족이 추수하는 모습, 2세대 자녀들이 학교 다니는 모습, 3대의 화려한 미 주류 사회에서의 활약상 등을 사진과 함께 자세한 설명이 있었다.

그 가정의 보물은 바로 자기 가문의 역사가 담긴 한 권의 책이었다. 그 책을 보면서 나는 무엇을 어떻게 할 것인가를 생각했다. 한국인도 이제는 말만 하지 말고 기록하는 습관을 길러야 한다. 옛것을 후대에게 넘겨주는 것, 이것이 세대 차이를 극복하는 자녀 교육 방법이다.

"노인 하나가 죽으면 도서관 하나가 없어지는 것과 같다"

유대인의 격언이다.

한국 노인들에게 후일 노벨상감의 소재가
수두룩한데도 썩혀두니 안타깝다.

C. <칼럼> 독일·일본, 그리고 유대인과 한국인: 과거사, 왜 독일은 일본보다 더 참회하는가

⟨저자 주: 다음의 글은 중앙일보, 2005년 4월 20일자 시론에 실린 저자의 칼럼이다⟩

[시론] 독일·일본, 그리고 유대인과 한국인
– 과거사, 왜 독일은 일본보다 더 참회하는가 –

현용수 교수 (재미 교육학자, 명지대 객원 교수)

많은 이들이 일본과 미국의 밀월 정치를 염려했다. 미국이 일본의 유엔 안보리 상임이사국 진출에 손을 들어 줄로 예상했다. 그런데 그 반대로 중국과 함께 부정적인 입장을 정리했다. 그 이면에 유대인의 변수가 숨어 있다.

미국의 정책을 다루는 핵심 멤버 중에는 유대인이 끼지 않은 곳이 거의 없다. 과거 클린턴 행정부 시기에는 800여명의 백악관 직원 중에 약 35%가 유대인이었다. 당시 한국인은 3명뿐이었다. 현재 부시 행정부를 움직이는 싱크 탱크격인 네오콘(신보수주의)의 연구원 중 대다수가 유대인이다. 따라서 미국의 대외 외교 정책을 정확히 알려면 유대인의 생각을 아는 게 중요하다.

저자는 유대인 자녀교육 전문가로 유대인 고위층들을 자주 만난다. 그들과 대화를 하다보면 그들이 한국의 정신대 문제나 일본의 역사왜곡 문제도 소상하게 알고 있는데 놀란다. 지금부터 4년 전

2001년 초에 일본이 한국 침략에 대한 역사왜곡 문제도 소상히 알고 있다. 그리고 일본의 우경화에 대하여 노골적으로 비판한다.

세계적으로 잘 알려진 미국 서부의 유대인 인권단체장은 이렇게 단호하게 말했다. "유대인에게 아픔을 주었던 독일의 나치 전범들은 지상에서 죄에 대한 선고를 받고 거의 사라졌거나 살아 있어도 세계 도처에 숨어서 수치스럽게 살아가고 있습니다. 그런데 일본에 갔더니 일본의 세계 제2차 대전의 전범들이 국민들에게 영웅으로 추앙받으면서 호화롭게 사는 것을 보고 놀랐습니다. 어떻게 이런 사회에 정의가 살아있다고 할 수 있습니까?"

유대인은 이를 보고만 있지 않고 시정하기 위하여 움직인다. 유대인의 인권단체들은 4년 전부터 일본의 역사교과서 왜곡을 바로잡기 위하여 일본에 가기도 하고 세계의 여론을 움직이기 위해 그리고 일본에 여러 가지 압력을 행사하기 위해 최선을 다하고 있다. 이번 일본의 안보리 이사회의 진출을 막은 것도 유대인의 영향이 지대함은 물론이다.

독일의 나치 정권하에서 죽어간 사람들은 총 1천 5백만명. 주변국 국민이 9백만명이고 나머지 6백만명이 유대인이다. 그런데도 나치의 만행을 만천하에 알리는 일에 유독 유대인만이 특출한 이유는 무엇인가?

그들은 자녀들에게 고난의 역사를 기억하는 교육을 시키기 때문이다. 첫째는 유대민족의 생존을 위함이고, 둘째는 사회 공의를 세우고, 셋째는 다시는 이런 비극이 세계 역사 속에서 사라지게 하기 위함이다. 유대인을 죽일 계략을 꾸몄던 나치의 비밀 경찰인 게스타포의 아돌프 아히만(Adolf Eichmann)을 15년간이나 추적하여 아르헨티나의 농촌에서 가명으로 숨어사는 것을 1960년에 체포, 이스라엘로 압송하여 사형 선고를 내려 그 죄를 물었다.

그 뿐인가? 수많은 유대인 변호사들이 독일에 배상을 집요하게 요구하여 엄청난 배상을 타내고, 스위스에 숨겨 놓은 조상들의 계좌를 추적하여 후손들에게 돌려주는 일을 하고 있다. 그리고 유럽에 산재해 있는 사형을 위한 집단 수용소의 역사 현장을 그대로 보존하게 하여 세계인들에게 보여주고 있다. 미국에도 20여 군데의 유대인 대학살 박물관을 만들어 놨다. 뿌리가 뽑힐 때까지 집요하게 늘고 물어진다.

일본과 독일은 같은 전범 국가다. 그런데 왜 일본은 자신의 침략을 미화하는데도 독일은 처절하리만치 사죄하는 입장을 취할 수밖에 없는가? 물론 독일인과 일본인의 국민성도 있겠지만, 유대인의 집요한 투쟁이 한 몫을 한다. 투쟁만 갖고 되는가? 힘도 있어야 한다. 그들은 미국의 슈퍼파워를 업고 일한다. 지혜자는 남의 힘을 이용할 수 있어야 한다.

유대인의 대학살 박물관에 가면 안내자가 꼭 묻는 말이 있다.

"어떻게 해야 자유를 얻을 수 있나요?"
정답은 "자유와 평화는 싸워 얻는 것이지 공짜가 아닙니다".
"왜 나치와 같은 악한 사람들이 그렇게 오랫동안 수많은 생명을 앗아갈 수 있었나요?"

정답은 "나를 비롯한 세계인이 잠잠하고 있었기 때문입니다."

그러면 "일본의 터무니없는 역사왜곡 문제에는 어떻게 대응해야 하나요?"라는 질문의 답은 무엇인가? 그 답도 마찬가지다.

첫째, 정의와 평화를 사랑하는 세계인이 함께 일어나 일본의 횡포를 막아야 한다.

둘째, 평화 시에 힘을 키워야 한다. 힘이 없는 정의는 비겁해지거나 오래 가지 못한다. 그만한 힘이 없을 때에는 힘이 있는 국가를 친구로 삼을 줄 아는 지혜가 필요하다.

셋째, 세계인에게 잘 홍보하여 여론화 한다. 유대인이 미국의 주요 언론을 잡고 있는 이유도 바로 그들의 생각을 세계 속에 알리기 위함이다. 언론은 사람들의 생각을 바꾸고 역사를 리드하는 힘이 있다.

넷째, 일본의 만행에 관련된 예술 작품을 만든다. 유대인 예술가들은 끊임없이 나치의 만행을 고발하는 명작들을 만든다. '쉰들러스 리스트'나 '인생은 아름다워' 및 '피아니스트'는 세계적인 명화다.

다섯째, 곳곳에 일본에게 당했던 고난의 역사를 기억시키고 알리기 위해 대학살 박물관을 만들고, 유대인처럼 미국의 대도시에도 일본인의 만행을 고발하는 대학살 박물관을 만들어 그곳에 관광 오는 세계인들에게 보여줘야 한다. 보는 것이 믿는 것이다 (Seeing is believing.).

여섯째, 과거의 역사를 잊는 것이 아니고 과거의 고난의 역사를 기억하여 자녀들에게 가르치며, 끊임없이 그들의 죄상을 파헤치고 전범들을 국제사회가 심판하게 해야 한다.

일곱째, 학자들은 끊임없이 역사를 바로 밝히는 연구를 하고, 변호사들은 일본 정부에 대항하여 전쟁의 피해 보상을 최대한 받아내야 한다. 끝까지 뿌리를 뽑아야 한다.

이것이 일본도 독일처럼 이웃나라들에게 처절하게 사죄하게 할 수 있는 길이다. 이것은 결코 일본에게 원수를 갚기 위해서가 아니라 정의와 자유가 넘치는 세계의 보편적 가치를 지키기 위함이다. 이 또한 진정으로 일본을 사랑하고 그들을 세계 속에서 살리는 길이다.

D. 종북좌파의 좌편향된 역사교과서에 분노한다

〈저자 주: 2018년 현재 대한민국의 교육이 위험에 처해 있다. 종북좌파들이 교육계를 장악하면서 자녀들에게 좌편향된 국가관을 가르치고 있다. 그 결과 대한민국 자녀들의 정체성이 망가져 그들 개인은 물론 대한민국의 미래가 몹시 어둡게 되었다. 이에 대한 실상을 알리기 위해 서지문 교수가 조선일보에 쓴 칼럼 일부를 싣는다.〉

어린 심장에 毒을 붓지 마라

서지문(고려대 명예교수)

〈조선일보, 2018년 3월 13일〉

우리 세대는 초등학교 교과서에서 읽은 목화씨를 붓두껍에 숨겨 들어와서 우리 백성을 헐벗음에서 구한 문익점 선생의 애민 정신, 영산강에 횟가루를 풀어서 왜군에게 우리의 병력을 과대평가하게 한 이순신 장군의 지혜를 일생 마음의 등불 삼아 살아왔다.

좌파들의 소행 중에서 내가 제일 용서하지 못할 것이 교과서 왜곡이다. 우리의 티 없는 새싹들에게 우리나라, 우리 국민이 이룬 눈부신, 세계가 경탄하는 발전과 성취에 대한 자부심을 심어주는 대신 대한민국을 태어나지 말았어야 하는 나라, 기회주의가 판치고 불의가 지배하는 나라로 인식하게 하다니. 천벌을 받을 인간이 있다면 바로 이런 인간들이 아닌가. 그것으로도 모자라서 제 국민 잡아먹는 강제수용소 왕국 북조선을 한국민의 진정한 조국으로 동경하게 만들다니.

가장 많은 학교에서 채택되었던 금성사 교과서는 남한에 대해서는 '독재'라는 말을 13번 쓴 대신에 북한에 대해서는 한 번도 쓰지

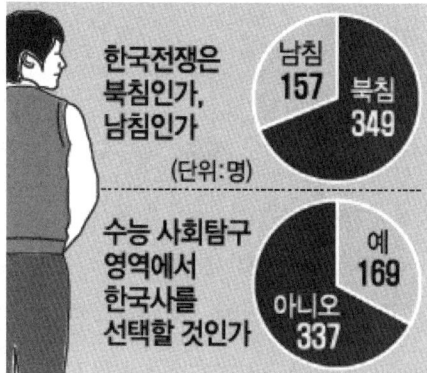

않았다. 남한이 '독재국가'라면 4·19 혁명이 나자 '독재자' 이승만이 하야했겠으며, 작금에 SNS를 뒤덮은 무제한의 의사 표현이 가능했 겠으며 노조의 특권세력화, 양심적 병역거부 같은 것이 어떻게 가 능했겠는가? 북한에서 100만이 참가하는 촛불시위는 상상조차 할 수 없지만 만약 일어난다면 인구의 반(半)은 사살되지 않았겠는가?

우리 어린이들이 임진왜란보다 동학이, 대한민국보다 김씨 왕조 가, 이순신 장군이나 세종대왕보다 전태일이 더 비중 있게 다뤄지고 기독교는 3쪽에 걸쳐서, 그러나 이슬람교는 15쪽에 걸쳐서 13장의 사 원 사진과 함께 소개되는 해괴한 국사교과서에 마음이 병들고 비꼬이 게 방치해서는 안 된다. 우리 귀한 자식들을 이 독극물에서 구하자.

E. 한국 기독교의 뿌리 교육을 위한 대안 제시

1) 손양원목사보다 빌리 그레이엄목사를 더 기억하는 자녀들, 옳은가

한국의 교회는 괄목할 만한 성장을 거듭했다. 남한 인구의 25%가 기독교이다(1990년대). 이제 우리의 기독교 역사를 체계적으로 정리하여 그 신앙의 유산을 다음세대에게 전할 책임이 있다.

한국 기독교의 역사는 1885년 4월 5일 부활 주일 미국 북감리교의 H. G. 아펜젤러 부부 선교사와 북장로교의 H. G. 언더우드 선교사가 인천의 제물포항에 도착하면서 시작되었다. 한국 기독교도 이미 1백33년(2018년 기준)의 역사를 갖고 있다. (천주교는 2백 년이 넘었다.) 그런데도 한국 기독교가 한국 기독교 역사박물관에 별 관심을 가지지 않는 것은 못내 아쉽다. 그나마 몇 개는 있지만 그곳을 찾는 이들은 매우 드물다.

특히 한국 교회는 초대교회 때처럼 일제 강점기시대와 6.25 전쟁을 거치며 수많은 순교자들의 값진 피의 역사 위에 세워졌다. 주기철, 손양원, 조만식, 길선주 등 일일이 헤아리기 힘들 만큼 많은 위대한 신앙의 조상들의 피와 땀의 희생이 있었다. 이들 중에는 세계 어디에 내놓아도 손색이 없는 성인(聖人) 중의 성인도 있다. 손양원 목사 같은 분이시다.

그런데도 한국 기독교인은 왜 외국의 리빙스턴이나 에드워드 조나단, 무디 혹은 빌리 그레이엄은 잘 기억하고 위대하게 생각하면서, 자신의 위대한 신앙의 조상에게는 무관심한가? 내 것을 귀하게

한국에도 서양의 신앙의 위인 이상으로 훌륭한 선배들이 많이 있다. 그런데도 1세들이 다음세대에 그것을 가르치지 않는 것이 안타깝다. 사진은 주기철 목사 기념관(진해)에서 찍은 저자와 김기해 목사

손양원 목사가 한센병 환자의 고름을 입으로 빠는 모습(여수 손양원 목사 기념관 애향원 소재)

여기지 못하는 잘못된 열등의식 때문이다.

한국의 위대한 신앙의 조상들은 후손을 잘못 만나 세계 속의 신앙의 위인으로 존경받지 못하고 있는 셈이다. 물론 서양의 신앙의 위인을 기억하지 말라는 것이 아니다. 순서면에서 한국인이라면 먼저 한국인의 신앙의 위인을 기억하고, 후에 서양의 위인을 기억하라는 것이다.

한국 기독교인은 물론 외국의 한국 동포들도 자녀들에게 한국인의 뿌리 교육뿐만 아니라 한국 기독교인의 신앙의 뿌리, 즉 한국 기

독교 교회사를 비롯한 위대한 신앙의 뿌리에 대해서도 가르쳐야 한다. 물론 우리에게 복음을 전하여 준 고마운 외국 선교사에 대해서도 알아야 한다.

이러한 한국 기독교의 신앙의 뿌리 교육을 위하여 먼저 한국 교회사를 연구해야 한다. 위대한 신앙의 조상들이 한국 교회사에 미친 업적을 연구하여 그들의 정신과 그들이 남긴 발자취를 한눈에 볼 수 있도록 박물관을 만들어야 한다.

저자는 마산에서 집회를 마친 후 그 교회 목사의 배려로 손양원 목사의 유적지인 여수의 애향원을 찾은 적이 있다. 저자의 아내와 두 아들이 동행했는데 얼마나 감격했는지 모른다. 그분은 세계적인 성자였다.

그는 "나 외에 다른 신을 섬기지 말라"(출 20:3)는 제1계명을 지키기 위해 왜정시대에 일제가 강요했던 신사참배에 항거하다가 혹독한 옥살이도 했고, "네 이웃을 네 몸과 같이 사랑하라"(막 12:31)는 예수님의 계명을 실천하기 위해 자신의 아들을 죽인 공산당원을 양아들로 삼았고, 일평생을 소록도에서 불쌍한 한센병자들을 사랑으로 돌보아 주었던 의인이었다. 가장 힘든 두 가지 계명(율법)을 잘 지켜냈다.

한국의 위대한 신앙의 조상들은 후손을 잘못 만나 세계 속의 위인으로 존경받지 못하고 있다.

2) 기독교가 한국 근현대사에 미친 영향을 다음세대에 가르치자

한국 기독교가 한국 근현대사에 미친 영향은 지대하다. 한국의 문학, 예술, 음악, 학문, 정치 등에 영향을 미치지 않은 곳이 거의 없다. 이제 그 지대한 영향을 발굴하여 한국 근현대사를 신본주의적 입장에서 새롭게 써야 한다.

예를 들어 한국 현대사의 대통령 중 민선대통령은 거의 모두 기독교인이다. 이승만, 윤보선, 김영삼, 김대중(천주교) 씨 등이다. 국회의원들 중 40%가 기독교인이다(2018년 기준).

어디 그뿐인가? 현대 시, 소설, 수필, 가곡, 고전 음악 등 수많은 영역에서 기독교인의 영향은 지대하다. 또한 한국 기독교가 한국인의 의식 구조와 문화에 끼친 영향도 지대하다. 한국 개화의 문은 바로 한국 기독교를 통하여 열렸기 때문이다.

그럼에도 불구하고 이런 사실들이 세상에는 드러나지 않고 있다. 초.중.고 교과서에 기독교의 영향이 전혀 반영되지 않고 있다. 왜 그러한가? 기독교인 스스로 올바른 역사의식이 부족하기 때문이다. 특히 자신의 신앙의 조상에 대하여 무관심하기 때문이다. 그렇지 않다면 유교나 불교인들에게 밀려서인가!

더구나 문재인 좌파정권이 들어서면서 기독교 폄하 운동은 너무 심각하다. 다음세대들이 공부할 역사 교과서에 종교서술 부분이 공정하지 못하다. M 출판사에서 제작한 고등학교 세계사를 보면 1400년 역사 밖에 안 된 이슬람은 18쪽을 서술했고, 불교는 6쪽을 할애

했다. 반면 기독교는 단 2쪽에 불과했다. 2쪽도 개신교와 천주교, 정교회를 모두 포함하여 '크리스트교'라는 이름으로 포괄해 설명했다(CTS, *역사교과서 속 '기독교' 축소·왜곡 심각하다*, 2018년 8월 15일).

어찌하였든 한국의 역사가 왜곡될 수는 없다. 더 많은 세월이 가기 전에 한국의 역사를 기독교적 각도에서 조명하여 바로잡아야 한다. 이제부터라도 기독교인들이 각자의 전공 분야에서, 즉 국사 전공자는 국사 편찬에, 문학 전공자는 문학사에서, 정치인과 정부 관리는 정책 수립과 국가 운영에서 한국 기독교 역사의 영향을 정리하고 홍보하여 이를 확대시켜 나가야 한다. 그리고 마침내 한국을 기독교 국가로 만들어야 한다.

그리고 자녀들에게 이를 바로 가르쳐 조상들의 신앙의 유산을 지켜 행하게 해야 한다. 그리하여 신앙의 선배님들의 수고에 보답하고 하나님께 영광을 돌려야 한다.

이에 덧붙여 한국인의 정체성에 관하여 한마디 하고 싶은 이야기가 있다. 한국의 교회 건물을 꼭 서구의 교회 양식을 따라 지을 필요가 있는가? 한국의 건축 양식으로 지어야 하지 않겠는가! 찬송가는 꼭 서양 곡으로 된 것을 불러야 하는가? 국악찬송가를 더 많이 더한다면 얼마나 더 좋겠는가!

그래도 한국 천주교는 유대교와 비슷한 점이 있어서 자신들의 선교 2백 년 역사를 정리하고 그 유적지들도 잘 발굴 보관하여 국내는 물론 해외까지 그 역사적 사실을 홍보하고 가르치려고 노력하고 있다.

개신교도 이를 본받아야 한다. 예루살렘 성지 순례도 중요하지만 우리 한국 기독교인의 신앙의 뿌리 교육도 중요하기 때문이다.

참고로 천주교에서 발행하는 미주 평화신문에 게재된 '한국 순교 성지 순례'의 광고 일부를 소개해 보자(평화신문, 1998년 5월 17일, 미주판).

순교자의 꽃 활짝 피어라

평화신문 미주 지사에서는 올해 두 차례에 걸쳐 한국의 순교 성지를 순례하기로 했습니다. 우리 조국의 위대한 순교자들의 발자취를 찾아서 우리들의 신앙의 뿌리를 알고 순교 영성을 본받자는 것이 취지입니다. 또한 이는 IMF 시대의 조국 경제를 돕는 우리들의 작은 정성이기도 합니다.

- ⊙ 인솔 사제 : 안상인 신부(평화신문 미주 지사장)
- ⊙ 성지 안내 : 이충우 씨(가톨릭 신앙 유산 연구회장)
- ⊙ 순 례 지 : 절두산, 새남터, 서소문, 당고개, 명동 성당, 배론, 베티 성지, 천안 독립기념관, 솔뫼, 서산 해미, 보령 갈매못, 청양 다락골, 전주 치명자산, 안성 미리내 성지, 관덕정, 황사평, 제주 명소 방문, 모슬포, 제주 추사 유배지

> 예루살렘 성지 순례도 중요하지만
> 우리 한국 기독교인의 신앙의 뿌리 교육도 중요하다.

3) 기독교가 한국 근현대사에 미친 영향의 예: 배재학당

〈저자 주: 다음의 글은 중앙일보 성시윤과 최선욱 기자가 쓴 기사다(2008년 8월 27일). 기독교가 한국 근현대사에 얼마나 많은 영향을 끼쳤는지를 잘 설명하여 이곳에 싣는다.〉

"저희 가난한 가족들을 위해서 값비싼 담요와 쌀, 그리고 땔감을 보내주신 데 대해 무슨 감사의 말씀을 드려야 할지 모르겠습니다. 황량한 겨울이기 때문에 이곳 어둡고 축축한 감방은 요즘 너무나 춥습니다. 선생님의 자비로 저는 옷이 충분하며 그래서 추위가 더 이상 저를 괴롭히지 못합니다." (이승만 초대 대통령이 1899년 아펜젤러에게 보낸 영문 편지 중에서)

한국 근대교육의 산실인 서울 정동에 위치한 배재학당 건물이 역사박물관으로 개조돼 2008년 7월 24일 문을 열었다. 구한말 만민공동회 활동을 하다 투옥된 이승만은 1899년, 미국인 선교사 헨리 거하드 아펜젤러에게 영어로 쓴 편지를 보냈다. 아펜젤러는 이승만의 편지를 자신의 일기에 일일이 옮겨 적었다. 이 일기도 전시품 중 하나다.

이승만은 어떻게 유창한 영어 실력을 쌓게 됐을까. 한학을 공부한 이승만은 19세에 배재학당에 입학했다. 미국인 선교사 아펜젤러가 근대 최초의 신식학교로 1885년 세운 배재학당은 요즘 표현으로 '영어 몰입' 교육을 했다. 한글과 성경 교리를 제외한 모든 과목의 수업을 영어로 진행했던 것.

배재학당에서 영어를 배운 이승만은 1904년 미국으로 건너가 이후 조선 독립을 위한 외교 운동을 펼쳤다. 배재학당은 신식학교답게 세계사, 지리, 생화학, 음악, 미술, 연극 등 당시로선 희귀했던 과목을 다양하게 가르쳤다.

　이런 점을 높이 산 고종황제는 1886년 유용한 인재를 기르는 곳이라는 뜻의 '배재학당'이라는 이름을 지어 주었다. 고종은 당시 명필이던 정학교에게 글씨를 쓰게 하고 현판을 학교에 내려 주었다. 이 현판은 현재 박물관 1층 상설전시실에 걸려 있다.
　박물관에는 당시 음악 교육에 쓰인 피아노도 전시돼 있다. 피아노에 붙어 있는 설명문에는 "아펜젤러가 한국에 올 때 가져온 피아노로 1864년 독일에서 제작된 것으로 보인다"고 소개돼 있다. 이 피아노는 배재학당 강당에서 이용됐으며 배재 출신의 피아니스트 한동일, 백건우가 학창 시절 이 피아노로 음악을 공부했다.
　박물관 전시 자료에 따르면 배재학당은 정구반(1900년), 축구반(1902년), 야구반(1911년), 육상반(1920년) 등을 잇따라 만들며 한국 스포츠 발전에도 기여했다.

　배재학당은 이승만 외에도 한글학자 주시경, 청산리전투의 주인공인 지청천, 소설가 나도향, 시인 김소월 등 한국 근대사의 주인공들을 배출했다. 김소월이 재학 중 지은 '접동', '달밤', '깁고깁은 언약' 같은 시가 실린 교지('배재2호'·1923년)도 그의 첫 시집인 『진달래꽃』(1925년 출간)과 함께 박물관에 전시돼 있다.
　배재학당은 다양한 신분의 학생을 받아서 당시로서는 화제를 모았다. 박물관에 걸려 있는 당시 사진에는 상민으로 보이는 댕기머리의 어린이와 삿갓을 쓴 청년이 함께 서 있다. 김종헌(배재대 건축학부 교수) 박물관장은 "개교 초기에 양반 신분의 학생들은 평소 습관대로 시종들을 데리고 다녔고, 아펜젤러는 '하인 없이 학교 다니는 게 공부의 시작'이라고 이들을 가르쳤다"고 설명했다.

김 관장은 "배재학당 역사박물관은 한국의 근대사에 얽힌 다양한 이야기가 모여 있는 곳"이라고 말했다.

**배재학당은 정치가 이승만, 한글학자 주시경,
청산리전투의 주인공인 지청천, 소설가 나도향,
시인 김소월, 음악가 백건우 등
한국 근대사의 주인공들을 많이 배출했다.**

3. 한국인 디아스포라의 문제점과 그 해결 방안
A. 해외 동포의 문제점

저자가 브라질을 방문했을 때(2001년 8월), 경제적으로 자리를 잡은 많은 동포들이 방황하는 모습을 보았다. 그들은 가난을 극복하기 위하여 한국 땅에서 배를 타고 1960년대에 지구 반대편에 있는 브라질로 이민을 갔다. 처음에는 우선 먹고 살아야 하기 때문에 열심히 일만 했다. 그 덕에 당시 경제적으로, 시간적으로 여유를 찾게 된 이들이 많았다.

그러나 그들은 "이제 무엇을 위하여 어떻게 살아야 할 것인가?"라는 문제에 봉착했다. 인생에 대한 삶의 목적이 분명치 않았다. 따라서 주일에는 초창기에 가졌던 신앙심도 해이해져서 골프를 즐기는 이들이 많다고 했다. 골프도 한두 번이지, 먼 타국 어디에서 진정한 행복과 삶의 보람을 느낄 수 있겠는가? 자연히 세속으로 타락하기 쉬웠다.

자녀들은 더 위험했다. 그들은 대부분 한국인의 수직문화, 즉 정체성을 잃어버리고 브라질 현지의 수평문화에 물들어 있었다. 겉은 한국인처럼 보이지만 거의 속은 브라질인이었다. 세대차이가 너무나 많았다. 더구나 부모들처럼 고난을 모르는 세대이기 때문에 악착같은 면도 없었다. 조국 대한민국에 대한 애국심도 없어졌다.

이러한 문제는 브라질 동포뿐만이 아니고 미국 동포를 비롯하여 전 세계 곳곳에 흩어진 한인 동포들이 직면한 문제다. 이민의 역사가 길어지면서 이 문제는 더욱 심해지고 있다. 자칫 잘못하면 그 지역에 동화되거나 변두리 인종으로 전환될 수도 있다.

이를 막는 길은 유대인처럼 부모세대가 자녀들에게 고난의 역사교육을 포함한 한국인의 수직문화 교육을 철저하게 시켜야 한다. 이러한 한민족 디아스포라 수직문화 교육 운동은 범세계 한민족 운동으로 퍼져나가야 한다. 그렇지 않으면 불원간 다음세대에 커다란 위험에 빠질 수 있다.

**한국인의 이민의 역사가 길어지면서
이 문제는 더욱 심해지고 있다.**

B. 다큐 미디어를 통한 저자의 고난의
역사 교육 방법

저자는 42년 동안 미국에서 살았다. 아들들은 모두 미국에서 낳았다. 그들이 초등학교에 다닐 때부터 3.1절에는 저자가 3.1절에 대해 설명을 한 후 아내와 그들에게 모두 일어나라고 하고 '대한독립 만세!'를 세 번 함께 외쳤다. 그리고 한국의 수직문화도 가르쳤다.

그런데도 불구하고 그들이 미국 학교를 다니다보니 미국에 동화되어 대한민국에 대한 애국심이 점점 줄어들었다. 아래 글은 저자가 그런 아들들에게 어떻게 한국의 고난의 역사교육을 시켰는지를 소개하는 한 가지 예화다. (현가네 집안 고난의 역사교육은 차후에 설명함)

저자는 미국에 살면서 차를 여러 대 바꿨다. 그런데도 한 번도 일제 차를 산 적이 없었다. 미제차 아니면 한제차를 샀다. 텔레비전도 모두 한국제다. 아들들이 커서 운전을 하기 시작하면서 일제 차를 사자고 여러 번 요구했다(1890년대 후반). 고장이 잘 안 나고, 다시 팔 때에 후한 값을 받고, 모양도 멋있다는 이유였다. 미국에서 자란 아이들은 일제 차를 상당히 선호한다. 그러나 저자는 언제나 거절했다.

그랬더니 아들들이 "아버지! 기독교는 사랑의 종교인데 왜 일본 사람을 미워하세요?"라고 물었다. 저자는 이렇게 설명했다. "내가 언제 우리 옆집의 일본인 부부를 미워했느냐? 그들과 가깝게 지내는 것을 너희들이 보지 않았느냐? 기독교인이 개인적으로 타민족을 대할 때와 국가 의식을 갖고 국가 대 국가의 입장에서 대할 때는 서로 다르다.

한국인이 개인적으로 일본인을 대할 때는 그들에게 그리스도의 사랑을 베풀어야 한다. 그러나 국가 대(對) 국가의 관계에서는 국익을 먼저 생각해야 한다. 만약 한국이 힘이 없어 다시 일본에게 정복을 당한다면 이는 하나님의 영광을 가리는 것은 물론 그들에게 복음을 전할 능력도 상실하는 것이다. 따라서 "일본 사람을 미워해서가 아니라 그들에게 한국인이 또 한 번 당하지 않기 위하여 우리 한국인은 그들의 차를 사면 안 된다"고 일러 주었다.

그래도 잘 이해하지 못하는 아들들을 설득하기 위하여 저자는 한국 근대사의 다큐멘터리 연속극 '여명의 눈동자' 비디오 테이프를 빌려왔다. 온 가족이 그 비디오를 함께 봤다. 첫 부분에 17세 처녀 윤여옥이 정신대로 잡혀가는 장면이 나온다. 만주로 향하는 군용 열차의 한 칸은 군수품으로 실린 한국의 어린 딸들로 꽉 찼다.

날이 어두워지자 헌병 둘이 나타났다. 그들은 피곤하여 앉은 채로 개나리봇짐을 껴안고 졸고 있는 한국의 어린 딸들의 머리채를 하나씩 젖혔다. 예쁜 처녀를 고르기 위해서였다. 두 헌병이 여옥의 양 겨드랑이를 낚아챘다. 그리고 뒤 칸에 술을 먹고 있던 장군의 방에 강제로 밀어 넣고는 문을 잠갔다.

장군이 일어나 껴안자 그녀는 본능적으로 반항했다. 그 당시 한국 여인들에게는 정조가 곧 생명이었다. 일본 장군은 아무 말 않고 칼집에서 칼을 뽑아 여옥이를 내리쳤다. 여옥이의 긴 머리채가 싹둑 잘렸다.

그리고 여옥이는 부들부들 떨면서 그에게 강간을 당했다. 이 장면은 나약하고 순결한 한국이 짐승 같은 폭도 일본에게 강제로 정

저자가 운영하는 쉐마교육연구원은 한국인 디아스포라를 위한 유대인을 모델로 한 성경적 교육을 연구하고 그 자료를 보급하고 있다. 사진은 쉐마교육학회가 주최한 국제학술대회에서 랍비 마빈토카이어(탈무드 저자)가 서울 백주년기념관에서 강의하는 모습

미국 LA에서 열리는 쉐마목회자클리닉 제3차 현장 학습 학기의 목회자들이 유대인 서기관 랍비 Krafts가 두루마리 성경을 필사하는 모습을 지켜보는 모습. 좌편은 김진섭 교수(백석대 신학 부총장).

복당하는 처참한 모습을 상징한다. 그 후 한국의 정신대와 한국인 학도병들(장하림, 최대치)이 일본군에 끌려가 일본 군인한테 구타당하는 모습은 끝없이 반복되었다. 한국 근대사에 대한 비디오를 몇 달에 걸쳐 모두 본 후 아들들에게 물었다.

"이제 왜 아버지가 일제 차를 사지 말라고 하는지 알겠느냐?"

아들들은 그제야 머리를 끄덕였다.

이러한 저자의 교훈은 결코 일본에 국한된 것이 아니다. 과거 한국을 괴롭혔던 나라는 일본 외에 중국과 소련도 있다. 따라서 한국인은 되도록이면 모든 외제 사용을 절제해야 한다. 왜냐 하면 외제를 사면 한국의 국력이 쇠하게 되고 한국의 국력이 쇠하면 외침에 당하기 쉽기 때문이다. 물론 국제화 시대에 외제를 안 산다는 것은 힘들다. 그러나 설사 산다 하더라도 이러한 민족의식을 갖고 사는 것과 그렇지 않고 사는 것은 다르다.

따라서 우리는 주변국과는 정치적으로 우호 관계를 유지하며 그들에게 배울 것은 배우되, 과거 그들에게 당한 고난은 기억하면서 그들에게 또 다시 당하지 않도록 힘을 길러야 한다. 한국이 그들의 과거를 용서한 이상 그들을 적대시할 필요는 없다. 그들에게 너무 예민한 것도 열등의식의 노출이다. 힘이 있으면 열등의식도 사라지는 법이다.

유대인을 보자. 유대인은 역사를 통하여 그들의 주변 국가들에 수없이 당해 왔다. 그러나 그들은 그들과 함께 살며 우호에 힘쓰고, 장사도 잘 하고 돈도 잘 벌지 않는가? 이웃과의 지혜로운 처신은 자신을 결코 고립시키지 않는 법이다. 이것이 지혜 있는 민족의 처세술이다.

〈저자 주: 그렇다면 해외 동포들이 자신의 모국에 대한 애국심만 가지면 되는가? 자신들이 거주하는 나라를 위한 애국심은 없어도 되는가? 이에 대한 답은 본서 제5장 I. 4. B. 넷째, '유대인 자녀들은 새로운 강력한 정신세계를 구축한다' 참조 바람〉

**잘 이해하지 못하는 아들들을 위해
한국 '여명의 눈동자' 비디오 테이프를 빌려왔다.**

C. 한국 정부가 해외 동포 자녀를
진정한 한국인으로 만들려면

1990년대부터 한국에서는 해외 한인 동포 자녀들을 초청하여 단기 교육을 많이 시켜왔다. 그들이 자녀들에게 보여 주는 곳들은 거의 틀에 박혀 있다. 찬란한(?) 문화 고적지와 휴전선을 돌아보게 한다. 63빌딩에서 불갈비를 먹여준다. 그리고 삼성전자의 텔레비전 공장이나 현대자동차 공장을 둘러보게 해준다. 그리고 부곡 온천에서 목욕을 시켜준다. 자부심을 키워주기 위함이라고 한다.

안타까운 것은 한국 정부는 해외 동포 자녀들에게 한국인의 수치스런 고난의 역사 현장은 잘 보여 주지 않는다. 그 결과 부모와 자식간에 사상과 역사의식이 통할 리가 없다. 깊은 대화의 채널이 뚫릴 수가 없다.

아버지 나라(땅)의 아픈 역사를 체험하지 않고는 아버지의 사상(수직문화)과 감성을 이해하기 힘들다. 따라서 먼저 자녀들이 현재 아버지가 있기까지의 그가 살아온 나라 대한민국과 한국 민족의 역사를 깊이 이해하고 고난의 역사를 가슴(EQ)로 체험해야 한다. 그리고 자녀들이 아버지의 아픔을 자신의 아픔으로 나누어 가질 때 동일한 사상적 및 감성의 공감대를 형성할 수 있다. 그리고 그 다음에 아버지와 깊은 대화를 나눌 수 있다.

이런 교육만이 부모와 자녀 사이의 세대 차이를 없앨 수 있다. 그리고 그런 자녀들이 한국 민족의 공동체 일원으로 살기를 원할 것이다.

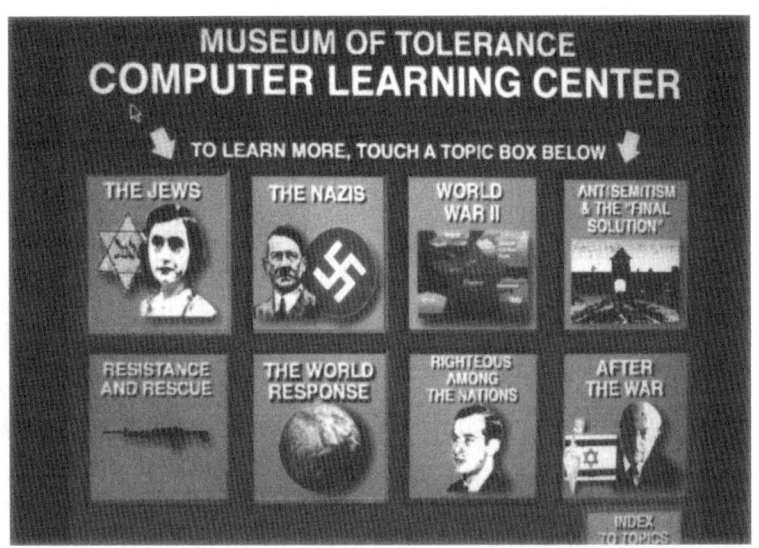

유대인은 나치와 유대인 학살의 진실을 알리기 위하여 최첨단 문명의 이기인 컴퓨터를 이용하고 있다. (LA Wiesenthal Center 제공)

승리한 것들만을 보고 한국인의 정체성를 갖는다면 진정한 한국인이 아니다. 그런 자녀들은 만약 장차 혹시 한국이 일본이나 중국의 침공으로 망하게 됐을 때에는 한국인임을 부끄럽게 생각하거나 한국인이 아니라고 부정할 수도 있기 때문이다.

진정한 훌륭한 한국인 자녀는 부모나 조국이 고난에 처했을 때, 그 고난에 적극적으로 동참하고자 하는 이들이다. 또한 조국이 어렵고 힘들 때라도 한국인임을 자랑스럽게 여길 수 있는 사람이 진정한 한국인이다.

우리 자녀들이 조상의 자랑거리 때문에 민족을 사랑하기보다는 설사 아무것도 자랑할 것이 없을지라도 한국 민족을 사랑하는 사람으로 만들어야 한다. 우리 민족이 이스라엘 민족처럼 고난의 역사로 점철되었기 때문에 더 한국 민족을 사랑할 수 있도록 해야 한다.

이는 민족뿐만 아니라 부모와 자녀 관계도 마찬가지이다. 설사 부모가 자신보다 여러 가지 면에서 부족한 것들이 있다 하여도, 자녀는 자신의 부모를 부모로서 공경해야 진정한 하나님의 사람이다.

해외 동포 자녀들이 이런 효자들이 되고 애국애족 사상으로 무장해야 현지에서 살면서, 유대인처럼 음양으로 조국을 돕는 형제 자매들이 될 수 있을 것이다. 한민족 디아스포라에게 공동체 의식이라는 힘이 생긴다면 이것이 바로 한국 민족 국제화의 지름길이며 대한민국의 국력이 된다.

왜 한국 정부는 해외 동포 자녀들에게 한국인의 수치스런 고난의 역사 현장은 보여 주지 않는가?

제 6 장

고난의 역사를 기억하는 교육방법을 창안

I. 유대인의 생활 예식(결혼식)을 통한 고난의 역사교육

II. 아우슈비츠 해방 60년 추모식과 유대인 인권단체의 파워

III. 한국인의 생활 예식을 통한 고난의 역사교육에 적용

유대인의 생활 예식(결혼식)을 통한 고난의 역사교육

본서는 고난의 역사교육 시리즈 중 제5권이다. 지금까지 제4부 '유대인의 고난의 역사 교육 방법' 중 제4장에서는 '유대인의 고난의 역사 현장 교육'과 제5장은 '유대인의 고난의 역사박물관 교육'을 다루었다.

이제 제6장에서는 '고난의 역사를 기억하는 교육방법을 창안'이란 주제를 다룬다. 유대인은 일상생활에서도 자신들의 고난의 역사를 기억하기 위한 이벤트를 창안해 그것을 실천한다. 그 중 하나로 유대인의 결혼식을 소개한다.

독자들은 기쁘고 즐거운 결혼식에 날 웬 슬픈 고난의 역사교육이냐고 반문할 수도 있다. 그러나 그들은 기쁜 결혼식 날에도 슬픈 고난의 역사를 기억하게 한다. 따라서 유대인은 결혼식을 거행할 때 신랑신부가 유리컵을 발로 밟아서 깨뜨리는 이벤트를 순서에 넣는다.

이에 대해서는 저자의 저서 '*IQ는 아버지 EQ는 어머니 몫이다*'(쉐마, 2005), 제3권 제7부 IV.1. '유대인의 생활 예식(결혼)을 통한 고난의 역사교육'이란 제목으로 다룬 것을 '*성경이 말하는 男과 女, 한 몸의 신비*'(성신학 노하우, 2012)란 저서에서 대폭 수정증보를 했다. 따라서 본서에서는 중복을 피하기 위하여 성신학에 게재된 내용의 요약과 차례만 싣는다.

〈요약〉

유대인은 결혼식에서 신랑신부가 유리컵을 발로 밟아서 깨뜨리는 순서(이벤트)가 있다. 이것이 클라이맥스다. 여기에는 두 가지 의미가 있다. 1) 가장 기쁜(쾌락적인) 순간에 가장 슬픈 일을 기억하기 위함이다. 깨진 유리컵은 과거에 파괴되었던 성전을 상징한다. 아무리 육적으로 기쁜 날이라고 해도 성전이 파괴된 그 비통한 사건을 결코 잊어서는 안 된다는 것이다. 2) '돌이킬 수 없다'는 의미다. 신랑과 신부는 결혼을 통하여 한 몸이니 이후에 나뉠 수 없다(막 10:6-12)는 것을 뜻한다. 이것은 교육학적 및 심리학적으로 매우 훌륭한 교육방법이다.

더 자세한 것은 '*성경이 말하는 男과 女, 한 몸의 신비*'(성신학 노하우, 2012), 제3장 III. 2. '결혼 순서에 숨겨진 의미' 중 H항목을 참조하기 바란다.

제3장 유대인의 결혼식(차례)

I. 왜 유대인의 가정은 성전인가
II. 하나님은 결혼의 기쁨을 얼마나 아시나

III. 유대인의 결혼식
  1. 유대인의 결혼식 순서
    A. 서론
    B. 결혼식의 장소와 결혼식 이전에 하는 일
    C. 케투바(Ketubah)
    D. 베데킨(Bedeken)
    E. 훗파(chuppah or canopy)
    F. 결혼(kiddushin): 결혼반지를 끼워주다
    G. 일곱 번의 축복(sheva brachos)
    H. 포도주 잔을 깬다(Breaking the Wedding Glass)
    I. 은밀한 방(cheder yichud)
    J. 결혼 파티
    K. 결혼식 후(신혼여행?)
  2. 결혼 순서에 숨겨진 의미
    A. 왜 유대인의 케투바에는 '보상금'이 있는가
      1) 케투바의 목적: 왜 남편은 아내에게 결혼계약서를 주는가
      2) 케투바와 모하르의 성경적 의미와 차이
    B. 왜 결혼식에서 신랑이 신부에게 반지를 끼워줄까
    C. 왜 유대인 신부는 신랑 주위를 일곱 바퀴 도는가
      1) '훗파'란 무엇인가
      2) 왜 신부가 신랑보다 늦게 입장하는가
      3) 왜 신랑신부 들러리들은 촛불을 들고 입장할까
      4) 왜 훗파 속에서 신부가 신랑 주위를 일곱 바퀴도는가
      5) 일곱이란 숫자는 무엇을 상징하는가

유대인은 인간의 일생 중 가장 기쁜 날을 결혼하는 날이라고 말한다. 사진은 결혼식 후 신랑 신부가 무등을 타고 기뻐하는 모습

    6) 왜 신부는 신랑 주위를 일곱 번 돈 후 그의 오른편에 서는가

    7) 신부가 신랑 주위를 돌 때, 왜 양가 어머니들도 함께 도는가

    8) 요약 및 결론

D. 왜 신부는 결혼 전에 신랑에게 탈릿을 선물할까

E. 왜 탈릿을 후파로 사용하기도 하는가

F. 왜 유대인 신랑신부는 결혼식에서 흰색 예복을 입는가

  1) 왜 신랑신부는 결혼식 날에 대속죄일처럼 금식을 하는가

  2) 신약시대 성도들에게 흰색 예복의 의미는 무엇인가

G. 왜 결혼식 중에 두 개의 잔으로 포도주를 마실까

H. 왜 신랑신부가 결혼식에서 포도주 잔을 깨는가

  1) 예루살렘 성전 파괴와 포도주 잔의 관계

2) 왜 하필 유리로 된 포도주 잔을 깨는가

Ⅳ. 요약 및 결론: 어린양 예수님 혼인잔치는 어떤 모습으로 치러질까

**유대인은 가장 기쁜 순간에
왜 가장 슬픈 일을 기억하나?**

> II
> 아우슈비츠 해방 60년
> 추모식과
> 유대인 인권단체의 파워

[저자 주: 다음은 유대인의 '아우슈비츠 해방 60년 추모식'을 맞이하여 김동석 대표 (뉴욕. 뉴저지한인유권자센터 대표)가 쓴 글이다〈중앙일보(미국), *유대인 정치단체의 교훈*, 2005년 1월 28일〉. 이 글에는 유대인이 그들의 일상생활에서 어떤 방법으로 과거 자신들의 고난의 역사를 기억하는지를 잘 묘사하고 있다. 그리고 미주 한국인이 그들의 방법을 어떻게 벤치마킹을 하여 생존할 수 있는지를 잘 묘사했다.]

1. 1950년 3명의 유대인이 만든 미국의 AIPAC의 파워

전세계 유대인들이 엄숙하게 야단법석이다. 유대인을 대학살한 아우슈비츠 수용소가 해방된 지 60년째다. 유대인들은 폴란드의 아우슈비츠 수용소 자리에다 당시의 생존자 희생자 가족 수용소를 탈환하여 해방시킨 소련군 지휘관들 그리고 전 세계 평화애호

가들과 정치지도자들을 불러 모아서 홀로코스트의 잔악성을 다시 한 번 인류사회에 고발하고 있는 중이다.

뿐만 아니라 당시 나치대원으로 유대인 학살에 가담했던 생존자들을 지구상 끝까지 찾아내어 전범재판소에 회부하여 그 죄를 묻고 있는 중이다.

아우슈비츠 수용소가 해방된 지 60년을 기념하여 샤론 이스라엘 총리는 전 세계에 흩어져 살고 있는 유대인들에게 "우리는 홀로코스트를 통해서 우리 스스로를 지켜야 한다는 교훈을 배웠습니다. 이스라엘은 정말 작은 나라입니다. 유대인들은 스스로를 지킬 가능성을 지닌 세계 유일의 민족입니다. 스스로를 지켜야 한다는 현실적 과제는 나와 전 세계 유대인들의 민족적 종교적 임무입니다"라고 했다.

사실 이것은 지금 이스라엘의 총리인 샤론의 특별한 메시지가 아니다. 미국 유대인의 정치력단체인 AIPAC(American Israel Public Affairs Committee)의 활동 목표에 나와 있는 메시지이다. "전 세계 유대인의 운명은 미국에서 살고 있는 유대인들의 정치적 힘에 의존한다"라는 미국 유대인들의 각성에서 50년 전에 설립된 유대인 정치 로비 단체다.

1950년 어느 날 워싱턴 DC의 허름한 다락방에서 3명의 유대인이 바로 홀로코스트라는 유대민족의 비극에 몸서리를 치면서 기도를 하고 있었다. 이들은 "세계 제2차 대전 당시 미군의 유럽 파병이 조금만 빨랐어도 수백만 유럽의 유대인들이 그렇게 잔인하게 죽어가지는 않았을 텐데…"라며 가슴을 치면서 울었다. 그리고 미국 유대인들이 조금만 더 민족을 위해서 진지했더라면 홀로코스트를 막았을 것이라고 결론을 내렸다.

이후 유대 민족은 "스스로 지켜야 한다"라는 것을 각성하고 AIPAC을 결성했다. 이들 3명의 유대인은 유대인들이 모이는 곳을 찾아다니며 유권자 등록 운동을 시작하면서 활동을 시작했다.

그리고 지금 50년이 지났다. 이 AIPAC은 미국에서 가장 막강한 정치로비 단체로 우뚝 섰다. 지난 해 한인유권자센터에서는 연례행사에 AIPAC의 정책 분야를 담당하는 실무자를 초청강사로 불렀었다. 당시 뉴욕, 뉴저지, 커넷티컷의 거물 정치인들이 우리에게 전화를 해서 한인들에 관해 묻지 않고 "AIPAC에서 정말로 누가 오는가"만을 묻는 것을 보고 AIPAC의 영향력을 실감했다.

2. 유대인 AIPAC을 벤치마킹해서 설립한 한인유권자센터

매년 선거 때면 전국의 연방급 정치인들은 AIPAC 눈치 보기에 돌입한다. 이스라엘은 워싱턴에서 자국의 대사관과 AIPAC 중에 하나를 택하라고 하면 AIPAC을 택한다고 한다. 이스라엘은 외무장관을 임명할 때 가장 먼저 AIPAC의 의견을 듣는다고 한다.

AIPAC의 목표는 유대인 정치인이 아니다. 미국의 정치인이 AIPAC의 요구에 응하도록 하는 것이 목표이다. 한번 AIPAC의 요구에 응해준 정치인에게는 끝까지 의리를 지킨다. 친이스라엘 정치인이면 경쟁 상대가 유대인 후보이면 오히려 유대인을 설득해서 후보를 포기하도록 한다. 이러한 전략으로 미국이 이스라엘을 위해서 일하도록 만들고 있다.

AIPAC의 가장 중요한 사업은 유대인들의 유권자 등록과 투표 참여이고 정치기금 모금이다. AIPAC은 철저하게 유대인 커뮤니티의 재원으로 활동을 한다. 어떠한 재단이나 정부의 지원금을 받지 않는다. 철저하게 비정파 무정당 원칙이다. 오직 유대인 커뮤니티의 이해를 대변한다.

그래서 AIPAC은 텔아비브에 사무소가 있다. AIPAC의 사무총장이 이스라엘을 방문하면 이스라엘은 정파를 초월하여 그와 외교, 안보 정책을 논의한다.

한인유권자센터가 LA 4.29 폭동에 놀라고 이 AIPAC을 벤치마킹해서 설립된 지 10년이 흘렀다. 10년 동안은 한인사회 주류(?)로부터 별 관심을 받지 못했지만 여하튼 우리는 10년 동안 자력으로 몰표를 행사할 수 있는 만 명의 한인 유권자를 만들어 냈다.

한인과 유대인은 흡사한 점이 많다. 그래서 한인들을 동양의 유대인이라고도 한다. 미주 한인사회를 위해서도 한반도의 평화를 위해서도 AIPAC의 역할과 유권자 센터의 역할은 너무나도 닮았다.

유대인들과 다르지 않게 한인들도 스스로 도와야 하고 스스로 지켜야 하는 것이 거의 운명적인 과제이다. 부시 대통령 제2기가 막 출범하는 이때에 홀로코스트 60년을 기념하는 AIPAC이 우리에게 던져주는 교훈이 각별하다.

〈저자 주: 유대인의 정치인들은 미국의 공화당과 민주당에 골고루 들어가 있다. 그 이유는 유사시 정권이 다른 당으로 바뀌었다고 해도, 그 당과도 협력하여 유대인이 생존하기 위함이다. 그러나 실질적으로는 민주당에 더 많이 분포되어 있다. 그 이유는 보수당인 공화당보다 진보인 민주당이 인종차별적인 면에서 덜하기 때문이다. 공화당은 유럽인(Caucasian, 코케이션 = 백인)을 주체로 한 백인 우월주의가 강한 편이라, 과거에 소수민족인 유대인을 많이 멸시했다.)

> "2차 대전에서 미군의 파병이 조금만 빨랐어도
> 수백만 유대인들이 그렇게 죽지 않았을 텐데…"

III
한국인의 생활 예식을 통한 고난의 역사교육에 적용

1. 결혼식 순서에 신랑신부가 포도주잔 깨는 순서를 넣자

한국인의 교육 중 한국 민족의 고난의 역사를 기억하게 하는 교육 방법을 창안한 경우는 저자가 아는 한 극히 드물다. 설사 있다고 해도 한국 민족 전체가 실천하는 것이 아니고, 어떤 한 개인이나 한 공동체가 실천하는 것일 것이다.

이제 한국인도 유대인의 생활 예식을 통한 고난의 역사를 기억하는 방법을 벤치마킹하여 고난의 역사를 다음세대에 기억하게 해야 한다. 따라서 한국인도 유대인처럼 결혼식 때에 한국의 가장 처절했던 고난의 역사를 기억하는 이벤트를 만들어야 한다.

가장 처절했던 고난의 역사는 무엇인가? 두 가지 사건, 즉 일본 제국에게 나라를 빼앗긴 날과 6.25 전쟁일 것이다. 전자는 외침에 의한 국치일(國恥日)일 것이고, 후자는 동족상잔(同族相殘)의 날, 즉 북괴 공산주의자들의 침략으로 자유 대한민국이 엄청난 피해와 분단의 고통을 겪어야 했던 비극의 날이다.

〈저자 주: 국치일에 관해서는 저자의 저서 유대인의 고난의 역사교육 시리즈 제4권 *고난을 기억하는 유대인 절기교육의 파워* 중 제3장 VIII. 6. A. '국치일의 역사적인 배경'과 B. '대한제국이 침탈된 경술국치일'을 참조하고, 6.25 전쟁에 관해서는 본서 제4장 '유대인의 고난의 역사 현장 교육' 중 III. 5. C. '고난의 역사 현장4: 북한 공산당 김일성의 침략' 참조〉

따라서 한국인도 유대인처럼 결혼식 순서에 신랑 신부가 포도주잔을 깨뜨리는 순서를 넣어야 한다. 가장 기쁜 날 가장 비극적인 사건을 기억하기 위함이다. 순서는 주례 목사의 축도가 끝난 후 신랑신부가 퇴장하기 전이 좋을 것이다. 특히 교회사적 관점에서 대한민국은 동양의 예루살렘, 혹은 20세기의 예루살렘이라는 점에서 그 의미가 크다.

신랑은 포도주 잔을 깨기 전에 주례 보는 랍비와 3대가 함께 참석한 많은 증인들 앞에서 아무리 즐거운 날이 온다 하여도 예루살렘 성전을 결코 잊지 않겠다는 서약으로 시편 137편 5-6절 말씀을 외친다(현용수, *성경이 말하는 남과 여, 한 몸의 비밀*, p. 198).

예루살렘아! 내가 너를 잊을진대 내 오른손이 그 재주를 잊을지로다. 내가 예루살렘을 기억지 아니하거나 내가 너를 나의 제일 즐거워하는 것보다 지나치게 아니할진대 내 혀가 내 입천

장에 붙을지로다. (시 137:5-6)

그리고 포도주잔을 발로 힘차게 밟아 깨뜨린다. 이 시는 시편 기자가 유대인이 바벨론 포로기에 강변에 앉아 시온을 기억하며 울며 지은 시다. 만약 예루살렘 성전을 잊게 되면 오른손이 재주를 잃고, 혀가 입천장에 붙어 벙어리가 되는 저주라도 달게 받겠다는 비장한 각오가 담겨 있다.

그러면서 외국 타향에서 포로로 잡혀온 고통스런 생활 속에서도 예루살렘 성전을 가장 큰 기쁨으로 놓고 살겠다는 시다. 전 세계에 살고 있는 모든 유대인들이 언제 어디에서든 결혼식이 거행될 때마다 이런 맹세를 한다고 생각해 보라. 이런 교육이 하나님을 사랑하고 조국과 민족을 사랑하는데 얼마나 큰 영향을 미치겠는가(현용수, p. 199)!

따라서 한국인도 결혼식 날 신랑신부는 물론 그 장소에 참여한 모든 지인들이 국치일과 6.25 전쟁의 비극을 기억할 때 얼마나 하나님을 사랑하고 조국과 민족을 사랑하는데 큰 영향을 미치겠는가!

**한국인도 유대인 결혼식처럼
가장 처절했던 고난의 역사를
기억하는 이벤트를 만들어야 한다.**

2. 저자가 실천한 6.25 전쟁을 기억하는 방법

저자는 미국에서 개척교회 담임(쉐마선교교회)을 한 적이 있었다. 당시 다음세대에게 1세대의 고난의 역사를 어떻게 기억하게 할까를 고민하다가 다음과 같은 프로그램을 창안했다.

시기는 1995년도 6.25 전쟁 기념일 때였다. 저자는 절기 행사를 총 3부로 구성했다. 제1부는 대예배, 제2부는 점심식사, 제3부는 6.25 전쟁 기념 이벤트다.

제1부 대예배 때에는 온 가족 3세대가 함께 앉게 했다. 물론 다른 주일에도 유대인처럼 3세대가 함께 예배를 드렸다. 설교 제목은 '기독교와 6.25 전쟁'이었다. 유대인이 예루살렘 성전이 파괴되었을 때의 비통함에 대하여 설교(렘 39:1-10)했다.

그러면서 6.25 전쟁으로 인한 교회의 참화를 설명했다. 공산당 군인들이 얼마나 많은 기독교인들을 잔인하게 학살했는지를 통계를 들어 설명했다. 주보에는 애국가를 부르는 순서를 넣었다. 애국가를 불렀을 때는 성경을 봉독할 때처럼 모두 일어나 부르게 했다.

제2부 점심시간에는 가족별로 앉게 했다. 그리고 자녀들에게 6.25 전쟁 시기에 배고픔을 체험하게 했다. 할머니 권사님들이 만들어 온 그 당시에 가장 가난한 사람들이 먹었던 작은 주먹밥인 보리떡 한 개와 개떡 한 개씩을 주고 먹게 했다. 더 달라고 해도 주지 않았다. 이 떡은 당시 고난을 기억시키는 고난의 떡이다.

그리고 신명기 32장 7절에 근거하여 자녀들에게는 왜 그런 음식을 먹어야 하는지를 조부모나 부모에게 묻도록 했다. 그리고 각 가정의 세대주는 왜 오늘 그런 음식을 먹어야 하는지를 자녀들에게 설명해 주도록 했다.

이런 교육 방법은 유대인이 유월절을 지키는 방법에도 나와 있다.

> 이 후에 너희 자녀가 묻기를 이 예식이 무슨 뜻이냐 하거든 너희는 이르기를 이는 여호와의 유월절 제사라 여호와께서 애굽 사람을 치실 때에 애굽에 있는 이스라엘 자손의 집을 넘으사 우리의 집을 구원하셨느니라 하라 하매 백성이 머리 숙여 경배하니라. (출 12:26-27)

〈저자 주: 자세한 것은 저자의 저서 유대인의 고난의 역사교육 시리즈 제4권 '*고난을 기억하는 유대인 절기교육의 파워*' 중 제3장 Ⅵ. '유월절을 통한 고난의 역사 교육' 참조〉

제3부는 먼저 저자가 6.25 전쟁에서 어머니와 함께 겪었던 참혹한 체험담을 증언했다. 신명기 32장 7절에 근거하여 6.25 전쟁을 겪지 못했던 자녀들이 어른들에게 물었을 때 답변을 하는 형식을 취한 것이다.

> 옛날을 기억하라 역대의 연대를 생각하라 네 아비에게 물으라 그가 네게 설명할 것이요 네 어른들에게 물으라 그들이 네게 이르리로다. (신 32:7)

그리고 성가대 지휘자가 30분 정도 애국가와 6.25 노래를 자녀들에게 집중적으로 함께 부르며 가르치게 했다. 제1절을 소개한다(부를 때는 3절까지 모두 부른다).

"아-아 잊으랴 어찌 우리 이 날을
조국을 원수들이 짓밟아 오던 날을
맨 주먹 붉은 피로 원수를 막아내어
발을 굴러 땅을 치며 의분에 떤 날을
이제야 갚으리 그날의 원수를
쫓기는 적의 무리 쫓고 또 쫓아
원수의 하나까지 쳐서 무찔러
이제야 빛내리 이 나라 이 겨레"

먼 타향 미국에서 6.25 전쟁을 경험했던 어른들은 눈물을 흘렸다. 자녀들은 멋도 모르고 엄숙한 표정을 지으며 차츰 어른들에게 동화되어 갔다. 저자는 영어로 그 노래의 뜻을 통역해 주었다.

그 후 40분 정도 처절했던 6.25 전쟁 기록 영화를 온 교인이 가족별로 앉아서 감상했다. 그 영화는 로스앤젤레스 주재 한국문화원에서 빌려왔다. 한국말을 모르는 자녀를 위하여 저자가 영어로 통역을 했다.

영화가 끝난 후 부모와 자녀가 함께 조국 대한민국과 한민족을 위하여 기도하는 시간을 가졌다. 기도할 때에는 가족끼리 서로 손을 잡게 했다. 기도를 한 후에는 모두 일어나 둥글게 원을 만들고 손에 손을 잡게 하고 애국가를 부른 후 대한민국 만세삼창을 불렀다. 마지막은 저자의 축도로 끝냈다.

제3부 순서가 끝난 후 가족끼리 서로 포옹하게 하고, 다시 온 교

인이 돌아가며 악수하는 순서를 가졌다. 저자가 모든 순서에서 가족을 중요하게 여긴 것은 가족 내의 세대 차이를 막기 위해서이다. 〈물론 한국에서는 해외 동포들과는 달리 다른 순서로 할 수도 있을 것이다.〉

앞으로 이러한 고난의 역사를 기억시키는 방법들은 절기뿐만 아니라 일상생활의 예식을 통해서도 되도록 많이 창안하여 다음세대 교육에 활용해야 한다. 그리고 이러한 운동은 국민 중 일부만이 실천하는 것이 아니라, 온 국민이 실천하는 예식으로 만들어야 할 것이다. 그래야 가정과 교회 그리고 나라를 살릴 수 있다.

6.25 전쟁 기념일 행사를 총 3부로 구성했다.
"아-아 잊으랴 어찌 우리 이 날을
조국을 원수들이 짓밟아 오던 날을

가문의 고난의 역사를
기억하는 방법

I. 키신저의 예: 가사 도우미였던 어머니의 고난에 감사

II. 저자의 예: 광주리 장사를 했던 할머니의 고난을 아들들에게 전수

III. 지난 500년간 역사상 가장 불행했던 이들은 누구였을까

> # I
> # 키신저의 예:
> # 가사 도우미였던
> # 어머니의 고난에 감사

유대인은 다음세대에 민족과 국가의 고난의 역사만 전수하는가? 아니다. 개인의 가문의 고난의 역사도 전수한다. 물론 그 역사 속에는 가문의 영광스런 업적도 전수한다. 그 예로 유대인 키신저의 예를 들어보자.

헨리 키신저 (Henry Alfred Kissinger)는 1923년 5월 27일 독일 바이에른 주 퓌르트에서 태어났다. 유대인이었던 그의 가족은 독일 나치의 박해를 피해 1938년 피난민 신분으로 미국 뉴욕으로 건너갔다. 키신저의 나이는 15세였다.

그는 하버드 대학교에서 정치학 학사[숨마 쿰 라우데(최우수) 등급], 석사, 박사 학위를 받았다. 그리고 거기서 국제 관계에 관한 강의를 하였다. 1969년 닉슨 행정부가 출범 한 후 1973년에 윌리엄 로저스 국무 장관이 사임하자 56대 국무 장관이 되었으며, 포드 행정부 때까지 그 직을 맡았다. 1972년 《타임》 지의 '올해의 인물'로 선정된 데 이어 1973년에는 베트남전 해결을 위한 노력을 인정받아 노벨 평화상을 수상했다(위키백과).

유대인 키신저는 15세에 독일의 나치를 피해 난민으로 미국에 이민 왔다. 그는 식모였던 어머니의 고난을 고맙고 자랑스럽게 생각한다. 사진은 국무장관 시절 철의 장막을 걷어내기 위해 모택동을 만나는 장면

키신저는 자신의 아버지(Louis Kissinger)에 대해 '그는 가정의 모든 결정권을 가지고, 필요를 채워주는 결단력이 강한 아내(an earthy wife, Paula Kissinger)를 가진 행운의 남자'라고 했다. 왜냐하면 나치를

피해 미국으로 가자고 우긴 이가 어머니였기 때문이다. 당시 아버지는 자신 주변에 나치라는 악이 자라는 줄도 모르고 미국 오는 것을 망설였다고 했다.

그의 아버지는 독일에서는 학교교사를 했지만 미국에 건너온 후 생존을 위해 경리일(a bookkeeper)을 보았다. 어머니는 처음에 영어를 몰라 맨해탄에 북쪽에 위치한 워싱턴 하이츠(Washington Heights)에서 돈을 벌기 위해 식모살이(a cook and a caterer)를 했다. 그 돈으로 키신저를 고등학교와 대학 등록금을 내주었다.

〈New York Times, P. Kissinger, 97, *The Mother Of a Statesman*, https://www.nytimes.com/1998/11/16/nyregion/p-kissinger-97-the-mother-of-a-statesman.html, 1998〉.

물론 키신저도 고등학교 때부터 2년제 대학을 졸업할 때까지 학비를 벌기 위해 방과 후 공장에서 일을 했다(Wikipedia). 키신저는 후일 그의 자서전에서 식모 출신의 어머니를 고맙고 자랑스럽게 여겼다.

II
저자의 예: 광주리 행상을 했던 어머니의 고난을 아들들에게 전수

저자는 아들들이 어렸을 때부터 대학을 다닐 때까지 한국에 다섯 차례 데리고 왔다. 한국에 오면 저자가 자라난 충청북도 보은군 수한면 소계리 가막제에 들리곤 했다. 그곳에 아버님의 산소가 있고 저자가 14세까지 살던 흔적이 있기 때문이다.

그곳에 가서 산소 앞에서 추모예배를 드린 후 예전에 어머님이 행상을 하던 길과 내가 거주했던 집들 그리고 내가 다녔던 학교를 방문하며 옛날 고생했던 이야기를 그들에게 들려주었다. 그들 할머니의 고난을 설명할 때는 눈물이 나기도 했다.

저자 가정의 행복은 6.25 전쟁이 한 순간에 앗아갔다. 전쟁 시기에 아버님과 가장 큰 형님들 두 분이 거의 동시대에 돌아가셨다. 아버님과 큰 형님은 극심한 고생으로 병을 얻어, 둘째 형님은 북괴군과 싸우다가 전사하셨다(육사 8기생 장교).

어머님은 졸지에 나머지 5남매의 생존을 책임지는 40대 초반의 청상과부가 되셨다. 남의 집 문간에서 빌붙어 살다가 그 집에서 쫓겨 난 후 착한 교장 선생님을 만나 수한초등학교의 조그만 관사로 이사를 갔다.

어머님은 매일 밤 누워 자는 자식들을 보시며 한 없이 우셨다고 하셨다. 당시 어머님의 가장 큰 소원은 "막내 아들 용수(당시 3세)를 13세까지 굶기지 않고 키워 남의 집 머슴으로 주는 것"이라고 말씀하셨다. 왜냐하면 당시 부자 집에서는 소년이 13세가 되지 않으면 밥만 축낸다고 머슴으로 받아주지를 않았기 때문이다.

그런데 저자는 육신의 아버님은 돌아가셨지만 하나님 아버님이 계셔서 오늘날 저자가 있게 된 것이다. 그 후 어머님은 학교 뒷산 언덕에 호박을 키워 자식들에게 초겨울까지 호박죽을 먹이셨다. 그리고 생계를 위해 광주리 행상을 시작하셨다. 보은읍에서 미제 알파벳 모양의 과자들을 받아다가 마을 주변 험한 산골 집들을 찾아다니며 팔고 다니셨다.

"이거 안사주면 우리 자식들 5남매가 모두 죽어요. 조금만 사주세요. 전쟁 통에 남편과 큰 아들 둘을 잃었습니다."

사실은 구걸하기가 민망해 과자를 사달라는 것이었다. 저녁에 집에 오실 때에는 머리에는 광주리를 이고 한손에는 보리쌀, 좁쌀,

저자의 어머니(이순례, 좌)는 6.25 전쟁 후 청상과부로 광주리 행상을 하면서 5남매를 힘겹게 키우셨다. 저자는 그분의 고난을 아들들에게 반복하여 전수했다. 사진은 저자(우)가 미국에서 박사학위를 받은 후 졸업식에 참석하지 못한 어머니를 위해 박사모를 미국에서 한국에 가져와 어머니께 씌워드린 후 저자와 함께 한 장면

콩 등을 조금씩을 갖고 오셨다. 어머님은 우리 형제들에게 그것으로 죽을 쑤어 주셨다.

저자는 고향을 찾을 때마다 아들들에게 차안에서 이런 얘기를 반복해 들려주었다. 그리고 고향에 가서는 부모님 산소는 물론 저자가 살았던 초가집과 수한초등학교 그리고 어머님이 장사를 다니셨던 곳을 데리고 다니며 그들 할머니의 고난의 역사 현장을 보여주었다.

〈자세한 것은 '쉐마교육 개척기'(저자의 자서전), 2012, pp. 52-54 참조〉

저자는 아들들에게 이렇게 말했다.

"수많은 여성들 중에 아버지가 가장 존경하는 여자가 누군지 아느냐? 바로 너희 할머님이다. 왜냐하면 그분은 이대나 숙대 출신이 아니라, 광주리 행상을 하며 아버지를 키웠기 때문이다. 나는 너희 할머님을 자랑스럽게 여긴다"

훗날 저자가 자서전을 쓸 때 아들들이 이렇게 말했다.

"아버지, 그 책에 할머니의 고난의 역사도 꼭 넣으세요"

그 뿐만이 아니다. 저자는 부친의 얼굴도 모르고 자랐다. 그래서 어머니 쪽 이모일가와는 가깝게 지냈지만, 아버지 쪽은 잘 몰랐다. 저자는 어머니가 돌아가시기 전에 현가(玄家)네 가문의 역사를 알기 위하여 어머니가 미국에 계실 때 밤에 녹음기를 틀어놓고 저자가 질문하면 어머니가 답변하게 했다. 저자가 그것을 알아야 다음세대에 그것을 전할 수 있지 않겠는가! 그래야 현가네 가문의 역사의 단절을 막지 않겠는가!

"어머님은 처음 아버지를 어떻게 만나셨나요?"
"처음 아버지를 만났을 때 인상이 어땠나요?"
"어머니의 어린 시절과 이(李)가네 족보는 어땠나요?"
"아버지의 어린 시절과 현(玄)가네 족보는 어땠나요?"
"시아버지는 어떤 분이었나요?"
"왜정시대에 일본 순사는 얼마나 악했나요?"
"6.25 전쟁 때 북괴군은 우리 집에 어떤 악을 저질렀나요" 등 등

한 가문의 역사교육, 이것은 꼭 가르쳐 전수해야 한다. 그래야 다음세대들이 자신들의 뿌리를 알 수 있기 때문이다. 저자가 자서전을 쓴 이유 중 하나도 여기에 있다.

〈저자 주: 뿐만 아니라 저자는 아들들에게 한국어와 한국문화 그리고 한국의 역사를 가르치기 위하여 천안에 있는 독립기념관, 서대문 형무소, 용산의 6.25 전쟁기념관, 부산 유엔군 묘지, 거제도 포로수용소, 현씨네 족보를 만드는 종친회, 남해 지역의 이순신 기념관 그리고 여수 손양원 목사 기념관 등을 함께 방문했다. 차안에서 그리고 각 지역에서 그곳의 역사를 설명해 주었다. 아들들에게 대한민국의 고난의 역사교육을 시키기 위함이었다.〉

"수많은 여성들 중에 아버지가
가장 존경하는 여자가 누군지 아느냐?
너희 할머님이다. 왜냐하면…"
– 쉐마교육 개척기 –

III
지난 500년간 역사상 가장 불행했던 이들은 누구였을까

〈저자주: 제7장에서는 '가문의 고난의 역사를 기억하는 방법'에 대하여 살펴보았다. 유대인의 예로는 키신저의 예를, 그리고 한국인의 예는 저자의 어머니의 예를 들어 설명했다. 그렇다면 우리 조상들 중 가장 어려웠던 시기에 살았던 이들은 누구였을까?

5000년의 한국 역사를 모두 살핀다는 것은 힘들다. 따라서 "지난 이조시대 500년간 역사적으로 가장 암울한 시대를 살았던 이들은 누구였을까?"에 대하여 알아보자. 본 칼럼은 KDI 김대기 교수가 조선일보에 '수난의 민족사 알고도 사드 배치 반대하는가'란 제목으로 쓴 글의 일부다(2017년 8월 14일)〉.

지난 500년간 우리 역사상 가장 불행했던 이들은 누구였을까? 1580년쯤 태어나 1640년을 넘기며 살았던 사람들일 것이다. 이들은

10대에 임진왜란을, 40대에 정묘호란을, 50대에 병자호란을 맞았다. 기록에 남아 있는 당시 참상은 상상을 초월한다.

류성룡은 징비록에 "굶주림이 만연하고 역병까지 겹쳐 대부분 죽고 백 명에 한 명꼴로 살아남았다. 부모 자식과 부부가 서로 잡아먹을 지경에 이르러 죽은 사람의 뼈가 잡초처럼 드러나 있었다"고 임진왜란의 참상을 기록했다.

정묘호란과 병자호란 때도 마찬가지이다. 인조실록에 보면 후금군이 철수하면서 백성을 어육으로 만들고 수만 명을 잡아가서 노예로 팔았다고 한다.

그 다음으로 살기 어려웠던 시기는 아마도 조선이 망하기 직전인 19세기 후반일 것이다. 이번에도 중국과 일본이 들어와 나라를 도륙했다. 일본군이 동학혁명 농민을 얼마나 많이 죽였는지 "계곡과 산마루는 농민 시체로 하얗게 덮였고, 개천은 여러 날 동안 핏물이 흘렀다"고 기록되어 있다.

이 외에도 우리 민족의 수난사는 6·25 전쟁을 비롯해 수없이 많다. 그런데 이들 수난사에는 공통점이 하나 있다. 바깥세상이 어떻게 바뀌는지 모르고 내부에서 우리끼리 열심히 싸우다가 당했다. 왜란이 일어난 16세기는 대항로가 잇달아 개척되면서 앞선 국가들이 낙후된 국가를 약탈해 부를 쌓던 시기이다.

누가 먼저 선진 문물을 받아들이느냐 여부가 나라의 운명을 갈랐다. 일본은 1543년 포르투갈로부터 조총을 비롯한 선진 문물을 받아들였다. 그리고 전국시대(戰國時代)의 치열한 내전을 겪으며 전투력을 키웠다.

반면 당시 조선은 성리학에 푹 빠져 세계가 어떻게 돌아가는지 관심이 없었다. 대마도에서 조총을 전수받았지만 무시해버렸다. 국내 정치는 사화와 당파 싸움으로 정신이 없었다. 1589년 서인(西人) 정철 주도로 동인 계열 반대파를 무려 1000여명이나 처단한 기축옥사가 일어났다.

이로 인해 조선 사회는 멘붕에 빠졌고 3년 뒤 왜란을 당했다. 전쟁이 끝나고도 우리 조상은 달라진 것이 없었다. 대륙의 주인이 청나라로 바뀌는데도 명에 대한 충성만 고집했다. 조정은 하루빨리 국력을 키울 생각보다는 인조의 생부를 왕으로 추숭할지 문제로 10년 가까운 세월을 허비했다. 1635년 인조는 결국 부모님을 종묘에 모시는 데 성공했지만 그다음 해 병자호란으로 나라는 쑥대밭이 되었다.

국민의 '설마'하는 안보 불감증도 문제이다. 1592년 4월 왜군이 부산 앞바다에 쳐들어왔을 때 오랑캐들이 형님 나라에 조공하러 오는 줄 알았다고 한다. 단 1주일 만에 한양이 무너진 이유다. 1636년 12월 청나라가 압록강을 건너 공격했을 때 비상 봉화가 타올랐지만 도원수 김자점은 이를 무시했다.

"설마 이 추운 겨울에 공격하겠는가." 그리고 5일 만에 한양이 함락됐다. 1904년 러·일 전쟁을 벌이려는 일본의 야욕에 대해 군부 최고 책임자 이용익은 "대한제국은 중립을 선언했으니 아무 문제가 없을 것"이라고 장담했다.

우리가 겪은 수난은 거의 다 중국과 일본에 의해 일어났다. 근자에 그들이 G2, G3 국가가 되어 다시 꿈틀거리고 있다. 2017년 8월 초 중국 건군 기념식에서 시진핑 주석이 군복을 입고 군대를 열병하는 것은 보기에도 섬뜩하다.

어쩌다 보니 우리는 중국과도, 일본과도 관계가 좋지 않은 상황이 되었다. 그나마 다행인 점은 미국이 우리 곁에 있다는 것인데 미국 역시 예전 같지 않다. 미국이 언제까지 우리 곁에 있으리라 생각한다면 그것은 엄청난 착각이다. 반성 없는 역사는 무늬만 바뀔 뿐 계속 반복된다고 한다.

제 8 장

제4부 요약 및 결론

제4부의 주제는 '유대인의 고난의 역사 교육 방법'이다. 모두 7장으로 구성되었다. 그 분량은 무려 고난의 역사교육 시리즈 3권(제3권 제4권 제5권)에 나누어 설명할 정도다. 그 정도로 방대하고 중요하다는 것이다.

제1장 '자녀들은 질문하고 아비는 설명하라', 제2장 '유대인은 끝까지 악을 물리쳐 정의를 구현한다'는 제목은 고난의 역사교육 시리즈 제3권 후반부에서 설명했다. 그리고 제3장 '고난의 역사교육을 위한 유대인의 절기 교육'은 분량이 많아 제4권 전권에 설명했다.

제4장 '유대인의 고난의 역사 현장 교육', 제5장 '유대인의 고난의 역사박물관 교육', 제6장 '고난의 역사를 기억하는 교육방법을 창안', 그리고 제7장 '가문의 고난의 역사를 기억하는 방법' 등은 제5권에서 설명했다.

대부분 부모들은 자녀들에게 "너는 커서 위대한 인물이 되라"고 한다. 그러나 어떻게(how) 그런 인물이 되는지는 모른다. 그러니 그 방법을 실천할 수도 없다. 전자가 '무엇'(what, 목표)이 되느냐에 관한 주제라면, 후자는 '어떻게'(how, 방법)에 관한 주제다. 전자가 교육의 결과, 즉 열매라면 후자는 교육의 과정이다. 과정 없는 결과는 기대하기 힘들다. 제4부는 유대인을 모델로 한 '어떻게'에 관한 내용을 담는 주제다.

역사적으로 세계에서 가장 위대한 인물은 누구인가? 그리고 온 인류가 가장 본받아야 할 분은 누구인가? 첫째는 인류의 구원자 예수님이시고, 그 다음은 구약의 모세와 신약의 바울이다. 그분들은 어떤 교육을 받으셨기에 그런 위대한 인물이 되셨는가?

인성교육학적인 입장에서 모두 유대인의 고난의 역사교육을 받으셨다. 이것은 인성교육의 본질인 수직문화를 형성하는데 그만큼 고난과 고난의 역사교육이 중요하다는 것을 뜻한다. 그 결과 세 분 모두 이스라엘 나라와 유대민족을 사랑하시는 애국 애족자가 되셨다.

예수님은 사랑하시던 이스라엘 백성과 조국 예루살렘을 위하여 우셨다. 이것은 예루살렘 성이 로마군의 군화에 짓밟혀 처절하게 멸망할 것을 예견하시고 우신 것이다(눅 19:41-44).

〈저자 주: 예수님의 다섯 가지의 눈물에 대해서는 제3부 제3장 V. 2. A. '예수님의 눈물' 참조〉

구약의 모세와 신약의 바울도 자기 민족을 위하여 목숨을 걸만큼 끔찍하게 사랑했다. 모세는 이스라엘 백성의 죄악으로 인하여

진멸하시겠다는 하나님의 경고(출 32:10)를 받고는, 하나님에게 "합의하시면 이제 그들의 죄를 사하시옵소서 그렇지 않사오면 원컨대 주의 기록하신 책에서 내 이름을 지워 버려 주옵소서"(출 32:32)라고 간구했다.

선교사의 모델이 되었던 바울은 자기 동족의 구원을 얼마나 소원했던가! 그는 "나의 형제 곧 골육의 친척을 위하여 내 자신이 저주를 받아 그리스도에게서 끊어질지라도 원하는 바로라"(롬 9:3)라고 간구했다.

이것은 무엇을 뜻하는가? 기독교인도 자신의 자녀들이 이런 역사적으로 가장 위대한 인물을 만들기 위해서는 유대인처럼 고난의 역사교육 방법을 본받아야 한다. 그 방법이 하나님의 방법이기 때문이다. 그 결과 예수님의 형상을 닮은 사람은 부모를 공경하고 나라와 민족을 사랑하는 사람이 되어야 한다. 다른 민족의 영혼 구원을 위한 선교는 하면서, 자신의 부모나 민족을 위하여 울면서 기도하지 않는 사람은 잘못된 신앙을 가진 사람이다.

"너는 커서 위대한 인물(what)이 되라"고 하지만
어떻게(how) 그런 인물이 되는지는 모른다.
제4부는 '어떻게'에 관한 내용을 담는 주제다.

제5부

왜 인간에게 고난이 중요한가 〈고난이 주는 유익〉

〈저자 주: 고난의 역사교육 시리즈 제1권 '*하나님의 독수리 자녀교육*'(쉐마, 2014)에서는 하나님이 인간의 전인교육을 어떻게 시키는지에 대하여 설명했다. 그 중 '광야교회의 목적' 중 하나님의 고난교육을 자세하게 설명했다. 그리고 제3권 제3부 '유대인의 고난의 역사신학'에서는 제4-1장 '고난의 역사교육, 왜 필요한가: 인성교육학적 입장'과 제4-2장 '고난의 역사교육, 왜 필요한가: 신학적 입장(유대인이 고난의 역사를 기억하는 이유)'을 설명했다. 이것은 '고난의 역사교육'의 유익에 대한 설명이다.

그러나 제5부에서는 인간에게 '고난' 자체가 어떤 유익을 주는지를 종합적으로 정리한 것이다. 그러나 이전의 책 내용과 중복되는 부분은 간단히 처리했다.〉

제5부 차례입니다

제1장 서론: 하나님의 본심은 인간의 행복이다
    I. 하나님은 왜 인생의 낙을 누리게 하셨나
    II. 왜 마귀는 불행을, 예수님은 행복을 주시나

제2장 하나님이 인간에게 고난을 주시는 이유
    I. 문제 제기
    II. 고난은 인간의 타락과 교만을 절제시킨다
    III. 하나님이 자신의 백성에게 고난을 주시는 두 가지 이유
    IV. 고난과 감사 및 행복의 상관관계

제3장 인간에게 고난이 유익한 이유
    I. 사상은 왜 고난의 사막에서 나오나
    II. 고난은 어떻게 인내와 의지를 강하게 하는가
    III. 고난의 시험을 이긴 자는 어떤 보상을 받는가

제4장 하나님이 자녀를 출세시키는 법
    I. 인간과 하나님의 자녀 출세시키는 법 차이
    II. 고난을 겪는다고 모두 유대인처럼 강한가
    III. 유대인은 왜 고난을 극복하기 위해 웃는가 〈고난 극복 방법〉

제5장 제5부 요약 및 결론

서론

하나님의 본심은 인간의 행복이다

I. 하나님은 왜 인생의 낙을 누리게 하셨나

II. 왜 마귀는 불행을, 예수님은 행복을 주시나

I 하나님은 왜 인생의 낙을 누리게 하셨나

인간의 인생은 고단한 것이다. "사람의 생애는 울음으로 시작하여 통곡으로 끝난다"〈권혁제, *대담한 낙천주의자*(전도서 논문), 쉐마교육학회〉. 그 과정 또한 수고와 슬픔의 연속이다. 시편 기자는 "우리의 연수가 칠십이요, 강건하면 팔십이라도 그 연수의 자랑은 수고와 슬픔뿐이요"(시 90:10)라고 했다. 인생은 고통의 바다, 즉 고해(苦海, the sea with affliction)다(슥 10:11).

그렇다면 우리는 이런 질문을 할 수 있다. 하나님은 인간을 창조하신 목적이 수고와 슬픔, 즉 고통(고난)을 주시기 위함인가? 인간을 향한 하나님의 본심은 무엇인가? 인간을 괴롭히어 불행하게 만들기 위함이 아니다.

> 이는 주께서 영원토록 버리지 않으실 것임이며 저가 비록 근심
> 케 하시나, 그 풍부한 자비대로 긍휼히 여기실 것임이라. 주께서
> 인생으로 고생하며 근심하게 하심이 본심이 아니시다. (애 3:31-33)

〈저자 주: 물론 인간의 수고와 고통의 시작은 에덴동산에서 쫓겨난 후부터다(창 3장). 그러나 문제는 그런 수고와 고통은 하나님의 백성이 된 이후에도 지속된다는 데 있다.〉

지혜자 솔로몬은 하나님이 "사람마다 먹고 마시는 것과 수고함으로 낙을 누리는 것을 선물로 주셨다"(전 3:13)는 것을 깨달았다. 그도 이전에는 그것을 몰랐는데 늦게 그것을 깨달았다고 했다. 이것이 주전 940년경이니 지금부터 약 3000년 전의 얘기다.

즉 하나님이 사랑하시는 자기 백성을 일평생 사는 동안 죽도록 일만하면서 고생만 하도록 내버려 두지 않으시고, 수고함의 대가로 이 땅에 사는 동안 풍성하게 누리는 복을 주셨다는 것이다. 요즘 말로 '낙을 누리는 것'은 '웰빙'(well-being)을 뜻한다.

> 사람이 하나님의 주신 바 그 일평생에 먹고 마시며, 해 아래서
> 수고하는 모든 수고 중에서 낙을 누리는 것이 선하고 아름다움
> 을 내가 보았나니, 이것이 그의 분복이로다. (전 5:18)

솔로몬이 일생을 통해 깨달은 것은 "해 아래서 수고하는 모든 수고 중에서 낙을 누리는 것이 선하고 아름답다(Then I realized that it is good and proper)"(전 5:18b)는 것이었다. 이것이 그의 분복이라고 했다(전 5:18c). 그러면서 희락(the enjoyment of life)을 칭찬했다(전 8:15a). '낙을 누리는 것'은 '희락'이다. 그것은 '먹고 마시고 즐거워하는 것'이다.

솔로몬은 해 아래 이보다 나음이 없다고 말했다. 그러면서 그는

"하나님이 사람으로 해 아래서 살게 하신 날 동안 수고하는 중에 이 것이 항상 함께 있을 것이니라"(전 8:15c)고 전했다.

〈더 자세한 것은 '*자녀들아 돈은 이렇게 벌고 이렇게 써라*'(현용수, 쉐마, 2015), 제4부 제2장 I. 3. '인생에 낙을 누려라' 참조〉

또한 하나님은 죄로 인하여 고난을 겪었던 유대인에게 그분의 본심을 이렇게 밝히셨다.

> 나 여호와가 말하노라 너희를 향한 나의 생각은 내가 아나니, 재앙이 아니라 곧 평안이요, 너희 장래에 소망을 주려 하는 생각이라. (렘 29:11)

따라서 유대인은 매주 돌아오는 안식일이나 다른 절기 때에도 가장 좋은 음식을 푸짐하게 차려놓고 온 가족이 떡을 떼며 말씀을 토론하며 즐긴다. 부림절이나 결혼식 및 성년식 때는 경쾌한 음악에 맞추어 온 회중이 마음껏 춤을 추기도 한다. 그들은 인생을 즐길 줄을 안다. 그리고 자녀들에게 어떤 경우라도 낙천적으로 살아야 한다고 가르친다(현용수, 고난을 기억하는 유대인 절기교육의 파워, 2018).

**"사람의 생애는
울음으로 시작하여 통곡으로 끝난다"
이것이 하나님의 본심인가?**

II
왜 마귀는 불행을, 예수님은 행복을 주시나

이런 성경적인 행복론은 신약시대에 성도들에게도 마땅히 적용된다. 성령을 받은 이들의 특징도 빛의 자녀로서 환경이 어떻든 간에, 즉 환난 중에서도 즐거움이 충만한 것이다(롬 5:3). 바울은 "주 안에서 항상 기뻐하라. 내가 다시 말하노니 기뻐하라"(빌 4:4)고 했다. 성령의 열매 9가지 중 첫 세 가지도 '사랑과 희락과 화평'이다(갈 5:22a).

이것은 구원 받은 성도는 삶 자체가 기쁨이 넘치고 행복해야 한다는 것을 뜻한다. 이것이 하나님의 본심이다. 여기에서 말하는 행복은 영혼의 기쁨뿐만 아니라 삶 전체가 하나님께서 주신 인생의 낙을 누리는 행복도 포함되어야 한다(전 3:13). 이것이 바로 요한이 말한 영혼이 잘 됨같이 범사에 잘 되고 강건한 것이다(요삼 1:2).

이것은 마치 가정의 아버지가 자녀들이 세상에서 모두 하나님의 복을 받아 인생을 누리며 행복하게 살기를 소원하는 것처럼, 하나님 아버지의 소원도 동일하다는 것이다.

〈저자 주: 물론 예수님이나 바울과 같은 특별한 사명을 가진 분들의 고난은 예외다. 제2장 이후의 글을 읽으면 이해가 된다.〉

반대로 마귀 사명의 근본 목적은 이 땅에서 행복을 줄 것 같이 거짓으로 속이어 육신의 정욕을 끝없이 채우게 하여, 마침내 타락하여 죄를 지어 불행하게 만들기 위함이다(요일 3:8-10; 계 2:10, 20:1). 그리고 마침내 사망에 이르게 한다(롬 5:17, 6:23).

그러나 하나님의 아들, 예수님이 나타나신 목적은 마귀의 일들을 멸하시려는 것이다(요한1서 3:8). 불행을 막고 생명을 살리어 행복을 주시기 위함이다(롬 5:17, 6:23). 성령을 받은 성도는 마귀에게 속한 것이 아니라 하나님께 속했다. 즉 어두움의 자녀가 아니고 빛의 자녀다(엡 5:8).

저자가 제1장에서 "하나님의 본심은 인간의 행복이다"라는 표어를 먼저 설명하는 이유가 있다. 제5부의 주제는 '왜 인간에게 고난이 중요한가(고난이 주는 유익)'다. 이를 설명하기 위해서는 '고난'이란 단어를 많이 사용한다. 일단 구약시대의 유대인 자체가 엄청난 박해를 받으며 고난을 겪었다. 신약시대에 초대교회 성도들도 그런 박해를 받으며 고난을 받았다.

그 결과 하나님은 인간을 괴롭게 하기 위하여 창조하신 것처럼 오해 할 수도 있을 것이다. 성도의 삶은 밝지 못하고 어두운 것이 당연한 것처럼 비쳐질 수도 있을 것이다. 저자는 이런 오해를 막기 위하여 미리 인간을 향하신 하나님의 본심에 대해 설명한 것이다.

결론적으로 어떤 이들은 인생을 즐기는 모든 것이 죄악인 줄 알고 금하는 이들도 있는데, 이것은 잘못된 기독교 인생관이다. 하나님은 자신의 백성에게 이 땅에서 즐기며 누리는 복을 주셨다. 따라서 성도는 이왕이면 그 복을 누리며 행복하게 살아야 한다.

**가정의 아버지가 자녀의 행복을 소원하는 것처럼,
하나님 아버지의 소원도 동일하다.**

제 2 장

하나님이 인간에게 고난을 주시는 이유

I. 문제 제기

II. 고난은 인간의 타락과 교만을 절제시킨다

III. 하나님이 자신의 백성에게 고난을 주시는 두 가지 이유

IV. 고난과 감사 및 행복의 상관관계

I. 문제 제기

1. 고난을 겪지 못한 세대에 나타난 타락상

1980-1990년대 한국은 물론 전 세계 소녀 팬들의 우상이었던 미국의 가수 '뉴 키즈 온 더 블록(New Kids on the Block)'이 있었다. 그들이 1992년 3월 17일 한국을 방문했을 때였다. 당시 한국의 어린 여중·고생 2만 여명이 "오빠!"를 부르짖으며 열광했다. 그 와중에 수십 여명이 부상을 당하고 여고생 한명이 사망했다(한국일보, 뉴 키즈 온 더 블록 방한 수십명 사상, 1992년 3월 17일).

그들이 어떻게 그녀들의 오빠가 되는가? 인성교육학적인 입장에서 왜 이러한 현상이 일어나는가? 현대에는 더 많이 일어나고 있다. 자녀들에게 온갖 사회병리현상들, 즉 비행, 범죄, 자살, 매춘, 가출, 부모 거역, 가정불화, 성적(性的) 방종, 도덕적 타락 및 향락주의 등이 동시다발적으로 일어나고 있다. 이것은 고난을 겪어보지 못한 세대에 나타난 타락상이다.

⟨저자 주: 이에 대한 출처는 저자의 이전 저서에 거의 매권마다 언급했기 때문에 지면상 이번에는 생략한다.⟩

왜 세상 학문은 점점 발달하는데 인간은 점점 타락하는가? 그런데 유대인은 어떻게 역사적으로 아브라함부터 현재까지 4000년 동안 성결한 삶을 유지해 왔는가? 인성교육학적인 입장에서 한국의 대부분 청소년들은 수평문화에 심하게 오염되어 있고, 유대인은 수직문화에 심취해 있기 때문이다.

유대인은 어떻게 자손 대대로 신본주의 사상을 가진 수직문화의 사람으로 양육하는데 성공하는가? 그들의 생존의 비밀은 무엇인가?

이에 대한 가장 중요한 답 중 하나가 유대인의 '고난 교육'과 '고난의 역사교육'이다. 두 가지 교육은 수직문화의 핵심 가치 중 하나다. 따라서 두 가지 교육을 시킨 민족과 안 시킨 민족의 차이는 매우 크다. '고난의 역사교육'에 대해서는 이전 저서에서 많이 설명했기 때문에 이번에는 '고난 교육'의 중요성에 대해 집중적으로 설명해 보자.

왜 세상 학문은 점점 발달하는데 인간은 점점 타락하는가?

2. 왜 인간의 성숙에는 '고난'이란 성장통이 필요한가

저자는 제1장에서 하나님이 인간을 향한 본심은 인간의 행복이라고 했다(애 3:33). 그런데 하나님께서는 왜 인간에게 고난을 주시는가? 그 이유는 여러 가지가 있겠지만, 우선적으로 죄성을 가진 인간이 겸손해져서 하나님의 말씀에 순종하여 하나님께 영광을 돌리는 삶을 살게 하기 위함이다.

〈"하나님께서는 왜 사랑하시는 인간에게 고난을 주시는가?"에 대한 자세한 내용은 저자의 저서 '*하나님의 독수리 자녀교육*'(쉐마, 2014), 제1권, 제1부 제2장 I. '광야교회의 목적' 참조〉

이것은 무엇을 뜻하나? 고난을 통하여 하나님의 형상을 닮은 겸손한 사람은 낙을 누리며 사는 것이 정상이라는 것이다. 즉 낙을 누릴 수 있는 과일을 얻는 과정이 바로 고난 교육이라는 것이다. 요셉이나 다윗도 고난대학을 졸업한 이후에는 인생의 낙을 누리는 삶을 살았다.

'고난'이란 무엇인가? '괴로움과 어려움'이다. 고난을 겪는다는 말은 고통을 느낀다는 것이다. 고통은 '몸이나 마음의 아픔이나 괴로움'을 뜻한다(다음사전). 정신적인 고통은 '고뇌'라고 한다. 인간은 고통을 겪으며 성장한다. 이를 '성장통'(成長痛)이라고 한다. 육체가 성장할 때에 겪어야 하는 고통을 말한다.

인간의 정신력, 인격 및 신앙도 성장통을 겪어야 성숙해진다. 이것은 무엇을 뜻하나? 만약 인간의 정신력, 인격 및 신앙에도 성장통이 없거나 부실할 경우에는 그것들이 부실해 질 수밖에 없다는 것을 뜻한다.

고통을 느끼는 방법은 두 가지가 있다. 첫째는 본인이 직접 어떤 사건을 통하여 아픔을 느끼는 것이고, 둘째는 조상들이나 남이 느낀 것들을 말이나 영상 같은 것을 통하여 아픔을 느끼는 것이다. 전자는 직접 경험이고, 후자는 간접 경험이다.

후자에 대해서는 저자의 고난의 역사교육 시리즈 2-4권에 걸쳐 충분히 설명을 했기 때문에 제5권 제5부에서는 전자에 관해서만 설명해 보자. 하나님이 인간에게 고난을 주시는 이유와 유익에 대해 좀 더 구체적으로 설명해 보자.

**고통을 느끼는 방법은 직접경험과 간접경험
두 가지가 있다.**

II
고난은 인간의 타락과 교만을 절제시킨다

1. 인간에게 교만이 싹트는 이유

A. 인간이 겸손할 수밖에 없는 이유 <유대인의 견해>

인간은 누구나 자존심이 강해서 겸손하기가 너무 힘들다. 그런데도 불구하고 왜 인간은 몸을 바짝 낮추어야 하는가? 왜 겸손할 수밖에 없는가?

그 이유는 인간에게는 절대적인 권위가 없고 오직 하나님만이 절대적인 권위를 가지고 있기 때문이다. 왜냐하면 하나님은 인간을 창조하신 창조주이시고, 인간은 피조물이기 때문이다. 따라서 권위와 존엄적인 측면에서 비교의 대상이 안 된다.

유대인은 하나님이 모든 권위를 몽땅 독점해 버렸으므로 지상에는 절대적인 권위란 있을 수 없다는 신념을 가지고 있다. 따라서 유대인은 히틀러나 스탈린 그리고 모택동의 권위도 두려워하지 않는다. 지상의 권위를 대단치 않게 여길 수 있는 것 자체가 유대인의 힘이 되어 왔다. 오늘날 성공한 사람들에게 물어 본다면 대개는 어떠한 형태로든 권위에 반항한 사람이 많다(Tokayer, 탈무드 3: 탈무드의 처세술, 2013, 쉐마, p. 213).

아담과 하와도 하나님의 권위에 도전하다가 결국 에덴에서 쫓겨났다(창 3장 참조). 하나님은 왜 당대의 의인 욥에게 그 엄청난 고난을 주셨는가(욥기 1-2장 참조)? "너 자신을 바로 알라"는 것이다. 너는 창조주 하나님의 권위 앞에 너의 의는 티끌 같다는 것을 알라는 것이다.

하나님은 욥에게 이렇게 다그쳤다.

> "변박하는 자가 전능자와 다투겠느냐 하나님과 변론하는 자는 대답할지니라." (욥 40:2)
>
> "너는 대장부처럼 허리를 묶고 내가 네게 묻는 것을 대답할지니라. 네가 내 심판을 폐하려느냐 스스로 의롭다 하려 하여 나를 불의하다 하느냐." (욥 40:7-8)

욥은 나중에야 이것을 깨닫고 "내가 스스로 한하고 티끌과 재 가운데서 회개하나이다"(욥 42:1-6)라고 자백했다. "네가 하나님의 오묘를 어찌 능히 측량하며 전능자를 어찌 능히 온전히 알겠느냐"(욥 11:7). 하나님이 인정하신 욥 같은 당대의 의인도 이 같은 고난을 당했는데, 일반 범인은 얼마나 더 겸손해야 하겠는가!

유대인은 히틀러나 스탈린
그리고 모택동의 권위도 두려워하지 않는다.
그 이유는….

B. 인성교육학적인 입장에서 성숙한 인간의 기준

인성교육학적인 입장에서 어떤 인간이 성숙한 인간인가? 하나님의 권위를 더 많이 인정할수록 더 성숙한 인간이다. 이 말은 하나님의 권위를 인정하지 않을수록 더 미성숙한 인간이라는 뜻이다. 따라서 유대인은 하나님이 인간을 세 개의 단계로 측정하신다고 믿는다.

> "사람이 젊었을 때에는 그의 허물을 용서하신다. 청년이 된 후에는 그가 어떤 목표를 설정하고 있는가에 따라 측정하신다. 나이를 먹으면 하나님은 그가 뉘우치기까지 기다리신다."…. "자신의 일로 가득 차 있는 인간 속에 하나님이 들어가 살 장소는 없다."(Tokayer, 탈무드 3: 탈무드의 처세술, 2013, 쉐마, pp. 215-216)

유대인은 '긍지'(self-esteem, dignity)와 '자만심'(arrogance, conceit)을 구분한다. 긍지는 건전한 것이지만 자만심은 병이며, 무엇보다도 어리석음이다. 스스로 자신을 칭찬하기 전에, 남에게 칭찬을 받는 인간이 되어야 한다. 고대 유대의 예시바(유대인 탈무드학교)에서는 1학년은 '현자'라고 불렀고, 2학년은 '철학자'라고 불렀다. 그리고 최종 학년인 3학년이 되어서야 비로소 '학생'으로 불렀다. 인간은 늘 배우려는 학생이 되는 것이 인생의 마지막 목표라고 생각했다(Tokayer, 탈무드 3: 탈무드의 처세술, 2013, 쉐마, p. 41).

그래서 유대인에게는 "허리를 구부려 진리를 주워라"(Tokayer, 탈무드 3: 탈무드의 처세술, 2013, 쉐마, p. 223)라는 속담이 있다. 어떤 이에게 배우려면 자존심을 내려놓으라는 것이다. 그렇지 않으면 배울 수가 없다는 것을 뜻한다.

그래서 성경은 "교만은 패망의 선봉이요, 거만한 마음은 넘어짐의 앞잡이니라"(잠 16:18). "사람의 마음의 교만은 멸망의 선봉이요, 겸손은 존귀의 앞잡이니라"(잠 18:12). "그런즉 선 줄로 생각하는 자는 넘어질까 조심하라"(고전 10:12)고 가르친다.

미성숙한 사람은 아첨을 좋아하지만, 성숙한 사람은 아첨하는 자를 경계할 줄을 안다. 이것은 무엇을 뜻하나? 미성숙한 사람은 내면적 자신감이 약한 사람이라는 뜻이다.

탈무드는 상대에 따라 칭찬의 방법을 다르게 하라고 가르친다. "어리석은 자에게는 과장되게 칭찬을 해야 하고, 현명한 사람에게는 그 반대로 칭찬을 해야 한다(Tokayer, 탈무드 3: 탈무드의 처세술, 2013, 쉐마, p. 224).

한국에도 배울수록 겸손해진다는 격언들이 있다. "곡식은 익을수록 고개를 숙인다."나, 혹은 "빈 깡통에서 나는 소리가 요란하다." 등이다. 이것은 유대인이나 이방인이나 인간의 속성은 동일하다는 것을 뜻한다.

**어리석은 자에게는 과장되게 칭찬하고,
현인에게는 그 반대로 칭찬하라.
- 탈무드 -**

C. 교만의 씨앗은 풍요다: 풍요의 저주를 막아라

〈저자 주: 고난에 관한 실제 예화는 고난의 역사교육 시리즈 제1권 제1부 제2장 III. 1. B. '하나님은 이스라엘 백성을 왜 주리게 하셨나'에서 소개했기 때문에 여기에서는 중복을 피하기 위하여 생략한다.〉

물질적인 풍요는 하나님을 배반하기 쉽게 한다. 때문에 어려울 때보다도 풍요로울 때에 더 조심해야 한다. 선줄로 생각하면 넘어질까 조심해야 한다(고전 10:12). 모세는 이스라엘 백성이 광야에서 금송아지 우상을 만든 것도 하나님이 그들에게 풍부한 금과 은을 주었기 때문이라고 말했다(Cohen, 1995, p. 234). 이것이 바로 풍요의 저주다.

하나님은 인간이 먹고 배부르면 하나님을 버리고 타락할 것을 이미 알고 계셨다. 모세는 광야에서 이스라엘 민족을 신앙으로 훈련시켰지만 곧 그들이 젖과 꿀이 흐르는 가나안 복지에 들어가면 하나님을 배반할 것을 알았다. 신명기 31장 16절에서 21절까지의 말씀을 보자.

> 여호와께서 모세에게 이르시되... 내가 그들의 열조에게 맹세한 바 젖과 꿀이 흐르는 땅으로 그들을 인도하여 들인 후에 그들이 먹어 배부르고 살찌면 돌이켜 다른 신들을 섬기며 나를 멸시하여 내 언약을 어기리니 그들이 재앙과 환난을 당할 때에 그들의 자손이 부르기를 잊지 아니한 이 노래가 그들 앞에 증인처럼 되리라. 나는 내가 맹세한 땅으로 그들을 인도하여 들이기 전 오늘날에 나는 그들의 상상하는 바를 아노라. (신 31:16-21)

실제로 이스라엘 민족이 가나안에 들어간 이후 부패해졌다. 그리고 하나님과의 언약을 어겼다. 그 결과 여러 번 하나님의 공의의 심판을 받았다. 그 원인은 무엇인가? 고난이 없어졌기 때문이다. 이것은 바로 이스라엘 민족뿐만이 아니고 우리 연약한 인간들, 모두의 자화상이다.

랍비들은 번영으로부터 오는 자기 과신에 대하여 경고하고 있다. 랍비 아카(R. Acha)는 "배가 부른 사람은 사악한 짓을 많이 저지른다"는 탈무드의 격언을 상기시켰다(Cohen, 1995, p. 234). 유다 왕국의 웃시아 왕도 강성하여지매 그 마음이 교만하여 악을 행하여 그 하나님 여호와께 범죄했다(대하 26:16).

인간은 풍요에 익숙해지면 감사에 대한 불감증이 생긴다. 이것이 교만의 씨앗이다. 그 씨앗이 자라면 생활에 대한 싫증을 느끼고 더 육을 자극하는 쾌락을 찾게 된다. 가난할 때는 건전했던 사람이 부자가 되거나 성공하면 교만하고 타락하는 이유가 여기에 있다.

따라서 풍요는 교만의 씨앗이고, 교만은 타락의 씨앗이다. 그리고 타락은 저주의 씨앗이다. 이것은 무엇을 뜻하나? 풍요는 축복보다도 저주가 될 확률이 매우 높다는 것이다. 따라서 자녀를 풍요롭게만 키우면 저주의 씨앗을 심는 것과 같을 수도 있다.

그렇다면 풍요나 성공이 모두 나쁜 것인가? 아니다. 하나님이 주신 복을 누리는 데는 풍요와 성공이 필요하다(전 5:18). 다만 우리가 알아야 할 것은 풍요와 성공은 인간에게 감사의 필요조건이지 충분조건은 아니라는 것이다. 따라서 하나님의 사람은 물질과 성공의 노예가 되지 말고, 이것을 하나님의 영광을 위하여 부리는 사람이 되어야 한다.

〈더 자세한 것은 *자녀들아 돈은 이렇게 벌고 이렇게 써라* (현용수, 쉐마, 2015), 제4부 제2장 I. 3. '인생에 낙을 누려라' 참조〉

결론적으로 인간이 명예나 학벌이나 권력이나 물질 때문에 출세하고 나면 자신의 초라했던 이전 고난의 세월을 잊고 교만해져서 타락해지기 쉽다. 인간은 화장실 들어갈 때와 화장실 나올 때의 마음이 다르기 때문이다. 〈저자 주: 물론 교만하다고 모두 타락하는 것은 아닐 수도 있다.〉

그렇다면 어떻게 풍요의 저주를 막을 수 있는가? 이제 이에 대해 구체적으로 설명해 보자. 특히 제2항 '인간의 타락과 교만을 절제시키는 방법'과 III. 1. C. '고난을 겪지 못한 자녀에게 감사를 느끼게 하는 법'을 참조 바란다.

**인간은 풍요에 익숙해지면 감사에 불감증이 생긴다.
이것이 교만의 씨앗이다.**

아침 좋은 글

오늘도 행복했으면 좋겠습니다

칭찬은 해줄수록 더 잘하게 되고,
정은 나눌수록 더 가까워지며,
사랑은 베풀수록 더 애틋해지고,
몸은 낮출수록 더 겸손해지며,
마음은 비울수록 더 편안해지고,
행복은 더 커지는 것이니,

평범한 일상생활에서도
언제나 감사한 마음으로 즐겁고
밝게 사는 것보다 더 좋은 게 또 있을까요.
당신은 항상 생각나는 사람입니다.
그런 당신이 오늘도 행복했으면 좋겠습니다.

〈출처: 아침 좋은 글, https://story.kakao.com/ch/goodday/FQtHNos5gK0〉

D. 고난을 기억하는 자의 특성

성공을 했어도 진정으로 고난을 기억하는 사람이 있다. 그들의 특성은 무엇인가? 여호와의 은혜를 기억하고 그분의 율례를 잊지 않고 잘 지킨다. 그런 사람은 수직문화의 사람이다.

이런 사람은 부자가 되었어도 부를 내색하지 않고 평범하게 생활한다. 권력을 얻었어도 평민처럼 겸손하게 산다. 공부를 많이 했어도 자신의 학식을 자랑하지 않는다. 명예를 얻었어도 서민처럼 겸손하게 생활한다. 자신의 육을 절제할 줄을 안다.

고난을 당한 사람들의 아픔을 이해하고 그들의 친구가 될 수 있다. 과거 자신의 처지를 기억하여 그들을 껴안고 그들의 아픔에 동참한다. 남에게 선을 베풀 줄 아는 사람이 된다. 따라서 고난에 처한 사람을 포용하므로 마음이 넓어진다. 진정한 하나님의 사람이 된다.

예수님도 임금과 종의 비유에서 내가 네 빚을 전부 탕감하여 준 것 같이 너도 네 동관을 불쌍히 여기어 그의 빚을 탕감하여 주라고 말씀하셨다(마 18:31-32). 이러한 관용을 베푸는 마음은 자신의 고난의 때를 기억할 때에 풍성해진다. 그러나 인간이 자신의 고난을 잊으면 없는 자에게 오히려 방자히 행하기 쉽다.

〈저자 주: 자세한 것은 고난의 역사교육 시리즈 제2권, 제3부, 제3-1장, III. '기억의 유익'과 IV. '예수님이 가르쳐 주신 용서와 기억의 신학' 참조〉

예수님이 우리의 진정한 위로자가 되어 주실 수 있는 이유도 그분이 이 땅에서 인간이 겪을 수 있는 최악의 고난을 몸소 체험하셨기 때문이다.

고난을 기억하는 사람은 자신이 잘 되었을 때에 교만하지 않고 겸손하며 하나님께 감사한다. 그리고 잘못되었을 때에는 자신의 부족함을 살피며 하나님께 죄를 회개한다. 인간의 됨됨이나 그릇은 어려울 때보다도 출세했을 때 더 잘 나타난다.

근본적으로 어떻게 이런 사람을 만들 수 있는가? 유대인의 예를 들어보자. 유대인 중에는 세계적인 부자나 학자가 많고, 명예를 가진 사람들도 많다. 그런데도 그들 대부분이 스스로 자랑하지 않는 이유가 무엇인가?

강한 신본주의 사상, 즉 강한 수직문화를 가진 깊이 있는 민족이기 때문이다. 대인이기 때문이다. 큰 그릇의 민족이 갖추어야 할 자격을 갖춘 민족이다. 이것이 그들의 겸손이며, 진짜 성공한 사람의 지혜다. 유대인 지혜의 근본은 여호와를 경외하는(잠 1:7) 신본주의 사상에 뿌리를 두고 있다.

〈저자 주: 수직문화 속에는 고난의 역사나 고난이 포함되어 있다.〉

**근본적으로 어떻게 이런 사람을 만들 수 있는가?
인간의 됨됨이나 그릇은
어려울 때보다도 출세했을 때 더 잘 나타난다.**

2. 인간의 타락과 교만을 절제시키는 방법

A. 육을 절제하기 위하여 성령을 받으라

인간의 속성은 하나님의 속성과 다르다. 하나님은 아담을 하나님의 형상대로 창조하셨다(창 1:27). 그러나 아담은 하나님의 말씀에 불순종함으로써 타락했다(창세기 3장). 그 후 인간은 부패한 마음을 갖게 되었다(렘 17:9). 바울은 예수님을 믿은 후에도 하나님을 기쁘게 하기보다는 육의 행함이 나타날 때가 많다고 안타까워했다(롬 7:21-23).

그만큼 인간은 기본적으로 하나님의 속성과 다른 강한 본능이 있다는 것을 뜻한다. '부패한 마음', '본능', 그리고 '육의 속성'이란 "육신의 정욕과 안목의 정욕과 이생의 자랑"(요일 2:16)을 뜻한다. 그것을 절제해야 타락과 교만을 막을 수 있다. 그렇다면 어떻게 해야 본능, 즉 육의 행함을 절제할 수 있겠는가?

기독교적 입장에서는 먼저 예수님을 믿고 성령을 받아야 한다. 성령의 능력도 상대적이다. 얼마나 많이 받느냐에 따라 육의 소욕을 누를 수 있는 능력이 결정된다. 성령 충만함을 받으면 성령님의 파워가 육의 소욕을 눌러 절제하기 쉽다.

성령의 은사나 성령의 열매 중 하나도 절제다(갈 5:22-23). 때문에 누구든지 성령을 받으면 그를 교육시키기가 쉽다. 바울은 기독교인이 육을 절제하는 방법으로 성령을 좇아 행하라고 했다.

> 내가 이르노니 너희는 성령을 따라 행하라 그리하면 육체의 욕심을 이루지 아니하리라. (갈 5:16)

이것은 기독교인에게만 있는 귀한 하나님의 선물이다. 불교는 자신의 절제를 위하여 주로 자신의 노력을 강조하지만, 기독교는 하나님의 도움을 구하는 방법이 하나 더 있다는 것을 뜻한다. 불교가 자력종교인 반면, 기독교는 타력 종교라는 이유가 여기에 있다. 구원론도 만찬가지다.

〈저자 주: 물론 육을 절제하는 방법은 다른 종교적인 입장에서도 설명할 수 있을 것이다. 그러나 본 주제에서는 기독교적 입장에서만 설명한다.〉

〈저자 주: 성령이 충만하다고 해서 육의 소욕이 전혀 나타나지 않는 것은 아니다. 성령이 충만한 바울도 육의 행함이 나타날 때가 많다고 안타까워했다(롬 7:21-23). 이 주제에 대한 자세한 설명은 '현용수의 인성교육 노하우', 제3권 제6부 제1장 Ⅲ. 3. B. 1) '양반이 예수님을 믿으면 양반 교인, 상놈이 예수님을 믿으면 상놈 교인이 된다'와 2) '인성교육학적 측면에서 본 고린도 교회와 데살로니가 교회의 차이'를 참조 바란다.〉

B. 성령이 충만치 않을 때의 세 가지 대안

기독교인에게 문제가 있다. 우리는 항상 성령이 충만할 수 있는가? 그럴 수는 없다. 따라서 인간은 성령이 충만할 때는 스스로 육을 어느 정도 절제할 수 있는데, 성령이 충만하지 못할 때는 옛 습관이 나올 때가 많다는 것이다.

그렇다면 성령이 충만하지 않을 때는 어떻게 해야 육을 절제할 수 있는가? 두 가지로 설명할 수 있다. 1) 인성교육학적 입장에서이고, 2) 교육신학적인 입장이다. 후자에는 두 가지 방법이 있다.

첫째, 먼저 인성교육학적 입장에서 설명해보자. 어떤 상황에서 자신의 본능(육)을 절제한다는 것은 상대적이다. 어느 한계까지 절제할 수 있느냐는 것이다. 인성교육학적인 입장에서 수직문화가 강한 사람은 수평문화에 물든 사람보다 육을 절제하기 쉽다. 그리고 성품(개성)이 강한 사람도 약한 사람보다 육을 절제하기 쉽다.

그런데 저자의 연구에 의하면, 수직문화가 강한 사람일수록 개성도 현저히 강하다는 것이 증명되었다(현용수, 문화와 종교교육, 2006, 저자의 박사학위 논문을 번역한 책). (물론 사람에 따라 예외가 있을 수 있을 것이다.) 따라서 부모는 자녀들에게 어려서부터 수직문화교육을 철저하게 시키는 것이 중요하다.

〈저자 주: 자세한 것은 '현용수의 인성교육 노하우', 제1권과 제2권에서 설명한 제2부 '인성교육의 본질과 원리, 수직문화와 수평문화' 참조〉

둘째, 교육신학적인 입장에서 하나님은 인간이 교만해지거나 본능을 참지 못하는 경우를 대비하기 위하여 무엇을 준비하셨나? 하나님이 사랑하시는 자에게 '고난'이라는 선물을 준비하셨다. 이 선물은 성령이 충만한 사람에게도 해당된다(이어지는 3항의 바울의 경우 참조).

셋째, 그렇다면 고난이 없었던 자녀들은 어떻게 고난을 겪은 것처럼 할 수 있는가? 두 가지가 있다. 그 대안이 1) 고난의 역사교육과 2) 고난을 체험하는 교육이다. 전자가 간접 경험이라면, 후자는 직접 경험이다. 후자에 대해서는 이어지는 III. 1. C. '고난을 겪지 못한 자녀에게 감사를 느끼게 하는 법'을 참조하기 바란다.

3. 왜 하나님이 바울에게 주신 안질은 두 번째 큰 선물인가

바울은 인성교육학적인 입장에서 스스로 육의 본능을 잘 다스릴 수 있는 사람이다. 수직문화도 강하고 성품(개성)도 강한 사람이기 때문이다. 뿐만 아니라 '율법의 의로는 흠이 없는 사람'(빌 3:6)이었다. 이것은 유대식 양반교육을 매우 잘 받았다는 것을 뜻한다. 더구나 바울은 기독교로 개종한 후 일생 동안 성령도 충만했을 것이다. 그리고 하나님은 그를 너무나 사랑하셨다.

그런데도 불구하고 하나님은 그에게 '육체에 가시, 곧 사단의 사자'(고후 12:7c), 즉 안질(眼疾)이란 고난을 주셨던 이유는 무엇인가?

바울은 자신이 체험했던 비밀스런 영적 자랑거리가 너무 많았기 때문이다. 그는 토라만 알았던 유대인이었다. 그런데 성령을 받고 나서 조상들이 알지 못했던 수많은 신비한 체험을 하며 받았던 여러 계시를 받은 것이 지극히 컸다(고후 12:7a).

바울은 너무나 놀라워했다. 이것을 얼마나 많은 사람들에게 자랑하고 싶었을 것인가? 당시 고린도교회 교인들은 방언을 받은 것도 그렇게 자랑을 했는데 말이다. 자랑할 것이 없는 사람도 없는 자랑을 가짜로 만들어 자랑하고 싶은 것이 인간인데, 바울이 받은 계시는 참말이 아니던가!

    하나님은 바울의 자랑이 얼마나 위험한지를 미리 아셨다. 그가 그것을 자랑할 경우 사람들이 그를 신이라 부를 것이고, 그럴 경우, 그도 인간인지라 그 인기를 감당하기 힘들어 교만하여 넘어질 수 있다는 것을 아셨다.

    당시 바울은 자신이 왜 자랑거리를 자랑하지 않고 14년 동안 참아왔는지, 그런데 왜 14년 후에야 부득불 자랑할 수밖에 없었는지 (고후 12:1-2)를 이렇게 설명했다.

> 내가 만일 자랑하고자 하여도 어리석은 자가 되지 아니할 것은 내가 참말을 함이라. 그러나 누가 나를 보는 바와 내게 듣는 바에 지나치게 생각할까 두려워하여 그만 두노라. 여러 계시를 받은 것이 지극히 크므로 너무 자고하지 않게 하시려고 내 육체에 가시 곧 사단의 사자를 주셨으니 이는 나를 쳐서 너무 자고하지 않게 하려 하심이니라. 이것이 내게서 떠나기 위하여 내가 세 번 주께 간구하였더니, 내게 이르시기를 내 은혜가 네게 족하도다. 이는 내 능력이 약한 데서 온전하여짐이라 하신지라. 이러므로 도리어 크게 기뻐함으로 나의 여러 약한 것들에 대하여 자랑하리니, 이는 그리스도의 능력으로 내게 머물게 하려 함이라. (고후 12:6-9)

    바울은 하나님이 자신에게 주신 고난의 이유가 "너무 자고(自高)하지 않게 하기 위함"(고후 12:7)이라는 것을 깨달았다. 그는 처음에는 이 고난의 뜻을 모르고 세 번씩이나 기도했다. 왜냐하면 눈이 나빠 글을 읽지도 못하고, 쓰지도 못했기 때문이다.

이것은 하나님을 위한 복음 사역에 막대한 지장을 주었다. 그가 편지를 쓸 때는 때때로 다른 이들이 대필해 주는 불편을 겪어야 했다. 뿐만 아니라 남의 병은 기도하여 고쳐주면서 자신의 병은 고치지를 못한다는 것이 이해가 되질 않았다. 얼마나 합리적인 의심인가!

그러나 바울은 하나님이 자신에게 주신 고난의 뜻을 알고는 감사하며 기뻐했다(고후 12:7-10). 인간에게는 고난도 복이 된다는 증거다.

저자는 하나님이 바울에게 주신 가장 큰 첫 번째 은혜는 그를 부르시고 사도로 삼으신 것이고, 두 번째 큰 은혜는 그에게 안질이란 고난을 주신 것이라고 생각한다.

만약 그에게 그런 고난이 없었을 경우 성령으로 시작하여 육으로 망치는 삶을 살았을 런지도 모른다. 그렇다면 오늘날과 같은 조직신학이 완성될 수 없었을 것이다. 바울이 받은 고난이 온 인류를 위한, 얼마나 위대한 영향력을 주는 하나님의 큰 축복인가!

저자는 하나님은 작은 종에게는 작은 고난을, 큰 종에게는 큰 고난을 주신다는 것을 깨달았다. 모세는 자신의 교만을 낮추는데 40년의 광야 생활이 필요했다. 큰 인물은 그만큼 자아(개성)가 강하여 육신의 소욕을 죽이기 힘들기 때문이다. 따라서 하나님은 그들에게는 더 큰 고난으로 훈련을 시키신다.

저자는 작은 종인데도 의연 중에 교만이 불쑥 나타날 때가 있다. 이글을 쓰면서 많은 회개를 한다. 예수님, 감사합니다.

그렇다면 기독교인은 자랑을 전혀 하지 말아야 하는가? 해도 될 때가 있다. 바울은 "자랑하는 자는 주 안에서 자랑하라"(고후 10:17)고 했다. 바울도 자신을 방어하기 위하여 여러 번 자랑을 했다(고전 15:9-10; 고후 11:23-27; 빌 3:4-9 등). 그러나 그것은 주님의 영광을 위해 했다.

만약 바울에게 안질이 없었다면
오늘날과 같은 완성된 조직신학이 없을 것이다.
그의 고난이 인류를 위한 얼마나 큰 하나님의 축복인가!

III
하나님이 자신의 백성에게 고난을 주시는 두 가지 이유

1. 고난의 연단은 어떻게 인성과 믿음을 순수한 정금으로 만드나

세상에서 거짓말 잘하고 편법을 쓰는 악인이 정직하고 원칙대로 사는 의인보다 더 잘 사는 경우가 많다. 때문에 의인이 억울한 고통을 더 당하는 경우가 많다. 특히 하나님의 백성이 성경 말씀대로 살기는 쉽지 않다.

하나님의 백성이 고난을 더 당하는 데는 두 가지 이유가 있다. 첫째는 하나님이 그의 인성과 믿음에 흠이 있기 때문에 상대적으로 그것들을 더 순결하게 하기 위함이다. 즉 미성숙한 사람을 성숙하게 하기 위함이다. 둘째는 흠이 없는 의인에게도 고난을 주시는 이유는 하나님께서 뜻하시는 목적을 이루고 그와 인간에게 교훈을 주시기 위함이다.

먼저 전자의 경우를 설명해보자(후자는 다음 B항에서 설명함). 믿음의 조상 아브라함은 하나님으로부터 열 가지 시험을 받았다. 하나님에 대한 그의 믿음이 온전하게 될 때까지 시험을 받았다. 열 번째 시험은 하나님이 아브라함에게 독생자 이삭을 번제로 바치게 하시는 시험이었다. 그는 매 번마다 믿음이 더욱 좋아져 열 번째에 합격했다.

> 사자가 이르시되 그 아이에게 네 손을 대지 말라 그에게 아무 일도 하지 말라 네가 네 아들 네 독자까지도 내게 아끼지 아니하였으니 내가 이제야 네가 하나님을 경외하는 줄을 아노라. (창 22:12)

〈저자 주: 아브라함이 받은 시험에 대해서는 저자의 저서 고난의 역사교육 시리즈 제1권 '하나님의 독수리 자녀교육' 제1부 제2장 II. 1. B. '믿음을 시험하신 사례: 아브라함의 믿음을 10번 시험하신 하나님' 참조 바람〉

그리고 하나님은 하나님의 백성 유대인이 범죄한 죄들, 즉 그들 속에 있었던 육의 구습(불순물)을 제거하시기 위해 엄청난 시험의 연단을 주셨다. 스가랴 선지자는 이렇게 말했다.

> 내가 그 삼분지 일을 불 가운데 던져 은같이 연단하며 금같이 시험할 것이라. 그들이 내 이름을 부르리니 내가 들을 것이며, 나는 말하기를 이는 내 백성이라 할 것이요. 그들은 말하기를 여호와는 내 하나님이시라 하리라. (슥 13:9)

말라기 선지자는 이렇게 말했다.

> 그의 임하는 날을 누가 능히 당하며 그의 나타나는 때에 누가 능히 서리요. 그는 금을 연단하는 자의 불과 표백하는 자의 잿물과 같을 것이라. 그가 은을 연단하여 깨끗케 하는 자같이 앉아서 레위 자손을 깨끗케 하되 금은같이 그들을 연단하리니 그들이 의로운 제물을 나 여호와께 드릴 것이라. (말 3:2-3)

〈저자 주: 성도의 구습 제거에 관한 자세한 내용은 저자의 저서 고난의 역사교육 시리즈 제1권 '하나님의 독수리 자녀교육' 제1부 제2장 Ⅰ. '광야교회의 목적' 중 2. '애굽 종의 삶에서 하나님 자녀의 삶으로 살게 하기 위함이다'와 Ⅲ. '육적 교육: 1) 주리게 하셨다 2) 광야를 걷게 하셨다' 참조 바람〉

하나님이 주시는 이런 시험에 관한 개념은 신약에서도 동일하게 이어진다. 야고보는 이렇게 말했다.

> 내 형제들아 너희가 여러 가지 시험을 만나거든 온전히 기쁘게 여기라. 이는 너희 믿음의 시련이 인내를 만들어 내는 줄 너희가 앎이라. 인내를 온전히 이루라. 이는 너희로 온전하고 구비하여 조금도 부족함이 없게 하려 함이라. (약 1:2-4)

하나님께서 자신의 백성을 연단하시는 이유는 '마음'을 연단하기 위함이라고 말씀하셨다(잠 17:3). 역사적으로 유대인이 받은 고난은 다른 어떤 민족보다도 혹독했다. 랍비 토카이어는 그의 탈무드 시리즈 저서에서 하나님이 유대인에게 그런 고난을 주시는 이유를 이렇게 비유했다.

온 세계의 모든 회당 안에 밤낮을 가리지 않고 계속 밝혀지는 등불이 있다. 이 습관은 출애굽기 27:20절에 근거를 두고 있다. "너는 또 이스라엘 자손에게 명하여 감람으로 찧어 낸 순결한 기름을 등불을 위하여 네게로 가져오게 하고 끊이지 말고 등불을 켜되…."
따라서 모세의 때에 이동식 성막을 만들었을 때 등불을 켜고 그것은 언제나 밝혀져 있었다.

유대인들은 등불을 켜기 위한 기름이 올리브유라는 것과 올리브유와 유대인의 역사를 비교하며 매우 흥미 있는 교훈을 얻었다. 올리브유가 으깨어지고 찧어진 올리브유가 등불을 밝히는 것과 마찬가지로, 유대인들은 압력을 받아 부서지고 찧어지는 것처럼 유대인들도 계속 박해를 받아왔다. 찧으면 찧을수록 올리브로부터는 순수한 기름을 얻을 수 있었다. 유대인들도 박해를 받으면 받을수록 신앙의 순수성을 높여 갔다.

기름과 물은 섞여지지 않는다. 그들도 역사의 과정에서 이것을 배웠다. 다른 민족과 혼합되더라도 유대인은 이방문화에 동화되지 않고 자신의 독특한 거룩성(순수성)을 지닌 채 수 천 년 동안이나 살아남았다(Tokayer, 탈무드 2: 탈무드와 모세오경, 2013, 쉐마, pp. 206-208).

참으로 눈물 나는 감동적인 비유가 아닌가! 그들이 여호와 하나님이 주신 고난에 불평하지 않고 이런 해석으로 자녀를 가르쳐 전지전능하신 하나님에게 감사하며 순종하도록 만드는 것을 기독교인은 본받아야 할 것이다.

**유대인은 등불을 켜기 위한 올리브유와
유대인의 역사를 비교하며 매우 흥미로운 교훈을 얻었다.**

2. 왜 하나님은 악인 대신 의인에게 고난을 더 주시나
   <유대인의 견해>

하나님의 백성이 살아가면서 계속 하나님에게 의문을 품고 질문하는 것이 있다. 누가 보아도 정직하고 괜찮은 의인인데 왜 불행한 일을 더 당하는가? 반면 왜 불법을 행하는 악한 사람은 벌하지 않으시나? 하나님이 정의로운 분이라면 왜 이것을 방치하시는가?

탈무드에는 랍비들이 이 주제를 놓고 토론을 했다고 한다. 그리고 이런 결론을 내렸다. 몇 가지 랍비들의 견해를 소개해보자. 랍비 요나단의 견해를 이렇게 적고 있다.

> "도공은 이미 망가진 그릇을 손가락으로 두드려 시험해 보지 않는다. 그러나 잘 만들어진 그릇은 손가락으로 이리저리 두드려 보면서 시험해 본다. 이와 같이 하나님도 이미 잘못된 악한 자는 시험하지 않으시고, 바르게 살아가는 착한 사람을 시험해 보는 것이다."

랍비 벤 하니나는 이렇게 말했다.

> "자기가 팔고 있는 베가 좋다고 생각한 삼베 장사가 있다면, 그는 그 삼베를 계속 다듬이질하여 윤기를 낼 것이다. 그러나 그 베가 나쁜 품질이라면 그렇게 하지 않을 것이다. 자꾸 두드리면 곧 헤어져 버리게 되기 때문이다. 이처럼 하나님도 바르게 사는 자만을 골라 시험해 보신다."

그리고 랍비 엘리아젤도 이렇게 말했다.

"한 마리는 건강하고 다른 것은 좀 약한 두 마리의 소를 가지고 있는 농부가 있다면, 그 농부는 건강한 소에게 멍에를 지게 할 것이다. 이처럼 하나님은 건강하고 바르게 사는 자에게 무거운 짐을 지게 하신다."
(Tokayer, 탈무드 5: 탈무드 잠언집, 2016, 쉐마, pp. 158-159).

금속을 만들고 튼튼한 배를 만들 경우, 먼저 강철을 테스트 해보지 않으면 안 된다. 큰 압력에 견디어 낼 수 있는지 여부를 알아내기 위하여 여러 모로 테스트 된다. 마찬가지로 유대인도 끊임없이 테스트를 받았다. 이것이 그들의 순수성을 높여 왔다(Tokayer, 탈무드 2: 탈무드와 모세오경, 2013, 쉐마, pp. pp. 206-208).

결론은 의인에게 고난을 주시는 이유는 하나님이 뜻하시는 목적을 위하여 그리고 더욱 많이 쓸모 있게 사용하시기 위함이다. 의인 욥도 나중에 하나님의 뜻을 발견하고 이렇게 말했다.

> 나의 가는 길을 오직 그가 아시나니 그가 나를 단련하신 후에는 내가 정금같이 나오리라. (욥 23:10)

따라서 하나님이 자신의 백성에게 주시는 고난은 저주의 도구가 아니라 또 다른 축복의 도구다.

**이와 같이, 하나님도 악한 자는 시험하지 않으시고,
의인을 시험하신다.
고난은 저주가 아니라 또 다른 축복의 도구다.**

3. 왜 하나님은 악인의 형통을 방치하시나

보편적으로 보면 하나님은 악인의 형통을 그대로 방치하시어 의인들이 더 많은 피해를 당하는 것 같다. 사실이 그렇다. 예레미야 선지자도 이런 질문을 했다.

> 여호와여 내가 주와 쟁변할 때에는 주는 의로우시나이다. 그러나 내가 주께 질문을 하옵나니, 악한 자의 길이 형통하며 패역한 자가 다 안락함은 무슨 연고이니까? (렘 12:1)

이런 질문은 시편 73편에는 더 자세히 기록하고 있다.

> 볼지어다. 이들은 악인이라. 항상 평안하고 재물은 더 하도다. 내가 내 마음을 정히 하며 내 손을 씻어 무죄하다 한 것이 실로 헛되도다. 나는 종일 재앙을 당하며 아침마다 징책을 보았도다. (시 73:12-14)

그러나 하나님은 사랑이심으로 악인의 형통을 오래 참으시지만 (고전 13:4; 갈 5:22), 때가 차면 그들을 결단코 방치하시지 않는다는 것이다. 시편 기자는 이를 성소에 들어갈 때 깨달았다고 했다(시 73:17). 따라서 성도들은 이 세상에서 재앙을 많이 당하여 "육체와 마음은 쇠잔할지라도, 하나님은 내 마음의 반석이시오, 영원한 분깃이라" (시 73:26)고 고백해야 한다.

따라서 하나님은 성도들에게 "너는 악인의 형통을 부러워하지 말며, 그와 함께 있기도 원하지 말라"(잠 24:1). "너는 행악자의 득의함을 인하여 분을 품지 말며, 악인의 형통을 부러워하지 말라"(잠 24:19)고 하셨다.

악인의 용도는 무엇인가? "악인은 재앙의 날에 쓰인다"(잠 16:4). 하나님은 악인들을 통해 하나님의 백성을 훈련시키는 몽둥이, 즉 막대기로 사용하신다. 그리고 소기의 목적을 달성하신 이후에는 그들을 온전히 멸하신다(사 10:5, 10:26, 30:31-32). 하나님은 유대인을 괴롭혔던 앗수르 사람에게 이렇게 경고하셨다.

> 화 있을진저. 앗수르 사람이여, 그는 나의 진노의 막대기요, 그 손의 몽둥이는 나의 분한이라. (사 10:5)

따라서 하나님은 유대인에게 막대기로 사용하셨던 애굽인이나 앗수르 사람들을 두려워 말라고 하셨다. 몽둥이로 사용한 막대기는 용도가 없을 경우 버리거나 불살라 버리기 때문이다.

> 주 만군의 여호와께서 가라사대 시온에 거한 나의 백성들아 앗수르 사람이 애굽을 본받아 막대기로 너를 때리며 몽둥이를 들어 너를 칠지라도 그를 두려워 말라. (사 10:24)

요약하면, 하나님은 몽둥이로 유대인도 때리셨고, 이방인도 때리셨다. 그러나 두 대상을 때리시는 목적이 달랐다. 유대인에게는 자녀(그들)의 잘못을 고쳐주시기 위한 사랑의 매였지만(잠 13:24), 이방인에게는 하나님의 백성을 때리시기 위한 도구로 사용하셨다가 끝나면 버리셨다. "여호와께서는 마침내 악인의 몽둥이와 패권자의 홀을 꺾으신다"(사 14:5). 우리가 기억할 것은 하나님은 언제나 하나님의 백성편이라는 사실이다.

"여호와께서는 마침내
악인의 몽둥이와 패권자의 홀을 꺾으신다" (사 14:5).

4. 고난은 어떻게 하나님을 찾게 하나

〈저자 주: 본 주제는 중복을 피하기 위하여 간단하게 요약했다. 이에 관한 자세한 것은 저자의 저서 고난의 역사교육 시리즈 제1권 *하나님의 독수리 자녀교육* 제1부 제2장 IV: '인격교육: 낮추게 하셨다'와 제3장 I. 하나님의 인간 교육의 6단계 중 제1단계: '낮추는 단계 – 인성(인격)교육, 복음적 토양교육'과 제2단계: '낮아진 단계 – 하나님과 관계회복, 하나님을 만남' 참조 바람〉

시편 기자는 "고난이 나에게 유익이라. 이로 인하여 내가 주의 율례를 배우게 되었나이다."(시 119:71)라고 고백했다. 이 말씀은 그에게 고난이 없었다면 그가 주의 율례를 배울 수 없었다는 것을 뜻한다.

왜 고난이 있어야 주의 율례를 배우게 되는가? 주의 율례를 배운 결과는 무엇인가? 인간은 고난을 통하여 자신이 낮아지어 자신의 한계를 발견한다. 그리고 하나님을 찾고 의지하려고 한다. 그 때 하나님을 만날 수 있다. 그리고 하나님을 만나면 주의 율례를 배우고 그것을 실천할 수 있다. 그 결과 성숙한 하나님의 사람이 될 수 있다.

IV. 고난, 감사 및 행복의 상관관계

1. 고난은 인간을 감사의 사람으로 만든다

인간은 육체적, 정신적 및 영적 평안을 갈구한다. 누구나 고난을 싫어한다. 인간이 행복을 추구하는 것 자체가 고난으로부터 멀어지기를 원하는 것이다. 그런데도 불구하고 하나님은 사랑하시는 이에게 고난을 주신다.

그 이유 중 하나는 인간이 감사를 배우게 하기 위함이다. 감사의 대상은 누구인가? 만유의 주 여호와이신 하나님 아버지이시다(시 106:1, 136:22; 골 3:17). 인간은 어느 때에 하나님 아버지에게 감사함을 느끼는가? 몇 가지를 소개해 보자.

A. 감사는 과거의 고난을 되새길 때에 생긴다

우리가 명심해야 할 것이 있다. 인간이 고난에서 멀어지는 것은 좋지만, 과거의 고난을 잊으면 불행해진다는 사실이다. 따라서 고난에서 멀어져 불행해지지 않기 위해서라도 과거의 고난은 반드시 기억해야 한다.

그 이유는 고난을 잊으면 행복의 진정한 가치, 즉 감사를 모르기 때문이다. 따라서 인간은 과거의 고난을 기억할 때에 감사함을 느낄 수 있다.

이는 어두움 있어야 빛이 돋보이고, 까만색이 있어야 하얀색이 돋보이고, 눈물이 있기에 웃는 얼굴이 더 감격적이고, 슬픔이 있어야 기쁨이 돋보이는 원리와 같다. 현재의 배부름에 감사를 느끼는 것도 배고팠던 과거를 기억할 때에 가능하다.

어두움의 깊이를 아는 자만이 찬란한 빛의 소중함을 안다. 이런 사람은 어두움 속에서도 빛을 품고 사는 사람이다. 유대인은 얼핏 보기에 슬픈 눈을 갖고 있는 듯하지만 한없이 밝다. 이들은 진정한 슬픔을 알고 있기 때문에 진정한 밝음이 얼마나 소중한 것인가를 안다. 어두운 밤을 알기 때문에 그만큼 밝은 태양의 고마움을 느낄 수 있다는 것이다(Tokayer, 탈무드 5: 탈무드 잠언집, 2009, 쉐마, 2013, p. 122).

현재 미국이나 한국의 많은 청소년들은 불평불만을 많이 한다. 그들은 고난을 알지도 못하고 겪어 보지도 않았기 때문이다. 그들은 모든 것들이 너무 풍족한 환경 속에서 자랐다. 냉장고 문을 열면 기름진 음식들이 가득하다.

미국에서 가장 흔해빠진 음식이 햄버거 아니면 닭고기가 아닌가! 이처럼 풍족한 환경에서 불평하는 자녀들은 천국에 데려다 놓아도 불평할 아이들이다. 불평하는 개인이나 민족은 하나님을 배반한다. 호세아 선지자는 이렇게 말했다.

> 내가 광야 마른 땅에서 너를 권고하였거늘, 저희가 먹이운대로 배부르며 배부름으로 마음이 교만하며, 이로 인하여 나를 잊었느니라. (호 13:5-6)

인간은 등 따뜻하고 배부르면 마음이 교만해져서 하나님이 주셨던 은혜를 잊는다는 말씀이다. 하나님의 은혜를 잊으면 감사도 모르게 된다. 이것은 우리와 예수님과의 관계에도 적용된다. 인간은 자신의 죄를 얼마나 더 절실하게 깨닫느냐의 정도에 따라 자신의 죄를 사하기 위하여 돌아가신 예수님의 은혜에 그만큼 더 감사할 수 있다. 따라서 인간에게 고난이 없으면 감사도 알기 힘들다. 따라서 고난은 인간을 감사의 사람으로 만드는 축복의 과정이요, 도구다.

고난에서 멀어지는 것은 좋지만,
과거의 고난을 잊으면 불행해진다.
어두움의 깊이를 아는 자만이 찬란한 빛의 소중함을 안다.

B. 행복은 고난과 불행을 기억할 때 느끼고 감사에 비례한다

성취 욕구적 측면에서 누가 행복한 사람인가? 자기 멋대로 방자하게 사는 사람이 행복한가? 아니다. 그것은 본능에 충실한 짐승 같은 타락한 방종이다. 진정한 인간다운 행복이 아니다. 그렇다면 건전한 인간다운 행복은 어떤 것인가?

일반적으로 자신이 이루고자 소원했던 것을 성취했을 때 감사하고 행복감을 느낄 수 있다고 생각한다. 맞는 말이다. 그러나 이것은 일시적이어서 오래가지 못한다. 그렇다면 그 감사와 행복감을 더 길게 느낄 수 있는 방법은 무엇인가?

첫째, 소원했던 성취의 목적이 하나님 앞에서 선해야 한다. 그리고 성취한 후에도 그 목적을 항상 잊지 않고 기억해야 한다. 즉 초심을 잊지 말아야 한다.

둘째, 성취의 과정과 결과에 대해 하나님께 감사하고 그분에게만 영광을 돌려야 한다. 만약 성취의 공을 하나님에게 돌리지 않고 자신의 능력에게만 돌리면 위험하다. 이것이 교만의 원인이 되기 때문이다. 이것은 신본주의가 아닌, 인본주의에 기인한 잘못된 사고다.

셋째, 소원을 성취한 후에도 성취 이전에 성취를 위해 겪었던 고난을 더 오랫동안 깊게 기억해야 더 큰 감사와 더 큰 행복감을 더 오래 느낄 수 있다.

셋째 항목에 대해 더 설명해 보자. 이것은 하나님께 감사를 하는 것도 상대적이고, 행복감을 느끼는 것도 상대적이라는 것을 뜻한다. 큰 감사와 작은 감사가 있고, 큰 행복과 작은 행복이 있다. 인간은 양에서 더 많은 감사와 질에서 더 깊게 느끼는 것만큼 더 큰 행복감을 느낀다. 즉 인간의 행복지수는 그의 감사의 양(수)과 느끼는 질에 비례한다.

하나님을 영화롭게 하는 방법도 감사로 제사를 드리는 것이다. 이것은 원망이나 불평으로 제사를 드리면 하나님을 영화롭게 할 수 없다는 것을 뜻한다. 왜냐하면 성도의 감사는 하나님을 믿는 신앙에서 나오기 때문이다.

> 감사로 제사를 드리는 자가 나를 영화롭게 하나니 그의 행위를 옳게 하는 자에게 내가 하나님의 구원을 보이리라. (시편 50:23)

불평은 감사의 반대다. 불평은 불만족에서 온다. 불평이 많은 사람은 불행하다. 불만족은 어디에서 오는가? 물론 불평불만 및 타인에 대한 원망은 매사를 부정적으로 보는 잘못된 사고의 틀에 기인할 수도 있을 것이다(이 문제는 차후 다룸). 그러나 불평은 일반적으로 고난을 당했을 때 느끼는 감정이다. 따라서 행복은 과거 모든 것이 부족하여 만족하지 못했던, 즉 불행했던 고난의 때를 기억할 때 더 크게 느낄 수 있다. 불행의 전제 조건 없는 행복은 있을 수 없다.

하나님은 인간에게 낮과 밤을 번갈아 주셔서(창 8:22) 밤에 처할 때에 낮의 햇빛의 고마움을 깨닫게 하셨다. 밤이 길면 길수록 새벽을 더 기다리게 되고, 빛의 고마움을 느끼는 원리가 여기에 있다.

따라서 행복은 불행의 기억에 비례한다. 그렇다면 어떤 사람이 불행한 사람인가? 과거의 불행을 기억하지 못하는 사람이다. 여기에서 과거의 불행이란 자신이나 혹은 조상들의 불행도 포함된다. 이런 사람은 감사 대신 늘 불평불만을 하기 쉽다. 따라서 감사는 고난의 기억에 비례하고, 행복은 감사에 비례한다.

하나님은 인간에게 낮과 밤을 번갈아 주셔서(창 8:22)
밤에 낮의 햇빛의 고마움을 깨닫게 하셨다.

C. 고난을 겪지 못한 자녀에게 감사를 느끼게 하는 법

앞에서 고난을 기억할 때 감사를 깨닫고 행복해 질 수 있다고 했다. 그렇다면 이 세상에 태어나 한 번도 고난을 모르고 불행을 겪어보지 않은 사람은 어떻게 감사함을 느끼고 행복해질 수 있을까? 예를 들면 신분상 그리고 경제적으로 풍족한 집안에서 태어난 경우가 그럴 것이다.

이런 사람은 자신이 얼마나 행복한지를 모를 것이다. 그런 사람이 감사와 행복을 느끼게 하는 방법은 다음과 같다.

1) 가난하게 키워라

저자는 간혹 이런 질문에 이렇게 답한다.

> "저는 자녀교육에 대해 전혀 모르는데 어떻게 키워야 성품 좋은 아이로 키울 수 있나요?"
> "가난하게 키우세요. 그러면 일단은 60%는 먹고 들어갑니다."

설사 풍족한 집안에서도 자녀들은 가난한 것처럼 키워야 한다. 예를 들면, 밥을 남기면 벌을 준다거나 장난감도 꼭 필요한 것만 사준다. 그리고 웬만한 거리는 차를 태우지 않고 걸어 다니도록 훈련시킨다. 그리고 평소에 남에게 교만하지 않도록 특권의식을 버리게 한다.

정주영 전 현대그룹 회장은 아들들이 학교에 갈 때 차를 태워주지 않았다고 한다. 그리고 그분의 아들들이 학교에서 전혀 특권의식의 표를 나타내지 않아 주변 급우들도 그들이 정 회장의 아들들인지를 몰랐다고 한다. 매우 훌륭한 교육 모델이다.

그리고 가정의 힘든 일들을 부모만 할 것이 아니라 자녀들에게 분담하여 시키는 것도 좋을 것이다. (예; 잔디 깎기, 비 온 후 묘종 심기, 식사 후 설거지하기 및 청소하기 등) 그리고 예수님이 돌아가신 성금요일에는 3대가 24시간 금식을 시키는 것도 좋을 것이다.

**자녀교육에 대해 전혀 모를 경우,
자녀를 가난하게 키우세요.
일단은 60%는 성공합니다.**

2) 고난을 겪는 나라에 단기선교를 보내라

실제로 미국에서 태어난 한국인 2세들이 인도에 선교여행을 갔다 오면 많이 변한다. 저자의 아들에 의하면, 미국의 2세들이 그곳에 가면 그곳 어린이들과 불결한 환경에서 함께 생활하도록 했다고 한다.

잠자리도 뜨거운 물도 없고 샤워시설이 없는 곳에 묵었다. 영양가 있는 반찬은 별로 없고 볼품없는 음식을 손으로 집어먹는 식사를 하고, 그들 중 일부는 양식이 없어 굶는 모습을 보았다.

화장실은 매우 불결하다. 더운 날씨에 파리가 우글거리는, 집 밖에 위치한 재래식 화장실에 가면 휴지도 없어서 볼일을 보고 뒤처리를 왼손으로 했다. 때문에 여학생들은 3일 동안 화장실에 가지 않는 경우도 있었다고 한다. 물론 3일 후에는 안 갈 수가 없었다고 한다.

미국이란 풍족한 나라에서 자란 2세 자녀들은 그 후에야 자신들이 얼마나 좋은 부모를 만났고, 좋은 나라에서 사는 지를 깨달았다. 집에 돌아오면 부모님에게 울면서 감사함을 누누이 표현했다. 그리고 하나님의 은혜에 감사했다.

단, 이런 고난 교육을 시킬 수 있는 선교사를 잘 만나야 한다. 그렇지 않으면 효과가 반감한다. 저자의 아들들은 중고등학교 시절(1980년대)에 러시아, 인도, 중국, 필리핀, 베트남 등 가난한 나라에 단기선교를 많이 다녀왔다.

3) 몸과 정신을 강건하게 만드는 훈련을 시켜라 〈극기 훈련〉

자녀들이 스스로 고난을 체험하게 하기 위하여 강한 신체훈련이 요구되는 스포츠를 시키거나 군기가 센 군대에 입대시키는 방법들도 있다. 이런 경우 몸과 마음이 동시에 강건해진다. 그리고 독수리와 같은 야성을 키울 수 있다. 몸과 정신이 강건하면 그만큼 자신감과 자존감이 높아지기 때문이다.

예를 들면 미식(美式) 축구나 야구 같은 스포츠를 시킨다. 그리고 태권도나 유도 같은 스스로 남의 공격으로부터 몸을 보호할 수 있는 운동을 시킨다. 그리고 군대를 보낼 때도 일부러 훈련이 심한 해병대에 보내는 방법도 있을 것이다.

4) 고난을 간접 체험하게 하라

앞에서 설명한대로 고난을 겪어보지 못한 세대에게 과거 조상들이 겪었던 고난의 역사를 철저하게 교육을 시켜야 한다. 〈저자 주: 이 주제는 많이 거론했기 때문에 중복을 피하기 위하여 간단히 요약한다.〉

유대인이 이집트의 처절한 고난의 종살이를 생각하며 현재의 자유와 풍요에 감사하는 것도 마찬가지이다. 지혜로운 자는 성경을 통해서 그리고 역사를 통해서 배우고, 어리석은 자는 직접 피눈물을 흘리고 나서야 배운다. 그러나 피눈물로 배울 때는 이미 늦게 마련이다.

유대인은 더 큰 고난을 막기 위하여 고난의 역사교육을 시킨다. 그들은 대속죄일인 욤키푸어 절기 때에 그 동안의 죄를 회개하면서 하루를 금식하며 고난을 체험한다. 하나님이 대속죄일에 "이 날에 스스로 괴롭게 하지 않는 자는 그 백성 중에서 끊어질 것이라"(레 23:29)고 말씀하셨기 때문이다.

〈저자 주: 자세한 것은 고난의 역사교육 시리즈 제4권 '고난을 기억하는 유대인 절기 교육의 파워' 참조〉

2. 감사자가 되는 법 vs 불평자가 되는 법
A. 감사는 소유에 있지 않고 가진 것의 만족에 있다

앞에서 성취욕구적 측면에서 누가 행복한 사람인지를 설명했다. 이번에는 소유와 감사적 측면에서 누가 행복한 사람인지를 설명해 보자.

행복한 사람은 늘 감사가 넘치는 사람이다. 어떻게 늘 감사가 넘칠 수 있을까? 행복과 불행은 스스로 느끼는 주관적인 것이다. 감사도 마찬가지다. 감사는 자신이 얼마나 가졌느냐 하는 소유의 정도에 비례하는 것이 아니라, 현재 가진 것에 대하여 얼마나 만족하느냐에 달려 있다. 왜냐 하면 소유는 절대적인 것이 아니고 상대적이기 때문이다.

소유는 자신의 것을 누구와 비교하느냐에 따라 '많다' 혹은 '적다'가 판가름 난다. 따라서 소유의 비교에 의한 감사는 진정한 감사가 될 수 없다. 왜냐하면 만약 자신이 소유한 것을 자신보다 조금 덜 가진 자와 비교할 때는 감사하고, 자신보다 더 많이 가진 자와 비교할 때는 불평할 것이기 때문이다.

또한 많이 가졌어도 항상 부족함을 느끼는 사람은 부자라도 가난한 사람이며 불행한 사람이다. 그러나 조금 가졌어도 부족함이 없다고 느끼는 사람은 부유한 사람이며 행복한 사람이다. 없는 가운데서도 부유하게 느끼는 사람은 현실에 만족하는 사람이고, 이러한 사람은 감사가 넘치는 행복한 생활을 할 수 있다.

이것은 통계에서도 밝혀졌다. 미국의 데이비드 마이어스 박사의 행복의 추구에 관한 연구에 의하면, 돈이 많아질수록 얻을 수 있는 '행복의 양'은 줄어든다. 선진국들을 대상으로 인구를 경제력에 따라 4등분해 실시한 조사에 의하면, 가장 가난한 집단 중에서는 72%가 삶 전반에 대하여 '만족' 혹은 '대단히 만족'하다고 느끼는 데 비해 가장 부유한 집단에서는 불과 14%만이 삶에 대한 '만족'을 표현했다. 그러면 돈이 행복감을 느끼는 데 크게 기여하지 못하는 이유는 무엇인가? 마이어스 박사에 의하면, "돈은 힘이 막강해진 것 같은 느낌을 주는 것은 사실이지만, 사람의 행복은 그 같은 힘보다는 주로 개인적인 관계, 자기 자신에 대한 느낌 그리고 정신적인 면 등에 의해 영향을 받는다"고 했다(한국일보, 1992년 6월 14일, 미주판).

따라서 유대인은 "보다 풍족한 사람은 자기가 가진 것에 만족할 줄 아는 사람이다"(Tokayer, 탈무드 5: 탈무드의 잠언집, 2013, 쉐마, p. 391)라고 가르친다. 이렇게 하기 위해서는 어떤 습관을 가져야 하는가? 항상 적은 것에도, 그리고 매사에 감사할 줄을 알아야 한다. 즉 입에 '감사'라는 말이 떠나지 말아야 한다. 특히 아주 사소하고 작아 보이는 것에 먼저 감사해야 한다. 그러면 큰 감사거리를 만나게 된다.

그러므로 바울은 "있는 바를 족한 줄로 알라"(히 13:5)고 했다. 그리고 스스로 "내가 궁핍한 사람으로 말하는 것이 아니라, 어떠한 형편이든지 내가 자족하기를 배웠다"(빌 4:11)고 했다.

> 내가 비천에 처할 줄도 알고 풍부에 처할 줄도 알아 모든 일에
> 배부르며 배고픔과 풍부와 궁핍에도 일체의 비결을 배웠노라.
> (빌 4:12)

그 결과 그는 스스로 "아무것도 없는 자 같으나 모든 것을 가진 자로다"(고후 6:10c)라고 고백했다. 따라서 매사에 긍정적인 사고를 갖고 항상 기뻐하며 감사 생활을 하는 사람이 바로 행복한 사람이다.

"보다 풍족한 사람은
자기가 가진 것에 만족할 줄 아는 사람이다"
- 탈무드 -

웃으며 삽시다

거지 아버지의 위세

오래 전 한국인에게 전해오는 이야기가 있다.

가난한 거지 아버지와 아들이 동냥을 하러 동네를 다니다가 큰 기와집에서 불이 난 것을 보았다. 그 집 식구들은 너무 놀라 울면서 어쩔 줄을 몰라 했다. 동네 사람들은 허겁지겁 정신없이 불을 끄고 있었다.

이 모습을 본 아들이 자신의 처지를 생각하며 아버지에게 말했다.
"아버지, 우리는 집이 없으니 저런 고생은 하지 않아도 되겠네요."

아버지가 대답했다.
"이놈아, 그게 다 아버지 덕인 줄 알아라."

(······)

B. 감사자는 얻은 것을 세고, 불평자는 잃은 것을 센다

동일한 환경에서도 얻은 것을 세는 사람은 감사와 행복이 넘치고, 잃은 것을 세는 사람은 불평이 넘치고 불행해진다. 그 예로 공자와 제자들과의 대화를 소개한다.

공자가 조카 공멸에게 물었다.

"벼슬해서 얻은 것이 무엇이고 잃은 것이 무엇이냐?"

공멸이 답했다.

"얻은 것은 없고 잃은 것만 세 가지가 있습니다. 첫 번째는 일이 많아 공부를 하지 못했고, 두 번째는 녹봉이 적어 친척을 돌 볼 수가 없었습니다. 세 번째는 공무가 다급하여 친구들과의 관계가 소원해졌습니다."

공자는 같은 벼슬을 하고 있던 복자천에게도 물었다.

"벼슬해서 얻은 것이 무엇이고 잃은 것이 무엇이냐?"

복자천이 답했다.

"잃은 것은 없고 얻은 것만 세 가지나 됩니다. 첫 번째는 예전에 배운 것을 날마다 실천하여 학문이 늘었고, 두 번째는 녹봉은 적지만 이를 아껴 친척을 도왔기에 더욱 친근해졌습니다. 세 번째는 공무가 다급하지만 틈을 내니 친구들과 더욱 가까워졌습니다."

같은 벼슬을 하면서도 공멸은 잃은 것이 세 가지가 되고, 복자천은 얻은 것이 세 가지가 된다. 잃은 것을 센 공멸은 벼슬하는 것이 고달팠을 것이고, 얻은 것을 센 복자천은 벼슬하는 것이 행복했을 것이다.

불행한 사람은 잃은 것을 셀수록 만족감과 감사함도 잃게 된다. 잃은 것을 세는 만큼 행복이 비워진다. 행복한 사람은 얻은 것을 셀수록 만족감과 감사함도 얻게 된다. 얻은 것을 세는 만큼 행복이 채워진다.

〈출처: 잃은 것과 얻은 것, http://cafe.daum.net/abeautymeeting/7s3a/2191?q=%EC%9E%83%EC%9D%80%20%EA%B2〉

C. 불신자와 성도의 차이: 원망자는 죽고 감사자는 산다

앞에서는 일반적인 감사론에 대해 설명했다. 그렇다면 불신자와 성도가 보는 감사의 논리는 어떻게 다른가? 불신자는 감사의 조건들이 있을 때마다 감사할 수 있다. 그러나 성도는 감사의 조건이 있을 때에만 감사하는 것이 아니라, 예수 그리스도의 이름으로 '항상'(always) 아버지 하나님께 감사해야 한다(엡 5:20).

왜 그런가? 감사의 조건 때문에 하나님께 감사를 드린다면 그 조건이 떠날 때는 하나님을 원망할 수도 있기 때문이다. 그러나 성도는 어떠한 경우라도 하나님에 대한 원망이 허락되지 않는다. 무조건 감사해야 한다. 왜 피조물은 무조건 창조주 하나님에게 감사해야 할 의무가 있는가? 하나님이 하시는 일은 무엇이든지 선하시기 때문이다.

"여호와께 감사하라 그분은 선하시며 그 인자하심이 영원함이로다". (시 107:1)

때문에 바울은 "무엇을 하든지 말에나 일에나 다 주 예수의 이름으로 하고 그를 힘입어 하나님 아버지께 감사하라"(골 3:17)고 했다. 그리고 "범사에 감사하라"(살전 5:18a)고 했다. 이는 "그리스도 예수 안에서 너희를 향하신 하나님의 뜻이다"(살전 5:18b)고 했다.

> "항상 기뻐하라. 쉬지 말고 기도하라. 범사에 감사하라 이는 그리스도 예수 안에서 너희를 향하신 하나님의 뜻이니라. (살전 5:16-18)

따라서 기독교인은 이렇게 해야 한다.

그러니까 감사
그럼에도 감사
그럴수록 감사
그것까지 감사

(싱크와이즈 커리큘럼 중)

이러한 성도의 초월적 감사 생활은 하나님의 은혜 속에 거할 때만이 가능하다. 유대인이 순교를 당하는 순간에도 하나님께 감사기도를 드리는 이유가 여기에 있다. 지혜자는 이렇게 다그친다. "하나님의 행하시는 일을 보라 하나님이 굽게 하신 것을 누가 능히 곧게 하겠느냐"(전 7:13).

성도는 우주를 창조하시고 역사를 주관하시는 절대자 하나님을 절대로 거부할 수 없다. 지음을 받은 물건이 지은 자에게 항의할 수 없는 것과 같은 논리다.

> 이 사람아 네가 뉘기에 감히 하나님을 힐문하느뇨 지음을 받은 물건이 지은 자에게 어찌 나를 이같이 만들었느냐 말하겠느뇨 토기장이가 진흙 한 덩이로 하나는 귀히 쓸 그릇을, 하나는 천히 쓸 그릇을 만드는 권이 없느냐. (롬 9:20-21)

> 도끼가 어찌 찍는 자에게 스스로 자랑하겠으며 톱이 어찌 켜는 자에게 스스로 큰 체하겠느냐 이는 막대기가 자기를 드는 자를 움직이려 하며 몽둥이가 나무 아닌 사람을 들려 함과 일반이로다. (사 10:15)

따라서 설사 인간의 좁은 소견과 지혜로 하나님이 하시는 일을 현재는 깨닫지 못한다 하여도 그분을 무조건 믿고 감사해야 한다. "하나님을 사랑하는 자, 곧 그 뜻대로 부르심을 입은 자들에게는 모든 것이 합력하여 선을 이루기"(롬 8:28) 때문이다.

하나님께 감사하지 않고 원망할 때 하나님은 어떻게 하시나? 유대인이 출애굽을 한 후 광야에서 훈련을 받았을 때 하나님에게 순종하기가 너무도 힘들었다. 물도 없고 먹을 것도 없는 사막 광야에서 어떻게 살아나가야 할지를 몰랐기 때문이다. 하나님은 그분 스스로 기적을 행할 테니 나만 믿고 따라오라고 하셨지만, 이전에 기적을 체험했으면서도 다음 기적을 믿기가 힘들었다(민 14:11). 그리고 40년 동안 매끼마다 동일한 박한 음식 만나만 먹어야하는 것도 고역이었다(출 16:12; 민 21:5).

그러함에도 불구하고 하나님은 그들의 원망을 매우 싫어하셨다. 마침내 원망 없이 이스라엘의 하나님 여호와를 온전히 좇았던 여호수아와 갈렙 그리고 2세 자녀들만 살려두고(민 14:31; 수 14:14), 20세 이상 1세들은 광야 여정에서 모두 죽였다.

> 나를 원망하는 이 악한 회중을 내가 어느 때까지 참으랴 이스라엘 자손이 나를 향하여 원망하는 바 그 원망하는 말을 내가 들었노라 그들에게 이르기를 여호와의 말씀에 나의 삶을 가리켜 맹세하노라 너희 말이 내 귀에 들린 대로 내가 너희에게 행하리니 너희 시체가 이 광야에 엎드러질 것이라 너희 이십 세 이상으로 계수함을 받은 자 곧 나를 원망한 자의 전부가 여분네의 아들 갈렙과 눈의 아들 여호수아 외에는 내가 맹세하여 너희로 거하게 하리라 한 땅에 결단코 들어가지 못하리라. (민 14:27-30)

바울은 이 사건을 상기시키며 우리에게 하나님을 무조건 원망하지 말라(고전 10:10)고 했다. 이 사건이 주는 교훈은 무엇인가? 원망자는 죽고 감사자는 산다는 것이다. 야고보는 "형제들아 서로 원망하지 말라, 그리하여야 심판을 면하리라 보라, 심판자가 문 밖에 서 계시니라"(약 5:9)고 경고했다.

인간은 부유할 때보다도 고난 속에서 하나님의 은혜를 체험한다. 그리고 하나님의 은혜를 체험할 때 고난 속에서도 하나님께 감사할 수 있다. 이것은 기독교의 역설이다. 이것이 바로 세상의 감사 논리와 하나님의 감사 논리와의 차이점이다. 우리 기독교인에게 감사한 것은 초대교회 교인들처럼 성령을 충만하게 받으면 기쁨이 넘치고 감사의 사람이 된다는 것은 얼마나 큰 소망인가(행 2장 참조)!

요즘은 옛날보다도 훨씬 더 풍요한데도 왜 감사하는 사람이 줄어들었는가? 왜 불평하는 사람들이 늘어났는가? 성경은 감사치 아니하는 사람들이 많이 나타나는 것은 세상 종말의 한 가지 징표라고 말한다(딤후 3:2).

"범사에 감사하라.
이는 그리스도 예수 안에서
너희를 향하신 하나님의 뜻이니라." (살전 5:18)

그러니까 감사 / 그럼에도 감사
그럴수록 감사 / 그것까지 감사

D. 최악의 역경에서도 감사한 신앙의 위인들

성경에서 위대한 인물들은 모두 극한 상황에서도 하나님을 원망하지 않고, 하나님께 감사하며 찬양을 했다. 욥과 다니엘, 다윗 그리고 바울을 예로 들어보자.

욥은 자신이 소유했던 모든 것을 한 순간에 잃었다. 그 상황에서 욥과 욥의 부인의 의견은 정 반대였다. 욥은 이렇게 말했다.

> 가로되 내가 모태에서 적신이 나왔사온즉 또한 적신이 그리로 돌아가올지라 주신 자도 여호와시요 취하신 자도 여호와시오니 여호와의 이름이 찬송을 받으실지니이다 하고 이 모든 일에 욥이 범죄하지 아니하고 하나님을 향하여 어리석게 원망하지 아니하니라. (욥 1:21-22)

욥의 부인은 남편 욥에게 "당신이 그래도 자기의 순전을 굳게 지키느뇨 하나님을 욕하고 죽으라"(욥 2:9)고 저주 했다. 그러나 욥은 이렇게 대답했다.

> 그가 이르되 그대의 말이 어리석은 여자 중 하나의 말 같도다 우리가 하나님께 복을 받았은즉 재앙도 받지 아니하겠느뇨 하고 이 모든 일에 욥이 입술로 범죄치 아니하니라. (욥 2:10)

"하나님을 향하여 어리석게 원망하지 아니하니라"(욥 1:22c)라는 말씀은 지혜자는 무슨 일에든지 하나님을 원망하지 않지만, 어리석은 자는 무엇에든지 원망한다는 것을 의미한다.

다니엘은 자신을 죽이려는 적들이 왕을 속여 "누구든지 왕 외에 어느 신에게나 사람에게 무엇을 구하면 사자굴에 던져 넣기로 한 금령을 정했으나"(단 6:7), 다니엘은 그 사실을 알고도 이전과 동일하게 하나님께 기도하며 그분께 감사를 했다.

> 다니엘이 이 조서에 어인이 찍힌 것을 알고도 자기 집에 돌아가서는 그 방의 예루살렘으로 향하여 열린 창에서 전에 행하던 대로 하루 세 번씩 무릎을 꿇고 기도하며 그 하나님께 감사하였더라. (단 6:10)

〈저자 주: 다니엘에 관한 자세한 설명은 저자의 고난의 역사교육 시리즈 제3권 '승리보다 패배를 더 기억하는 유대인' 제3부 제4-2장 II. 2. B. '고난 중에 하나님의 구원이 없을 때에도 감사해야 하는가' 참조〉

다윗은 생사가 달린 쫓기는 극한 상황에서도 "여호와는 나의 목자시니 내게 부족함이 없다"(시 23:1)고 노래했다. 바울이 데살로니가 교회 교인들에게 "항상 기뻐하고 감사하라"(살전 5:16-17)고 권면했던 시기도 당시 교인들 모두가 신앙을 지키기 위해 순교를 해야 할 정도로 모진 핍박을 견디어야 할 때였다.

그뿐만 아니라, 바울 스스로 억울한 누명을 쓰고 죄수로 로마 감옥에 갇혀있으면서도 교인들에게는 "믿음에 굳게 서서 감사함을 넘치게 하라"(골 2:7)고 권면했다.

> 그 안에 뿌리를 박으며 세움을 받아 교훈을 받은 대로 믿음에 굳게 서서 감사함을 넘치게 하라. (골 2:7)

바울의 이런 감사 철학은 구약의 위대한 신앙의 선배들의 삶에 근거했다. 뿐만 아니라 하나님의 백성은 비록 먹고 살 것이 없어 굶더라도 여호와로 말미암아 즐거워해야 한다. 하박국 선지자는 이렇게 말했다.

> 비록 무화과나무가 무성하지 못하며 포도나무에 열매가 없으며 감람나무에 소출이 없으며 밭에 먹을 것이 없으며 우리에 양이 없으며 외양간에 소가 없을지라도 나는 여호와로 말미암아 즐거워하며 나의 구원의 하나님으로 말미암아 기뻐하리로다. (합 3:17-18)

욥과 다니엘, 다윗 그리고 바울은 신앙인이 본받아야 할 감사인의 모델이었다. 우리는 그들을 통해 감사는 감사의 조건이 있을 때만 하는 것이 아니고, 어떤 최악의 환경에서도 감사해야 한다는 것을 깨달았을 것이다. 이번 기회에 우리의 감사생활이 나태해지지 않았나를 한 번 더 점검할 수 있었으면 좋겠다.

**하나님의 백성은
비록 먹고 살 것이 없어 굶더라도
여호와로 말미암아 즐거워해야 한다.** (합 3:17-18)

질문: 북한은 1990년대 300만 명이 굶어 죽어가면서도, 피조물 인간인 김정일로 말미암아 즐거워했다. 그런데 우주를 창조하신 하나님을 믿는 우리는 그렇게 할 수 있겠는가?

3. 감사는 선한 열매를, 불평은 악한 열매를 맺는다

부시가 미국 대통령이 되면서 최초의 흑인 국무장관이 된 뉴욕 빈민가 출신 콜린파월 장관의 이야기다.

아르바이트를 하는 공장에서 어느 날, 그는 다른 인부들과 함께 도랑을 파는 일을 하게 되었다. 그때 한 사람이 삽에 몸을 기댄 채 회사가 충분한 임금을 주지 않는다며 불평하고 있었다. 그 옆에서 한 사람은 묵묵히 열심히 도랑을 파고 있었다.

몇 해가 지난 후 다시 그 공장에 아르바이트를 하러 갔을 때 여전히 그 사람은 삽에 몸을 기댄 채 불평을 늘어놓고 있었지만 열심히 일하던 사람은 지게차를 운전하고 있었다.

또 여러 해가 흘러 그곳에 다시 갔을 때 삽에 기댄 채 불평만 하던 그 사람은 원인을 모르는 병으로 장애인이 되어 회사에서 쫓겨났지만, 열심히 일하던 그 사람은 그 회사 사장이 되어 있었다.

이 일화는 파월의 인생에 큰 교훈이 되었다고 한다. 불평을 일삼는 사람은 결국 스스로 그 불평의 악한 열매를 따먹게 마련이다. 반면 감사하는 그에게는 상응하는 선한 열매를 가져올 뿐만 아니라, 그 자체로 행복을 증가시켜준다.

서양 속담 중에 이런 명언이 있다.

"행복은 언제나 감사의 문으로 들어와서 불평의 문으로 나간다. 조심하라. 불평의 문으로 행복이 새나간다. 기억하라 감사의 문으로 행복이 들어온다."

이것이 감사의 힘이다. 일본 마츠시타 전기의 창업자 마츠시타 고노스케 사장은 일찍이 감사의 마력을 간파했던 사람이다.

"감옥과 수도원의 공통점은 세상과 고립돼 있다는 점이다. 다른 게 있다면 불평하느냐, 감사하느냐의 차이 뿐이다. 감옥이라도 감사하면 수도원이 될 수 있다. 감사는 희망의 언어다. 감사는 역경을 벗어나는 인생의 출구다."

〈출처: 감사의 위력, http://intlwelfare.com/xe/board_RWdJ39/25837〉

결론적으로 감사론적 입장에서 성도의 성화를 정리하면 이렇다. 성도의 신앙은 믿음으로 시작하여 그 믿음이 성장하는 것만큼 매일 감사를 쌓아가는 것이다. 즉 "믿음에 굳게 서서 감사함을 넘치게 해야 한다(골 2:7)." 이것이 성화의 과정이다. 따라서 성화의 성숙을 재는 잣대는 감사의 양과 질이다. 더 많은 감사의 양과 더 좋은 감사의 질을 쌓은 성도는 더 성숙한 성도다.

"행복은 언제나 감사의 문으로 들어와서
불평의 문으로 나간다".

4. 불행(고난)만 과도하게 기억하면 파멸을 자초한다
<유대인의 견해>

어떤 면에서 고난의 역사를 가르친다고 하면 과거에 너무 집착하게 되는 것은 아닌지 걱정하는 사람들도 있다. 또한 자녀들의 자존심이 상하지는 않을까 하는 우려도 있다. 물론 미래로 나가지 못하며 불행했던 과거에만 함몰되면 그럴 수도 있을 것이다.

그 예로 세월호 사건을 들어 설명해 보자. 이 글은 저자가 미주중앙일보에 '세월호 참사 50일, 유대인에게 배우면 어떨까'라는 제목으로 오피니언 란에 기고한 글(2014년 5월 31일)을 수정한 것이다.

<저자 주: 본 글은 저자의 고난의 역사교육 시리즈 제3권 '승리보다 패배를 더 기억하는 유대인' 제4-2장 III. 3. '고난을 기억하는 데도 절제가 필요하다' 항목에 실렸지만, 여기에 꼭 필요하여 수정 증보하여 다시 싣는다.>

과도한 세월호 참사 기억,
유대인이라면 어떻게 할까

유대인은 사람이 죽으면 가능한 한 빠르게, 죽은 다음날에 매장한다. 죽은 시체는 부정한 것으로 믿기 때문이다. 부모님의 장례식이 끝나면 가족은 집으로 돌아와 달걀을 먹는다. 그리고 일주일간 1개의 촛불을 켜 놓고 10명 이상의 친지가 마루에 모여 앉아 기도문을 암송한다. 그리고 상주는 일주일 동안 집밖의 출입을 삼간다.

죽은 뒤 한 달 동안에는 죽은 이에 대한 경의와 슬픔을 표하기 위하여 얼굴을 씻어서는 안 된다. 그리고 죽은 뒤 1년 동안에는 화려하고 즐거운 장소에 나가서는 안 된다. 그 후 해마다 죽은 사람의 기일이 되면 반드시 겉옷을 약간 표시 나게 찢은 상복을 입어야 한다.

일주일 뒤 집 밖에 나가 집 둘레를 한 바퀴 돈 후 집 밖으로 나가 일상으로 돌아간다. 달걀을 먹거나 집의 둘레를 원을 그리며 한 바퀴 도는 이유는 둥근 원이 끝도 시작도 없는 것과 같이 인간의 생명도 끝이 있어서는 안 되며, 언제이고 돌고 있어야 한다고 믿기 때문이다. 유대인은 생명이 죽음을 이기고 이 땅에서 더욱 생육하고 번창하는 것을 매우 중요하게 여긴다.

일주일간 추모하고 집밖을 나간다는 것은 그 이상 슬픔에 잠겨 있어서는 안 된다는 생각에서다. 이것은 사람이 슬픔을 너무 깊이 오래 간직하고 있는 것은 육체적 및 정신적 건강을 해칠 뿐만 아니라, 생업에 큰 지장을 줄 수 있기 때문이다. 이것은 죽은 사람이 현재 살아있는 사람을 지배하고 있어서는 안 되며, 죽지 않고 살아남은 사람은 앞으로도 계속 살아가야만 한다는 교훈을 가르치고 있다. 그래서 아무리 고통스러워도 자살을 금하고 있다. 자살은 죄악이기 때문이다(Tokayer, 탈무드 1, 2007, pp. 444-447).

세월호 참사(4.16)가 일어난 지 5년이 지났다. 필자 역시 자식을 가진 아버지로서 그 비통함을 어찌 말로 다 표현할 수 있겠는가! 하지만 필자가 걱정하는 것은 죽은 자녀들이 산 사람들을 너무 오랫동안 지배하여 그들의 육체적 및 정신적 건강뿐만 아니라, 더 나아가 생업의 기반마저 흔들리지 않을까 하는 것이다.

그렇게 될 경우 그 최종적인 짐은 가족 이외에 아무도 질 사람이 없다는 것을 생각해야 한다. 따라서 주변 사람들이나 정치인들에게도 권하고 싶다. 슬픔에 젖은 분들과 함께 슬퍼해 주어 위로해주는 것은 필요하지만, 그 도가 지나쳐 그분들에게 슬픔을 더욱 가중시키어 그 슬픔에서 헤어 나오지 못하도록 하는 것은 그분들을 도와주는 것이 아니라 오히려 그분들을 곤경에 빠지게 할 수도 있다는 것이다.

따라서 이제는 그분들이 유대인처럼 그 비통함을 떨치고 일상으로 돌아가도록 정신적 및 물질적으로 도와주어야 한다. 시간을 끌면 끌수록 개인적, 사회적 그리고 국가적인 손실이 너무 많기 때문이다.

그리고 이번 일을 계기로 나를 포함한 모든 이들이 남을 정죄하기 전에, "나 자신이 그 때 그 상황에 그 자리에 있었다면 나는 어떻게 행동했을까?"를 생각하며 반성해야 할 것이다. 모든 재난은, 해당 기관은 물론 모든 국민이 함께 변할 때 막을 수 있기 때문이다. 이것이 한국을 더욱 선진국으로 발돋움시킬 수 있는 길이며, 죽은 이들의 희생을 헛되지 않게 하는 길일 것이다.

〈현용수, 유대인 교육학자, 쉐마교육연구원장〉

**일주일간 죽음을 추모하고 집밖을 나간다는 것은
그 이상 슬픔에 잠겨서는 안 되기 때문이다.
죽은 사람이 현재 살아있는 사람을 지배해서는 안 된다..**

제 3 장

인간에게 고난이 유익한 이유

I. 사상은 왜 고난의 사막에서 나오나

II. 고난은 어떻게 인내와 의지를 강하게 하는가

III. 고난의 시험을 이긴 자는 어떤 보상을 받는가

> **I**
> 사상은 왜
> 고난의
> 사막에서 나오나

1. 고난의 겨울은 인간을 철학자로 만든다
A. 왜 봄보다 가을에 시상(詩想)이 많이 떠오르는가

인간이 사색할 수 있는 계절은 어느 계절일까? 만물이 소생하는 따뜻한 봄이나 여름일까? 아니면 낙엽 지며 찬바람이 부는 가을이나 겨울일까? 이를 알기 위해 인생의 의미를 찾는 시상(詩想)이 어느 계절에 가장 많이 떠올랐는지를 알아보자.

한국 어문각에서 나온 '*신한국 문학전집*' 중에 4권으로 된 시선집이 포함되어 있다. 그 중 봄, 여름, 가을, 겨울을 주제로 한 시를 각 계절별로 분류해 본 결과, 봄이 6편으로 가장 적었고, 여름이 8편,

겨울이 13편 그리고 가을이 18편으로 가장 많았다(중앙일보, *위진록* 칼럼, 1995년 10월 17일, 미주판).

이것은 인생의 사상과 철학이 잎이 무성해지는 따뜻한 봄과 여름이 아니라, 낙엽이 떨어지는 차가운 가을과 겨울에 많이 형성된다는 것을 뜻한다. 즉 인간의 사상과 철학은 풍요에서가 아니라 고난에서 나온다는 것을 뜻한다. 누가 인간을 이렇게 창조하셨나? 하나님이시다.

인간은 고난을 겪으면서 철이 든다. 인생을 깊이 생각하게 된다. 인생의 의미를 정립하는 철학적인 사람이 된다. 수직문화의 사람이 된다. 때문에 선현들은 "3일 간 굶어 보지 않고 인생을 논하지 말라"고 했다.

굶어 보지 않은 사람은 인생의 깊이를 모르는 사람이기 때문이다. 굶는 것도 먹을 것이 있으면서 금식하는 것과 먹을 것이 없어서 굶는 것과는 스트레스의 충격면에서 크게 다르다. 경제적인 궁핍으로 먹을 것이 없을 때의 긴박함이란 경험해 본 사람만이 안다.

독일의 시인 괴테[Johann Wolfgang von Goethe(1749-1832)]는 이런 시를 남겼다.

"눈물과 함께 빵을 먹어본 적이 없는 자
고뇌의 밤들을 잠자리에 앉아 울며 지샌 적이 없는 자
그는 하늘의 힘을 알지 못한다."

〈출처: https://en.wikipedia.org/wiki/Johann_Wolfgang_von_Goethe〉

요즘 대부분 젊은이들은 눈물과 함께 빵을 먹어본 적도 없고, 고뇌의 밤들을 잠자리에 앉아 울며 지샌 적도 없기 때문에 하늘의 힘을 잘 알지 못할 것이다. 그러니 그들에게서 깊고 무게감이 있는 언행을 기대하는 것은 무리일 것이다.

"눈물과 함께 빵을 먹어본 적이 없는 자
그는 하늘의 힘을 알지 못한다."

B. 왜 사상은 빌딩 숲이 아닌 사막에서 나오는가

이스라엘 정부의 유대인 지도자는 지금도 딱딱한 의자에 앉는다. 그 이유는 모세가 광야에서 이스라엘 민족을 가나안으로 인도할 때에 돌의자에 앉아서 생활했기 때문이다. 당시 모세는 백성들이 광야의 초막에서 사는데 내가 어찌 편안한 생활을 할 수 있느냐고 반문하면서 돌의자를 고집했다는 것이다.

유대인은 어떻게 아직도 이처럼 겸손한 생활을 할 수 있는가? 그들은 그 당시의 사막 광야에서 겪었던 고난의 역사를 자손대대로 전수하는데 성공했기 때문이다. 만약 고난의 역사를 잊었다면 얼마나 호화로운 비싼 의자에 앉겠는가!

하나님의 백성 유대인은 나일강이 있는 풍요로운 이집트에서 살지 않았다. 이집트의 왕 바로는 악어, 즉 사탄을 상징한다(겔 29:3,

32:2). 따라서 풍부한 나일강의 물은 하나님의 백성을 유혹하고 삼키는 세속적 쾌락 문화와 창궐한 인본주의를 상징한다.

사상과 철학은 인간의 쾌락을 자극하는 라스베이거스 초현대 빌딩 숲이나 호텔, 혹은 재벌에서 나오는 것이 아니다. 고난의 사막에서 나온다. 사막은 생명을 죽이는 곳이다. 그곳에서 자기 자신을 알고, 인생의 깊이를 알고, 하나님의 섭리를 깨달을 수 있다. 따라서 고난은 저주가 아니라 축복의 전주곡이다.

성경 자체가 고난을 겪은 선지자들이 쓴 책이다. 모세가 광야에서 모세오경을 썼고, 다윗이 고난 중에 있을 동안에 150편의 시편 중 거의 반이나 썼다. 이사야 선지자나 예레미야 선지자도 고난을 당하면서 선지서를 썼다.

예수님도 십자가에서 고난을 당하셨고, 바울도 많은 고난을 당하면서 바울서신을 썼다. 성경의 저자들은 고난이란 사막에서 하나님을 만났다. 따라서 성경의 저자들이 만난 그 하나님을 만나기 위해서는 우리도 직접 혹은 간접적으로 고난을 알고 겪어야 한다.

그리고 고난이 없으면 여호와 하나님의 말씀(진리)을 넓고 깊게 깨달을 수 없다. 현자들이 고생을 사서 했던 이유도 여기에 있다. 역사적으로 훌륭한 많은 영혼의 지혜자나 구도자는 안락한 풍요를 거부하고 사막이란 고난을 스스로 택한 경우가 많았다. 눈에 보이는 땅의 것보다는 보이지 않는 하늘의 것이 더 중요하기 때문이다.

결론적으로 이스라엘의 사막, 그것은 고난을 상징하고, 사막에

거하셨던 하나님은 우리가 고난 속에 거할 때 더 가까이 계신다. 사막은 인간에게 두려운 곳이지만 영적 성장을 위해서는 꼭 필요한 곳이다. 고난은 하나님이 사랑하는 자에게 주시는 값진 선물이며 보화다.

> 사상과 철학은 라스베이거스 빌딩들에서가 아니라
> 고난의 사막에서 나온다.
> 성경 자체가 고난을 겪은 선지자들이 쓴 책이다.

C. 유대인이 꿈을 꾸는 듯한 환희를 맛본 이유

인간의 일생에는 씨를 뿌릴 때가 있고 거둘 때가 있다. 한 민족의 역사에도 씨를 뿌릴 때가 있고 거둘 때가 있다. 천하에 범사가 기한이 있고 모든 목적이 이룰 때가 있다. 울 때가 있고 웃을 때가 있으며 슬퍼할 때가 있고 춤출 때가 있다(전 3:1-4).

씨를 뿌릴 때는 고단한 수고의 때이지만 거둘 때는 기쁨의 때이다. 뿌릴 때와 거둠, 고난과 기쁨은 서로 상반된 단어들이다. 그러면서도 서로 보완적이다. 즉 뿌릴 때가 없으면 거둘 때도 없다는 말이다. 고통의 때가 없으면 기쁨의 때도 없다는 말이다.

이 말은 무슨 뜻인가? 많이 뿌린 것만큼 많이 거두고, 고난을 겪은 것만큼 기쁨도 크게 느낄 수 있다는 말이다. 뿌릴 때와 거둠, 고난과 기쁨의 폭이 클수록 감사의 폭도 커진다. 이것이 하나님이 밝은 낮과 어두운 밤을 번갈아 주시는 이유다.

유대인의 역사를 예로 보면, 주전 586년 예루살렘 성전이 파괴되면서 유대 민족 전체가 바빌로니아로 잡혀갔던 시절이 있었다. 그들은 노예 생활을 하면서 수고, 고통, 압제 및 낙심하며 기다리던 때였다. 절망 그 자체였다.

그들은 어쩔 수 없이 눈물을 흘리며 씨를 뿌릴 수밖에 없었던 때였다. 그러나 하나님이 정하신 기한, 그 고난의 때가 지나자 환상 같은 기쁨의 때, 즉 거두는 때가 있었다. 시편 기자는 그 기쁨을 이렇게 표현했다.

> 여호와께서 시온의 포로를 돌리실 때에 우리가 꿈꾸는 것 같았도다. 그 때에 우리 입에는 웃음이 가득하고 우리 혀에는 찬양이 찼었도다. 열방 중에서 말하기를 여호와께서 저희를 위하여 대사를 행하셨다 하였도다. (시 126:1-2)

〈저자 주: 한국인이 일제에서 해방된 광복절에도 그런 기쁨이 있었다.〉

유대인은 어떻게 그렇게 꿈꾸는 것 같은 기쁨을 맛보았나? 지독한 고난 속에서 최악의 절망이 있었기 때문이다. 우리는 고난을 당할 때마다 이 말씀을 기억하며 소망을 기다려야 한다. 유대인이 수많은 고난의 역사 중에서도 살아남는 비밀이 무엇인가? 소망을 버리지 않는 교육 때문이다.

> 눈물을 흘리며 씨를 뿌리는 자는 기쁨으로 거두리로다. 울며 씨를 뿌리러 나가는 자는 정녕 기쁨으로 그 단을 가지고 돌아오리로다. (시 126:5-6)

하나님은 이렇게 말씀하신다. "은도 내 것이요 금도 내 것이니라"(학 2:8). 하나님께서 이스라엘 백성에게 고난의 때를 주신 것은 이전 것보다 더 큰 영광과 평강을 주시기 위함이었다(학 2:9).

> 너희는 오늘부터 이전을 추억하여 보라. 구월 이십사일 곧 여호와의 전 지대를 쌓던 날부터 추억하여 보라. 곡식 종자가 오히려 창고에 있느냐. 포도나무, 무화과나무, 석류나무, 감람나무에 열매가 맺지 못하였었느니라. 그러나 오늘부터는 내가 너희에게 복을 주리라. (학 2:18-19)

우리는 고난의 사막을 걸을 때마다 영원하신 창조주 하나님께 소망을 걸어야 한다. 어느 때에는 그 고난의 원인을 모를 때도 있다. 왜냐하면 하나님의 하시는 일의 시종을 사람으로 측량할 수 없게 하셨기 때문이다(전 3:11b). 설사 그렇다고 하여도 주권적인 하나님을 믿으며 소망을 버려서는 안 된다.

왜냐하면 하나님이 모든 것을 지으시되 때를 따라 아름답게 하셨기 때문이다(전 3:11a). 즉 하나님이 지으신 것에는 그 목적이 있고 그 목적을 이루시는 계획은 하나님이 갖고 계신다. 따라서 우리는 자녀에게 자신이나 민족에게 아무리 비극적인 고난의 때가 온다고 하여도 그것은 하나님의 뜻을 이루는 과정으로 이해하도록 가르쳐야 한다.

> "하나님을 사랑하는 자 곧 그 뜻대로 부르심을 입은 자들에게는 모든 것이 합력하여 선을 이루기 때문이다"(롬 8:28).

솔로몬은 하나님의 주권적 역사를 깨닫고 이렇게 말했다.

> "무릇 하나님의 행하시는 것은 영원히 있을 것이라. 더할 수도 없고 덜할 수도 없나니, 하나님이 이같이 행하심은 사람으로 그 앞에서 경외하게 하려 하심인 줄을 내가 알았도다." (전 3:11)

유대인의 이런 교육은 어디에서 나왔는가? 쉐마에서 나왔다. 쉐마는 인간의 역사는 하나님의 주권에 속해 있으며, 하나님은 독특하시고 불가분하신 분임을 선언하며, 우리는 우리 생활에서 매 성품과 소유를 그분의 뜻에 맞게 순종해야 한다는 것을 가르친다(Scherman & Zlotowitz, 2004, p. 90). 즉 인간의 모든 개성과 노고를 하나님의 뜻에게 맞추는 교육을 해야 한다.

눈물을 흘리며 씨를 뿌리는 자는 기쁨으로 거두리로다
(시 126:5).

아침 좋은 글

부정적인 마음 지우기

욕심은 부릴수록 더 부풀고,

미움은 가질수록 더 거슬리며,

원망은 보탤수록 더 분하고,

아픔은 되씹을수록 더 아리며,

괴로움은 느낄수록 더 깊어지고,

집착은 할수록 더 질겨지는 것이니,

부정적인 일들은 모두 지우는 게 좋습니다.

지워버리고 나면 번거롭던 마음이 편안해지고, 마음이 편안해지면 사는 일이 언제나 즐겁습니다.

출처: 아침 좋은 글, https://story.kakao.com/ch/goodday/FQtHNos5gK0

2. 고난에서 지혜를 얻는다

A. 부족함이 최고의 선물이다

인간의 삶에는 예상 밖의 위기가 많이 닥친다. 그때마다 그것을 해결할 수 있는 지혜가 필요하다. 그 지혜는 어떻게 얻을 수 있을까? 여러 가지가 있겠으나 삶에서 얻어지는 경우가 많다. 즉 교과서에서 지식을 얻는다면 실생활의 삶 속에서는 지혜를 얻는다. 그 지혜도 풍요보다는 고난 속에서 얻어진다.

탈무드에는 이런 격언이 있다.

> "가난한 가정의 아이들 말에 귀를 기울여라. 지혜가 그들에게서 나올 것이다." (Tokayer, 탈무드 1: 탈무드의 지혜, 2017, 쉐마, p. 263).

유대인 성공 비결 중 하나는 부족(lack)에 있다. 유대인은 부족함을 최고의 선물로 삼아 유일한 자원인 두뇌 개발을 위한 교육에 집중하여 오늘의 성공을 일구었다. 어떤 이에게는 부족이 실패의 핑계가 되지만 유대인에게는 성공의 원인이 된다(헤츠키 아리엘리(Hezki Arieli), 글로벌 엑셀런스 회장, *부족함이 최고의 선물이다*, 2013년 3월 14일, http://blog.daum.net/kk1990/6356).

풍요 속에서는 큰 인물이나 걸작이 나오지 않는다. 성취를 향한 간절함이 없기 때문이다. 따라서 가난(부족)은 하나님이 주신 최고의 선물이다. 부족함은 곧 고난이다. 고난이 닥칠 때마다 하나님께 그 문제를 해결할 수 있는 지혜를 구하여 극복할 수 있다.

우리나라 말에 "궁하면 통한다"는 말이 있다. 또한 "필요는 발명의 어머니"란 말도 있다. 어려울 때에 대부분 문제 해결의 방법도 발견한다는 뜻이다. 하나님께서는 성도들에게 감당할 만한 시험을 주신다(고전 10:13)고 말씀하셨다.

> 사람이 감당할 시험밖에는 너희에게 당한 것이 없나니, 오직 하나님은 미쁘사 너희가 감당치 못할 시험 당함을 허락지 아니하시고, 시험 당할 즈음에 또한 피할 길을 내사 너희로 능히 감당하게 하시느니라. (고전 10:13)

본문에서 '피할 길'은 이전에 겪었던 경험에서 얻은 지혜로, 혹은 하나님께 구했더니 그분이 주신 지혜로 시험을 능히 감당했다는 것을 뜻한다. 후자는 성도만이 가질 수 있는 특권이다.

옛 어른들이 학교 공부를 많이 하지 않았는데도 신세대보다 세상을 살아가는 지혜가 더 많은 것은 그들이 신세대보다 더 많은 고난 속에서 생존을 위한 지혜를 터득하며 살아왔기 때문이다.

(저자 주: 자세한 것은 저자의 저서 '유대인 아버지의 4차원 영재교육', 제3부 제2장 '제4차원 영재교육: 지혜교육' 참조)

그러나 요즘 신세대들은 풍요 속에서 학교에서 얻은 지식은 많을지 모르지만, 지혜는 부족하다. 왜냐하면 지식교육을 강조하는 것만큼 지혜는 반대로 줄어들기 때문이다. 따라서 우리는 자녀들에게 어려서부터 지혜를 먼저 쌓아놓고 후에 지식을 쌓도록 해야 한다.

현대(2018년)에는 현대교육(지식교육)을 많이 받은 신세대는 많으나 큰 인물이 없는 시대에 살고 있다. 따라서 풍요 속에서 인물난으로 허덕이고 있다. 우리는 지혜가 인생의 의미를 찾는 수직문화라면, 지식은 현세의 것을 추구하는 수평문화에 속한다는 사실을 기억해야 한다.

〈저자 주: 수직문화와 수평문화에 대해서는 저자의 저서 '현용수의 인성교육 노하우' 제1-2권, 제2부 '인성교육의 본질과 원리: 수직문화와 수평문화'를 참조〉

유대인은 부족함을 최고의 선물로 삼아
유일한 자원인 두뇌 개발을 위한 교육에 집중하여
오늘의 성공을 일구었다.

B. 유대인은 박해 속에서 지혜를 터득한 민족이다

이 주제는 앞의 '부족함이 최고의 선물이다'와 연결된 주제다. 부족함을 느낀다는 것은 삶에 문제가 있다는 것이다. 삶에서 겪는 조그만 문제에는 조그만 지혜가 필요하지만, 큰 문제에는 큰 지혜가 필요하다. 지혜는 바로 문제 해결의 도구이며 열쇠다.

여기에서 말하는 지혜는 두 가지; 부족한 것을 체험한 경험에서 얻는 '다스'(히브리어 daath, 지혜 혹은 지식)와 고난이 닥칠 때마다 하나님께 구하여 얻는 '투시야'(히브리어 tushiya, 지혜)라는 지혜다.

역사적으로도 위대한 인물들은 큰 문제가 많았던 캄캄한 고난의 역사 속에서 탄생했다. 한국의 손양원, 이승만, 김구, 조만식, 함석헌, 정주영, 이병철 등과 미국의 윌슨, 아브라함 링컨, 무디, 빌리 그레이엄 등이 그 예다. 그들은 큰 문제들에 부딪치면서 지혜를 키운 위인들이다.

하나님의 말씀인 성경도 지식으로 아는 것과 고난을 체험하면서 깨닫는 것과는 다르다. 인간은 미련하여 설사 지식으로 하나님의 말씀을 이해한다 하여도 한계가 있다. 그 말씀의 깊은 뜻은 고난에 처할 때 하나님의 은혜 속에서 더 명확하게 깨달을 수 있다.

전자를 IQ적 지식이라면, 후자는 EQ적 체험적 지식이다. 즉 전자를 머리로 아는 지식이라면, 후자는 가슴으로 체험한 지식이다. 따라서 하나님의 말씀은 머리로만 아는 것이 아니라, 말씀을 읽고 마음에 감동을 받아야 한다. 그럴 때 하나님의 지혜도 더 많이 깨닫는다.

여호와 하나님이 여호와의 율법을 네 [머리가 아닌] 마음에 새기라(신 6:6)고 하신 이유가 여기에 있다. 그리고 그 말씀을 생활에 적용하여 실천해야 한다. 즉 진리를 머리로 깨닫고 가슴으로 느끼고 발로 행동해야 올바른 기독교교육이 완성된다.

구약성경의 선지서는 하나님의 선지자가 바벨론이나 아시리아가 가나안을 정복하고 유대인을 포로로 잡혀갈 것과 그곳에 잡혀가서 고난을 당하는 모습을 쓴 책이다. 특히 선지서에는 너희(유대인)들이 왜 그런 고통을 당하는지 아느냐, 하나님을 버리고 율법을 어긴 죄 때문이다. 다시 여호와 하나님께로 돌아오라는 하나님의 간절한 사랑의 절규가 담겨 있다. 유대인은 그곳에 잡혀가서 온갖 고초를 체험하고 뒤늦게 후회했다. 그때 그들은 새로운 지혜를 얻게 되었다.

유대인이 다른 민족에서는 볼 수 없는 상상을 초월한 박해를 견디고 끝내 유대인임을 감추지 않았던 것은 1800년 이상이나 되는 긴 세월의 시련을 견뎌내어 이겼다는 걸 말해 주고 있다. 재산이나 생명의 위험에 직면한 유대인이 살아남는 길은 매우 큰 지혜가 필요했던 것이다. 긴 역사를 돌아볼 때 유대인은 지혜가 뛰어난 자가 생존해 남을 수 있다는 법칙에 의해 어리석은 자는 도태되고 유대인 가운데에서도 지혜가 뛰어난 사람만이 살아남을 수 있었던 것이다(Tokayer, 탈무드 5: 탈무드의 잠언집, 2013, 쉐마, p. 47).

유대인이 스스로 "부족함이 최고의 선물이다." 그리고 "박해 속에서 지혜를 터득한 민족이다"라고 고백하는 이유다.

**생명의 위험에 직면한 유대인이 살아남는 길은
매우 큰 지혜가 필요했던 것이다.**

C. 실수를 줄이기 위해 눈의 흰자위가 아닌 검은자위로 세상을 보라

앞에서 부족함(고난)에서 지혜를 터득한다고 했다. 그렇다고 큰 지혜를 얻기 위하여 우리가 자청하여 하나님께 고난을 구할 필요가 있는가? 그럴 수는 없다. 특히 전쟁 같은 고난은 엄청난 재해를 가져온다.

물론 일부 성자들은 넓은 길보다는 좁은 길, 즉 고난의 길을 택한 예도 있다. 고난의 십자가를 피하지 않으셨던 예수님이나 풍요로운 왕자의 권좌를 던졌던 석가모니가 그 예다. 여기서는 이런 극단적인 고난의 길을 피하면서 어떻게 삶을 풍요롭게 살 수 있느냐에 대하여 지혜를 얻고자 한다.

우리의 자녀들에게 고난의 역사교육과 아울러 일시적인 힘든 극기 훈련(예: 미개한 선교지에서의 중노동, 힘든 운동, 금식 등)을 시키어 고난을 체험하게 해야 한다. 그럴 때 겸손해질 수 있다.

〈저자 주: 자세한 것은 앞에서 언급한 제5부 제2장 III. 1. C. '고난을 겪지 못한 자녀에게 감사를 느끼게 하는 법' 참조〉

겸손해지면 지혜의 원천이신 하나님에게 지혜를 구하게 된다. 하나님은 "누구든지 지혜가 부족하면 모든 사람에게 후히 주시고 꾸짖지 아니하시는 하나님께 구하라"(약 1:5)고 하셨다. 하나님은 "그 기뻐하시는 자에게는 지혜와 지식과 희락을 주신다"(전 2:26).

처절한 고난을 당하지 않고도 자신의 마음이 썩지 않는 신앙생활을 한다는 것, 자체가 지혜의 생활임을 알아야 한다. 미련한 자는 큰일을 당한 후에 진리를 깨닫지만 지혜로운 자는 고난의 역사교육 속에서 미리 깨닫고 재앙을 막는다. 어떻게 미리 깨닫고 고난을 피할 수 있는가?

탈무드에는 이와 관련한 매우 중요한 교훈이 있다. 랍비들이 인간의 눈은 흰자위가 검은자위보다도 더 큰데, 어째서 인간은 검은 곳을 통하여 사물을 보는 것일까 하는 주제를 놓고 논쟁을 벌이는 이야기가 있다. 결론은 다음과 같다.

인간의 눈은 대부분이 희고, 검은 것은 작다. 그러나 인간은 희고 밝은 곳을 통하여 사물을 보는 것이 아니라, 검고 어두운 곳을 통하여 본다. 이것은 과거의 성공을 통하여 사물을 보아서는 안 된다고 하는 교훈이다. (*Tokayer*, 탈무드 4: 탈무드의 생명력, 2013, 쉐마, p. 161)

사물을 판단할 때는 과거 성공했을 때보다는 패배와 수치를 당했을 때를 교훈삼아야 한다는 것이다. 그래야 냉철한 머리로 실수

없이 바른 판단을 할 수 있다는 말이다. 특히 인간은 여러 가지 중에, 혹은 두 가지 중에 어느 것 하나를 선택해야 하는 기로에 있을 수가 있다. 이 때 하나님에게 바른 선택을 할 수 있게 해달라고 지혜를 구해야 한다. 히브리어로 그 지혜를 '비나'(binah, 명철, 깨달음, understanding)라고 한다.

그래야 육에 취하기 쉬운 수평문화에 속지 않고 바른 정신과 명철로 세상을 볼 수 있다. 쉽게 말하면 분별력을 갖춘, 철이 든 눈으로 세상을 볼 수 있다. 그리고 교만하거나 허황된 삶에서 벗어나 진실되고 절제된 그리고 겸손한 삶을 살 수 있다. 인간이란 고난이란 어두운 터널을 통과할 때 참된 자아를 발견하고, 세상의 이치를 바로 깨달을 수 있다.

적용 문제: 현재(2018) 문제인 정권이 추구하고 있는 남북 관계도 6.25 전쟁의 고난이란, 눈의 검은자위를 통하여 보아야 한다. 그렇지 않으면 북한의 달콤한 우리민족끼리의 '평화'나 '통일'이라는 간계에 속아 대한민국이 적화통일이 될 가능성이 매우 높다.

**인간의 눈은 어찌하여 하나님이 검은 부분을 통해서만
물체를 보도록 만드셨나?
인생은 어두운 사실을 통해서 밝은 것을 볼 수가 있기 때문이다.
그것이 곧 지혜다.**

랍비 강의

이야기의 효용
〈유대인의 슈르드한 답〉

유대인은 이야기를 만들어서 남에게 들려주기를 잘하는 민족이다. 특히 서양사회에서는 이야기를 만드는 사람으로는 유대인이 많은 것 같다. 회당의 예배 시간에도 랍비는 이야기를 포함시킨 설교를 하는 것이 습관처럼 되어 있다.

가정에서는 아버지가 그의 아들에게 여러 가지 이야기를 만들어 들려준다. 이 이야기는 단지 재미있어서 뿐만 아니라 반드시 어딘가에 교훈이 있다. 머리를 써서 생각하지 않으면 모르는 곳이 있다. 그러므로 때로는 수수께끼도 가정에서 자주 이야기 한다.

소련(현 러시아: 이 이야기는 소련이 붕괴되기 전 공산주의 시대의 이야기다. 편역자 주)에 살고 있는 어떤 친척으로부터 편지가 왔다. 아시다시피 소련은 경찰국가인데다, 유대인은 박해를 받고 있는 처지이므로 소련에서 편지를 써 보내는 일은 거의 모험에 가까운 일이었다.

그 편지에는 소련에서는 일기가 좋으며, 우리는 건강하며 아이들은 훌륭한 학교에 잘 다니고 있으며, 지금 살고 있는 곳도 아주 살기 좋은 곳이어서 모든 것이 만족스럽지만, 다만 전구와 설탕만이 부족하다고 쓰여져 있었다.

이런 내용을 들려주면 어린이들은 전구나 설탕이 없다는 것은 어떤 것이냐고 묻게 마련이다. 그러면 아버지는 "이것은 진실을 말하는 한 가지 방법이다.

전구와 설탕이 없다는 편지 내용으로 보아 저쪽에서의 생활이 매우 어둡고 암담하다는 사실을 알아내야 한다"고 가르쳐 준다. 이런 식의 훈련을 쌓음으로써 사물을 보는 지혜를 몸에 익히게 될 것이다. 또 한 가지 예를 들어 보자.

소련에서 이스라엘로 겨우 이민해 온 가족에게 텔아비브의 공항에서 기자가 여러 가지 점에 대하여 인터뷰를 한다.
"당신은 소련에서 어떤 일을 하고 있었습니까?"
"나는 별로 불평을 할 만한 것이 없습니다."
"그럼 당신이 살고 있던 환경은 어떠했습니까?"
그러자 다시,
"불평을 할 만한 것이 없습니다."
"그쪽에서의 식사는 어떠했습니까?"
"아니 그것도 불평을 할 만한 것이 없었습니다."
계속해서 여러 가지 질문을 해보았으나 번번이 "별로 불평할 만한 것이 없습니다"라고 대답할 뿐이었다.
마지막으로 기자가 "그렇게 아무것도 불평을 할 만한 것이 없다면 무엇 하러 여기까지 이민을 왔습니까?"라고 묻자, 그 남자는
"여기서는 불평할 만한 것이 있고, 또 불평 할 수 있기 때문입니다"라고 대답했다.

그런 이야기를 자녀들에게 들려주는 셈이다. 어린이는 이러한 역설을 알고는 사람의 마음의 깊이라는 것을 배워 가게 된다.

출처: Tokayer, *탈무드 2: 탈무드와 모세오경*, 2013, 쉐마, pp. 372-374.

II
고난은 어떻게 인내와 의지를 강하게 하는가

1. 왜 고난은 인내라는 지혜를 키우나

아담의 타락 이후 인간은 육의 속성을 따라 에서와 같이 '들사람'(창 25:27)처럼 살았다. 그러나 하나님의 사람은 장막에서 여호와의 율례와 법도에 의하여 길들여진 '야곱'의 사람이다. 이런 사람은 육의 속성을 따라 사는 것이 아니라 성령의 속성을 따라 산다.

성령의 속성을 따라 사는 사람은 사랑의 사람이다. 사랑의 속성 중 하나가 바로 인내다(고전 13:5). 인내는 성령을 받을 때 은사(갈 5:22)로 나타나지만 그것이 생활화되는 데에는 고난을 통하여 정금같이 다듬어진다.

인간은 문제 속에서 고난을 겪을 때 인내와 함께 지혜를 배우게 된다. 이는 생존을 위한 인내 자체가 일종의 지혜다. 인내의 지혜는 이론만으로 배울 수 있는 것이 아니다. 처절한 환경 속에서 몸소 고난을 겪을 때만이 참다운 인내를 배울 수 있다.

인간은 작은 고난에서 작은 인내를 배우고 큰 고난에서 큰 인내를 배운다. 하나님께서 쓰시는 큰 인물들은 고난의 용광로를 통하여 커다란 인내란 통 큰 수직문화를 갖추게 된다. 인내는 지혜자가 갖추어야 할 필수 조건이다. 따라서 고난을 통하여 문제 해결의 지혜를 배운 사람은 인내의 사람이다.

앞에서도 언급했듯이 탈무드에는 이와 같은 수수께끼가 쓰여 있다. 인간의 눈은 흰 부분과 검은 부분으로 이루어져 있다. 그런데 어찌하여 하나님이 검은 부분을 통해서만 물체를 보도록 만들었던 것일까? 인생은 어두운 사실을 통해서 밝은 것을 볼 수가 있기 때문이다(Tokayer, 탈무드의 생명력, 쉐마, 2013, p. 290). 그것이 곧 고난에서 얻는 지혜다.

고난은 하나님의 교육 방법이다. 욥은 고난 중에도 후에 하나님이 자신에게 주시는 고난의 의미를 깨달았다.

> 나의 가는 길을 오직 그가 아시나니 그가 나를 단련하신 후에는 내가 정금같이 나오리라. …그는 뜻이 일정하시니 누가 능히 돌이킬까. 그 마음에 하고자 하시는 것이면 그것을 행하시나니 그런즉 내게 작정하신 것을 이루실 것이라. 이런 일이 그에게 많이 있느니라. (욥 23:10-14)

욥은 하나님이 고난으로 자신을 연단하신 후에 가장 가치 있는 정금 같은 인간이 될 것을 믿었다. 그리고 인내했다. 하나님도 오래 참으시는 분이시다(벧후 3:9). 예수님과 바울도 오래 참으셨던 분이시다(히 12:2-5; 고후 1:6, 6:4-5). 따라서 인내할 수 있는 사람은 하나님의 속성을 가진 지혜의 사람이다. 참다운 인내란 참을 수 있는 것을 참는 것이 아니고 참을 수 없는 것도 능히 참는 것이다. 예수님의 억울한 십자가 고난이 바로 그 대표적인 예다.

따라서 저자는 앞에서 언급한 '감사' 대신에 '인내'를 넣어 이렇게 말하고 싶다.

그러니까 인내
그럼에도 인내
그럴수록 인내
그것까지 인내

야고보는 "내 형제들아 너희가 여러 가지 시험을 만나거든 온전히 기쁘게 여기라. 이는 너희 믿음의 시련이 인내를 만들어 내는 줄 너희가 앎이라. 인내를 온전히 이루라. 이는 너희로 온전하고 구비하여 조금도 부족함이 없게 하려 함이라"(약 1:2-4)고 말했다.

바울은 "다만 이뿐 아니라 우리가 환난 중에도 즐거워하나니 이는 환난은 인내를, 인내는 연단을, 연단은 소망을 이루는 줄 앎이로다"(롬 5:3-4)라고 말했다. 다시 말하면, 우리에게 가장 중요한 소망의 완성은 환난에서 시작한다는 사실이다. 그러니 환난은 소망을 이루는 얼마나 큰 축복의 씨앗인가!

　인간의 인내는 생활 속 고난과 믿음의 시련 속에서 자란다(약 1:3; 살후 1:4). 따라서 고난을 통하여 인내를 배운 사람은 깊이 있는 수직문화가 강한 사람이고, 고난 없이 인내를 배우지 못한 사람은 수평문화가 강한 사람이기 쉽다. 따라서 탈무드는 '성공의 절반은 인내심'이라고 말한다(Tokayer, 탈무드 5: 탈무드 잠언집, 2016, 쉐마, p. 384).

　따라서 수직문화가 강한 사람은 웬만한 고난은 고난으로 여기지를 않는, 고난에 잘 견디는 사람이다. 반면에 수평문화가 강한 사람은 조그만 고난에도 쉽게 포기하고 무너지기 쉬운 사람이다.

성공의 절반은 인내심이다.
- 탈무드 -
수직문화가 강한 사람은 인내심이 강하여
웬만한 고난은 고난으로 여기지 않는다.

2. 왜 고난은 의지력과 담대함(면역력)을 키우나

힘 인간이 성장하면서 겪는 고난들은 고난에 대한 면역력, 즉 '은근과 끈기'를 키워준다. 면역력은 어떻게 키워지는가? 어려서부터 굶어보고 추위에 떨어보기도 하고 힘에 겨운 농사일이나 신문팔이, 구두닦이 및 노점 장사 등을 해보는 데서 키워진다.

〈저자 주: 자세한 것은 앞에서 언급한 제5부 제2장 Ⅲ. 1. C. '고난을 겪지 못한 자녀에게 감사를 느끼게 하는 법' 참조〉

이런 일들은 학교를 다니면서도 얼마든지 할 수 있다. 면역력에도 급수가 있다. 최고의 고난이 10이라면 5정도의 고난을 겪은 사람은 3정도의 고난은 별 어려움 없이 지낼 수 있다. 그 동안 면역력이 생겼기 때문이다. 그러나 10정도의 고난을 겪어본 사람은 8정도의 고난도 별 어려움 없이 웃으며 이겨낼 수 있다. 따라서 고난의 질과 양에 따라 그의 의지력과 담대함이 세련되고 강해진다.

인간이 얼마나 담대한가, 혹은 얼마나 강인한 의지력이 있는가 하는 것은 고난에 대한 면역력에 비례한다. 그리고 그것은 인내라는 잣대로 측정할 수도 있다. 의지가 약한 사람은 인내력이 약하다. 조금만 어려운 일이 닥쳐도 쉽게 포기하고 쉽게 좌절한다.

그러나 의지가 강한 사람은 인내심이 강하고 담대하다. 마음먹은 것이 설사 잘 안 된다고 하여도 쉽게 포기하지 않는다. 그리고 쉽게 좌절하거나 비굴하지도 않는다. 칠전팔기(七顚八起)의 모습으로 오뚝이처럼 다시 일어선다. 이것은 고난과 믿음의 시련 속에서 인내가 자라면서 스스로 의지가 강해지며 담대해지기 때문이다. 따라서 이 세상에 고난 없는 성공은 기대할 수 없다.

유대인은 현재의 폭풍우 뒤에는 반드시 아름다운 무지개가 하늘에 걸린다는 것을 믿기 때문에 어려운 역경을 이길 수 있는 면역력, 즉 끈질긴 인내를 키울 수 있었다. 어떠한 역경에도 굴하지 않는 용기라는 것은 역경을 직접 체험해 본 자가 아니면 알지 못한다 (Tokayer, 탈무드의 생명력, 쉐마, 2013, p. 290).

여기에서 그 역경을 체험해 본 정신의학자 빅터 프랭클(Viktor Emil Frankl, 1905-1997)의 말을 들어보자. 그는 '죽음의 수용소'(제일출판사, 1979)라는 책의 저자로 유명하다. 나치의 아우슈비츠 강제 수용소에서 겪은 생사의 엇갈림 속에서도 삶의 의미를 잃지 않고 인간 존엄성의 승리를 보여준 자서전적인 체험 수기다. 그는 인간이 "우스꽝스럽게 헐벗은 자신의 생명 외에 잃을 것이 아무것도 없다"는 사실을 깨달았을 때 어떤 일이 벌어지는지를 연구했다.

이것을 바탕으로 그는 독특한 정신분석 방법인 '로고테라피'를 창안했다. 그는 서문에서, "나는 단순히 어떠한 상황에서도, 심지어 최악의 비참한 상황에서조차도 삶에는 잠재적인 의미가 있다는 점을 구체적인 실례로서 독자들에게 전달하고 싶었다."고 적었다.

그는 부모, 형제, 아내가 강제수용소에서 모두 죽고, 모든 소유물을 빼앗기고 모든 가치를 파멸당한 채 굶주림과 혹독한 추위 그리고 핍박 속에 몰려오는 죽음의 공포를 어떻게 견뎌냈으며, 어떻게 의미 있는 삶을 발견하고 유지할 수 있었는지를 서술했다.

그는 자살을 시도하려는 환자들에게 삶의 소중함을 말해주며 아무리 어렵더라도 희망의 끈을 놓지 말고, 긍정적인 삶을 살라고 조언한다.
그런데 자살을 포기했거나 수포로 돌아간 이들이 몇 달, 혹은 몇 년 후 자신에게 돌아와 너무 고맙다는 말을 반복했다고 한다. 그들은 자기들의 문제에는 해결 방법이 있었고, 자기들이 왜 살아야 하는지에 대한 의미를 찾았다는 것이다(p. 173).

1948년 나라를 되찾은 이스라엘은 현재도 수많은 주변 아랍권의 위협에 시달리고 있다. 그러나 유대인은 아랍의 위협을 자신들의 고난의 역사 속에서 얻은 지혜가 있기에 그것을 긍정적으로 받아들이고 있다.
랍비 솔로몬에 의하면, 아랍의 위험이 없으면 이스라엘 내부의 분쟁으로 시끄러워 힘이 결속되지 않지만, 아랍의 위험이 커질수록 내부의 분쟁은 자취를 감추고 긴장 상태가 고조되면서 단결이 잘 된다고 했다(Solomon, 2005, p. 38). 유대인은 외부로부터 가해지는 고난 때문에 스스로 국력이 강해지고 담대해진다는 논리다.

왜 요즘 자녀들은 하찮은 일에, 조금만 힘들어도 자살하는가? 고난에 대한 면역력이 그만큼 키워지지 않았기 때문이다. 6.25 전쟁 때에는 그 혹독한 죽음을 넘나드는 고난 속에서도 자살하는 이가 거의 없었다. 어떻게든지 살아남으려고 안간힘을 썼었다. 당시에 고생을 많이 한 사람들 중에는 정치, 학계, 문학, 경제 및 종교계에 큰 영웅들이 많아 나왔다. 그래서 영웅은 난세(亂世)에 많이 난다는 말이 나왔다.

**왜 요즘 자녀들은 하찮은 일에,
조금만 힘들어도 자살하는가?**

랍비 강의

인생은 바이올린의 현과 같다

고생이나 인내는 인생에 있어 꼭 필요한 것이다. 유대인은 많은 우수한 음악가를 탄생시켜 왔다. 예를 들면 바이올리니스트만을 들어 보더라도, 오이스트라프, 메뉴인 같은 이름을 들 수가 있다. 바이올린의 현이 팽팽하지 않은 상태로 놓여져 있다면 그것은 고운 음색을 내지 못한다.

메뉴인도 줄이 적당하게 팽팽히 조절되어 있는 상태가 아니었더라면 아무런 소리도 내지 못했을 것이다. 그러나 이 현은 많은 가능성을 간직하고 있다. 켜는 사람에 따라 멋진 음색이 나온다. 이 현을 바이올린에 매어 가능한 팽팽하게 늘려야 한다. 끊어질듯이 현을 맨다.

이 바이올린의 현에 대한 비유는 유대인들 사이에서 종종 쓰인다. 인간은 극한 상황에까지 괴로워하며 노력함으로써 비로소 아름다운 음색이 탄생하는 경우가 많다.

따라서 때로는 고생이나 인내도 필요한 것이다. 그러면 자신 속에 감추어져 있던 가장 아름다운 음색을 끌어 낼 수가 있게 된다. 참다운 아름다움과 환희는 진짜 괴로움이나 추악함을 경험한 사람일수록 맛볼 수가 있을 것이다.

자신의 한도까지 당겨 죄면서 괴로워하며 고생한 적이 없는 인간은, 마치 꽉 조여지지 않고 내버려진 바이올린의 현과도 같이 자신의 내부에 있는 가능성을 하나님에 의해서 이끌어내 질 수가 없다. 탈무드는 이렇게 말하고 있다.

〈편역자 주: 이 말을 바꾸어 설명하면, 하나님께서 쓰시는 인물들은 고난의 터널을 통과하게 하신 후 그들의 성장된 가능성을 사용하신다는 뜻이다.〉

출처: Tokayer, 탈무드 4: 탈무드의 생명력, 2013, 쉐마, pp. 302-304.

3. 왜 유대인은 절망을 이기기 위해 희망을 키우나

A. 악을 이기기 위해 선의 면역력을 키우는 이유

유대인은 성경에 근거한 선과 악을 잘 구분한다. 그리고 악과 대항하여 싸운다. 어떻게 악과 싸워 이길 수 있을까? 싸우는 것도 좋지만, 악의 상대편인 선을 강화시키는 방법도 있다.

질병과 싸울 때에 가장 유효한 수단은 세균이나 독소를 죽이기에 앞서 적극적으로 자신의 신체를 강하게 만들어 면역력을 키우는 것이다. 생명의 저울추는 언제나 희망과 절망의 사이를 왔다 갔다 하는데, 생명을 지키는 힘인 희망의 무게를 증대시킴으로써 저울추를 우리들에게 유리한 방향으로 기울어지게 할 수가 있다. 따라서 절망과 싸우기보다 희망을 유지해 가는 편이 훨씬 효과적이다(Tokayer, 탈무드 4: 탈무드의 생명력, 2013, 쉐마, 274-275).

"희망의 등불을 계속 가지면 어둠에도 견딜 수가 있게 된다."
(상게서, p. 304).

여기에서 또 하나의 소박한 비유를 들어 보자. 세 마리의 개구리가 우유통 속에 빠졌다. 첫 번째 개구리는 모든 것은 "하나님의 뜻에 달렸다."라고 말하고 발을 모아 붙인 채로 아무것도 하지 않았다. 두 번째 개구리는 이 통속에서 뛰어 나간다는 것은 도저히 불가능하다. 더구나 우유도 깊어서 어떻게 할 수가 없다. "아무래도 수가 없다"고 말하며 아무것도 하지 않는 채로 빠져 죽어 버렸다.

세 번째 개구리는 비관도 낙관도 하지 않고 현실을 잘 간파하여 이거 일이 잘못되었구나. 어쩌면 좋을지 모르겠다고 말하면서 뒷다리가 두 개 있으니 코를 우유 밖으로 내밀고 천천히 헤엄쳐 돌아다니면 될 거라고 생각했다.

그러던 중에 무엇인지 좀 딱딱한 것이 발에 닿았다. 아무튼 발을 붙이고 서 있을 수 있게 되었던 것이다. 버터가 만들어진 것이다! 헤엄치며 우유를 휘젓는 동안에 버터가 만들어졌고 그래서 그 위에 서 있을 수 있게 되었다. 그리하여 세 번째 개구리는 무사히 통 밖으로 뛰어 나올 수 있었다.
탈무드는 말하고 있다.
"여러분도 헤엄을 계속해 주십시오!"
너무 오래 기다리게 되면 그 만큼 실망도 크다. 이 세상에서 가장 힘이 드는 일은 일이 없는 것이다(상게서, 2013, 쉐마, 275-277).

"여러분도 살기 위해 헤엄을 계속해 주십시오!"
- 탈무드 -

B. 비관을 버리고 낙관을 키워야 하는 이유

"비관의 길은 좁지만 낙관의 길은 넓다."
"낙관은 모든 것들을 포용해 받아들이지만, 비관은 모든 것들을 물리쳐 버리고 만다."

유대인의 격언이다(Tokayer, 탈무드 5: 탈무드 잠언집, 2009, 쉐마, 2013, p. 122).

유대인은 낙관적이다. 낙관은 어떠한 패배나 어떠한 압박에도 견디어 낼 수 있는 힘을 인간에게 부여해 준다.

유대인의 강인함은 그들의 삶이 무(無)에서 출발하고 있다는 점이다. 세계 각지로 흩어져 살고 있는 동안에 몇 번이나 집이 소실되고, 재산은 몰수당했으며, 추방되는 등 혹독한 처사를 당해 온 유대인은 언제나 빈손으로 도망쳐 다녀야 했었다. 그렇지만 유대인임을 망각하거나 포기하려 하지 않았다. 목숨만 붙어 있다면 어떻게든 된다고 하는 위대한 낙관론이 있다(Tokayer, 탈무드 4: 탈무드의 생명력, 2013, 쉐마, pp. 165-166, 287-289).

이스라엘은 2008년 5월 14일로 건국 60년을 맞았다. 이갈 카스피(Caspi·58) 주한 이스라엘 대사는 "한국이 건국 직전에 일제 강점기를 겪은 것처럼 이스라엘도 홀로코스트를 겪었고, 두 나라 모두 건국 직후에 전쟁을 치렀다"며 "아직 국경에서 상대방과 총을 겨누고, 젊은이들이 의무적으로 군대를 가야 하는 현실까지 서로 닮았다"고 말했다.

이스라엘의 미래에 대해 그는 대답 대신 이스라엘식(式) 농담을 들려줬다. "신이 '일주일 후 지구에 홍수를 내리겠다'고 말하자 기독교인과 불교신자들은 기도를 했지만, 이스라엘인들은 '일주일이나 남았으니 물속에서 살아갈 방법을 배우면 된다'고 말했습니다." 그는 "시기는 모르겠지만 언젠가는 이스라엘에 평화가 올 것"이라며 이스라엘인 특유의 낙관론을 펼쳤다(조선일보, *한국·이스라엘 60년 너무 닮은 꼴*, 2008년 8월 15일).

유대인은 "하나님은 밝은 사람을 축복해 주신다. 낙관의 마음은 자기뿐만 아니라 남들까지도 밝게 해 준다."고 믿는다(Tokayer, *탈무드 5: 탈무드 잠언집*, 2009, 쉐마, 2013, p. 122).

〈저자 주: 더 자세한 내용은 저자의 고난의 역사교육 시리즈 제3권 '*승리보다 패배를 더 기억하는 유대인*' 제3부 제5장 '고난을 이기는 유대인의 희망의 신학' 참조 바람〉

**신이 "일주일 후 지구에 홍수를 내리겠다"고 말하자
기독교인은 기도를 했지만,
유대인은 "일주일이나 남았으니 물속에서…."고 했다.**

아침 좋은 글

사랑이 나타나는 곳

성격은 얼굴에서 나타나고,

본심은 태도에서 나타나며,

감정은 음성에서 나타난다.

센스는 옷차림에서 나타나고,

청결함은 머리카락에서 나타나며,

섹시함은 옷맵시에서 나타난다.

그리하여 사랑은 이 모든 것에서 나타난답니다.

출처: 아침 좋은 글, https://story.kakao.com/ch/goodday/FQtHNos5gK0

4. 안네의 일기에서 배워라

나치가 동유럽을 점령했을 때 어떤 한 집안 얘기를 해 보자. 많은 유대인이 그러했듯이 어떤 작은 마을에서 유대인 일가가 창고의 지붕 속에 숨어 있었다. 나치는 한 사람이라도 유대인을 놓치지 않고 잡아내기 위해 무섭게 눈을 부릅뜨고 감시하고 있었다.

그 다락 속에는 다섯 식구가 숨어 있었다. 그 다섯 사람은 양친과 열 살 난 딸 라헬과 여덟 살짜리 아들 조슈아와 삼촌 야곱이었다. 이들은 이웃 주민들의 도움으로 음식물을 제공받고 있었다.

〈편역자 주: 유명한 '안네의 일기'의 주인공 안네도 이 무렵에 네덜란드의 암스테르담에서 역시 지붕 밑 다락방에서 가족들과 함께 숨어 있었다.〉

이 이야기는 최후에 단 한 사람 살아남은 조슈아가 말한 것이다. 식구들은 소리를 낼래야 낼 수가 없었다. 거기에서 손짓이나 몸짓으로 얘기하는 것을 익혔다. 나치의 순찰대가 가택 수색을 올 때마다, 혹은 호의를 품고 있지 않은 마을 사람들이 왔을 때에는 일체 소리를 내지 않은 채, 숨소리조차 죽이고 있지 않으면 안 되었다.

양친과 삼촌은 물이나 먹을 것을 구하기 위해 가끔 밖에 나왔다. 그러한 때에는 누군가 한 사람이 살짝 빠져 나갔다. 창고 가까이서 발소리가 나면 양친은 라헬과 조슈아의 입을 손으로 막아야만 했다. 아이들이 공포감으로 소리를 내게 되는 때도 있기 때문이었다.

숨어 산 지 3개월째 되던 어느 날 어머니가 밖에 나가더니만 영 돌아오지를 않았다. 호의를 갖고 있는 마을 사람들로부터 어머니가 독일 군인들에게 붙잡혔다는 사실을 알았다. 그리고 또 2개월이 지

〈안네의 일기〉의 저자 안네, 나치 치하에서 숨어 지내던 시절 숨 가쁘고 두려웠던 경험을 일기로 남겼다.

난 어느 날 부친이 나가서는 돌아오지를 않았다.

그래서 삼촌 야곱이 두 사람의 입을 손으로 막게 되었다. 반년 후에는 삼촌이 나가자 곧 총성이 들렸다. 삼촌이 피살당한 것이었다.

그 후부터는 필요한 때에 먹을 것이나 물을 가져오는 것은 누나의 일이 되었다. 창고 가까이서 무슨 소리가 나면 이번에는 누나가 조슈아의 입을 막았다. 그러나 이것도 오래 가지는 않았다. 둘이서 어두운 다락에서 한 달도 채 지나지 않은 사이에 이번에는 또 누나가 돌아오지 않았다. 그 후 무슨 소리가 가까이서 들리면 조슈아는 자신의 손으로 자기의 입을 막았다.

유대인이 오늘날까지 살아남아 온 것은 아무리 어려운 역경이 온다고 해도 결코 절망하는 일이 없었기 때문이다.

〈본문은 저자의 허락을 얻어 '탈무드 4: 탈무드의 생명력'(Tokayer, pp. 287-289)에서 발췌한 것임〉

5. 골프선수 박세리를 교육시킨 그녀 아버지의 예

우리는 세계 여자 골프의 여왕 박세리 선수를 기억한다. 그녀는 1998년 5월 '맥도널드 LPGA 여자 챔피언십 골프 대회' 우승에 이어 그 해 7월 7일 'US 여자 골프 오픈 대회'에서도 우승하여 세계무대 데뷔 첫해에 메이저 대회 2연승이란 대기록을 세웠다(중앙일보, 1998년 5월 19일, 7월 7일).

보통 사람은 그녀의 표면적 승리에 기뻐했지만 의식이 있는 사람은 그녀의 승리의 이면에 숨어 있는 고난을 생각하며 콧등이 시큰함을 느꼈을 것이다.

박세리 선수는 골프를 초등학교 3학년 때 시작하여 초등학교 6학년 때부터 본격적으로 연습했다. 언론에 의하면, 박세리 선수의 아버지는 매일 오전 5시 30분이면 어김없이 세리를 깨워 문 밖으로 등을 떠밀었다고 한다. 15층 아파트 계단 오르내리기 5회 반복으로 하루를 시작했다. 이어 1시간 동안 요가 운동을 했고, 유성 골프장 입구에서 매일 6km를 뛰었다. 하루 8백 개의 샷 연습과 6백 번의 퍼팅 연습을 오후 10시까지 단 하루도 거르지 않고 반복됐다. 지옥 같은 나날이었다. 자다가도 아버지가 "퍼팅 연습을 1천 번 더 해라" 하면 일어나 퍼팅 연습장으로 향해야 했다.

체력과 기량 훈련뿐만이 아니었다. 골프에서 요구되는 평정심과 대담성을 키우도록 아버지는 어린 세리를 칠흑 같은 어두운 산중에 내버려두고 돌아가길 거듭했다. 이때마다 세리는 무서워도 울음을 속으로 삼키며 산 속을 수없이 헤매야 했다. 혹시 아버지에게 눈물을 보이면 불호령이 떨어지기 때문이었다. 7년 후 그녀는 세계 정상에 우뚝 섰다(중앙일보, *세리야, 잘 했다. 아빠가 그 동안 너무 모질었지…*, 1998년 5월 19일).

박세리의 성공 비결은 무엇인가? 선천적인 소질도 중요하지만 무엇보다도 아버지의 지혜로운 고난교육의 열매였다. 고통스러운 고난교육은 그녀로 하여금 강한 의지력과 대담성을 갖게 하는 원동력이 되었다.

부모가 자녀를 교육시키는 데에 고난교육은 비단 스포츠뿐만이 아니라 모든 분야에서 성공하는 데 필수 과목임을 잊지 말아야 한다. 부모가 자녀에게 아무 일도 시키지 않고 편하게 방치하는 것은 자녀를 나약하게 만들거나 육의 수평문화에 빠지게 할 우려가 있다.

하나님도 하나님이 크게 사용하시려고 선택하신 요셉, 모세, 다윗을 그들의 인간 교육을 위하여 세상의 일류 대학에 보내신 것이 아니라 먼저 처절한 고난 대학(苦難大學)에 입학시키셨다. 따라서 전인 교육의 지정의(知情意)에서 의지의 계발에도 고난의 역사교육이 매우 중요하다.

여호와 하나님께서 왜 그토록 사랑하시던 이스라엘 민족에게 고난을 주셨는가? 그 이유는 그들을 독수리처럼 강한 민족으로 키우시기 위함이다(신 32:11-12). 하나님께서 그들을 40년 간 광야의 길을 걷게 하시면서 굶주리게 하시고, 낮추시며 그들을 시험하사 마침내 복을 주려 하심이었다(신 8:2-3, 16).

〈자세한 것은 저자의 저서 '하나님의 독수리 자녀교육'(쉐마, 2014), 제1부 제2장 '모세오경에 나타난 하나님의 고난교육과 전인교육' 참조〉

하나님은 이스라엘 민족에게 고난을 주시면서 동시에 하늘의 만나, 여호와의 말씀을 주셨다. 즉, 이스라엘 민족은 하나님의 말씀

속에서 영혼이 새로워졌으며 강하고 담대한 믿음을 소유하게 된다. 강함과 담대함은 고난을 통과한 후에 얻어지는 축복의 결과다. 강하고 담대한 믿음을 소유한 이스라엘 민족은 마침내 가나안을 유업으로 받는 축복을 받았다.

**여호와 하나님께서
왜 그토록 사랑하시던 이스라엘 민족에게
고난을 주셨는가?
독수리처럼 강한 민족으로 키우시기 위함이다**

(신 32:11-12).

III
고난의 시험을 이긴 자는 어떤 보상을 받는가

가장 억울한 일을 당하신 분은 성자 하나님이신 예수님이시다. 그분은 십자가의 고난을 당하신 이후 하나님의 보상을 기대하셨다. 자신에게 영광의 보좌가 기다리고 있다고 말씀하셨다.

> 예수께서 가라사대 내가 진실로 너희에게 이르노니 세상이 새롭게 되어 인자가 자기 영광의 보좌에 앉을 때에 나를 좇는 너희도 열두 보좌에 앉아 이스라엘 열두 지파를 심판하리라. (마 19:28)

야고보는 예수님을 따르는 이들에게 성도에게 고난이라는 시험이 따르지만, 그것을 참는 자는 복이 있다고 했다. 그리고 그들은 보상으로 약속하신 생명의 면류관을 얻을 것이라고 했다.

> 시험을 참는 자는 복이 있도다. 이것에 옳다 인정하심을 받은 후에, 주께서 자기를 사랑하는 자들에게 약속하신 생명의 면류관을 얻을 것임이니라. (약 1:12)

베드로는 하나님의 백성은 불같은 믿음의 연단을 받는데, 그 보상은 '예수 그리스도의 나타나실 때에 칭찬과 영광과 존귀'(벧전 1:7)라고 말했다. 초대교회 당시 순교를 각오하지 않으면 믿음을 지키기 힘든 상황에서, 고난의 보상을 상기시키며 위로했던 것이다. 그만큼 우리에게 천국에 대한 믿음과 소망은 그 어떤 고난과도 바꿀 수 없는 귀중한 것이다.

**불같은 믿음의 연단의 보상은
"예수 그리스도의 나타나실 때에 칭찬과 영광과 존귀다"**

(벧전 1:7)

하나님이 자녀를 출세시키는 법

I. 인간과 하나님의 자녀 출세시키는 법 차이

II. 고난을 겪는다고 모두 유대인처럼 강한가

III. 유대인은 왜 고난을 극복하기 위해 웃는가 〈고난 극복 방법〉

I
인간과 하나님의 출세시키는 법 차이

1. 요셉과 다윗처럼 출세시키려면 고난대학에 보내라

인간은 자녀를 출세시키기 위하여 좋은 것을 사주고 일류대학을 보내려고 한다. 이에 반해 하나님은 고난대학에 여러 학위 제도를 만들어 놓고 제일 낮은 학위부터 취득하도록 입학시키어 보내신다.

요셉의 고난은 4년이 아니다. 고난대학의 제일 높은 학위까지 마치는 데 무려 13년이나 걸렸다. 처음에는 자신의 친형제들에 의해 깊은 웅덩이에 던져졌다(17세 때). 그 후 보디발 장군의 집에 종으로 팔려갔다. 그곳에서 그의 부인의 무고로 감옥생활을 했다. 이것은 요셉을 애굽의 국무총리(30세 때)를 시키기 위한 하나님의 커리큘럼이었다.

다윗은 사무엘로부터 기름부음을 받은 후(삼상 16:12-13) 목가적인 양치기 생활을 접고 하나님에 의해 고난대학에 강제로 입학하게 되었다(삼상 18:7절 이하). 그리고 그 대학을 졸업하는데 무려 13년이나 걸렸다. 목숨을 유지하기 위하여 10년 동안이나 장인이었던 사울의 칼을 피해 다녔다. 하나님이 다윗을 이스라엘의 두 번째 왕을 삼기 위한 하나님이 기획하신 커리큘럼이었다.

시편은 모두 150편으로 구성되었다. 그 중 반 이상을 다윗이 썼다. 언제 썼는가? 대부분 고난대학시절에 쓴 작품들이다.

모세를 비롯한 모든 성경을 쓴 인물들도 고난대학 출신들이다. 이것은 무엇을 뜻하는가? 하나님의 말씀을 받아 성경을 쓸 수 있는 자격의 조건은 반드시 세상의 일류대학 졸업장이 아닌, 하나님의 고난대학 졸업장이 필요하다는 것이다.

따라서 성경의 저자들이 만났던 하나님을 만나기 위해서는 상대적이지만 그들이 겪었던 처절한 고난을 직접 혹은 간접으로 겪어야 한다는 것을 뜻한다. 인간이 궁핍했을 때나 위기를 만났을 때 그리고 육체적인 질병에 시달릴 때 하나님을 만나기 쉬운 이유가 여기에 있다.

**인간은 자녀를 출세시키기 위하여
일류대학을 보내려하지만
하나님은 고난대학에 보내신다.**

2. 하나님은 왜 요셉, 모세, 바울을 이민보내셨는가
A. 이민신학이란

저자는 이민자다. 1975년에 아내와 함께 한국에서 미국으로 이민을 와서 43년째 살고 있다(2018년 기준). 오늘날의 터를 잡고 살기 위하여 수많은 고난의 세월을 보냈다.

'이민'이란 무엇인가? "자기 나라를 떠나 다른 나라로 옮겨가서 삶"(다음 사전)이다. 즉 이민은 자기가 정들었던 고향을 떠나 다른 나라로 이주하여 사는 삶이다. 따라서 '이민신학'이란 "이민에 관한 내용을 성경에서 찾아 그것을 신학적으로 연구하는 학문이다"라고 정의할 수 있을 것이다.

성경에 나타난 첫 이민자는 아브라함이다. 하나님은 그에게 본토 친척 아비 집을 떠나 하나님이 지시하는 곳, 즉 가나안으로 가라고 명령하셨다(창 12:1). 그 뿐만 아니라 그의 후손들 중에 많은 이들: 즉 야곱, 요셉, 모세, 다니엘, 스룹바벨, 느헤미야, 에스라 및 바울이 이민자의 삶을 살았다.

유대인은 애굽에서 400년 동안 그리고 바벨론에서 70년 동안 이민자로서 노예 생활을 했다. 여호수아가 정복했던 가나안도 자신들의 땅이 아닌 남의 땅이었다. 신약시대에는 거의 2000년 동안 전 세계를 유랑하며 고달픈 이민자의 삶을 살았다. 나치에 의해 600만 명이 죽음을 당하는 치욕의 대학살도 체험했다.

왜 이민자는 더 고달픈가? 낯 설은 이중문화권에서 개척자이기 때문이다. 가나안을 정복 중이던 여호수아는 요셉 자손에게 자신들에게 준 산지를 스스로 개척하라고 했다(수 17:15). 새로운 삶의 터전을 스스로 개척한다는 것은 쉽지가 않다. 원주민과 인종(국적), 언어, 문화 및 사회구조가 다르기 때문이다. 그들의 이방인에 대한 부정적인 텃세가 만만치 않다. 그들과 함께 살기 위해서는 긴장과 고난의 연속을 견뎌야 한다.

기독교인은 모두 영적으로 이민자들이다. 왜냐하면 현재 살고 있는 정든 세상을 떠나 영원한 하늘에 있는 본향, 즉 천국(히 11:16)으로 이민을 가서 살 나그네들이기 때문이다. 이 땅은 잠시 거쳐 가는 곳이다. 때문에 하나님은 정든 세상을 떠나 하나님에게로 오라고 하신다.
〈자세한 것은 저자의 저서 '*자녀의 효도교육 이렇게 시켜라*', 제2권 제4부 제1장 III. "아브라함에게 '아비 집을 떠나라'는 말씀의 신약 신학적 의미" 참조 바람〉

토라에는 하나님이 나그네, 곧 이민자를 사랑하라는 말씀이 여러 곳에 나온다(출 22:21, 23:9; 레 23:22). 하나님은 왜 이민자(나그네, 객)에 대한 관심이 그토록 많으신가? 하나님이 그토록 사랑하셨던 유대인 자체가 이민자 출신이기 때문이다.

하나님은 왜 유대인에게 나그네를 사랑하라고 하셨는가? 너희들 스스로도 애굽의 나그네(노예) 출신이기 때문에 나그네의 정경을 잘 알 것 아니냐? 그러니 그 당시 너희들이 받았던 설움을 기억하여 나그네를 보거든 그들을 사랑하라고 하셨다(출 23:9). 때문에 하나님은 늘 유대인에게 너희는 종 출신임을 상기시키셨다(출 20:2; 신 6:12, 7:8).

사랑하는 방법은 "나그네를 사랑하사 그에게 식물과 의복을 주는 것이라"(신 10:18)고 하셨다.

> "고아와 과부를 위하여 신원하시며 나그네를 사랑하사 그에게
> 식물과 의복을 주시라. (신 10:18)

성경을 대표하는 큰 인물들; 구약의 아브라함, 요셉과 모세 그리고 신약의 바울이 이민자 출신들이었다. 하나님은 왜 그들에게 이민을 보내셨는가? 큰 인물을 만드시기 위하여 꼭 이민을 보내실 필요가 있는가? 물론이다.

〈저자 주: 여기에서 하나님이 아브라함을 가나안으로 이민을 보내신 목적은 요셉, 모세 및 바울을 이민 보내신 목적과 다르기 때문에 후자를 기준하여 서술한다.〉

B. 하나님이 요셉, 모세, 바울을 이민 보내신 목적

본 주제에서 말하는 이민은 이스라엘 백성이 400년 동안 애굽에서 자기 민족끼리 모여 노예생활을 했던 것이 아니고, 특정한 인물을 택하시어 그를 당대 최고 강대국에서 그들의 사회 시스템에서 고난도 겪지만 그 나라의 국가 체제와 수직문화, 그리고 리더십을 배웠다는 것을 뜻한다.

애굽이란 강대국에서 이민자가 겪어야 했던 고난대학의 특징과 유익은 무엇인가?

첫째, 이중문화권에서 이민자가 겪는 고난은 본국에서 겪는 것과 다르다. 물론 보편적으로 고난을 통하여 인간을 겸손, 즉 낮추게 하지만, 이민자에게는 원주민으로부터 인종차별을 받는다. 모든 면에서 홀로 새로 개척하고 적응해야 하기 때문에 늘 긴장해야 한다. 누구로부터도 도움을 받을 수 없다는 점에서 정신적 및 육체적 위험부담이 따른다. 따라서 하나님에게 더 의지할 수밖에 없게 된다.

둘째, 애굽은 당대에 가장 강대한 나라였다. 가나안의 농촌사람이 강대국에서 정치, 경제, 교육, 사회, 문화 등 다양한 면에서 선진화된 문명을 배운다는 것은 새로운 도전이었다. 또한 세계 각국에서 모여 든 다양한 인종들을 만나 많은 정보를 얻을 수 있었다.

이것은 그의 국제적인 시각을 넓게 해주어 전 세계의 지도자가 될 수 있는 자질을 갖추게 해준다. 특히 여러 나라의 언어와 그들의 가치 및 풍습을 익히는 것은 세계 경쟁력을 높이는데 매우 중요한 자산이다.

인성교육학적 및 교육학적인 입장에서 요셉의 이력서를 보면 완전히 고난대학 + 일류대학 출신이다. 애굽의 최고 일류대학을 아르바이트(?)를 하며 다녔다고 해도 무방할 것이다. 하나님은 요셉에게 애굽의 최상위권 신분을 가졌던 이들을 13년 동안 붙여주셨다. 보디발 장군 가정의 가정총무를 수행했다(창 39:4). 최고위층 가정의 시스템을 온전히 익히기 위함이었다. 인적 및 재산관리를 하게 했다.

가정 시스템을 익히게 하신 후에는 애굽이라는 거대한 나라의 시스템을 익히게 하시기 위해 감옥에 집어넣으셨다. 감옥에서 그는 비록 죄인의 신분이었지만 바로 왕에게 죄를 지은 애굽의 최고위 엘리트 공직자들(창 39:20)과 감옥 동기가 되게 하셨다.

그곳은 그들과 어울리며 애굽의 최고 선진화된 수직문화와 학문을 배우는데 최고의 대학(?)이었다. 실제로 그곳 감옥 동기(술 맡은 관원장)가 복직하여 최고의 권력자 바로를 소개해주지 않았던가(창 41:9, 창 40-41장 전체 참조). 뿐만 아니라 요셉이 감옥을 나온 이후에도 감옥 동기들이 그의 통치에 얼마나 많은 도움을 주었을 것인가!

그래서 하나님은 자신이 택한 인물을 크게 사용하시기를 원하시면, 그를 강대국으로 유학을 보내셨다고 보아야 한다. 하나님은 당시 세계에서 초강대국인 애굽을 하나님의 백성을 훈련시키시는 고난의 훈련장으로 삼으셨다.

〈저자 주: 물론 구속자적 입장에서 초강대국 지도자들에게 유대인을 통하여 여호와 하나님만이 참신이라는 것을 알게 하는 목적도 있지만, 여기에서는 교육학적 목적만을 기술한다.〉

이민을 가서 공부를 한 유학파로는 구약의 요셉과 모세가 대표적인 인물이다. 그런데 하나님은 요셉과 모세를 훈련시키시는 순서를 바꾸셨다. 요셉의 경우는 먼저 애굽에서 고난을 겪게 하시고, 후에 애굽을 다스리게 하셨다. 그러나 모세의 경우는 먼저 40년 동안 애굽에서 궁전에서 최첨단 교육을 받게 하시고, 후에 40년 동안 광야에 위치한 고난대학에 입학시키셨다.

신약에서는 하나님이 바울을 기독교 창설자와 최초의 선교사의 모델이 되게 하시기 위하여 당대 최고 학문의 도시 길리기아 다소 지역에 부모가 이민가게 하셨다. 그는 그곳에서 태어나 최첨단 헬라 학문을 많이 배우게 하시고(행 26:24), 당시 최 강대국인 로마 시민권도 취득하게 하셨다(행 22:3). 그 후, 예수님을 믿게 하셔서 선교사의 사명을 주시어 고난대학에 입학시키셨다.

그렇다면 하나님께서 요셉과 모세, 그리고 바울을 유학(이민)을 보내셨던 목적은 무엇인가? 그것은 자기 가족과 민족이 위기에 처했을 때 그들을 구원하시기 위함이었다. 요셉은 가나안에 기근이 들어 70명의 가족이 죽게 되었을 때(창 46:1-27) 그들을 구원하시기 위해 하나님은 요셉을 먼저 애굽에 보내시어 준비시키셨다. 애굽의 국무총리가 되게 하셨다(창 45:4-8).

모세는 이스라엘 백성이 애굽에서 너무 가혹한 노예생활을 할 때 (출 2:22-25) 그들을 노예에서 해방시키시기 위해 난지 석 달 만에 하나님은 그를 애굽으로 이민, 즉 유학을 보내셨다(출 2:1-10). 바울은 하나님의 때가 차매(갈 4:4) 지옥불에 떨어질 수밖에 없었던 이방을 구원하시기 위해 다소에 이민, 즉 유학을 보내셨다(행 9:15, 22:3).

결론적으로 하나님은 구속의 역사를 성취하시기 위해 한 인물을 택하신 후 최 강대국으로 이민을 보내셨다. 그들은 당시 최강대국이며 최고 엘리트들이 모여 있는 곳에서 공부하게 하셨다. 그런 면에서 우리는 하나님이 자신의 장엄한 구속의 역사를 이루시기 위해 한 사람을 택하시고 오묘한 방법으로 훈련시키시는 그분의 지혜에 감탄을 금할 수 없다.

부족한 저자는 성경의 인물들과는 비교의 대상이 아니지만, 하나님께서 인성교육과 쉐마교육이라는 새로운 학문을 개척하게 하시기 위하여 43년 전에 세계 최강대국인 미국으로 이민을 오게 하셨다고 생각한다. 그리고 평신도로 미국의 상류 사회에서 다양한 경험을 하게 하신 후 철학박사 학위를 취득하게 하셨다(현용수, *쉐마교육 개척기* 참조). 만약 저자가 이런 경험을 하지 못했다면 이런 글을 쓸 수가 없을 것이다. 하나님의 오묘한 경륜에 감사와 찬송과 영광을 올려 드린다.

**하나님은 구속의 역사를 성취하시기 위해
한 인물을 택하신 후 최 강대국으로 이민을 보내셨다.
이유는?**

---

3. 이민자 요셉이 애굽에서 받은 고난의 의미와 교훈

〈저자 주: 앞에서 모세와 요셉을 이민자의 모델로 들었다. 그런데 모세에 관해서는 이미 저자의 저서 *현용수의 인성교육 노하우* 제2권에서 자세히 설명한 바 있다. 그에 관해서는 제2부 제4장 III. '인성교육 원리 적용 I. 현실 적용: 왜 수직문화가 개인과 민족에게 그리고 기독교인에게 필요한가'란 주제의 '질문 8': '이방인의 수직문화 교육도 기독교인의 인성교육에 도움을 줄까요? 예를 들어 하나님은 왜 모세를 이스라엘 민족의 지도자로 세우기 위해 40년간 애굽의 수직문화 교육을 시켰을까요? 왜 하나님의 선민교육만을 받은 아론을 택하지 않으셨을까요?'를 참조하기 바란다. 따라서 여기에서는 요셉에 관해서만 설명한다.〉

A. 왜 하나님은 악인은 흥하고 의인은 망하게 하셨는가

요셉은 자신의 의지와 상관없이 이민자의 고난을 시작해야 했다. 어릴 때 아버지 야곱의 특별한 사랑을 받았지만, 그의 나이 17세에 형들의 질투와 미움을 받아 형들에 의해 헤어날 수 없는 깊은 구덩이에 던져졌다(창세기 37:2-11, 18-28). 그리고 애굽의 바로의 신하 시위대장 보디발의 종으로 팔려갔다(창 37:36, 39:1).

그는 졸지에 가장 낮은 천대받는 종으로 전락했다. 여기에서 우리는 "하나님은 왜 요셉을 안락한 환경에서 빼어내어 고난의 이민자(나그네)로 만드셨는가? 이민자(나그네) 중에서도 왜 최악의 용광로 같은 환경에 집어넣으셨는가?"에 대해서 생각해 보자.

요셉은 애굽에서 언어, 인종, 문화 및 사회 구조만 다른 것이 아니고, 생명 같은 종교까지 달랐다. 그곳에서는 고향에서 누렸던 모든 자유와 인권도 빼앗겼다.

그의 고통은 보디발 아내를 강간하려 했다는, 즉 강간 미수범으로 고발당했던 대목에서 절정을 이룬다(창 39:7-20). 요셉이 함께 일하는 동료 하녀를 강간하려 했어도 노예 주제에 큰 범죄인데, 보디발 장군의 부인을 겁탈하려 했다는 죄가 얼마나 엄하고 무거웠겠는가!

실상은 그녀의 유혹을 뿌리쳤는데도 그런 누명을 쓰고 감옥살이를 하게 되었다. 노예가 자신의 결백을 주장하며 정의를 외친들 누가 그를 믿고 도와주었겠는가! 육체적인 고통보다 더 힘든 것이 억울한 누명을 뒤집어쓴 것일 것이다.

뿐만 아니라 당시 요셉은 감옥으로 이송되기 이전에 그녀의 포악한 앙갚음에 얼마나 잔인한 매질을 당했겠는가? 그녀가 더 악독한 마음을 가졌다고 추측하는 것은 그녀의 자존심에 큰 상처를 입혔기 때문일 것이다. "노예 신분인 네가 감히 나의 청을 거부해!"라며 분한 마음을 주체하지 못했을 것이다.

요셉은 죄인의 모습으로 발에 착고가 채워져 발이 상했다. 그의 몸은 쇠사슬에 칭칭 매였다(시 105:18).

> 한 사람을 앞서 보내셨음이여 요셉이 종으로 팔렸도다. 그 발이 착고에 상하며 그 몸이 쇠사슬에 매였으니, 곧 여호와의 말씀이 응할 때까지라. 그 말씀이 저를 단련하였도다. (시 105:17-19)

현재에 그 고통을 짐작한다면 자유와 인권이 말살된 북한의 요덕수용소 같았을 것이다. 인간적으로 보면 완전히 망한 것이다.

〈저자 주: 그래도 애굽의 감옥에서는 북한의 수용소보다 먹을 것은 잘 주었을 것이다. 그리고 짐승 이하로 이유 없는 매질도 하지 않 했을 것이다. 그런 면에서 북한의 수용소는 인류 역사상 최악의 인권이 말살된 악의 수용소다.〉

이런 경우 많은 이들은 이런 질문을 할 수 있을 것이다.

"만약 하나님이 계신다면 왜 하나님의 제7계명을 지키려다가 누명을 쓴 의인을 즉시 구원하지 않으셨는가?"

"왜 악인을 벌하지 않으시고 형통하게 하셨는가?"

그러면서, "하나님은 안 계신다."고 말할 지도 모른다.

그러나 분명한 것은 그런 고난을 주신 이는 하나님이셨다는 사실이다. 여기에서 성도의 고민이 커지는 것이다. 왜 의인에게 그런 고난을 주셨는가? 하나님이 사랑하시고 장차 크게 쓰시기 위함이었다.

하나님은 누구를 통하여 그런 고난을 주셨는가? 하늘을 찌르는 권세를 가진 보디발의 악독한 아내를 통해서다. 여기에서 우리는 또 이런 질문을 할 수 있다. 왜 의인보다 악인이 더 흥하는가? 하나님은 왜 악인을 그대로 방치하시는가? 분명한 것은 하나님은 악인에게 의인 요셉을 단련하도록 맡기신 것이다.

〈저자 주: 이 질문에 대한 답은 앞의 IV. 4. B와 C항에서 다루었기 때문에 중복을 피한다.〉

하나님은 요셉에게 언제까지 그런 고난을 주셨는가? "곧 여호와의 말씀이 응할 때까지다"(시 105:19a). 여호와의 말씀이 응할 때가 곧 고난대학 졸업의 때다. "그 말씀이 저를 단련하였도다"(시 105:19b).

하나님은 왜 그에게 그런 고난을 주셨는가? 이사야서 48장 10절에 답이 있다. "보라 내가 너를 연단하였으나 은처럼 하지 아니하고 너를 고난의 풀무에서 택하였노라"(사 48:10).

인간은 눈에 보이지 않는 하나님보다 눈에 보이는 사람을 더 의지하려는 마음이 있다. 잘 되었을 때 자신의 의를 하나님의 은혜보다 더 나타내려는 교만과 자신보다 약한 나그네나 고아와 과부 등을 업신여기려는 마음 등이 있다. 하나님은 이런 불순물들을 고난을 통하여 제거하신다.

요셉은 고난대학을 졸업한 후 얼마나 큰 거목으로 성장했는가? 창세기에는 이를 입증하는 답이 나온다. 애굽의 7년 흉년을 해결할 수 있는 지혜(창 41:37-57)와 함께 자신을 애굽의 보디발에게 팔았던 형들을 용서하는 장면이다.

형들이 단합하여 동생 요셉을 팔았던 (원래는 죽이려 했던) 형들과 상황이 완전히 역전된 입장에서 쩔쩔매는 형들에게 요셉은 이렇게 말했다.

> 요셉이 형들에게 이르되 내게로 가까이 오소서. 그들이 가까이 가니 가로되, 나는 당신들의 아우 요셉이니 당신들이 애굽에 판 자라. 당신들이 나를 이곳에 팔았으므로 근심하지 마소서. 한탄하지 마소서. 하나님이 생명을 구원하시려고 나를 당신들 앞서 보내셨나이다. ― 하나님이 큰 구원으로 당신들의 생명을 보존하고 당신들의 후손을 세상에 두시려고, 나를 당신들 앞서 보내셨나니, 그런즉 나를 이리로 보낸 자는 당신들이 아니요, 하나님이시라. 하나님이 나로 바로의 아비를 삼으시며, 그 온 집의 주를 삼으시며, 애굽 온 땅의 치리자를 삼으셨나이다. (창 45:4-8)

웬만하면 형들을 용서하더라도 한 번쯤은 후련하게 호통을 치고 난후 용서할 법도 한데, 그런 티를 하나도 나타내지 않고 용서한 것이다. 누가 어떻게 어디에서 그를 그토록 겸손하게 만들었는가? 하나님이 요셉의 교만할 법한 인간성을 풀무에서 모두 제거한 것이다.

그가 교만할 수 있었다는 증거는 어디에서 찾을 수 있는가? 그가 형들에게 하나님이 주신 꿈 자랑(창 37장 5-11)을 했던 데서 찾을 수 있다. 만약 그가 아버지의 집에 유했다면 교만하여 그 꿈을 이루지 못했을 것이다.

요셉에게 고난이란 하나님이 작정하신 꿈을 이루게 하는 하나님의 도구였다. "도가니는 은을, 풀무는 금을 연단하거니와 여호와는 마음을 연단하신다."(잠 17:3).

> **요셉에게 고난이란
> 하나님이 작정하신 꿈을 이루게 하는 도구였다.**

B. 요셉의 고난이 성도에게 주는 교훈

요셉은 이민자로서 기구한 삶을 살았다. 그런데도 그가 마음에 비교적 큰 상처를 받지 않고 긍정적인 사고를 가지고 그 고난을 잘 극복할 수 있었던 이유는 무엇인가?

그것은 그가 인성교육학적인 입장에서 다른 사람들보다 훌륭한 면도 있었다고 할 수도 있지만, 더 중요한 이유는 여호와 하나님께서 그와 늘 함께 하셨고, 고난 중에서도 범사에 형통케 하셨기 때문이다(창 39:2-3, 21-23). 한 가지 예를 들어보자.

여호와께서 요셉과 함께 하시고 그에게 인자를 더하사, 전옥에게

> 은혜를 받게 하시매 전옥이 옥중 죄수를 다 요셉의 손에 맡기므로, 그 제반 사무를 요셉이 처리하고, 전옥은 그의 손에 맡긴 것을 무엇이든지 돌아보지 아니하였으니, 이는 여호와께서 요셉과 함께 하심이라. 여호와께서 그의 범사에 형통케 하셨더라. (창 39:21-23)

이것은 무엇을 뜻하나? 성도가 살아가면서 얼마나 큰 고난을 당하느냐는 것보다 그 당시에 하나님께서 얼마나 그와 함께 하시느냐, 즉 하나님의 영(성령)이 충만하느냐에 따라 고난의 강도는 낮게 느낄 수 있다는 것이다. 물론 성령 충만은 요셉의 믿음과 병행하는 것이다. 따라서 성도가 고난을 당할 때에도 하나님은 늘 함께 하신다는 사실을 기억하고 그것을 믿어야 한다.

하나님은 오히려 성도가 출세했을 때보다는 어려운 고난을 당할 때에 더 가까이 함께 하신다. 전자의 경우에는 그가 교만하여 하나님을 잘 의지하지 않을 수도 있지만, 후자의 경우에는 하나님을 더 찾고 의지하려고 노력하기 때문이다. 하나님은 전자의 경우에는 그를 떠날 수 있지만, 후자의 경우에는 더 가까이 계신다.

이사야 선지자는 성도가 고난을 당할 때가 하나님이 가까이 계실 때라고 했다. 따라서 그때에 그분을 찾고 부르라고 했다.

인간은 하나님과 반대의 속성을 가지고 있다. 누가 출세했을 때에는 그와 가까운 척 하지만, 어려움을 당할 때에는 멀리하는 경향이 있다. 그리고 출세했을 때에는 부르지 않아도 찾아가지만, 어려움을 당할 때에는 불러도 안 오는 경향이 있다. 하나님과 인간의 차이가 그만큼 크다.

이제 요셉의 고난에서 배워야 할 교훈을 정리해 보자.

1) 율법을 지키는 의인의 길을 가려면 고난도 각오해야 한다. 그것은 좁은 길이다. 즉 하나님의 사람은 옳은 일을 하고도, 억울하게 누명을 쓰고 고난을 당할 수도 있다(예수님이나 요셉의 예)는 것이다. 그렇게 하신 분은 하나님이시다.
2) 요셉은 그런 고난 중에도 한 번도 하나님을 원망하지 않았다.
3) 최악의 고난 중에도 하나님이 자신에게 주신 꿈을 잃지 않았다. 이것은 신실하신 하나님에 대한 믿음을 가졌기 때문이다.
4) 최악의 고난 중에도 매우 긍정적이고 성실한 삶을 살았다. 따라서 마음의 상처를 많이 받지 않았다.
5) 또한 어떤 악한 사람을 만나든지 그에게 원수를 갚으려하지 않고 선으로 갚는 삶을 살았다.
6) 자신에게 불이익이 온다고 해도 하나님의 율법을 지켜 죄를 짓지 않는 정직한 삶을 살았다.

그 결과 그는 역사에 남는 예수님의 예표가 되었다. 만약 그가 이런 교훈에 반대로 살았다면 그 결과는 반대로 나타났을 것이다. 이것은 무엇을 뜻하나? 누구든지 자신이 당하는 고난에 대하여 어떻게 반응하느냐에 따라 그 결과도 다르게 나타날 수 있다는 것을 말해준다.

따라서 성도는 고난 중에 하나님의 뜻을 먼저 찾아야 한다. 그리고 그 뜻에 순종해야 한다. 그러면 동일한 고난이라도 힘이 덜 든다. 반면 하나님을 원망하기 시작하면 마음이 힘들어진다. 마음이 힘든 것만큼 육체도 더 힘들어진다. 그러면 고난을 견디기 힘들어진다. 그 결과는 심신이 약해져서 사망하거나 자살을 택할 수도 있다.

요셉에 대한 장엄한 대하드라마의 회고는 그가 두 아들들의 이름을 짓는데서 나타난다. 첫아들을 '므낫세'라고 이름지었다. 그 뜻은 "하나님이 나로 나의 모든 고난과 나의 아비의 온 집 일을 잊어버리게 하셨다"(창 41:51)이다.

그리고 둘째 아들의 이름을 '에브라임'이라고 지었는데, 그 뜻은 "하나님이 나로 나의 수고한 땅에서 창성하게 하셨다"(창 41:52)이다. 얼마나 복된 해피엔딩인가! "네 시작은 미약하였으나 네 나중은 심히 창대하리라"(욥 8:7)는 말씀이 성취된 것이다.

**율법을 지키는 의인의 길을 가려면 고난도 각오해야 한다.
그것은 좁은 길이다.**

명사 특강

젊은 선비의 꿈 해몽

옛날에 한 선비가 과거 시험을 치르러 한양엘 갔다. 시험을 치르기 이틀 전에 연거푸 세 번이나 꿈을 꾸었다.

첫 번째 꿈은 벽 위에 배추를 심는 것이었고, 두 번째 꿈은 비가 오는데 두건을 쓰고 우산을 쓰고 있는 것이었으며, 세 번째 꿈은 마음으로 사랑하던 여인과 등을 맞대고 누워 있는 것이었다.

세 꿈이 다 심상치 않아 점쟁이를 찾아가서 물었더니 점쟁이는 이렇게 말했다.

"벽 위에 배추를 심으니 헛된 일을 한다"는 것이고, "두건을 쓰고 우산을 쓰니 또 헛수고 한다"는 것이며, "사랑하는 여인과 등을 졌으니 그것도 헛일이다"는 것입니다. 그러니 "어서 빨리 고향으로 돌아가는 게 좋겠소."라고 해몽을 해 주었다.

점쟁이의 말을 들은 젊은이는 풀이 죽어 고향으로 돌아가려고 짐을 챙기는 데, 여관주인이 자초지종을 물었다.

"아니 시골 선비양반! 내일이 시험을 치는 날인데 왜 짐을 싸시오?"

풀이 죽은 젊은 선비가 꿈 이야기를 하자, 여관 주인이 환한 미소를 지으며 해몽을 해 주었다.

"벽 위에 배추를 심었으니 높은 성적으로 합격한다"는 것이고, "두건을 쓰고 우산을 썼으니 이 번 만큼은 철저하게 준비했다"는 것이며, "몸만 돌리면 사랑하는 여인을 품에 안을 수 있으니 쉽게 뜻을 이룬다는 것이구려! 그러니 이번 시험은 꼭 봐야하겠소!"

여관 주인 말을 들은 젊은 선비는 용기를 얻어 과거시험을 보았는데, 높은 성적으로 합격할 수 있었다. 같은 내용을 놓고 어떤 시각으로 바라보느냐에 따라 성패가 좌우된다는 것이다. 그래서 "긍정의 힘은 위대하다!"했다.

모든 사물을 긍정적인 사고와 긍정적인 시선으로 바라 볼 때에만 거기에서 새로운 창조가 발견되며 새로운 신화를 창조 할 수 있는 것이다. 삶에 있어 새로운 신화를 창조할 수 있도록 오늘도 긍정의 힘으로 전진합시다.

출처: @산같이‥물같이살자 http://m.blog.daum.net/jmu3345/1743

II
고난을 겪는다고 모두 유대인처럼 강한가

지금까지 인간에게 고난의 유익에 대해 설명했다. 그렇다면 고난을 겪는 모든 사람들이 유대인처럼 강하게 되는가? 그렇지 않다.

아프리카, 남미 및 필리핀 국민들은 1960년대 한국처럼 식량이 없어 너무나 고난을 많이 겪고 있다. 그런데 왜 그들은 유대민족이나 한국 민족처럼 강한 독수리 민족이 되지 못하고 대를 이어 가난을 후대에게 물려주고 있는가?

그들은 수직문화가 약하기 때문이다. 이에 대한 자세한 설명은 다른 저서에서 설명했기 때문에 중복을 피한다.

〈저자 주: 자세한 설명은 '현용수의 인성교육 노하우' 제2권 제2부 제4장 III. '인성교육 원리 적용 1 – 현실 적용: 왜 수직문화가 개인과 민족에게, 기독교인에게 필요한가' 항목의 질문 2-5에 대한 답변을 참조하고, 고난의 역사교육 시리즈 제1권 *하나님의 독수리 자녀교육* 제1부 제3장 I. '요약: 하나님의 인간 교육의 6단계' 중 제4단계와 제5단계를 참조 바란다.〉

III
유대인은 왜 고난을 극복하기 위해 웃는가
<고난 극복 방법>

1. 하나님 앞에서는 울고, 사람 앞에서는 웃어라

"하나님 앞에서는 울고, 사람 앞에서는 웃어라"
유대인의 격언이다(Tokayer, 탈무드 5: 탈무드 잠언집, p. 316).

카네기의 '행복론' 중에는 하나님이 우리에게 주신 가장 큰 선물 두 가지는 눈물과 웃음이라는 글이 있다. 왜냐하면 눈물에는 치유의 힘이 있고, 웃음에는 건강이 담겨 있기 때문이란다. 그는 기쁠 때 몸 안팎으로 드러나는 가장 큰 행동이 웃음이라고 했다(Carnegie, 행복론, 2004). 매우 좋은 글이다.

기쁠 때 몸 안팎으로 드러나는 가장 큰 행동이 웃음이라는 점은 보편적인 진리다. 그러나 유대인에게는 그런 웃음도 있지만, 슬플 때 그 슬픔을 잊기 위해 웃음을 만든다는 점에서 이방인과 크게 다르다. 즉 유대인의 웃음은 처절한 고통을 견디기 위한 착한 처방약이라는 점에서 특이하다.

　이방인은 20세기 중반까지 유대인을 매우 미워하여 못살게 박해했다. 거주지역도 게토로 제한하고, 직업도 제한하고, 교육도 제한했다. 따라서 그들은 대부분 매우 가난하여 비참한 생활을 할 수밖에 없었다. 그런데도 그들은 항상 웃었다. 이방인은 그들을 울라고 박해했는데, 오히려 웃고 지냈다는 것이다.

　그들은 박해하면 박해할수록 더 웃었다. 더 행복하게 보였다. 이방인은 그것이 매우 궁금했다. 유대인은 왜 처절한 가난과 박해 속에서도 항상 웃을까? 유대인의 웃음 철학에 대하여 알아보자.

〈저자 주: 이 글과 다음 2항의 글은 랍비 토카이어의 허락을 받아 그가 지은 '탈무드 잠언집'과 '탈무드의 웃음'에 있는 내용을 근거로 한 것이다〉

　유대인은 웃음과 유머를 항상 중요하게 생각해왔다. 유대인은 '책의 민족'이라고 말하는 것처럼 '웃음의 민족'이라고도 해 왔다. 유대인이 역사를 통해서 저토록 가혹한 박해를 받아 왔음에도 끈질기게 살아남아 온 것은 웃음의 효과를 잘 알고 있었기 때문일 것이다.

　유대인은 아무리 추방을 당하더라도 그것을 웃음으로 중화해 나갔다. 또 자신들에 대해서도 충분히 웃을 수가 있었다. 즐거운 때는 물론이고, 괴로울 때야 말로 웃어야 하는 것이다.

　다른 민족에게는 조크에 주어지는 지위는 매우 낮다. 조크는 일시적으로 기분을 풀 수 있는 것으로 생각되고 있다. 그러므로 기호품 정도로 밖에는 가치를 인정하지 않는다. 그러나 유대인은 웃음을 주식으로 생각하고 있다. 히브리어에서는 '지혜'와 '조크'를 동일한 '호크마'라는 말로 표현하고 있다.

　웃음은 반항적인 것이기도 한다. 어떤 일에 골몰하고 있으면 웃음이 나오지 않는다. 유대인은 권위를 항상 의심하는 것이 중요하다는 교육을 받고 자라왔다. 권위를 대수롭지 않게 여기는 것이 유대인의 힘으로 되어 왔다. 프로이트, 아인슈타인이 새로운 학설을 발견한 것은 그때까지의 학설의 권위를 의심했기 때문이었다. 그리고 그들의 학설은 의외성이 있다.

조크나 유머는 창조력을 더 없이 높이는 훌륭한 도구다. 그러므로 유대인은 아이들이 어렸을 때부터 웃음이 지니고 있는 힘에 대해서 가르친다. 불굴의 정신, 의외성, 권위를 인정하지 않는 정신을 몸에 배도록 한다.

유대인으로부터 성경을 빼앗아 버리면 그는 더 이상 유대인일 수 없다. 이와 마찬가지로 유대인으로부터 웃음을 빼앗는다면 그는 더 이상 유대인일 수 없다.

어쨌든 대상을 객관화시킴으로써 조크나 유머는 생겨난다. 그 속에 비판 정신이 없다면 정말로 효과적인 조크나 유머가 될 수 없다. 소비에트의 반체제파에 긴즈부르그 등의 유대계가 많은 것도, 또 미국의 현대 작가들 가운데 유대계 작가(필립 로스, 노만 데일러 등 다수)가 중심적인 위치를 점하는 것도 이러한 유대인에게 특유한 비판 정신이 그 저력으로 되어 있기 때문이다.

출처: Tokayer, 탈무드 3: 탈무드의 처세술, pp. 161-166.

**유대인으로부터 성경을 빼앗으면
더 이상 유대인일 수 없는 것처럼
웃음을 빼앗는다면 더 이상 유대인일 수 없다.**

2. 탈무드에 기초한 유대인 유머의 특징

탈무드에 바탕을 둔 유대인 유머는 유럽 여러 나라나 세계 어느 나라의 유머와 비교해서 조금도 손색이 없다. 풍자가 날카롭고, 의미심장하고, 기지에 넘쳐 있다. 더구나 그 종류는 헤아릴 수 없이 풍부하다.

주지하는 바와 같이 유대인은 학문의 세계나 예술의 세계에서도 각각 걸출한 인물들이 많다. 민족별로 보았을 때 노벨상 수상자들도 유대민족이 가장 많다. 이러한 사람들은 많건 적건 간에 그 성장 과정에서 유머를 몸에 익히고 있다.

유대인의 아버지는 가능한 한 많은 유머를 기억하고 아이들과 이야기를 나눌 때에는 그것을 최대한으로 활용한다. 유대인의 교육은 가정에 있는데, 그 가정교육의 중요한 역할을 맡고 있는 것이 그들의 유머다.

이렇게 중요한 뜻을 지닌 유머가 어떻게 유대인 사이에 생기게 된 것일까.

첫째, 유대인이 그들 민족에게만 부과된 가혹한 고난을 극복하고 살아온, 줄곧 엄격한 환경에 처해져 왔다는 역사에 있다.

막다른 고난에서 탈출하려면 자신이 멸망하지 않는 일이 중요하다. 그때의 즉각적인 효과를 내는 것이 유머다. 1967년에 발발한 6일 전쟁에서 아랍 공군의 공격을 받으면서도 쉘터(방공호)속의 유대인들은 서로 농담을 나누었다고 한다. 이것은 들뜬 기분이 아니라 그렇게 하는 것이 자신들을 구하는 지혜라는 사실을 너무나 잘 알고 있었기 때문이다.

둘째, 중동지방에 거주하는 유대인 집단 촌락에는 의례 유머를 만들어 내는 재주꾼들이 있다. 유머의 대부분은 이 그룹에 속하는 유대인에 의해서 만들어진 것들이다.

예를 들면 스페인에 거주하는 유대인은 어떤 역경에 처하더라도 유머로 자신을 위로하려는 습성을 지니고 있다는 사실이 그것을 말해 주고 있다.

셋째, 19세기에 이르기까지 특히 동부 유럽에서 성행하던 유대인 남자에 대한 탈무드 교육을 들 수 있다.

탈무드란 유대민족의 5000년에 걸친 역사의 지혜를 전승하고 집대성한 총 20권, 1만 2천 페이지에 달하는 대 율법집이다. 이 탈무드의 문장에는 구두점도 없고 서술이 매우 난해하게 되어 있다. 이것을 어떻게 해석하고 진리를 찾아내는가 하는 것이 탈무드를 공부하는 사람들의 가장 큰 과제로 되어 있다.

따라서 유대인은 어떤 작은 일 한 가지라도 이리저리 돌려보고 뒤집어 보며 자랑스러운 얼굴로 진리를 더 발견하려는 버릇이 있다. 그런데 핀트가 틀린 깨달음도 가끔 있을 수 있다. 이것이 유머의 씨앗이 된다.

유머에 자주 등장하는 랍비는 난해한 탈무드의 깊은 뜻을 연구하는 유대교의 종교 지도자이며 학자다. 유대인 사회의 핵심을 이루고 있는 사람들을 일컫는 말이다.

특히 동부 유럽에서 랍비는 학식이 풍부하고 경험이 많은 사람으로서 매우 고상한 강의를 하는 것이 통례처럼 되어 있다. 하지만 유대인 사회에서는 이 밖에도 대중이나 특히 부녀자들을 대상으로 하여 그들에게 어울리는 교훈을 들려주는 것을 생업으로 삼고 있는, 별로 교육 정도가 높지 않은 순회 설교사도 있다. 그들이 유머에 자주 등장한다.

출처: Tokayer, 탈무드 6: 탈무드의 웃음, pp. 20-22.

유대인은 탈무드에서
한 가지라도 진리를 발견하려고 한다.
그런데 가끔 핀트가 틀린 것도 있다.
이것이 유머의 씨앗이 된다.

쉬었다 갑시다

유머는 강력한 무기

조크는 왜 우스운가? 하나의 예를 들어 보자. 히틀러가 점성가에게 상담을 했다. 히틀러는 독재자로서 암살을 극도로 두려워하고 있었다. 그러자 점성가가 이렇게 말했다.

"당신은 유대인의 축제일에 암살당할 것입니다."

히틀러는 곧바로 SS(친위대)의 사령관을 불러 이렇게 명했다.

"앞으로 유대인의 축제일에는 경비를 여느 때의 10배, 아니 50배로 하도록 하시오."

그러자 점성가는 이렇게 대답했다.

"아니 그것은 도움이 못 됩니다. 당신이 암살당하는 날이 유대인의 축제일이 될 것이니까요."

이 조크가 어째서 우스운가? 그것은 모든 조크에 공통하고 있는 의외성이 있다는 것이다. 우리들은 규격에 알맞은 생활을 하고 있으므로 의외성이 있는 사건이나 이야기와 부딪치게 되면 웃게 된다.

출처: Tokayer, 탈무드 3: 탈무드의 처세술, 2013, 쉐마, pp. 164-165.

제5부 요약 및 결론

저자는 제5부의 시작 부분 '문제 제기'에서 '고난을 겪지 못한 세대에 나타난 타락상'(제2장 I. 1.항)을 소개했다. 그리고 이런 질문을 했다.

왜 세상 학문은 점점 발달하는데 인간은 점점 타락하는가? 그런데 유대인은 어떻게 역사적으로 아브라함부터 현재까지 4000년 동안 성결한 삶을 유지해 왔는가? 인성교육학적인 입장에서 한국의 대부분 청소년들은 수평문화에 심하게 오염되어 있고, 유대인은 수평문화를 차단하고 수직문화에 심취해 있기 때문이다.

유대인은 어떻게 자녀들을 자손 대대로 신본주의 사상을 가진 수직문화의 사람으로 양육하는데 성공하는가? 그들의 생존의 비밀은 무엇인가?

이에 대한 가장 중요한 답 중 하나가 유대인의 '고난 교육'과 '고난의 역사교육'이다. 두 가지 교육은 수직문화의 핵심 가치 중 하나다. 따라서 두 가지 교육을 시킨 민족과 안 시킨 민족의 차이는 매우 크다. '고난의 역사교육'에 대해서는 이전 저서에서 많이 설명했기 때문에 제5부에서는 '고난 교육'의 중요성에 대해 집중적으로 설명했다.

제5부의 주요 주제들은 다음과 같다.

제1장 하나님의 본심은 인간의 행복이다
    I. 하나님은 왜 인생의 낙을 누리게 하셨나
    II. 왜 마귀는 불행을, 예수님은 행복을 주시나
제2장 하나님이 인간에게 고난을 주시는 이유
    I. 문제 제기
    II. 고난은 인간의 타락과 교만을 절제시킨다
    III. 하나님이 자신의 백성에게 고난을 주시는 두 가지 이유
    IV. 고난과 감사 및 행복의 상관관계
제3장 인간에게 고난이 유익한 이유
    I. 사상은 왜 고난의 사막에서 나오나
    II. 고난은 왜 인내와 의지를 강하게 하는가
    III. 고난의 시험을 이긴 자는 어떤 보상을 받나
제4장 하나님이 자녀를 출세시키는 법
    I. 인간과 하나님의 자녀 출세시키는 법 차이
    II. 고난을 겪는다고 모두 유대인처럼 강한가
    III. 유대인은 고난을 극복하기 위해 왜 웃는가 〈고난 극복 방법〉

  대부분 현대의 한국 젊은이들에게는 역사의식이 약하다. 그들은 고난도 모르거니와 역사적으로 고난을 기억하는 교육을 받아 오지 못했기 때문이다. 그 책임은 누구에게 있는가? 어른들이다. 어른들이 자녀 교육을 잘못 시켰기 때문이다.
  역사의식이 있다는 말은 철학적 사고 능력이 있다는 것을 뜻한다. 철학적 사고 능력이 있다는 말은 자신의 정체성 의식이 강하다

는 것을 뜻한다. 이런 사람들은 자긍심이 높다. 그리고 세속의 환경 변화에 쉽게 흔들리지 않는다.

정체성 의식이 확실한 사람들은 눈에 보이는 땅의 물질이나 유행, 권력, 혹은 명예 같은 수평문화에 더 가치를 두는 것이 아니라 눈에 보이지 않는 정신문화, 즉 사상, 역사의식, 종교, 고전, 고난 등 수직문화에 더 큰 가치를 두는 사람들이다.

역사의식이 있는 수직문화의 사람은 깊이 있는 사상과 문제를 푸는 지혜를 가지고 있다. 고난 속에서도 인내할 줄 알며, 어떠한 환경 속에서도 감사할 줄 안다. 좁은 마음을 넓은 마음으로 변화시켜 준다. 세상을 공간적으로 넓게 그리고 시간적으로 길게 미래를 볼 수 있는 안목이 생긴다. 즉 좁은 그릇의 인간을 큰 그릇으로 만들어 준다.

'고난'은 수직문화의 가치들 중 가장 중요한 요소 중 하나다. 따라서 고난은 인간의 마음과 인격과 의지를 미성숙에서 성숙으로, 얕은 생각에서 깊은 생각으로, 연약한 모습에서 단단한 모습으로, 그리고 약한 모습에서 강한 모습, 즉 독수리의 사람으로 성장시킨다.

고난은 인간의 교만을 겸손으로 바꾸어 주고, 인간의 본능을 절제시켜 타락을 막아준다. 즉 풍요의 저주를 막아준다. 고난은 지혜를 낳게 해주며 인내와 의지를 강하게 키운다. 그리고 인간을 감사의 사람으로 만들어 준다.

인간은 고난을 겪고 기억함으로써 깊이 생각하는 사상가나 철학자가 된다. 자신이 누구인지를 깨닫고 삶의 목적, 즉 사명을 깨닫게 된다. 따라서 고난을 체험하고 기억하는 사람은 설사 이 세상에서 출세를 했다고 해도 교만하지 않고 겸손한 삶을 살 수 있다.

따라서 하나님의 말씀이 영혼의 양식이라면 고난은 인간을 영적, 그리고 인격적으로 성숙하게 만드는 도구이며 과정이다. 유대인이 유월절에 삶은 계란을 먹는 이유도 계란에 불을 가할 때 단단해지듯 그들의 신앙과 정신도 고난의 불이 가해졌을 때 더 단단해진다는 사실을 자녀들에게 가르치기 위함이다.

왜 하나님은 유대인을 주리게 하시고, 그 광대하고 위험한 광야 곧 불뱀과 전갈이 있고 물이 없는 건조한 땅을 지나게 하셨는가? 인성교육학적인 입장에서 고난이 그들에게 유익하기 때문이었다. 그리고 마침내 그들에게 복을 주려 하심이었다(신 8:3, 15-16). 따라서 유대인의 '고난 교육'은 우리가 본받아야 할 성경적 자녀교육 방법이다.

가장 고난을 많이 당하신 분은 예수님이시다. 인간이 고난을 당하는 것은 정금같이 되기 위한 교육의 과정이지만, 예수님의 고난은 온전히 죄가 없으신 완전하신 분이 죄인을 위하여 스스로 하나님 아버지께 순종하시기 위함이었다.

그분이 부활하신 것은 고난이 있었기 때문이다. 이것은 무엇을 뜻하는가? 고난이 없으면 부활도 없었다는 뜻이다. 그분이 고난을 당하셨기 때문에 부활이란 영광도 함께 누릴 수 있는 것처럼, 우리도 그분의 부활에 동참하기 위해서 고난을 기쁘게 받아드려야 한다.

제6부

고난의 역사교육
시리즈
전5권을 마치며

전5권 요약 및 결론

실로 오랜 세월을 거쳐 고난의 역사교육 시리즈 전체를 마감하였다. 그 내용은 너무 방대하여 일일이 열거하기가 힘들다. 고난의 역사교육 시리즈 전5권의 큰 제목들은 다음과 같다.

제1부 하나님의 인간교육(모세오경에 나타난 고난교육신학)
　　　〈신명기 8:1-4절 중심으로〉

제2부 이스라엘의 건국 과정과 국가관

제3부 유대인의 고난의 역사신학

제4부 유대인의 고난의 역사교육 방법

제5부 고난이 주는 유익: 왜 인간에게 고난이 중요한가
　　　〈고난이 주는 유익, 고난 신학〉

하나님은 유대인을 고난이란 도구로 훈련시키셨다. 교만과 타락

을 절제시키기 위함이다(이어지는 여섯째 항목 참조). 그런데 그 고난의 방법들이 그들이 거주했던 지역에 따라 변경되었다는 점에 주목해야 한다. 그리고 고난을 주는 이가 누구인지에 따라서도 고난의 원인과 목적 및 결과가 다르다.

이제 "고난의 역사를 기억하라"(신 32:8)는 하나님의 명령을 유대인은 어떻게 지키는지, 왜 그들의 고난교육이 인성교육학적인 입장에서 중요한지를 요약해 보자. 그리고 한국인도 이것을 본받아 가정과 교회 및 국가에 적용해야 한다. 그래서 유대인처럼 주님 오실 때까지 한인 기독교인이 제사장 나라(벧전 2:9) 신분과 독수리 민족의 위엄을 유지해야 한다.

첫째, 모세오경 시대에 유대인이 겪었던 고난의 두 장소

하나님의 인간 교육은 가장 낮은 노예 단계에서 시작했다. 유대인은 400년 동안 애굽에서 바로의 노예로 살며 고난을 겪었다(출 1:11-14, 2:23, 5:7-21). 그 후 모세의 인도로 홍해를 건넌 후 광야에서 40년 동안 계속 고난을 겪었다(출 14장 이하). 제1권은 하나님이 유대인을 광야에서 어떻게 교육시켰는지에 대하여 설명했다. 그리고 제2-5권은 유대인이 요단강을 건넌 후에는 하나님이 그들에게 어떤 고난 교육을 시켰는지에 대해 설명했다.

고난신학적인 입장에서 유대인의 모세오경 시대의 고난은 1) 애굽에서 겪은 고난과 2) 광야에서 겪은 고난으로 구분할 수 있다. 전자가 유대인이 애굽의 바로의 종으로 노예생활에서 겪은 고난이라면, 후자는 하나님이 직접 유대인에게 율법을 주시며 고난이란 도구로 훈련시키신 것이다. 두 곳 모두 고난의 현장이었다는 점에서 공통점이 있다.

그러나 다른 점들도 있다. 지역적인 면에서 영적으로 애굽은 죄악된 세상을 상징한다면, 광야는 하나님이 통치하시는 교회를 상징한다(행 7:36-38; 고전 10:3-4). 애굽의 왕 바로가 사탄을 상징한다면(벧전 5:8; 요일 2:16; 계 11:8), 광야교회의 주인은 천국 왕이신 하나님이시다.

따라서 유대인이 애굽의 바로의 종으로 노예생활을 한 것은 영적으로 기독교인이 예수님을 믿기 이전에 사탄의 종으로 노예생활을 한 것으로 비유할 수 있다. 그리고 유대인이 광야에서 하나님에게 훈련을 받은 것은 하나님이 그들을 천국, 즉 가나안으로 인도하기 위한 고난으로 비유할 수 있다.

⟨저자 주: 애굽과 광야의 영적 비유는 고난의 역사 시리즈 제1권 *하나님의 독수리 자녀교육*, 제1부 제1장 II. 1. '애굽, 홍해, 광야, 요단강 및 가나안의 신약적 예표' 참조 바람⟩

둘째, 유대인이 겪었던 고난의 두 장소 차이: 지옥 훈련 vs. 천국 훈련

유대인이 겪었던 애굽에서의 고난과 광야에서의 고난을 비교하는 것은 왜 중요한가? 사탄이 주는 고난과 하나님이 주시는 고난의 차이를 발견할 수 있기 때문이다. 고난의 원인, 과정 그리고 결과는 지옥과 천국의 차이다.

애굽에서 유대인의 주인은 무자비한 독재자 바로라는 악인이었지만, 광야에서의 주인은 창조주 사랑의 하나님이셨다. 고난의 원인이 전자는 하나님으로부터 버림받았기(하나님의 무관심) 때문이었지만(출 2:23), 후자는 하나님의 긍휼을 받았기 때문이다(출 2:23-25, 3:7-9).

고난의 목표가 전자는 혹독한 학대(고난)를 하다가 마침내 사망에 이르게 하는 것이었다면(히 11:29; 계 11:8d), 후자는 하나님의 선민으로 모든 이방인들 중에 본이 되는 거룩한 제사장 나라 백성(출 19:5-6)이면서 세계만방의 독수리 민족(신 32:11)으로 우뚝 서게 하는 것이었다. 고난의 목적이 전자는 바로에게 학대와 착취당하는 것이었지만, 후자는 하나님의 형상을 닮게 하는 성화적 훈련이었다. 그리고 하나님이 마침내 가나안으로 인도하는, 복을 주려 함이었다(신 8:16).

고난의 방법은 전자는 자유가 없는 강압적인 육체적 및 정신적 노동과 학대였지만(출 1:14, 3:9), 후자는 노예에서 해방되어 자유가 있었다. 따라서 전자는 바로와 소통이 불가능했지만, 후자는 하나님과 계속 소통, 즉 대화가 가능했다(출 3장 모세의 떨기나무 사건 이하).

희망적 측면에서 전자는 절망만 있었지만(출 2:23), 후자는 만군의 여호와를 주인으로 삼고 젖과 꿀이 흐르는 가나안 복지 입성이라는 희망이 있었다(출 3:8). 전자의 고난의 가치는 헛되고 무의미하지만(일부 유익한 것은 다음에 거론함), 후자는 인생 최고의 보람된 의미 있는 것이었다.

이것은 무엇을 뜻하나? 고난도 주는 이가 누구이냐에 따라 헛되고 무의미한 고난이 있고, 보람되고 의미 있는 고난이 있다는 것을 뜻한다. 이것은 누구에 의해, 왜 고난을 받느냐에 따라 고난의 가치도 달라진다는 것을 뜻한다. 사탄의 손에 의해, 아니면 하나님의 손에 의해 고난을 받느냐에 따라 결과는 지옥과 천국의 차이가 난다. 전자는 지옥으로 이끄는 고난이지만, 후자는 요셉의 고난처럼 승리로 이끄는 고난이다.

인생은 어차피 괴로운 것이다. 이왕 괴로울 거면 의미 있는 고난을 택해야 하지 않겠는가! 의미 있는 고난은 힘이 들어도 보람을 느끼기 때문에 그 무게가 무겁지가 않은 법이다. 마치 어머니가 자신의 아기를 안고 있을 때는 그 무게를 가볍게 느끼는 것처럼 말이다.

따라서 인간은 주인을 잘 만나야 한다. 기독교인의 주인은 인류를 죄에서 구원해 주시기 위해 십자가를 지시고 돌아가신 성자 하나님이신 예수님이시다. 우리는 그분과 함께 우주를 창조하시고 역사를 주관하시는 여호와 하나님을 주인으로 믿고 모신다.

현재 북한에서 고통을 받는 동포들의 고난도 애굽의 바로에게 고통을 받았던 유대인의 고난과 너무나 많이 닮았다. 주인을 잘못 만났기 때문이다. 70년(2018년 현재) 동안의 혹독한 고난의 결과는 절망뿐이다. 따라서 북한 동포들의 주인도 김씨 일가 독재자로부터 여호와 하나님으로 바뀔 수 있도록 기도해야 한다.

유대인이 애굽과 시내 광야에서 겪은 고난의 차이

구 분	애굽에서의 고난	시내 광야에서의 고난
고난 주는 이	무자비한 악인 바로(사탄 상징)	창조주 사랑의 하나님
공통점	두 곳 모두 혹독한 고난	
고난의 원인	하나님으로부터 버림받았기 때문이다(출2:23)	하나님의 긍휼을 받았기 때문이다 (출2:23-25, 3:7-9)
신분	자유가 없는 노예	노예에서 해방된 하나님의 자녀 (출12장 이하)
고난의 목표	사망에 이르게 함(히11:29) (사탄의 밥이 됨)	- 거룩한 제사장 민족(출19:5-6) - 독수리 민족(신32:11)으로 우뚝 서게 함
고난의 목적	지옥훈련 바로에게 학대와 착취당함	천국 가기 위한 훈련 - 하나님의 형상을 닮게 하심(성화) - 마침내 복(가나안 입성)을 주려 함(신8:16)
율법의 유무	율법이 거의 없음	율법(성화의 도구)을 받음
고난의 방법	고역으로 인한 탄식 (출1:14, 2:2, 33:9) 주인(바로)과 소통 불가	- 굶주리게 함 - 광야를 걷게 하심(신8:1-3) - 주인(하나님)과 소통 가능
고난의 기간	400년	40년
고난의 장소	애굽: 세상을 상징	시내 광야: 교회를 상징
희망의 유무	절망만 있을 뿐(출2:23)	희망 있음(출3:8)
고난의 가치	헛되고 무의미함	보람되고 의미 있음
고난의 결과	파멸로 인도	젖과 꿀이 흐르는 가나안 복지로 인도(출3:8)
결론	유대인이 애굽과 시내 광야에서 겪은 고난의 차이를 비교하는 것은 사탄과 하나님이 주시는 고난의 차이를 비유하는 것이다. 지옥과 천국의 차이다.	

셋째, 유대인이 가나안에 입성한 이후 받은 하나님의 고난의 역사를 기억하는 교육

유대인이 가나안에 입성한 이후에 하나님은 그들에게 어떤 고난 교육을 시키셨는가? 고난의 역사를 기억하는 교육, 즉 두 가지 1) 과거 애굽에서의 고난의 역사(출 12:8; 민 9:11)와 2) 광야에서의 고난의 역사를 기억하는 교육을 시키셨다(레 23:33-43; 신 6:12, 8:14, 32:7).

(저자 주: 자세한 것은 고난의 역사교육 제4권 '유대인의 절기교육' 중 IV. '초막절을 통한 고난의 역사교육'과 VI. '유월절을 통한 고난의 역사 교육' 참조 바람)

왜 그런 교육을 시키셨는가? 전자의 목적은 1) 당시 자신들의 처지가 학대받았던 노예였다는 것을 알고, 2) 하나님의 구속의 은혜가 얼마나 큰지를 알게 함이었고, 후자의 목적은 선조들이 겪었던 하나님의 혹독한 독수리교육의 과정을 기억하라는 것이다.

하나님은 두 가지를 기억하는 방법들까지 구체적으로 알려주셨다. 이것은 제사장 나라와 독수리 민족의 기질을 유지시킬 수 있는 고난의 역사를 기억시키는 방법들이다. '가정에서 자녀들은 질문하고 아비는 설명하라', '고난의 역사교육을 위한 유대인의 절기 교육', '고난의 역사 현장 교육', '고난의 역사박물관 교육', '고난의 역사를 기억하는 교육방법 창안' 및 '가문의 고난의 역사를 기억하라' 등이 있다.

이것은 무엇을 뜻하는가? 인성교육학적 측면에서 이 두 가지 교육의 효과가 그만큼 크다는 것을 뜻한다. 즉 하나님은 유대인을 광야에서처럼, 주리게 하시며 그 광대하고 위험한 광야 곧 불뱀과 전갈이 있고 물이 없는 건조한 땅을 지나게 하시던 고난을(신 8:1-3, 15), 가나안에서는 '고난의 역사를 기억하는 것'으로 대치시키셨다. 즉 직접적인 육체적인 고난의 체험 대신에 간접적인 고난 체험으로 대치시키셨다.

전자가 유대인이 제사장 나라의 신분과 독수리 민족의 파워를 갖게 하는 훈련이었다면, 후자는 그것을 계속하여 유지시키기 위한 교육이었다. 전자가 군대의 훈련소 과정이었다면, 후자는 자대에 배치 받은 이후의 생활이었다.

안전면에서는 유대인이 애굽이나 광야에 거할 때에는 외적이 없어서 생명의 위협을 받지 않았지만, 가나안에 입성한 후에는 거대한 외적들이 항상 생명을 위협했었다. 따라서 유대인은 항상 외적과 싸워 이길 힘을 기르지 않을 수가 없었다. 하나님께서 그들을 독수리 민족으로 만드신 이유가 여기에 있었다.

그렇다면 유대인은 모세 이후 현재까지 3200년 동안(유대인의 입장에서) 제사장 나라의 신분과 독수리 민족의 파워를 유지시킬 수 있었는가?

아니다. 가끔 실패했다. 왜냐하면 "저희가 먹이운 대로 배부르며 배부름으로 마음이 교만하며 이로 인하여 나[하나님]를 잊었기 때문이었다"(호 13:6). 하나님은 그들의 죄의 대가로 크고 작은 징계를 주시곤 했다.

그것은 이미 하나님께서 예견하신 것이었다(신 8:17-20, 31:20-21).

> 내가 그들의 열조에게 맹세한 바 젖과 꿀이 흐르는 땅으로 그들을 인도하여 들인 후에, 그들이 먹어 배부르고 살찌면 돌이켜 다른 신들을 섬기며 나를 멸시하여 내 언약을 어기리니, 그들이 재앙과 환난을 당할 때에 그들의 자손이 부르기를 잊지 아니한 이 노래가 그들 앞에 증인처럼 되리라. 나는 내가 맹세한 땅으로 그들을 인도하여 들이기 전 오늘날에 나는 그들의 상상하는 바를 아노라. (신 31:20-21).

**유대인이 가나안에 입성한 이후에
하나님은 몇 가지 고난의 역사를
왜 기억하라고 하셨는가?**

넷째, 현재 유대인이 기억하는 4가지 시대의 고난의 역사

신약시대 이후에 유대인은 전 세계에 흩어져 살고 있다. 현재 그들은 어떤 고난의 역사를 기억하고 있는가? A. 애굽에서의 고난의 역사, B. 광야에서의 고난의 역사, C. 성경시대의 고난의 역사(예: 성전 파괴 및 바벨론 포로 사건 및 부림절 등), 그리고 이에 더하여 D. 신약시대 2000년 동안 겪었던 고난의 역사들(예: 나치의 대학살 박물관 등)을 기억하고 있다.

A와 B는 실제로 조상들이 체험한 고난의 역사이고 C와 D는 가나안에 정착한 후 고난의 역사를 기억하는 시기다.

결론적으로 유대인은 현재 A. 애굽에서의 고난의 역사와 B. 광야에서의 고난의 역사만 기억하는 것이 아니라, 그들이 4000년 동안의 역사에서 겪은, 즉 시간과 공간을 불문하고 조상들이 겪었던 모든 고난의 역사를 가능한 한 많이 기억하려고 노력하는 민족이다.

이것은 무엇을 뜻하나? 그들은 체질적으로 고난의 역사를 기억하는 DNA를 가지고 있다. 왜냐하면 그들은 신명기 32장 7절 말씀을 지키는데 항상 충실했기 때문이다.

> 옛날을 기억하라 역대의 연대를 생각하라 네 아비에게 물으라 그가 네게 설명할 것이요 네 어른들에게 물으라 그들이 네게 이르리로다. (신 32:7)

다시 한 번 강조하지만, 우리는 기독교인보다 유대인이 훨씬 더 하나님의 말씀대로 사는 민족임을 잊어서는 안 된다. 그리고 그들을 본받아야 한다.

〈다음 페이지 도표 참조〉

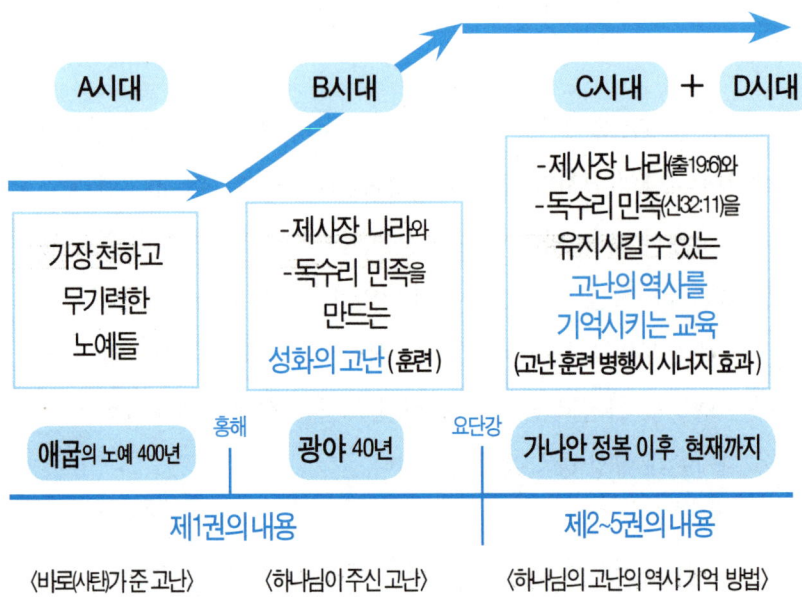

더 자세한 현재 유대인이 기억하는 4가지 시대의 고난의 역사

A시대	B시대	C시대	D시대
애굽 노예시대	광야시대	가나안 정착 후 성경시대	성경시대 이후 신약시대
실제 조상들이 **직접 고난 체험 시대**		**간접 고난 체험 시대**	
		"고난의 역사를 기억하라"는 교육으로 대체함	
애굽에서 바로가 준 고난	광야에서 하나님이 주신 고난	A+B+성경시대의 고난의 역사 (예; 성전 파괴 사건 및 부림절 등)	A+B+C+신약시대 2000년 동안 겪었던 고난의 역사들 (예: 나치의 대학살 박물관 등)

요약:
1) 현재 유대인은 A+B+C (성경시대) 및 D (신약시대)의 고난의 역사도 기억한다.
2) 유대인은 역사의 시간과 공간을 불문하고 모든 고난의 역사를 기억하려고 노력하는 민족이다.
3) 신 32:7절 말씀을 지키기 때문이다.
4) 유대인이 고난의 역사를 기억하지 않아 죄가 한계에 이르면 하나님은 그들에게 조상들이 애굽에서 겪었던 노예의 고난(A시대)을 다시 겪게 하셨다(다음 항 참조).
   즉 하나님은 유대인에게 고난을 피하려면 고난의 역사를 기억하라는 것이다.

다섯째, 고난을 피하려면 고난의 역사를 기억하라

왜 현대에도 유대인은 4가지 시대의 고난의 역사를 기억하는가? 그들은 하나님이 가르쳐 주셨던 고난의 역사를 기억하는 방법들을 얼마나 많이 그리고 정확하게 기억하고 지키느냐에 따라 그 결과가 다르다는 것을 깨달았기 때문이다. 따라서 그들은 미래에도 큰 고난들이 있을 경우에는 그것들을 더한 고난의 역사들을 기억할 것이다.

다른 말로 표현하면, 고난을 당하고 싶지 않으냐? 그렇다면 고난의 역사를 철저하게 기억하라는 것이다. 왜냐하면 그렇지 못했을 경우에 자신들이 혹독한 고난을 직접 당했기 때문이다. 이것은 이스라엘의 역사에 많이 나타난다.

유대인은 솔로몬 시대 이후 평화가 오랫동안 유지하며 풍요를 구가했다. 그러는 동안 이스라엘 상류층에서부터 율법에서 벗어난 타락이 진행되었다. 그때 하나님은 선지자들을 보내어 그들을 여러 번 경고했다. 그러나 그들은 하나님의 경고를 무시한 결과 북왕국은 아시리아로 잡혀갔고, 남왕국은 바빌로니아로 잡혀가 70년 동안 참혹한 노예생활을 했다(선지서들 참조).

여기에서 중요한 하나님의 고난의 역사교육 방법을 발견할 수 있다. 유대인이 고난의 역사를 기억하지 않았을 경우 그들은 하나님의 율법을 어기고 타락하게 되었다. 그리고 그것이 한계에 이르면 하나님은 그들에게 조상들이 애굽에서 겪었던 노예의 고난(A시대 고난, 앞의 표 참조)을 다시 겪게 하셨다.

그들이 현대에도 그렇게 고난의 역사를 철저하게 기억하는 이유다. 지혜자는 고난을 당하기 전에 과거 고난의 역사를 기억하며 죄를 깨닫고 회개하고 잘못을 바로 잡지만, 우둔한 자는 고난을 당한 후에 깨닫고 통곡을 한다.

유대인이 고난의 역사를 기억하지 않아
죄가 한계에 이르면
하나님은 그들에게 조상들이 애굽에서 겪었던
노예의 고난을 다시 겪게 하셨다.

여섯째, 유대인은 평시에도 고난의 생활을 강조한다

뿐만 아니라 현재 유대인은 사는 동안에 닥치는 고난의 필요성에 대해서도 가르치고 있다. 세상 끝 날까지 인간이 살아 있는 동안에는 고난이 계속될 것이기 때문이다. 따라서 저자는 제5권 마지막 제5부에 하나님은 왜 인간에게 고난을 주시는지 그리고 고난의 유익이 무엇인지를 설명했다. 즉 고난신학이다.

하나님이 가장 싫어하시는 것은 인간의 교만이다. 그리고 육의 욕망, 즉 본능에 기인한 타락이다. 전자는 자아(ego)가 강하여 하나님 없이도 잘 살 수 있다고 생각하는 사람들이다. 이것은 "여호와 이외에 다른 신을 섬기지 말라"(출 20:3)는 제1계명을 어기는 죄를 짓는 것이다. 후자는 보암직도 하고 먹음직도 하고 이생의 자랑(창 3:6; 요일 2:16)을 추구하다다가 마침내 타락하게 된다. 이것이 바로 풍요의 저주다.

하나님은 이 두 가지를 제어하기 위한 도구로 고난을 주셨다. 그리고 고난의 역사를 기억하라고 하셨다. 물론 하나님의 뜻을 이루시는 도구로 고난을 주시기도 한다. 그리고 고난은 연약한 인간을 큰 그릇으로 만들기 위한 도구이기도 하다.

일곱째, 유대인에게 고난교육만 시키면 독수리 민족이 되겠는가

A. 왜 독수리 교육에 수직문화가 필수인가
   <큰 인물을 만드는 법>

유대인의 고난의 역사교육 시리즈에서는 주로 고난교육의 유익에 관해서만 설명했다. 그러나 독수리 민족이 되기 위해서는 고난교육만으로는 한계가 있다. 앞에서도 언급했듯이 고난을 겪는 모든 사람들이 유대인처럼 강하게 되는 것은 아니기 때문이다. 왜 아프리카, 남미 및 필리핀 국민들은 아직도 1960년대 한국처럼 식량이 없어 가난에 시달리는가?

〈제5부 제4장 II. '고난을 겪는다고 모두 유대인처럼 강한가' 참조〉

유대인은 그들과 무엇이 다른가? 유대인은 하나님의 말씀(율법)을 맡은 자들(롬 3:2)이다. 하나님은 시내 광야에서 그들에게 십계명을 비롯한 613개의 율법과 장로의 유전을 주시고 그 율법책이란 교과서에 따라 훈련을 시키셨다.

〈저자 주: 유대인에게 율법이란 1) 613개의 율법과 2) 장로의 유전(탈무드의 핵심 내용)을 말한다. 전자가 교육의 내용이라면, 후자는 교육의 형식을 설명한 책이다.〉

유대인의 투철한 신본주의 사상을 형성하는 데 가장 필요한 것은 무엇이었나? 탄탄한 논리로 이루어진 콘텐츠다. 그것이 바로 가장 귀중한 율법(말씀)이었다. 또한 이 율법은 유대인이 광야 40년 동안 가장 단단하고 조직적인 유대인만의 독특한 강한 수직문화를 만드는데 필수 기본 재료였다.

유대인은 하나님의 명령에 따라 그 수직문화의 내용과 형식들(예, 절기나 기도생활 등)을 반복하여 실천해 왔다. 그것이 그들의 전통과 전통문화로 굳어졌다. 세계 최초로 하나님의 말씀(율법)에 근거한 신본주의 사상과 문화를 만든 것이다.

이런 수직문화, 즉 전통은 유대인이 자손대대로 신본주의 사상과 문화를 전수하는데, 그리고 다음세대에 말씀을 전수하는 구약의 지상명령을 성취하는데 가장 중요한 도구로 사용되었다. 따라서 그들은 오늘날도 자기 민족의 전통과 전통문화를 그토록 귀중하게 여긴다. 그리고 그것들을 자랑스럽게 지키고 있다. 유대인의 사고방식과 생활 방식이 이방인과 다른 이유다.

따라서 하나님이 유대인을 독수리 민족으로 만든 데는 하나님의

하나님이 원하시는 이스라엘 나라와 민족

이스라엘에서 영적 측면
A : 첫째 목적

하나님의 거룩한
제사장 나라 (출19:5-6)
하나님만 섬기는 나라
방법: 예배(제사)·기도 토라(성경) 공부
* 신약시대: 복음으로 가능(벧전2:9)

\+

세계에서 힘의 측면
B : 둘째 목적

작지만 강한
독수리 민족 (신32:11)
수많은 참새들(아랍)을 이기는 민족
방법: 쉐마교육 〈강한 수직문화와 전통 창조〉

⬇️ ⬇️ 아래 도표 참조

유대인의 수직문화와 전통 형성 과정과 기능

신본주의 사상의 내용 + 형식	쉐마교육 율법: 독수리 민족 교육의 내용		
	탈무드(장로의 유전): 교육의 형식: 제사장 나라 백성의 삶의 방식		
613개 율법 + 탈무드	- 신본주의 사상을 가진 이들의 삶의 방식 (lifestyle) 형성 세부적인 가정생활 성전 생활 사회 및 국가 생활 각종 절기 등	- 세부적인 강한 수직문화 형성 〈전통으로 굳어짐〉 1. 전통, 역사, 종교, 철학, 사상, 고전 효, 국가관 형성 2. 각종 절기 및 교육을 통한 고난의 역사를 기억	- 수직문화의 기능 〈전통의 유익〉 1. 자손대대로 신본주의 사상을 전수 및 유지하기 위한 삶의 방법 2. 구약의 지상명령 성취 방법 〈자녀에게 말씀전수, 창8:19〉 3. 영원히 독수리 민족의 파워 유지 가능함 4. 탈무딕 디베이트식 IQ교육
	시내광야 시대	가나안 정착 후 현재까지	

* 독수리 민족이 되기 위해서는 성경공부만 하면 안 된다.
* 기독교도 이런 수직문화를 만들어 실천해야 한다.

말씀, 즉 율법이 있었기 때문에 가능했다. 반면 유대인이 애굽에 거주했을 때는 구체적인 율법을 받지 못했기 때문에 독수리 같은 큰 인물들이 나올 수 없었다.

뿐만 아니라 유대민족이 세상에서 으뜸이 될 수 있는 또 다른 이유가 있다. 율법이라는 기본 재료로 최고의 상품을 만드는 기술 또한 유대인이 최고다. 다양한 교육의 형식이나 율법을 토론하는 탈무딕 디베이트(하부루타) 등이 그것들이다.

따라서 우리는 세상을 이길 수 있는 독수리와 같은 강한 인물을 만들기 위해서 그리고 강한 믿음을 갖게 하기 위해서는 고난의 훈련과 함께 말씀의 파워를 간과해서는 안 된다. 그리고 세상에서 으뜸가는 교육방법들도 필요하다.

적용: 기독교인도 효과적인 교육을 위하여 이런 수직문화를 만들어 실천해야 한다.

**기독교인도 효과적인 교육을 위하여
이런 수직문화를 만들어 실천해야 한다.**

B. 실례: 하나님은 왜 아론 대신 모세를 택하셨나

교회 안에는 복음(예수님)을 처음 접했던 제1세대와 그들의 자손으로 이루어진 제2세대가 있다. 전자는 성장 후에 복음을 접했지만, 후자는 모태신앙이면서 가정에서나 교회에서 성경을 많이 배운 주일학교 출신들이다.

그런데 왜 2세들 중에서는 상대적으로 1세대 어른들만한 큰 인물들이 많이 나오지 못하는가? 왜 2세들 중에서는 1세대 출신들; 주기철 목사, 손양원 목사, 한경직 목사, 한상돈 목사, 박윤선 박사, 조용기 목사 및 김장환 목사 같은 큰 인물들이 나오지 못하는가?

미국 신학교에 가보면 1세대 학생들은 영어도 잘 못하고 히브리어나 희랍어는 더 못하지만, 2세대는 영어도 능통하고 히브리어나 희랍어도 잘한다. 그런데 왜 성적이 좋았던 2세들 가운데는 큰 목회자들이 많이 나오지 못하는가?

많은 이들이 자녀들에게 성경공부와 기도를 많이 시키면 큰 인물이 될 수 있을 것으로 착각하고 있다. 이것은 도덕이나 영성발달에는 도움이 될 수 있을망정 큰 인물을 만드는 데는 많은 도움이 안 된다.

그렇다면 어떻게 해야 큰 인물을 많이 배출할 수 있을까? 성경에서 답을 찾아보자. 이스라엘 백성은 애굽에서 400년 동안 노예 생활을 했다. 하나님은 당시에 그들을 해방시킬 지도자를 선택하실 때 왜 선민교육만을 받은 아론을 택하지 않으시고, 애굽의 왕궁에서 바로의 이방문화 교육을 받았던 모세를 택하셨나?

아론은 하나님 백성들의 공동체에서 하나님 섬기는 교육과 성경공부만 한 인물이다. 반면 모세는 바로 밑에서, 가장 강력한 수준 높은 왕 사탄(이방) 수직문화 교육을 40년 동안 받은 인물이다. 당연히 하나님의 백성 교육을 받은 아론을 택하셔야 하지 않았겠나?

〈저자 주: '수직문화'는 정신세계(인간의 혼의 영역)를 강하게 만드는 문화다. 자세한 것은 저자의 저서 '현용수의 인성교육 노하우' 제1권 제2부 제2부 '인성교육의 본질과 원리: 수직문화와 수평문화' 참조〉

하나님은 왜 모세를 애굽에 유학을 보내시어 그들의 수직문화 교육을 무려 40년 동안 시키셨는가? 인성교육학적인 측면에서 그를 수백만의 노예들을 통솔할 수 있는, 모든 역경을 견디어낼 수 있는 큰 인물(그릇), 즉 큰 지도자를 만드시기 위함이었다(행 7:22 참조).

유대인이 노예 생활을 했을 당시에는 그들이 구체적인 613개의 율법을 받기 이전이라 그들의 수직문화가 논리적으로 매우 약했기 때문에, 그런 교육 환경에서는 큰 인물이 나오기 힘들었다. 따라서 하나님은 모세를 높은 수준의 강한 수직문화가 잘 형성되었던 세계 최고의 강대국 애굽에 유학을 보내신 것이다.

더구나 애굽 안에서도 바로 왕궁의 높은 수준의 최고급 강한 수직문화를 교육시키신 것이다. 왕 중의 왕을 만들기 위함이었다. 높은 수준의 강한 수직문화란 논리적이고도 까다로운 율례와 법도로 짜여진 교육의 영역들; 즉 전통, 역사, 종교, 철학, 사상, 고전, 효도, 및 고난 등을 말한다. 수직문화는 인간의 정신세계를 풍요롭고 강하게 만들어 큰 인물이 되게 하는 필수 도구다.

이것은 무엇을 뜻하나? 큰 인물을 만들기 위해서는 높은 수준의 강한 수직문화교육을 시켜야 한다는 것이다. 수직문화 중 제일 중요한 것이 전통이다. 앞에서 설명한대로 하나님은 시내광야에 도착한 유대인에게 율법을 주시고 그것을 기초로 한 그들만의 신본주의 수직문화(절기, 식문화 등 그들의 전통)를 만들게 하신 이유가 여기에 있다.

　어떤 이는 믿음이 좋으면 큰 인물이 될 수 있다고 주장한다. 그러나 그 믿음도 수직문화로 단련된 정신세계가 강해야 하나님을 향한 믿음도 강해질 수 있다는 것을 알아야 한다.

　정리하자면 모세가 하나님을 믿고 성경공부를 많이 했기 때문에 큰 인물이 된 것이 아니고, 높은 수준의 강한 수직문화 교육을 받아 큰 인물이 될 소양을 갖춘 후 하나님을 믿었기 때문에 큰일을 하게 된 것이다. 이것은 무엇을 뜻하나? 즉 예수님을 믿고 성경공부를 많이 했기 때문에 큰 인물이 되는 것이 아니고, 높은 수준의 강한 수직문화 교육을 받아 큰 인물이 될 소양을 갖춘 후 예수님을 믿어야 큰일을 할 수 있다는 것이다.

　바울도 유대인의 논리적이고 높은 수준의 강한 수직문화 교육을 잘 받았기 때문에 기독교로 개종한 후에도 큰 기독교 지도자가 된 것이다. 이어령 교수도 예수님을 믿어 큰 인물이 된 것이 아니고, 한국인의 높은 수준의 강한 수직문화 교육을 잘 받아 큰 인물이 된 후 예수님을 믿었기 때문에 큰 기독교 지도자가 된 것이다.

　〈저자 주: 물론 종교생활도 수직문화의 일부이기 때문에 자녀들에게 강한 신앙훈련을 시킬 경우에는 큰 인물이 나올 수도 있다.〉

이런 이론은 다른 종교에도 적용된다. 한국 종교계에도 큰 인물들이 있다. 예를 들어 불교의 성철 스님, 천주교의 김수한 추기경 그리고 기독교의 한경직 목사 등이다. 저자는 그들이 각각 불교나 천주교 그리고 기독교에 입문하여 그렇게 훌륭하고 존경받는 분들이 된 것이 아니고, 그들이 자신들의 종교에 입문하기 전에 한국인의 인성교육과 정체성 교육의 본질인 한국인의 수직문화 교육을 철저하게 받았기 때문이라고 생각한다.

때문에 수많은 불교 스님들 중에 성철 스님이 돋보이고, 수많은 천주교 신부들 중에 김수한 추기경이 돋보이고, 수많은 기독교 목사들 중에 한경직 목사가 돋보이는 것이다. 따라서 인성교육의 핵심인 수직문화는 모든 직업인에게 우선적으로 꼭 필요한 기본색이다.

큰 인물은 어느 민족이건 자기 민족의 수준 높고 강한 수직문화에 의하여 만들어진다는 것을 잊어서는 안 된다. 예를 들어 인도의 간디가 큰 인물이 된 것은 인도의 높은 수준의 강한 수직문화 교육을 잘 받았기 때문이다. 물론 민족마다 수직문화의 질은 상대적으로 높은 것과 낮은 것이 있을 수 있다.

저자는 기독교인이 예수님을 믿기 이전에 받는 수직문화교육을 'pre-evangelism'이라고 명명했다. 이것은 예수님을 믿은 후 받는 'post-evangelism'과 대조된다. 전자는 인성교육이고, 후자는 하나님의 형상을 닮아가는 성화교육이다.

〈자세한 것은 *현용수의 인성교육 노하우*' 제2권 제2부 제4장 Ⅱ. 2. '기독교교육의 새로운 영역: 종교성 토양교육(Pre-Evangelism)의 필요성' 참조〉

결론적으로 한국인 기독교인들 중에 제1세대가 제2세대보다 큰 인물들이 더 많이 나오게 된 이유는 1세대는 1970년대 이전에 수준 높은 한국인의 강한 수직문화 교육을 잘 받은 후 예수님을 믿었기 때문이고, 2세대는 성경교육만 받고 수직문화(전통) 교육을 거의 받지 못했기 때문이다. 따라서 다음세대에 큰 인물들을 많이 배출하기 위해서는 신앙교육과 함께 한국인의 높은 수준의 강한 수직문화 교육을 철저하게 그리고 많이 시켜야 한다.

현재 쉐마교육을 잘 실천하는 가정에서 자녀들에게 많은 성경공부와 기도를 시키면서 함께 한국인의 수직문화 교육을 철저하게 시키는 이유가 여기에 있다.

〈저자 주: 이 주제에 대한 더 자세한 설명은 저자의 저서 *현용수의 인성교육 노하우* 제2권 제2부 제4장 Ⅲ. '인성교육 원리 적용 I. 현실 적용: 왜 수직문화가 개인과 민족에게 그리고 기독교인에게 필요한가'란 주제의 '질문 8': '이방인의 수직문화 교육도 기독교인의 인성교육에 도움을 줄까요? 예를 들어 하나님은 왜 모세를 이스라엘 민족의 지도자로 세우기 위해 40년간 애굽의 수직문화 교육을 시켰을까요? 왜 하나님의 선민교육만을 받은 아론을 택하지 않으셨을까요?'를 참조〉

C. 문답으로 정리한 하나님이 모세를 애굽에 유학 보내신 이유

Q1. 큰 인물을 만드는 데는 무엇이 가장 필요한가?
답1. 논리적이고 까다로운, 즉 높은 수준의 강한 수직문화다.

Q2. 왜 애굽에서 노예 생활을 한 유대인 중에는 큰 인물이 나올 수 없었는가?
답2. 높은 수준의 강한 수직문화가 없었기 때문이다.

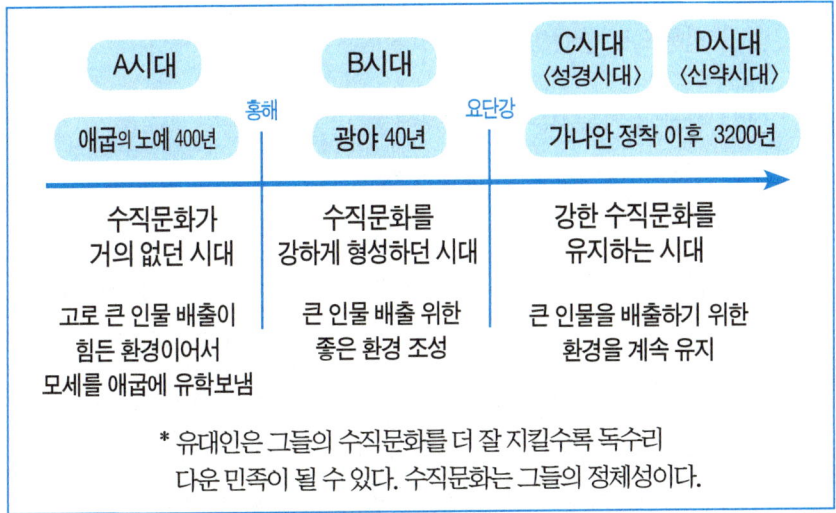

Q3. 왜 애굽에서 노예 생활을 한 유대인에게는 높은 수준의 강한 수직문화가 없었는가?

답3. 당시에는 유대인이 수준 높은 수직문화의 근간이 되는 613개의 율법을 구체적으로 받지 못했기 때문이다.

Q4. 왜 하나님은 모세를 애굽에게 유학을 보냈는가?

답4. 그곳에는 논리적이고 까다로운, 즉 높은 수준의 강한 수직문화가 있었기 때문이다.

Q5. 모세 이후 어떻게 유대인 중에 큰 인물들이 많이 나올 수 있었는가?

답5. 하나님은 시내광야에 도착한 유대인에게 613개의 율법을 주시고 그것을 기초로 한 그들만의 수준 높은 신본주의 수직문화(각종 절기들, 식문화 등 그들의 전통)를 만들게 하셨기 때문이다. 그리고 그것들을 반복적으로 실천하게 하시어 전통으로 만들었기 때문이다.

Q6. 한국인 기독교는 다음세대에 큰 인물들을 많이 배출하기 위하여 무엇을 어떻게 해야 하는가?

답6. 먼저 한국인 기독교인에게 적합한 높은 수준의 강한 수직문화를 만들어야 한다. 그리고 그것을 반복적으로 철저하게 실천하게 하여 한국인 기독교인의 전통을 만들어야 한다. 즉 신앙교육과 함께 한국인의 높은 수준의 강한 수직문화 교육을 철저하게 그리고 많이 시켜야 한다.

〈저자 주: 그 예는 저자의 저서 '*한국형 주일가정식탁예배 예식서*' 제1부 V. '유대인식 안식일 절기를 한국형 기독교식으로 바꾸는 이유' 참조〉

여덟째, 유대인이 노예출신이었다는 점에도 장점이 있다

유대인이 노예출신이었다는 점에도 단점만 있는 것이 아니다. 당시 현대 교육을 받지 못하고 가장 천하고 비천한 삶을 산 것은 사실이다. 그러나 고난 교육학적인 입장에서 고난을 겪었던 노예의 장점도 있었다. 애굽 관헌들로부터 혹독하게 길들여진 근면성, 강한 정신력 및 산업현장에서 습득한 기술들 등이다. 이것은 양질의 노동력이다.

현재 탈북자들이 증언하는 북한의 혹독한 고난을 겪은 돌격대들의 체험들과 비슷할 것이다. 따라서 상대적이지만 그들 중에는 놀고먹으며 빈둥거리는, 나태한 이들은 드물었을 것이다. 이것은 인성교육학적인 면에서 매우 좋은 장점, 즉 고난의 유익이다.

이것은 무엇을 뜻하는가? 이런 노예들의 고난이 바로의 손에 잡혀 있었을 경우에는 그 의미가 헛된 것이었지만, 하나님의 손에 잡혀 있을 때에는 매우 의미 있는, 가치 있는 장점으로 변할 수 있었다는 것을 뜻한다.

또한 상대적이지만 유대인에게는 기본적으로 족장시대부터, 즉 아브라함과 이삭과 야곱으로부터 내려오던 선민사상도 있었을 것이다. 따라서 그들은 학대를 받을수록 하나님에게 더 탄식하며 부르짖는 기도를 드렸을 것이다. 이것은 고난의 긍정적인 장점이다.

> 여러 해 후에 애굽 왕은 죽었고 이스라엘 자손은 고역으로 인하여 탄식하며 부르짖으니 그 고역으로 인하여 부르짖는 소리가 하나님께 상달한지라. (출 2:23)

하나님은 이들을 광야에 모아놓으시고 율법을 주시며 하나님에게 대한 믿음과 순종을 갖도록 훈련시키셨다.

아홉째, 요약 및 결론

요약하면, 자녀들을 어떻게 하나님의 사람으로 만들 수 있는가? 가장 중요한 것은 타락의 원인이 되는 풍요로 인한 인간의 교만과 타락을 막아야 한다. 그 방법은 무엇인가?

1) 가난하게 키워라.

2) 스스로 고난을 경험하게 하라.

3) 몸과 정신을 강건하게 만드는 훈련을 시켜라 (극기훈련)

4) 가난하게 키우고 고난을 경험해도 잘 될 때에는 타락하기 쉽다. 따라서 이것을 방지하기 위하여 유대인처럼
   (1) 애굽에서의 고난의 역사와
   (2) 광야에서의 고난의 역사 그리고
   (3) 신약시대에 겪었던 고난의 역사교육을 계속해서 시켜라.
   〈자신에게 적용은 본서를 참조 바람〉

유대인은 그 방법들을 모두 지켜 행하면서 율법(하나님의 말씀)에 기초한 그들만의 질적 및 양적으로 최고의 수직문화를 만들었다. 따라서 상대적으로 그들은 세속에 물들기가 이방인보다 쉽지 않다. 그들이 3200년 동안 마음이 썩지 않고, 이방에 물들지 않고 생존해 온 비밀이다.

5) 따라서 한국인은 유대인의 고난의 역사교육을 본받아야 한다. 특히 기독교인은 영적으로 유대인이 애굽에서 겪었던 고난에 비유하여, 예수님 믿기 이전에 사탄의 종 되었던 시절을 기억하여 죄에서 구원해주신 예수님의 은혜에 감사할 수 있는 절기(고난주간과 부활절)를 철저하게 지켜야 한다.

결론적으로 한국인이 어려움을 겪고 있는 자녀들의 인성교육 문제들 중 하나는 수직문화를 형성하는 데 가장 중요한 요소들 중 하나인 조상들의 고난의 역사교육을 가정이나, 교회 혹은 학교에서 잘 가르치지 않기 때문이다.

고난의 역사교육은 하나님께서 유대인에게 가르쳐 주신 것이다. 때문에 한인 기독교인들도 당연히 이를 본받아야 한다. 그래야 자신은 물론 가정과 교회 그리고 국가를 영원히 지켜나갈 수 있을 것이다. 이것이 본서를 집필하는 저자의 간절한 소망이다.

하나님이 부족한 종에게 하늘 문을 여시고 지혜를 주셔서 구약의 지상명령을 발견하게 하시고 이를 성취하기 위한 고난의 역사교육의 비밀을 연구하여 정리하게 하신 우리 주 예수님에게 감사와 찬송과 영광을 돌린다.

고난의 역사교육 전5권이 모두 마치었습니다.
독자 여러분, 기도와 후원에 감사를 드립니다.

부록 1

쉐마지도자클리닉 체험의 증언

편집자 주_ 쉐마클리닉을 수료하신 분들의 간증문들이 대부분 탁월하나, 부득이 몇 분만을 고르게 되어 나머지 분들께 죄송한 마음을 전합니다. 쉐마교육연구원 홈페이지(www.shemaiqeq.org)에 더 많은 간증문이 실려 있으니 참고하시기 바랍니다.

정신이 번쩍 들었다.
미국에서 K-Pop이 아닌 전통 국악을 부르겠다
- 조하영 대학생
   <펜실베니아주립대학교 고등수학교육전공, 동상제일침례교회>

한국 교회 위기의 원인을 발견하고 통곡하며 회개했습니다
- 한상현 박사
   <백석전문대학원 구약학 Ph.D, 쉐마초등학교 교목>

참석자들의 증언

정신이 번쩍 들었다 미국에서 K-Pop이 아닌 전통 국악을 부르겠다

조하영 학생
〈동상제일교회 자매〉

- The Pennsylvania State University
- 미국 유학생

도착한 첫 날 강의를 정신없이 듣고 나자 정신이 번쩍 들었다

미국에서 공부하고 있던 나에게 어느 날, 어머니께서 전화하셔서 '쉐마학교'를 갈 것이니 일정을 비워놓으라고 말씀하셨다. 그렇게 알게 된 나는 쉐마교육에 대해 알지도 못한 채로 충주세미나에 도착하게 되었다. 도착한 첫 날 강의를 정신없이 듣고 나자 정신이 번쩍 들었다.

둘째 날, 다행히도 앞자리에 배정되어 더욱 더 교육에 집중하며 깨달을 수 있었다. 둘째 날부터 내가 얼마나 수평문화에 물들어 있고, 나는 얼마나 그것을 자각하지 못하고, 당연하게 여겼는지에 대해 반성했다.

나는 미국에 있으면서 international festival이 있을 때마다 한국인 대표로 나서서 한국을 알리고 노래를 불렀었는데, 내가 제대로 하지 못 했구나 반성했고, 한국 전통의 것을 보여주어야겠다고 다짐하였다.

내 인식의 패러다임이 깨졌다.

요즘 젊은이들은 우리 전통문화를 '고리타분' 한 것으로 생각하고 자긍심을 가지지 못한다. 나 역시 한국의 것을 좋아하긴 했지만 고리타분하고 따분한 것으로 생각했었는데 내 인식의 패러다임이 깨졌다.

내가 어떻게 해야 되는지 해결점도 찾을 수 있었다.

또 禮(예)를 지키는 것이 얼마나 중요한 지 다시 깨달았다. 아버지 어머니께서 예의를 중요하게 여기셨는데, 더욱 더 부모님 말씀에 귀 기울일 수 있었다. 교육이 끝나고 난 후, 나를 평가해보면서 내 자신이 어느 위치에 서 있는지 더 잘 알 수 있었고, 내가 어떻게 해야 되는지 해결점도 찾을 수 있었다.

K-Pop이 아닌 우리나라 전통 국악을 부르고,
한복을 입어야겠다고 다짐했다.

교육이 끝난 지금, 부산에 내려가면 한복을 맞춰 주일마다 한복을 입기로 결단하였고, 한국문화를 더욱 사랑해야겠다고 느꼈다. 또한 미국에 돌아가서도 한국 대표로 꾸준히 활동하면서 이제는 K-Pop이 아닌 우리나라 전통 국악을 부르고, 그냥 캐주얼 한 옷이 아닌 한복을 입어야겠다고 다짐했다.

이 교육은 국악, 찬양, 한복 그리고 제일 중요한 가정과 국가까지 생각하게 만드는 인식의 패러다임을 만들어 주는 계기가 되었고, 나에게 꼭 필요한 시기에 이루어진 꼭 필요한 교육이었다.

참석자들의 증언

한국 교회 위기의 원인을 발견하고 통곡하며 회개했습니다

한상현 박사
〈용인수지열방교회, 쉐마초등학교 교목〉

- 미국 에반겔리아 대학원 (M.Div.)
- 총신일반대학원 구약학 (Th.M.)
- 백석전문대학원 구약학 (Ph.D.)

쉐마목회자클리닉에 참석하게 된 동기는 아들과의
관계 회복을 위해서였습니다.

쉐마목회자클리닉에 참석하게 된 동기는 아들과의 관계 회복을 위해서였습니다. 교회와 외부에서 중고등부와 청년들을 담임할 때는 아이들과 많은 대화를 나누며, 고민도 들어주고, 비전에 대해서도 함께 나누는 것이 저의 일상생활이었습니다.

하지만 막상 집에 들어오면 자식들에겐 아무런 죄책감 없이 호통을 치거나 화를 내는 것이 아빠였습니다. 그래서 그런지 아들은 엄마와 이야기하는 것은 좋아하지만 저와는 어딘가 모르게 거리감이 있었습니다.

이런 생활들이 너무나 일상화돼서 그런지 자식들이 상처 받는 것에 무감각 되어 있었습니다. 그러던 중에 김진섭 논문 지도 교수님의 추천과 백석전문대학원 구약학에서 함께 연구하는 백승철 목사님의 유대인들의 자녀교육에 대한 추천을 받고 쉐마목회자클리닉에 참석하게 되었습니다.

처음에는 "유대인들의 쉐마교육이 무엇일까?"하는 호기심을 가지고 참여하게 되었습니다. 그리고 쉐마목회자클리닉을 수료하자는 마음으로 싫더라도 끝까지 버티자는 목적으로 참석했습니다.

그런데 시간이 지날수록 현용수 교수님의 쉐마교육에 대한 논리에 빠져들기 시작했습니다. 솔직히 백석전문대학원에서 구약학을 전공(Ph.D.)했기 때문에 웬만한 구약 성경은 숙지하고 있다는 것, 반(50%), "구약의 쉐마교육에서 배울 것이 많을까?"라는 궁금증 반으로 시작하였습니다.

지금까지 저의 자녀교육 방법에 많은 문제가 있었음을 깨닫게 되었습니다.

그러나 현용수 교수님의 자녀교육에 대한 한국교육의 단점을 적나라하게 파헤쳐 주실 때마다, 지금까지 저의 자녀교육 방법에 많은 문제가 있었음을 깨닫게 되었습니다.

첫째, 현재 저는 10살 된 아들과 6살 된 딸의 교육을 아내에게 맡기고 교회사역과 학문에 전념하다보니 집에 밤 11시에 들어오기가 일상적이었습니다. 저녁에 조금 일찍 들어오는 날도 아이들이 놀아 달라고 말하면 "아빠는 피곤하니깐 엄마랑 가서

놀아"라고 말할 때가 많았습니다.

그래서 아이들과 관계가 점점 멀어져 가고 있었습니다. 그런데 현용수 교수님의 강의 중에 '자녀교육은 아버지가 담당하는 것'이라는 메시지가 저의 마음에 충격으로 다가왔습니다.

둘째, 대형교회를 지향하던 저의 목회관에 큰 전환을 가져다 주는 시간이 되었습니다. 아브라함은 그의 아들 이삭 한명만을 말씀 맡은 자로 키웠으며, 이삭도 마찬가지로 야곱 한명만을 목회했다는 말씀, 그러므로 절대 대형 교회의 목사님들에게 주눅들지 말라는 충고는 저에게 큰 위로와 목회관에 큰 전환점이 되었습니다.

또한 유대인은 삼대가 세대차이가 나지 않고, 같음 마음과 같은 뜻, 같은 목적을 갖고 있다는 논리는 저의 목회관이 너무 세상을 향한 불신자 전도와 세계 선교만을 꿈꾸고 있어다는 편견된 마음에 자녀교육에 대한 새로운 불씨를 심어주었습니다.

창세기 18:19절과 신명기 6:4-9절의 구약의 지상명령은 유대인 삼대가 신앙 명가로 만들어주는 큰 토대가 되고 있음을 새로이 발견했습니다. 신앙 명가로 세워지는 유대인식 교육은 저에게 가족이 변화되지 않고는 목회에도 성공할 수 없음을 깨닫게 해주었습니다.

쉐마목회자클리닉을 통하여 우리나라의 목회자들은 불신자 영혼 구원과 세계 선교에만 주력했지, 목회자 가정의 자녀교육을 저버림으로 많은 목회자들의 자녀들이 망가졌으며, 이는 한국 교회에 위기가 찾아오도록 만든 시발점이 되었음을 통곡하며 회개하는 시간을 가졌습니다. 그래서 이제부터 집에 돌아가게 되면 내 자녀에게 먼저 쉐마교육을 힘써 가르쳐야겠다는 동기부여를 가지게 되었습니다.

셋째, 십계명 중에서 "네 부모를 공경하라"는 5계명의 중요성을 깨닫는 시간이었습니다. 아버지를 존경하는 것이 하나님을 존경하는 시작점이 되며, 아버지를 공경하는 자가 하나님을 공경할 수 있음을 현용수 박사님의 열정적인 강의를 통하여 새롭게 인식하게 되었습니다.

이제부터 자녀들에게 하나님을 공경하듯이 부모를 공경할 수 있도록 논리적인 설득력을 갖게 하는데 중점을 두어야 한다는 가치관의 변화를 가지는 시간이었습니다. 부모님을 공경하는 것이 하나님과의 관계 회복을 주는 첫 단추임도 깨닫게 되었습니다.

넷째, 예수님께서 십자가에서 죽으시기 직전에 그의 제자 요한에게 "보라 네 어머니라 하신 말씀 이후에 사도 요한이 그때부터 자기 집에서 어머니 마리아를 모시기 시작했다(요 19:27)."는 말씀은 예수님께서 육신의 어머니 마리아를 요한에게 위탁하시는 장면이며, 지금까지 가지고 있던 부모님에 대한 효의 개념을 변환 시켜주었습니다.

예수님께서 십자가를 지시면서 하늘에 계신 아버지의 명령에 순종하심으로 하나님께 효도를 하셨고, 어머니 마리아의 노후도 책임지심으로 육신의 부모님에게도 효도하셨다는 사실입니다.

또한 하나님께 십일조를 드릴 때에 부모님에게도 십일조를 드리도록 자녀를 가르쳐야 한다는 논리적인 강의는 부모님을 찾아뵙는 것뿐만 아니라 부모님의 노후 대책에도 신경 써야 함을 깨닫게 되었습니다.

다섯째, 자녀교육에 있어서 아버지는 말씀을 가르치는 자로써, 자녀가 말씀을 맡은 자가 되도록 쉐마교육의 전수성이 필요함을 깨닫게 되었습니다. 자녀가 말씀을 맡은 자에서 끊어지게 될 때, 그는 여호와의 총회에서 쫓겨남을 구원론적 관점으로 연결하는 현용수 교수님의 논리적 설득은 탁월하였습니다.

유대인은 13세에 성인식을 치르며, 성인식 때에 할아버지는 토라의 두루마리 성경을 아들에게 전수하고, 아버지는 자녀에게 전수 할 때, 할아버지가 손수건을 들고 눈물을 닦는 장면 제시는 유대인들의 4천년 동안 쉐마교육이 끊어지지 않고 전수되어진 근원이 되었음을 알게 되었습니다.

유대인들이 "돈을 버는 목적 또한 자녀가 말씀을 맡은 자로 자랄 수 있도록 토라 교육을 한다는 말은 자녀교육의 핵심을 깨닫게 해주었습니다. 저의 삶속에 돈을 버는 목적과 말씀 전수의 필요성을 마음속 깊이 새겨지는 감동이 시간이었습니다.

여섯째, 자녀가 착하게만 살아가도록 지혜를 가르치기 보다는 세상에 나가서 뱀같이 슈르드(shrewd)의 지혜로운 자녀로 양육해야겠다는 자부심이 생기도록 하였습니다. 그 예로 예수님은 자신을 곤경의 상황에 처하도록 접근한 대제사장과 바리새인들에게 "죄 없는 자가 저 여인을 돌로 쳐라," "가이사의 것은 가이사에게 하나님의 것은 하나님에게 바칠지니라"의 말씀은 세상에서 위기의 삶과 세속적인 삶을 살고 있는 자녀들에게 꼭 필요한 지혜임을 깨닫게 되었습니다.

또한 "유대인 아버지들이 자녀를 교육할 때에 성냄과 화냄이 아닌 부드럽고, 자비로운 음성으로 질문과 논리를 통해 자녀들을 설득하고 있다"는 강의는 저에게 교육방법의 새로운 패러다임을 제시해 주었습니다.

마지막으로, 쉐마목회자클리닉 강의를 들으며 결단한 마음은 이제부터 쉐마교육을 통해 자녀교육을 처음부터 다시 시작해야겠다는 마음가짐을 가지게 되었습니다. 자녀들이 이해할 때까지 탈무딕 질문과 답변을 반복적으로 하는 교육들을 서두르지 않고 차분하게 나눠야겠다는 결심이 또한 생겨났습니다.

이제 집으로 돌아가면 한국의 전통과 역사의식, 고난의 역사에 대해 제가 담임하고 있는 청년들과 중, 고등부 학생 그리고 자녀들에게 가르쳐야겠다는 동기 부여도 받았습니다. 먼저 쉐마교육을 통해 많은 것을 알게 해주신 현용수 교수님께 감사드리며, 마지막으로 하나님께 영광을 올려드립니다.

우리의 각오

(쉐마교사대학 졸업생 선언문)

내(하나님)가 아브라함을 선택한 것은
그가 자식들과 자손을 잘 가르쳐서, 나에게 순종하게 하고,
옳고 바른 일을 하도록 가르치라는 뜻에서 한 것이다.
그의 자손이 아브라함에게 배운 대로 하면,
나는 아브라함에게 약속한 대로 다 이루어 주겠다.

(창 18:19 표준새번역)

기독교 역사를 되돌아보면, 2000년간 계속 하나님의 말씀과 성령의 촛대를 간직하고 있는 민족이나 국가는 거의 없다. 많은 복음주의자들이 말한다. "초대교회로 돌아가자!"고. 그러나 초대교회였던 요한계시록에 나타난 터키의 일곱 교회도 모두 죽어 있다.

그렇다면 현재교회가 초대교회로 돌아가 마침내 죽자는 얘기인가? 이것은 교회개척이나 성령운동은 초대교회처럼 해야 하지만, 기독교교육을 초대교회처럼 하면 살아남지 못한다는 것을 뜻한다.

이러한 현상은 이제 남의 일이 아닌 우리의 일이 되었다. 한국은 1885년 4월 5일 하나님의 말씀이 어두움에 쌓였던 한반도에 들어오면서 우리 민족에게 밝은 빛이 보이며 경제성장과 아울러 평화의 시대를 구가해 왔다. 현재 한국 교회는 그 어느 때보다도 세계 선교에 열을 올리고 있지만 통계에 의하면, 한국의 유년주일학교 증가율이 16년 전부터 줄고 있다. 미국에 있는 교포 교회들의 경우도 2세 종교교육이 심각한 위기에 놓여 있다. 미주 교

포 2세들이 대학을 졸업하면 90%가 교회에 안 나간다. 기존 교회 교육과 가정 교육이 실패했다는 증거다.

우리가 명심해야 할 것은 역사적으로나 지정학적으로 중국이나 일본은 하나님 없이도 잘 살 수 있는 민족일지 모르나 한국은 하나님 없이는 또다시 중국이나 일본의 종이 될 수밖에 없다는 사실이다. 이에 대한 대안을 찾기 위하여 우리는 무던히도 고민하며 기도해 왔다.

그런데 그 해답을 드디어 구약의 선민교육인 쉐마에서 찾았다. 이제 우리는 가정과 교회와 민족을 지키기 위하여 분연히 나설 때다. 1세 신앙의 유산을 자손대대로 후세에게 물려주어 우리 민족의 영혼을 구원할 역사적인 사명을 인식해야 한다.

따라서 신약의 복음으로 구원받고 구약의 선민교육인 쉐마를 전수받은 우리는 모두 구약의 모세나 신약의 바울처럼 자기 민족을 먼저 뜨겁게 사랑해야 한다.

그뿐 아니라 전 세계에 흩어진 한국 민족 디아스포라에 복음과 함께 쉐마를 전하여 한국인 기독교인의 동질성을 회복하고, 자녀를 말씀의 제자삼아 자손만대에 하나님의 말씀을 전수해야 한다. 더 나아가서 온 세계에 쉐마를 전파하여 주님의 재림을 준비하는 역군이 되어야 한다.

"너희는 이 일을 너희 자녀에게 고하고 너희 자녀는 자기 자녀에게 고하고 그 자녀는 후시대에 고할 것이니라" (욜 1:3)

"예수 그리스도는 어제나 오늘이나 영원토록 동일하시다" (히 13:8)

부록 2

사진으로 보는
쉐마교사대학
이모저모

한국 및 제3세계에서
제1-2차 학기 이론 강의 장면

이론을 강의하는 제1, 2차 학기는 한국에서 진행하고,
제3차학기는 미국에서 진행한다.
사진은 현용수 박사가 제2차 학기에 강의하고 있다.

강의에 열중하는 김의원 박사
(우)와 이현국 목사(뒷줄 좌)

민족의 2세 교육을 살리기 위한 열띤 토의 광경, 오른
쪽에 김제돈 목사와 왼쪽에 소강석 목사가 보인다

워크샵북에 따라 세속의 수평문화에
어떻게 대처할 것인가에 대하여 토론하는
쉐마목회자클리닉에 참석한 지도자들
오른쪽 윤수지 전도사, 왼쪽 "유대인의
밥상머리 자녀교육" 저자 이영희 전도사

쉐마지도자클리닉에 참석한 한국 유
일의 기독교인 훈장 송우영 집사가 열
띤 논쟁을 벌이는 모습

쉐마목회자클리닉에서 토론하는 김경원 목사,
박보근 목사, 김상범 목사, 김인환 목사(좌로부터)

쉐마목회자클리닉에서 민족의 2세교육을 살리기 위한 열띤 토의 광경.
왼쪽부터 김진섭 박사, 박재영 목사, 이근수 목사, 윤희주 목사,
홍정찬 목사, 김동식 목사, 김경윤 목사, 정지웅 박사

한국 제4기 제2차 충주 쉐마목회자클리닉
참석자들의 뜨거운 열기

미국 제3차 학기
미국 유대인 공동체 체험 학습 장면

강의하는 탈무드 교수 랍비 Adlerstein과 저자

쉐마에 대하여 강의하는 서기관 랍비 Krafts 씨

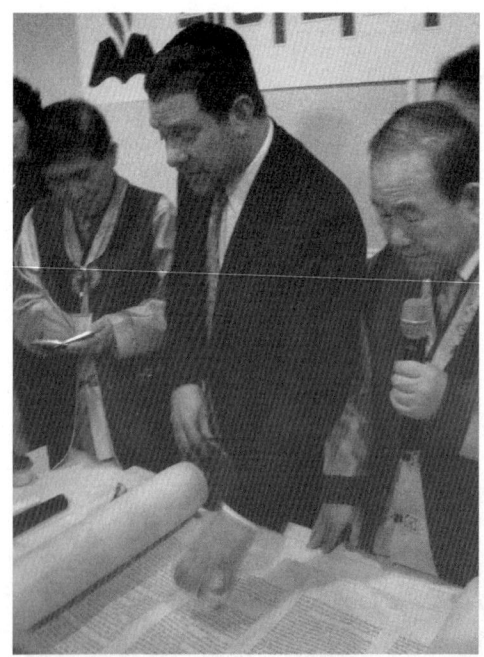

두루마리 성경에 대하여 설명하는 랍비와 필자. 좌는 김진섭 교수

서기관 랍비 Krafts씨가 양피지에 토라를 필사하는 모습을 재현하고 있다

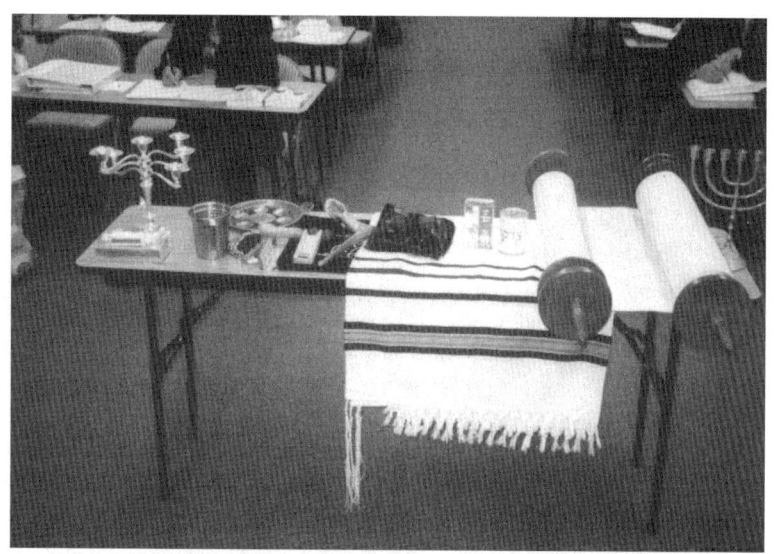

쉐마교사대학에서 사용하는 Judaism에 관한 교육 자료들. 두루마리 성경, 기도복, 경문, 촛대, 양각 나팔, 째다카 박스 등이 보인다

미국에서 소화춘 감독(감리교)이 딸과 사위 목사와 두루마리 성경을 안고 찍은 사진. 쉐마교육은 가족 전체가 함께 받은 것이 바람직하다

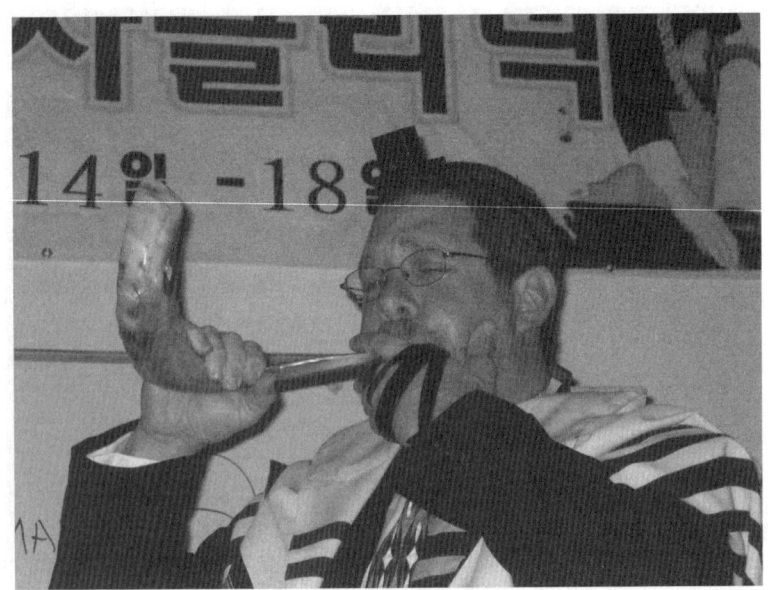

신년절기에 양각 나팔 부는 것을 목회자들 앞에서 재현하는 서기관 랍비

유대인은 하나님에게 기도만 하게 하는 것이 아니라 선행도 강조한다.
유대인이 새벽기도시간에 쉐마지도자들이 참관한 가운데 헌금함에
구제헌금을 넣은 모습.

쉐마목회자클리닉에 참석한 지도자들이 미주 유대인의 역사를 보여주는 박물관을 관람하고 있다

유대인의 대학살 박물관(LA소재) 추모탑 앞에서 찍은 사진. 가운데는 「IQ는 아버지 EQ는 어머니 몫이다」(부제: 유대인 자녀교육)에 추천서를 써준 Rabbi Marvin Heir(박물관 관장)

유대인 중·고등학교에서
랍비 교사가 토론식 수업을 하는 장면을
견학하는 쉐마목회자클리닉 참석자들.

「쉐마목회자클리닉」 참석자들이 정통파 유대인 학교
Yeshiva에서 중·고생들의 탈무드식 논쟁을 지켜 보는 모습

유대인 가정의 안식일 절기에 아버지와 아들이 성경 토론하는 모습을 지켜 보는 쉐마목회자클리닉 참석자들. 김의환 교장과 김창주 목사가 보인다

금요일 저녁 안식일 절기에 참석하여 아버지가 자녀들에게 토라를 가르치는 모습.
오른 쪽부터 남후수 교수 설동주 목사

부록2: 쉐마교사대학 이모저모 489

저자가 수학했던 American Jewish University(AJU)랍비 신학교에서 쉐마목 회자클리닉 참석자들이 포즈를 취하는 모습

AJU 랍비 신학교의 탈무드 교수인 Berenbaum 박사가 탈무드 강의를 하고 있다. Berenbaum 박사는 워싱턴 대학살 박물관 기획자로 잘 알려진 인물이다.

미국 제10회 졸업식에서 쉐마 교사 자격증을 받고 있는 전성수 교수

강사로 수고하는
랍비 에들러스테인이
졸업식에서 축사하고
저자가 통역하는 모습

졸업식에서 설교하는
탈봇신대원 원장 Dr. Dirks.

미국 쉐마목회자클리닉 제9회 졸업식에서 졸업생 대표로
선서하는 김진섭 박사(백석대 신학부총장)

쉐마 국악 찬양

왜 국악 찬양이 필요한가!

유대인의 성공은 어디에서 오는가? 그들은 어떻게 자손대대로 하나님의 말씀을 전수하는 데 성공하였는가? 그들은 자녀를 깊이 생각하는 뿌리 깊은 인간으로 양육하기 때문이다. 그들은 어떻게 자녀를 깊이 생각하는 뿌리 깊은 인간으로 양육할 수 있는가?

저자는 유대인 자녀교육 『IQ는 아버지 EQ는 어머니 몫이다』 제1권 제2부에 수직문화와 수평문화에 대한 이론을 개발하였다. 그들은 표면적인 수평문화보다는 깊이 있는 수직문화를 가르치기 때문이다. 수직문화 중 하나가 자기 민족의 역사의식과 전통을 귀하게 여기고 가르치는 것이다. 그런데 한국인 기독교인은 우리의 전통을 무시하고 서양 것에만 너무 익숙해져 있다. 분명 잘못된 것이다.

물론 그만한 이유도 있다. 한국인 기독교인이 한국 민족의 전통을 그대로 이어갈 수 없는 이유는 대부분 한국의 전통들이 그 내용이나 형식을 보면 우상을 섬기는 데서 나왔기 때문이다. 그렇다면, 한국인 기독교가 한국의 전통을 어떻게 사용할 수 있는가? 두 가지로 생각할 수 있다.

첫째, 기독교에서 한국의 전통을 잇기 위해서는 그 전통의 내용을 신본주의 사상으로 바꾸어 일부 형식만 사용하는 방법이다. 예를 들면 조상들에게 추수에 대한 감사를 표시하는 한국의 추석을 하나님에게 추수에 대한 감사를 표시하는 추수 감사절로 바꾸어 사용하는 방법이다.

기도도 마찬가지다. 서양 사람들은 의자에 앉아서 혹은 서서 기도한다. 그러나 한국인은 옛날부터 무릎을 꿇고 조상신들에게 빌었다. 이런 기도하는 방법, 즉 무릎을 꿇고 하나님에게 기도하면 얼마나 하나님에게 정성스런 기도가 될 것인가? 뿐만아니라 찬양도 국악의 형식을 빌어 하나님을 찬양할 수 있다. 우리 민족의 고유 가락을 하나님 섬기는 도구로 사용하는 것이다.

둘째, 보편적 윤리나 도덕적 예의나 지혜는 그대로 사용할 수 있다. 예를 들면, 서양 사람들이 인사할 때는 고개를 그대로 들고 "하이(Hi!)"한다. 그러나 한국인 기독교인은 고개를 많이 숙이면서 "안녕하세요"라고 말한다. 뿐만 아니라 한국의 고사성어에는 동양의 지혜가 많이 배어 있다.

예를 들면, 토사구팽(兎死狗烹), 새옹지마(塞翁之馬), 결자해지(結者解之) 등이다. 식자우환(識字憂患)이란 고사 성어는 전도서에 나오는 말씀이다(전 1:18). 이런 것들은 종교를 떠나 한국인 지식인이라면 마땅히 알고 평상시에 사용하여야 한다.

특히 성경의 잠언이나 전도서 같은 지혜서에 나오는 말씀들도 동양에 얼마든지 있다. 왜냐하면, 하나님께서 이방인에게도 성경이라는 특수계시를 주시기 전 하나님을 알만한 보편적 진리(롬 1:19~20)를 주셨기 때문이다.

'부록 III'에는 부족한 종이 쉐마사역을 위하여 작사한 '쉐마 3대찬양', '쉐마효도찬양', '쉐마어머니 노래' 및 '쉐마아버지 노래'를 싣는다. 곡은 모두 국악이다.

곡을 만드신 작곡가 류형선, 정세현 두 선생님에게도 감사를 드린다. 차제에 국악찬양이 많이 보급되어 전 세계에 흩어진 한국인 기독교인들이 우리의 것으로 하나님을 찬양하는 날이 속히 오기를 소원한다.

저자 현용수

쉐마 효도 찬양

작사: 현용수
작곡: 정혜원

흥겁게

하나님아버지는 예수님아버지시며 우리의창조주아버지시네
우리의부모님은 날낳아길러주시며 말씀을가르친어버이시네

나의주예수님은 고난의십자가지시고 하나님그분께효자되―셨네
나의주예수님은 고난의십자가에서도 어머님노후를책임지―셨네

나도예수님처럼 하나님말씀에순종해 주님께효자되게하소서
나도예수님처럼 부모님말씀에순종해 부모께효자되게하소서

효자이신예수님 만왕의왕되신것처럼 내게도천국상받게하―소서
효를행한성도들 하나님약속하신대로 이땅의큰축복받게하―소서

어허야어야디야 어허야어야디야 할렐루야할렐루―야
할렐루할렐루야 하나님아버지공경하여 하나님나라학장하――세
할렐루할렐루야 우리의부모님공경하여 하나님말씀전수하――세

부록 4

쉐마자녀교육 십계명

- 3대가 신앙과 문화의 세대차이를 막는 법 -

I. 정체성 교육(1-3계명)
II. 성결 교육(4-7계명)
III. 비전 교육(8-10계명)

'쉐마자녀교육 십계명'을 제정하면서

　현대 사회는 가정이 심각한 위기를 맞고 있다. 부모가 자녀에게 인성교육과 성경적 가치관 교육을 시키고 싶어도 왜 무엇을 어떻게 가르쳐야 할지 세부적이면서도 포괄적인 가이드라인이 분명치 않아 혼돈 상태에 있다. 이에 쉐마교육연구원은 성경적 자녀교육의 지침이 절실함을 깨닫고 다음에 유념하여 '쉐마자녀교육 십계명'을 제정하여 공포하게 되었다.

　첫째, 본 '쉐마자녀교육 십계명'은 복음을 믿고 구원받은 기독교 가정의 자녀교육이다.
　유대인이 성경을 많이 알아도 신약시대에 예수님을 믿지 않아 구원을 받지 못하는 것처럼, 자녀가 기독교 집안에서 성장했다고 구원 받는 것은 아니다. 신약시대는 오직 예수님의 십자가와 부활을 믿음으로 구원을 받을 수 있다(행 4:12; 고후 13:4). 따라서 본 쉐마자녀교육 십계명은 하나님의 은혜로 성령을 받아 예수님을 믿음으로 구원 받은 기독교인 가정을 대상으로 정리한다.

　둘째, 본 '쉐마자녀교육 십계명'의 제정 목적은 한국인이 자녀로 하여금 한국인 기독교인의 정체성을 갖게 하고, 구별된 백성으로 하나님의 형상을 닮게 하여 그리스도의 장성한 분량까지

자라게 하기 위함이다(엡 4:13). 그리고 하나님을 향한 가문·민족·세계선교의 비전을 이루고, 전인교육으로 세상을 변화시키는 지도자로 키우기 위함이다. 이것이 3대가 신앙과 문화의 세대차이를 막고 자손대대로 말씀을 전수하며(구약의 지상명령, 창 18:19; 신 6:4-9), 세계선교(신약의 지상명령, 마 28:19-20)를 이루는 방법이다. 따라서 본 십계명은 다음 세 부분으로 구성되어졌다.

    I. 정체성 교육(제1계명 - 제3계명)
    II. 성결 교육(제4계명 - 제7계명)
    III. 비전 교육(제8계명 - 제10계명)

2006년 5월 5일, 어린이날
쉐마교육연구원 원장 현용수

한민족 기독교인의
쉐마자녀교육 십계명
- 3대가 신앙과 문화의 세대차이를 막는 법 -

대 주제

나는 너를 애굽 땅, 종 되었던 집에서 인도하여 낸 너의 하나님 여호와로라. (출 20:2)

자녀들을 복음으로 구원의 확신을 갖게 하여 하나님의 성민이 되게 하라. (갈 2:20)

I. 정체성 교육
〈하나님을 향한 한민족 기독교인의
신앙 · 민족 · 지식의 정체성 교〉

제1계명 자녀를 제자 삼아 말씀 맡은자의 정체성을 갖게 하라 〈신앙의 정체성 교육〉

하나님은 인류를 말씀으로 구속하시기를 소원하신다(사 40:8; 벧전 1:24). 예수님은 말씀이 육신이 되신 분이시다(요 1:14). 하나님의 말씀은 영혼의 양식이다. 따라서 부모는 자녀를 '말씀 맡은자' (롬 3:2)로 영적 정체성을 갖도록 양육해야 한다. 부모는 정기적으로 자녀와 함께 가정예배를 드리고 부지런히 말씀을 가르치므로 (신 6:4-9) 주님 오실 때까지 하나님의 말씀을 자손 대대로 대물림해야 한다.

제2계명 자녀에게 한민족 기독교인의 정체성을 갖게 하라 〈민족의 정체성 교육〉

자녀를 자기 민족을 사랑하는 한민족 기독교인으로 양육하기 위하여(출 32:32; 롬 9:1-5), 기독교 가치관과 한국인의 수직문화를 함께 가르쳐야 한다. 한국인의 수직문화는 자녀에게 한국인의 정체성을 심어주고, 자녀의 마음을 인성교육의 바탕이 되는 복음적 토양, 즉 옥토가 되게 한다(마 13:18-23). 자녀에게 한국말과 한국의 예절을 가르쳐야 한다. 자신의 뿌리인 부모님에 대하여, 가족과 가문에 대하여, 민족에 대하여 생각하며 기도하게 해야 한다. 그래야 선 세대들이 이루어 놓은 한인교회를 후세대들이 세대차이 없이 전수받을 수 있다. 수직문화 교육은 모세나 바울처럼 신앙을 담는 아름답고 큰 그릇을 형성하게 한다.

제3계명 자녀에게 EQ + 지혜교육을 시켜 지식의 정체성을 갖게 하라 〈지식의 정체성 교육〉

그리스도를 아는 것은 고등학문이요, 세상학문은 초등학문이다(골 2:8). 또한 자녀들이 세상 악인의 꾀에 빠지지 않게 하기 위해서는 마음은 비둘기같이 순결하지만 머리는 뱀같이 지혜롭게 키워야 한다(마 10:16). 어머니교육, 기독교교육 및 자연교육은 EQ를 증진시키고 순결한 마음을 갖게 한다. 그리고 하나님의 말씀(율법) 교육은 자녀의 영혼을 소생케 하고 세상을 사는 데 필요한 지혜를 갖게 한다(시 119:98-107). 하나님은 지혜의 원천이시며, 그 말씀에서 지혜 교육이 나온다. 지혜교육에는 세상에서 머리가 되는 IQ교육도 포함된다(신 28:13).

II. 성결 교육
〈하나님을 향한 장소 · 시간 · 사람 · 물질 · 생활의 성결교육〉

제4계명 세속 수평문화로부터 가정을 성결케 하라
〈장소의 성결 교육〉

가정은 거룩한 성전이다. 가정에서 수평문화를 차단하여 이 세대를 본받지 말게 하라(롬 12:2). 가정에서 죄성을 자극하는 불건전한 물건을 없애고, 자녀들의 TV 시청 및 영상문화를 금하라. 13세 이전에 세속적인 수평문화를 본받게 되면 마음의 토양이 자갈밭이 되어 복음을 전해도 받아들이기가 힘들고, 예수님을 영접한 후에도 헌신도가 약하고 제자화하기가 힘들다(마 13:18-23).

제5계명 한 가족 3대가 성수주일로 시간을 성결케 하라
〈시간과 사람의 성결 교육〉

신앙과 문화의 세대차이를 막기 위해 3대가 함께 주일을 거룩하게 지키는 훈련을 하는 것은 자녀를 어려서부터 하나님의 구별된 백성으로 양육하는 데 대단히 중요한 요소다. 하나님께서는 6일 동안 천지를 창조하신 후 제7일을 복되게 하여 그 날을 안식일로 거룩하게 하셨다(창 2:2-3). 안식일은 모든 세속적인 일을 멈추고 안식하며 하나님과의 관계를 더욱 충만하게 하는 절기다(출 20:8-11). 성수주일 교육은 하나님을 위한 다른 시간도 성결하게 사용하도록 돕는 훈련이다.

제6계명 십일조 교육으로 물질을 성결케 하라
〈물질의 성결 교육〉

하나님께 십일조를 드리는 행위는 만물의 주인이신 하나님에 대한 신앙의 표현이며 물질의 헌신이다. 이것은 기독교인의 기본 의무이기도 하다(말 3:7-12). 하나님을 사랑하기 때문에 기꺼이 의무를 이행할 수 있어야 한다. 보물이 있는 곳에 마음도 있다(마 6:21). 어려서부터 십일조 외에 다른 헌물도 구별하여 하나님께 드리는 바른 물질관 훈련을 시켜야 한다.

제7계명 선악을 분별케 하는 율법교육으로 생활을 성결케 하라 〈생활의 성결 교육〉

죄악 세상에서 어떻게 자녀를 성결하게 키울 수 있을까? 악인의 꾀를 좇지 않고 죄인의 길에 서지 않게(시 1:1) 하기 위해서는 먼저 어느 것이 악이고 어느 것이 선인지를 구별할 줄 알아야 한다. 따라서 부모는 자녀에게 하나님이 주신 십계명을 비롯한 성경(율법) 교육을 시켜(요일 5:2-3), 하나님이 '하라'는 것은 하고 '하지 말라'는 것을 하지 않도록 훈련시켜야 한다(시 119:101-102). 특별히 음란한 세상에서 성적 순결을 지키게 하라.

III. 비전 교육
〈하나님을 향한 가문 · 민족 · 세계선교의 비전〉

제8계명 효도교육으로 명문 가문의 비전을 심으라
〈가문의 비전 교육〉

부모공경(출 20:12; 엡 6:1-3)은 하나님의 말씀을 전수하기 위한 필수 요건이다. 자녀가 부모를 공경하지 않으면 순종이 없고, 부모에게 순종하지 않으면 부모로부터 말씀을 전수받을 수 없기 때문이다. 말씀전수의 차원에서 부모공경은 바로 하나님 공경과 같다. 자녀가 부모에게 말씀을 받아 '말씀 맡은자'가 되면 당연히 예수님처럼 육신의 부모에게 효를 행하게 된다(요 19:25-26). 따라서 효는 하나님과 부모를 기쁘게 해드리는 인성교육의 기본이다. 효도교육을 받은 자녀는 형제간에 우애 있고 가문을 말씀으로 일으키며 민족(성민)의 수명을 길게 한다. (효도교육을 시킬 때 영적 부모인 목회자에 대한 효도교육도 함께 시켜야 한다)

제9계명 고난의 역사교육으로 민족의 비전을 심으라
〈민족의 비전 교육〉

한국 민족의 고난의 역사교육을 시켜야 한다. 하나님은 이스라엘 백성을 애굽에서 구원하신 후 애굽에서의 고난을 기억시키기 위하여 유월절에 자녀들에게 쓴나물과 고난의 떡을 먹게 하셨다(출 12:8; 신 16:3). 인간이 고난의 역사를 잊으면 하나님의 은혜를 잊고 타락하기 때문이다(호 13:6). 따라서 자녀에게 가정뿐 아니라, 민족의 고난의 역사 교육도 시켜야 한다. 인간은 고난을 기억할 때 현재의 생활에 감사하며 충실하게 된다(신 6:10-13, 8:1-16). 그리고 민족의 평화와 번영을 위한 비전을 품게 한다.

제10계명 신·구약의 지상명령을 가르쳐 세계선교의 비전을 심으라 〈세계선교의 비전 교육〉

기독교인 자녀는 먼저 자신의 가정을 돌보고, 자기 민족을 사랑하지만, 이웃과 타민족도 함께 사랑해야 한다. 특히 하나님의 최고 관심사는 타락한 인류를 구원하여 하나님 나라를 이루시는 일임을 어려서부터 가르쳐야 한다. 따라서 기독교인은 먼저 가정에서 부모가 자녀에게 말씀을 가르쳐 자녀를 말씀의 제자로 양육하는 '구약의 지상명령'(창 18:19; 신 6:4-9)과 수평적으로 땅 끝까지 복음을 전하라는 예수님의 지상명령(마 28:19-20)도 함께 수행해야 한다. 이것이 주님의 재림을 준비하는 길이다.

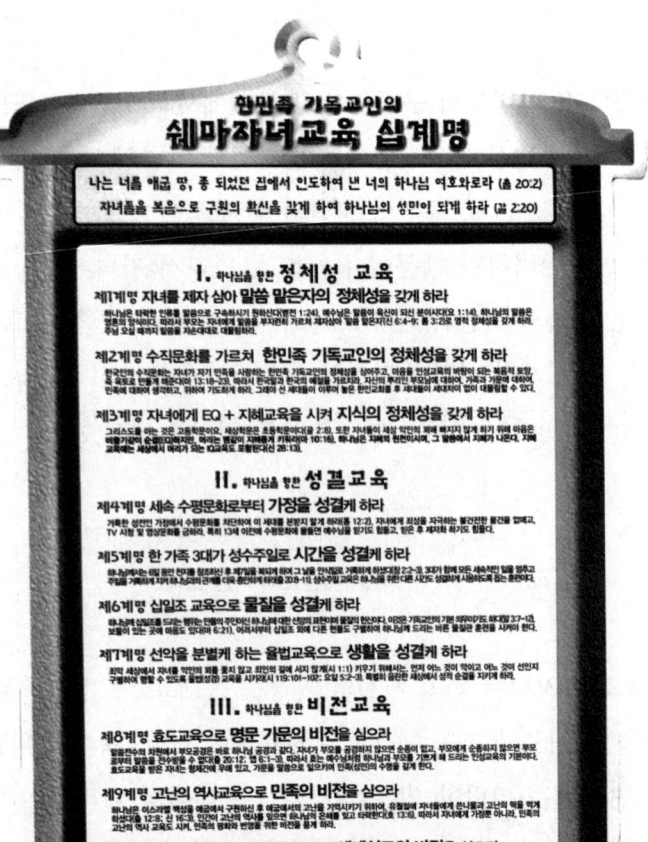

본 쉐마자녀교육 십계명은 가정과 교회에서 사용할 수 있도록 쉐마교육 용품으로 제작되어 있음으로 쉐마교육연구원에서 구입할 수 있습니다. 사진 참조

Copyright ⓒ 2006 by Yong Soo Hyun(쉐마교육연구원)

제정자의 허락 없이 본 십계명의 디자인 및 상품화를 금합니다.

참고자료(References)

영문 자료

Ben-Sasson, H. H. Editor. (1976). *A History of the Jewish People*. Cambridge, MA: Harvard University Press.

Berenbaum, Michael. (1993). *The World Must Know, The History of the Holocaust As Told in the United States Holocaust Memorial Museum*. Boston, MA: Little, Brown and Company.

Cohen, Abraham. (1983). *Everyman's Talmud*. Translated in Korean by Ung-Soon Won, Seoul: Macmillian

_____. (1995). *Everyman's Talmud*. New York, NY: Schocken Books.

Ditmont, Max I. (1979). *Jews, God and History(한국역: 이것이 유대인이다)*. Translated into Korean by Young Soo Kim, Seoul, Korea: 한국기독교문학연구 출판부.

Donin, Hayim Halevy. (1972). *To Be A Jew: A Guide to Jewish Observance in Contemporary Life*. USA: Basic Books.

_____. (1977). *To Raise A Jewish Child: A Guide for Parents*. USA: Basic Books.

_____. (1980). *To Pray As A Jew: A Guide to the Prayer Book and the Synagogue Service*. USA: Basic Books.

Holocaust(The). ( ), *Yad Vashem, Jerusalem*: W. Turnowasky & Son Ltd.

Holy Bible. (NIV, KJV). (1985).

Jerusalem Post Israel News, *Survivor Moved to Tears at Yad VaShem*; Trump Says Holocaust 'Darkest Hour', May 23, 2017.

The Jewish Bible, TANAKH, The Holy Scriptures by JPS, 1985.

Josephus. (1987). *Wars of Jews*, V, Translated by Jichan Kim, Seoul, Korea: Word of Life Press.

_____. (1987). *Wars of Jews*, VII, Translated by Jichan Kim, Seoul, Korea: Word of Life Press.

New York Times, *P. Kissinger, 97, The Mother Of a Statesman*, https://www.nytimes.com/1998/11/16/nyregion/p-kissinger-97-the-mother-of-a-statesman.html, 1998.

NZ Herald, *Trump becomes first US president to pray at Jerusalem's Western Wall*, 23 May, 2017.

Scherman, Nosson & Zlotowitz, Meir. Editors (2004). *The Chumash*. Brooklyn, NY: Mesorah.

Shapiro, Michael. (1995). *The Jewish 100*. Secaucus, NJ: Carol Publishing Group.

Simon Wiesenthal: *The Life and Legends*. By Tom Segev.

Solomon, Victor M. (1992). *Jewish Life Style*. Translated into Korean by Myung-ja Kim, Seoul: Jong-ro Books.

Solomon, 2005, *옷을 팔아 책을 사라*. 서울: 쉐마.

Talmud, Babylonian Edition.

_____. Jerusalem Edition.

Telushkin, Joseph. (1991). *Jewish Literacy*. New York, NY: William Morrow and Company, Inc.

_____. (1994). *Jewish Wisdom*. New York, NY: William Morrow and Company, Inc.

Tokayer, (2016). 탈무드 5: 탈무드의 잠언집. 서울: 쉐마.

_____. (2016). 탈무드 2: 탈무드와 모세오경. 서울: 쉐마.

_____. (2017). 탈무드 1: 탈무드의 지혜. 서울: 쉐마.

_____. (2017). 탈무드 3: 탈무드의 처세술, 2009. 서울: 쉐마.

_____. (2017). 탈무드 4: 탈무드의 생명력. 서울: 쉐마.

_____. (2017). 탈무드 6: 탈무드의 웃음. 서울: 쉐마.

US News, 유대인 학살 추도 박물관 개관, 독일선 의도 무엇이냐 항의, 1993년 5월 10일.

Vilnay, Zev. (1984). *Israel Guide*. Jerusalem: Daf-Chen.

Weber, Louis. (2000). *(The) Holocaust chronicle*, Lincolnwood, Ill: Publications International, Ltd.

Wilson, Marvin R. (1993). *Our Father Abraham, Jewish Roots of the Christian Faith*. Grand Rapid, MI: William B. Eerdmans Publishing Company.

한글 자료

CTS, 역사교과서 속 '기독교' 축소·왜곡 심각하다, 2018년 8월 15일.

SBS스페셜, 젖과 꿀 흐르는 땅, 유대인의 미국, 2005년 9월 26일.

감사의 위력, http://intlwelfare.com/xe/board_RWdJ39/25837

강인선, '6.25참전용사碑를 본 뒤 정체성 혼란 극복', 조선일보, 2005년 7월 5일.

권혁제, 대담한 낙천주의자(전도서 논문), 쉐마교육학회 2019년 겨울 발표.

교회연합신문, 전쟁은 하나님에게 달렸다, 2006년 8월 24일.

김대기, 수난의 민족사 알고도 사드 배치 반대하는가, 조선일보, 2017년 8월 14일.

김종필, 김종필 회고록 소이부답, 중앙일보, 2015년 6월 5일.

김호준, 국제정세와 21세기 한국, 비구니 회보, 2009년 9월 3일.

내셔널지오그래픽 채널 WW2 5부작.

뉴시스, '장진호 전투' 기념비 美버지니아에 건립, 2017년 5월 3일.

朴承用, 북한 人權에 침묵하는 한국의 '人權 마니아'들, 남쪽 지식인들의 僞善(위선)과 기만을 고발한다!, 조갑제닷컴, 2015년 2월 13일.

복음신문, 강대국이 될 이스라엘, 2000년 3월 27일.

변태섭. (1994). 한국사 통론. 서울: 삼영사.

사이토 다이겐(藤泰彦)이 쓴 '내 마음속 안중근-지바 도시치 합장의 생애',
    http://www.jpnews.kr/sub_read.html?uid=3039.

삼전도비, http://100.daum.net/encyclopedia/view/24XXXXX68624

_____. https://ko.wikipedia.org/wiki/삼전도비.

서지문, 어린 심장에 毒을 붓지 마라. 조선일보, 2018년 3월 13일.

성경: (1984). 현대인의 성경. 생명의 말씀사.

성경: (1956). 한글판 개혁. 대한성서공회.

세계일보, '치욕의 삼전도비' 제자리 간다. 2010년, 4월 22일.

_____, 미국을 쥐락펴락하는 유대인의 힘, 2011년 3월 24일.

신용하, 구 조선총독부 청사는 하루속히 철거해야 한다, 월간조선, 1995년 1월호.

신한국사연구회, (1994). 이야기 신한국사. 서울: 태을출판사.

아시아경제, 수난의 '삼전도비' 원위치로 이전, 2010년 4월 23일.

연합뉴스, '유관순 옥중서 打殺돼'… 3.1운동 순국상황 드러나, 2013년 11월 19일.

연합뉴스, '미대선 유대인 변수 결정적', 2000년 7월 7일.

워싱턴 한국전 참전용사 기념비: http://mpva.tistory.com/1128

_____, 통계와 사진 자료: http://www.nps.gov/kwvm/home.htm

유준기, (1995). 삼전도비 비사, 흙으로 덮었다. 현용수에게 증언, 1995년 5월.

6일 전쟁, http://cafe.daum.net/bethel114/8mHV/

이기백. (1983). 한국사 신론. 서울: 일조각.

이스라엘 군사력: 1만 명의 정규군, 350대의 전투기 뿐,
http://cafe.daum.net/gsseongdo/EEq/918?q

전대길, 유관순 열사를 추모하다, 아웃소싱타임스, 2018년 2월 28일.

전북도민일보, 고어의 유대인 선택, 2000년 8월 10일.

조선일보, 미국의 이스라엘 로비 힘 (by 김광일), 2012년 3월 6일.

조선일보, 이스라엘 앞에선 한없이 약해지는 美 언론 (by 박국희), 2014년 7월 21일.

조선일보, 수난의 민족사 알고도 사드 배치 반대하는가 (by 김대기), 2017년 8월 14일.

조선일보, 유대인 학살자 아이히만을 통해 본 '악(惡)'의 평범성, 2018년 3월 6일.

중앙일보, 정부 청사를 국립중앙박물관으로 사용, 1995년 8월 15일.

중앙일보, 세리야, 잘 했다. 아빠가 그 동안 너무 모질었지…, 1998년 5월 19일.

_____, 박세리의 승리 비결, 1998년 7월 7일.

_____, 희생자 머리털로 짠 담요 수북히, 2005년 1월 27일.

_____. *100여만명 희생된 나치 살인공장*, 2005년 1월 27일.

_____. *이승만 초대 대통령이 1899년 아펜젤러에게 보낸 영문 편지 중에서*, 2008년 8월 27일.

중앙일보(미국), *유대인 정치단체의 교훈*, 2005년 1월 28일.

최규상, 황규진 부부의 *365일 유머 넘치는 긍정력 사전*, 2010.

평화신문, *순교자의 꽃 활짝 피어라*, 1998년 5월 17일, (미주판).

프레시언, *부시의 중동평화협상 성공할까*, 2003년 6월 4일.

키신저 기사, Wikipedia, 위키백과.

한국일보, *뉴 키즈 온 더 블록 방한 수십명 사상*, 1992년 3월 17일.

_____. *6. 25 전쟁은 제2차 세계대전 이후 가장 치열했던 전쟁*, 1993년 6월 25일.

_____. *6. 25 기념관 꼭 지어야 하는가*. 1993년 6월 22일.

_____. *정부 청사를 국립중앙박물관으로 사용*, 1995년 8월 15일.

한명기, *병자호란 포로 안추원의 비극*, 중앙일보, 2004년 2월 16일.

헤츠키 아리엘리(Hezki Arieli), *부족함이 최고의 선물이다*, 2013년 3월 14일, http://blog.daum.net/kk1990/6356.

현용수. (2005). *부모여 자녀를 제자 삼아라. 제1권*. 서울: 쉐마.

_____. (2005). *부모여 자녀를 제자 삼아라. 제2권*. 서울: 쉐마.

_____. *5%의 오류와 95%의 공헌*, 중앙일보, 2005년 12월 20일.

_____. *독일·일본, 그리고 유대인과 한국인: 과거사, 왜 독일은 일본보다 더 참회하는가*. 중앙일보, 2005년 4월 20일.

_____. (2007). *문화와 종교교육*. 서울: 쿰란출판사.

_____. (2009). *IQ는 아버지 EQ는 어머니 몫이다. 제1권*. 서울: 쉐마.

_____. (2009). *IQ는 아버지 EQ는 어머니 몫이다. 제2권*. 서울: 쉐마.

_____. (2009). *IQ는 아버지 EQ는 어머니 몫이다. 제3권*. 서울: 쉐마.

_____. (2015). *유대인 아버지의 4차원 영재교육*. 서울: 쉐마.

_____. (2015). *자녀들아 돈은 이렇게 벌고 이렇게 써라*. 서울: 쉐마.

_____. (2009). 잃어버린 구약의 지상명령 쉐마. 제1권. 서울: 쉐마.

_____. (2009). 잃어버린 구약의 지상명령 쉐마. 제2권. 서울: 쉐마.

_____. (2009). 잃어버린 구약의 지상명령 쉐마. 제3권. 서울: 쉐마.

_____. (2010). 자녀들의 효도교육 이렇게 시켜라. 제1권. 서울: 쉐마.

_____. (2010). 자녀들의 효도교육 이렇게 시켜라. 제2권. 서울: 쉐마.

_____. (2010). 자녀들의 효도교육 이렇게 시켜라. 제3권. 서울: 쉐마.

_____. (2011). 신앙명가 이렇게 세워라, 제1권, 서울: 쉐마.

_____. (2011). 신앙명가 이렇게 세워라, 제2권, 서울: 쉐마.

_____. (2012). 성경이 말하는 남과 여, 부부-성신학, 서울: 쉐마.

_____. (2012). IQ-EQ 박사 현용수의 쉐마교육 개척기, 서울: 쉐마.

_____. (2013). 성경이 말하는 어머니의 EQ교육, 제1권, 서울: 쉐마.

_____. (2013). 성경이 말하는 어머니의 EQ교육, 제2권, 서울: 쉐마.

_____. (2013). 가정해체로 인한 인성교육 실종 대재앙을 막는 길, 서울: 쉐마.

_____. (2013). 한국형 주일가정식탁예배 예식서, 서울: 쉐마.

_____. 과도한 세월호 참사 기억, 유대인이라면 어떻게 할까. 미주중앙일보, 2014년 5월 31일.

_____. (2014). 하나님의 독수리 자녀교육(고난의 역사교육 시리즈 제1권). 서울: 쉐마.

_____. (2015). 현용수의 인성교육 노하우. 제1권. 서울: 쉐마.

_____. (2015). 현용수의 인성교육 노하우. 제2권. 서울: 쉐마.

_____. (2015). 현용수의 인성교육 노하우. 제3권. 서울: 쉐마.

_____. (2015). 현용수의 인성교육 노하우. 제4권. 서울: 쉐마.

_____. (2015). 유대인의 고난의 역사교육(고난의 역사교육 시리즈 제2권). 서울: 쉐마.

_____. (2015). 승리보다 패배를 더 기억하는 유대인(고난의 역사교육 시리즈 제3권). 서울: 쉐마.

_____. (2016). 유대인이라면 박근혜 위기 어떻게 극복할까, 서울: 쉐마.

_____. (2016). 쉐마교육을 아십니까, 서울: 쉐마.

_____, (2018). 유대인의 절기 교육(고난의 역사교육 시리즈 제4권). 서울: 쉐마.

호로자식의 유래, http://cafe.daum.net/kco7470/EzHg/160

홍찬식, '순국처녀 유관순'발굴의 진실, 동아일보, 2014년, 9월 4일.

인터넷 자료

United States Holocaust Memorial Museum, https://en.wikipedia.org/wiki/United_States_Holocaust_Memorial_Museum.

거제도 포로수용소, https://ko.wikipedia.org/wiki/거제도_포로수용소

_____. https://search.daum.net/search?w=img&nil_search=btn&DA=NTB&enc=utf8&q=거제도+포로수용소

독일의 시인 괴테, https://en.wikipedia.org/wiki/Johann_Wolfgang_von_Goethe

맥아더, 더글러스 맥아더; https://ko.wikipedia.org/wiki/더글러스_맥아더

부정적인 마음 지우기, 아침 좋은 글, https://story.kakao.com/ch/goodday/FQtHNos5gK0

사랑이 나타나는 곳, 아침 좋은 글, https://story.kakao.com/ch/goodday/FQtHNos5gK0〉

삼전도비, https://ko.wikipedia.org/wiki/삼전도비.

아우슈비츠 강제수용소, 위키백과, https://ko.wikipedia.org/wiki/아우슈비츠_강제_수용소, http://blog.daum.net/kbc7394/16).

_____. https://en.wikipedia.org/wiki/Joseph_Goebbels

오늘도 행복했으면 좋겠습니다, 아침 좋은 글, https://story.kakao.com/ch/goodday/FQtHNos5gK0

유관순, https://ko.wikipedia.org/wiki/유관순

유대인의 포로수용소와 히틀러 자료

http://cafe.daum.net/Jone624/S6OB/221?q=%BE%C6%BF%EC%BD%B4%BA%F1%C3%F7%20%B0%AD%C1%A6%20%BC%F6%BF%EB%BC%D2&re=1

_____. https://www.google.com/search?q=%EC%95%84%EC%9A%B0%EC%8A%88%EB%B9%84%EC%B8%A0+%EA%B0%95%EC%A0%9C%EC%88%98%EC%9A%A9%EC%86%8C&source=lnms&tbm=isch&sa=X&ved=0ahUKEwjJybWD6-nZAhXryVQKHRigBjUQ_AUICigB&biw=1295&bih=939#imgrc=Cyx8wIUF4LQTXM:

_____. https://www.google.co.kr/search?q=hitler&source=lnms&tbm=isch&sa=X&ved=0ahUKEwim_7eI8OnZAhUk5oMKHfFzDiwQ_AUICigB&biw=1295&bih=939

6.25전쟁, http://100.daum.net/encyclopedia/view/b17a2005b

_____. 케퍼의 백과사전, http://cappies.tistory.com/167

_____. http://100.daum.net/encyclopedia/view/14XXE0011567.

_____. http://cafe.daum.net/625changwon/OOYN/484?q=6.25%20%B3%AB%B5%BF%B0%AD%20%C0%FC%C5%F5&re=1

이스라엘과 6.25전쟁 등 관련 자료

http://chtour.co.kr/holy/Israel?mode=view&page=9&rows=10&holy_id=63

_____. http://cafe.daum.net/bethel114/8mHV/6?q=%C0%CC%BD%BA%B6%F3%BF%A4%C0%BB%20%BB%F0%C0%B8%B7%CE%20%B6%B0%BC%AD

_____. http://cafe.daum.net/gsseongdo/EEq/918?q=%C0%CC%BD%BA%B6%F3%BF%A4%C0%BB%20%BB%F0%C0%B8%B7%CE%20%B6%B0%BC%AD

_____. http://biblefactory.tistory.com/58

잃은 것과 얻은 것, http://cafe.daum.net/abeautymeeting/7s3a/2191?q=%EC%9E%83%EC%9D%80%20%EA%B2

장진호 전투, https://ko.wikipedia.org/wiki/장진호_전투.

_____. http://m.blog.daum.net/johnkchung/6825343,

_____. http://www.hqmc.marines.mil/News/News-Article-Display/Article/553254/pendleton-honors-korean-war-veterans/

_____. https://en.wikipedia.org/wiki/Battle_of_Chosin_Reservoir.

_____. https://ko.wikipedia.org/w/index.php?title=%EC%A4%91%EA%B5%AD%EC%9D%B8%EB%AF%BC%EC%A7%80%EC%9B%90%EA%B5%B0&action=edit&section=3

_____. http://cafe.daum.net/millenniumdove/6oDO/1?q=6.25%20%C0%FC%C0%EF%20%C0%FC%C5%F5%C1%F6

젊은 선비의 꿈 해몽, http://m.blog.daum.net/jmu3345/1743

한국전쟁, https://ko.wikipedia.org/wiki/한국_전쟁

_____. https://ko.wikipedia.org/wiki/한국_전쟁_참전국

한국전쟁참전국, https://ko.wikipedia.org/wiki/한국_전쟁_참전국

참고 사항

1. 본 책자에 사용된 사진의 불법 복사 및 사용을 금합니다.

2. 만약 독자가 본서에 포함된 사진을 사용하기를 원할 때에는 반드시 사진 작가의 허가를 받아야 합니다.

3. 본 책자의 저자 이외의 사진은 저자가 권한을 갖고 있지 않으므로 직접 연락하시기 바랍니다.

교육 혁명이 시작되었습니다!
- 가정교육 · 교회교육 · 교회성장 위기의 대안 -

자녀교육 + 교회성장 고민하지요?

Q1: 왜 현대 교육은 점점 발달하는 데 인성은 점점 더 파괴되는가?
Q2: 왜 자녀들이 부모와 코드가 맞지 않아 갈등을 빚는가?
Q3: 왜 대학을 졸업하면 10%만 교회에 남는가? 교회학교의 90% 실패 원인은?
Q4: 왜 해외 교포 자녀들이 남은 10%라도 부모교회를 섬기지 않는가?
Q5: 왜 현대인에게 전도하기가 힘든가?

근본 대안은 유대인의 인성교육과 쉐마교육에 있습니다

- 어떻게 유대인은 위의 문제를 4,000년간 지혜롭게 해결하고 세계를 지배하고 있는가?
- 어떻게 유대인은 아브라함 때부터 현재까지 세대차이 없이 자손 대대로 말씀을 전수하는데 성공했는가?

■ 쉐마교육연구원은 무슨 일을 하나?

1. 2세 종교교육 방향제시
혼돈 속에 있는 2세 종교교육의 방향을 성경적이고 과학적인 연구에 의해 옳은 방향으로 제시해 준다.

2. 성경적 기독교교육 재정립
유대인의 자녀교육과 기존 기독교교육 자료를 중심으로 백년대계를 세울 수 있도록 한국인에 맞는 기독교교육 방법을 재정립한다.

3. 한국인에 맞는 기독교교육 자료(내용) 개발
현 한국 및 전 세계 한국인 디아스포라를 위해 한국인의 자녀교육에 맞는 기독교교육 내용을 개발한다.

4. 해외 및 기독교교육 문제 연구
시대와 각 지역 문화의 변화에 대처하기 위해 계속 연구하고 대안을 제시한다.

5. 교회교육 지도자 연수교육
각 지교회에 새로운 교회교육 지도자를 양성 보충하며 기존 지도자의 필요를 충족시켜준다.

6. 청소년 선도 교육 실시
효과적인 청소년 교육 프로그램을 개발하여 선도교육을 실시한다.

7. 효과적 성서 연구 및 보급
성경을 교육학적으로 보다 깊이 연구하고 효과적인 전달 방법을 개발하여 이를 보급한다.

8. 세계 선교 교육
본 연구원의 교육 이념과 자료가 세계 선교로 이어지게 한다.

■ '쉐마지도자클리닉'이란 무엇인가?

쉐마교육연구원은 세계 최초로 현용수 교수에 의해 설립된, 인간의 인성과 성경적 쉐마교육을 가르치는 인성교육 전문 교육기관이다. 본 연구원에서 가르치는 핵심 교육의 내용 역시 현 교수가 하나님이 주신 지혜로 계발한 것들이며, 거의 모두가 세계 최초로 소개된 인성교육의 원리와 실제를 함께 가르치는 성경적 지혜교육이다. 본 연구원은 바른 인성교육 원리와 쉐마교육신학으로 가정교육·교회교육·교회성장 위기의 대안을 제시해 준다.

쉐마교육연구원에서 주관하는 '쉐마지도자클리닉'은 전체 3학기로 구성되어 있다. 1주 집중 강의로 3차에 걸쳐 제1학기는 '유대인을 모델로 한 인성교육 노하우', 제2학기는 '유대인의 쉐마교육'이 국내에서 진행된다. 제3학기는 '유대인의 인성 및 쉐마교육 미국 Field Trip'으로 미국에서 진행되며 현용수 교수의 강의는 물론 L.A.에 소재한 유대인 박물관, 정통파 유대인 회당 및 안식일 가정 절기 견학 등 그들의 성경적 삶의 현장을 견학하고, 정통파 유대인 랍비의 강의, 서기관 랍비의 양피지 토라 필사 현장 체험을 한 후 현지에서 졸업식으로 마친다.

3학기를 모두 마친 이수자에게는 졸업 후 쉐마를 가르칠 수 있는 'Teacher's Certificate'를 수여하여 자신이 섬기는 곳에서 쉐마교육을 가르칠 수 있도록 도와준다.

■ 누가 참석해야 하는가?

- 기존 교육에 한계를 느끼고 자녀교육과 교회학교 문제로 고민하시는 분.
- 한국 민족의 후대 교육을 고민하며 그 대안을 간절히 찾고자 하시는 분.
- 하나님의 말씀을 자손에게 물려줄 수 있는 비밀을 알고자 하시는 분.
- 유대인의 효도교육의 비밀과 천재교육+EQ교육의 방법을 알고자 하는 분.

미국 : 3446 Barry Ave. Los Angeles, California 90066 USA
쉐마교육연구원 (310) 397-0067
한국 : 02)3662-6567, 070-4216-6567, Fax. 02)2659-6567
www.shemaiqeq.org   shemaiqeq@naver.com

IQ · EQ 박사 현용수의
유대인 자녀교육 총서

	인성교육론 시리즈	쉐마교육론 시리즈	탈무드 시리즈
1	인성교육론 + 쉐마교육론의 총론: IQ는 아버지 EQ는 어머니 몫이다 전3권		탈무드 1 : 탈무드의 지혜 (원저 마빈 토카이어, 편저 현용수)
2	현용수의 인성교육 노하우 1 - 인성교육이란 무엇인가 -	쉐마교육을 아십니까 - 쉐마목회자클리닉 간증문 -	탈무드 2 : 탈무드와 모세오경 (이하 동)
3	현용수의 인성교육 노하우 2 - 인성교육의 본질과 원리 -	부모여, 자녀를 제자삼아라 전2권 - 유대인 교육이 필요한 이유 -	탈무드 3 : 탈무드의 처세술 (이하 동)
4	현용수의 인성교육 노하우 3 - 인성교육과 EQ + 예절 교육 -	잃어버린 구약의 지상명령 쉐마 전3권 - 교육신학의 본질 -	탈무드 4 : 탈무드의 생명력 (이하 동)
5	현용수의 인성교육 노하우 4 - 다문화 속 인성 · 국가관 -	유대인 아버지의 4차원 영재교육 - 아버지 신학 -	탈무드 5 : 탈무드 잠언집 (이하 동)
6	문화와 종교교육 - 박사 학위 논문을 편집한 책 -	자녀들아, 돈은 이렇게 벌고 이렇게 써라 - 경제 신학 -	탈무드 6 : 탈무드의 웃음 (이하 동)
7	IQ · EQ 박사 현용수의 쉐마교육 개척기 - 자서전 -	자녀의 효도교육 이렇게 시켜라 전3권 - 효신학 -	옷을 팔아 책을 사라 (원저 빅터 솔로몬, 편저 현용수, 쉐마)
8	가정해체로 인한 인성교육 실종 대재앙을 막는 길 - 논문 -	신앙명가 이렇게 시켜라 전2권 - 가정 신학 -	
9	유대인이라면 박근혜의 위 기, 어떻게 극복할까 - 논문 -	성경이 말하는 남과 여 한 몸의 비밀 - 부부 · 성 신학 -	
10		성경이 말하는 어머니의 EQ 교육 전2권 - 어머니 신학 -	
11		한국형 주일가정식탁예배 예식서, + 순서지 - 가정예배 -	승리보다 패배를 더 기억하는 유대인 - 고난교육신학 3 -
12		하나님의 독수리 자녀교육 - 고난교육신학 1 -	고난을 기억하는 유대인 절기교육의 파워 - 고난교육신학 4 -
13		유대인의 고난의 역사교육 - 고난교육신학 2 -	유대인의 고난의 역사 현장 교육 - 고난교육신학 5 -

이런 순서로 읽으세요 〈전41권〉

- 인성교육론과 쉐마교육론 -

- 전체 유대인 자녀교육에 대한 총론을 알려면
  - 《IQ는 아버지 EQ는 어머니 몫이다》(전3권)
- 유대인을 모델로 한 인성교육의 원리를 이해하려면
  - 《현용수의 인성교육 노하우》(전4권)
- 인성교육론이 나오게 된 학문적 배경을 이해하려면
  - 《문화와 종교교육》 (현용수의 박사 학위 논문)
  - 《IQ·EQ 박사 현용수의 쉐마교육 개척기》 (현용수 박사의 자서전)
- 왜 기독교교육에 유대인의 선민교육이 필요한지를 알려면
  - 《부모여 자녀를 제자 삼아라》(전2권)
- 쉐마교육론(교육신학)이 나오게 된 성경의 기본 원리를 알려면
  - 《잃어버린 구약의 지상명령 쉐마》 (전3권)
    (쉐마와 자녀신학이 포함됨)
- 가정 해체와 인성교육과의 관계를 알려면
  - 《가정 해체로 인한 인성교육 실종 대재앙을 막는 길》
- 대한민국 자녀의 이념교육 교재
  - 《유대인이라면 박근혜의 위기, 어떻게 극복할까》
- 쉐마교육에 대하여 자세히 알고 싶으시면
  - 《쉐마교육을 아십니까》

각 쉐마교육론을 더 깊이 연구하려면 다음 책들을 읽으세요
- 아버지 신학 《유대인 아버지의 4차원 영재교육》
- 경제 신학 《자녀들아, 돈은 이렇게 벌고 이렇게 써라》
- 효 신학 《자녀의 효도교육 이렇게 시켜라》 (전3권)
- 가정 신학 《신앙명가 이렇게 세워라》 (전2권)
- 부부·성 신학 《성경이 말하는 남과 여 한 몸의 비밀》
- 어머니 신학 《성경이 말하는 어머니의 EQ 교육》 (전2권)
- 가정예배 《한국형 주일가정식탁예배 예식서》 (별책 부록: 순서지)
- 고난교육신학 1 《하나님의 독수리 자녀교육》
- 고난교육신학 2 《유대인의 고난의 역사교육》
- 고난교육신학 3 《승리보다 패배를 더 기억하는 유대인》
- 고난교육신학 4 《고난을 기억하는 유대인 절기교육의 파워》
- 고난교육신학 5 《유대인의 고난의 역사 현장 교육》

앞으로 더 많은 교육 교재가 발간될 예정입니다. 계속 기도해 주세요.